위기청소년들과 함께 캄보디아, 라오스, 필리핀 등 동남아시아 국가들에 '희망여행'을 다녀온 이후 뇌리에서 떠나지 않는 질문이 있었다. '왜 이토록 많은 사람들이 빈곤에서 벗어나지 못하는가?' 그런데 이 책을 통해 그동안 내가 추측했던 것은 확신으로 변했다. 망가진 형사사법제도를 바로잡아 약자들에 대한 일상의 폭력을 줄이는 일은 빈곤 탈출을 위한 최선의 길이 될 수 있다는 것이다. 살해 협박까지 무릅쓰고 선을 실천하고 있는 IJM 소속 법조인들 및 관계자들께 고개 숙여 존경을 표한다. 대한민국의 법조인들 모두 이 책을 읽기를 소망한다. ─ 천종호(판사)

나는 전 세계의 모든 사람이 동등하게 재능과 야망을 가지고 열심히 일하고 있음에도 여전히 많은 사람이 날마다 생존에 허덕이고 있다는 사실을 평생 보아 왔다. 《약탈자들》은 세계가 함께 번영하는 21세기를 만들기 위해서는 인류를 위협하는 폭력을 묵과할 수 없다는 것을 강하게 일깨운다. ─ 빌 클린턴(전 미국 대통령)

《약탈자들》은 우리가 왜 빈민에 대한 폭력을 퇴치해야만 하는지, 그 목표가 왜 그토록 중요한지를 충격적인 실화를 통해 잘 설득한다. 게리 하우겐은 법의 보호를 받는 것은 특권이 아니라 보편 권리임을 상기시키면서 머리에는 지식을, 심장에는 감동을 전한다. ─ 매들린 올브라이트(전 미국 국무장관)

세상에는 살인과 폭력이 일상적으로 일어나는 곳이 왜 그렇게 많은 것일까? 이 특별한 책은 세계 빈민을 사로잡고 있는 폭력이라는 전염병의 성격과 동력에 대한 놀랍고도 귀중한 통찰뿐 아니라 폭력을 퇴치할 지혜로운 아이디어를 제시한다. 모두가 읽어야 할 필독서다.
─ 모이제스 나임(《불량 경제학》저자, 전 《포린 폴리시》 편집장)

어떤 굉장한 아이디어들은 우리 눈앞에 있어도 잘 보이지 않는다.《약탈자들》은 빈곤의 결과가 폭력이듯이, 마찬가지로 폭력의 결과가 빈곤이라는 간단하지만 무척 중요한 점을 설득력 있는 글 솜씨로 꼼꼼하고 명료하게 제시한다. 이 책은 개발, 안전, 자신의 잠재력을 성취하지 못한 수십억 빈민의 실패에 관심이 있는 모든 사람이 읽어야 할 필독서다.
─ 앤마리 슬로터(뉴아메리카재단 대표, 프린스턴 대학교 국제정치학 명예 교수)

법치와 정상적인 공공 사법제도는 경제 개발의 전제 조건이지만 실은 사회 발전에 더 중요하다.《약탈자들》은 지구촌 사회의 여러 세력이 힘을 모아 폭력과 범죄, 악습과 싸워야 한다는 것을 보여 준다. 인류의 미래를 보장할 길은 이것뿐이다.
– 클라우스 슈밥(세계경제포럼 회장)

지구촌의 빈민이 강도, 갈취, 강간, 살인, 고문같이 인격을 짓밟는 모욕적인 일상 폭력에 신음하고 있다는 것을 당신은 '알지도' 모른다. 그래서 그들이 생산력을 잃고 끝내 저소득 경제를 벗어나지 못한다는 것을 '알지도' 모른다. 하우겐은 우리에게 묻는다. 알고 있으면서 왜 아무 행동도 하지 않느냐고…. 이 책을 읽으면 이 문제는 관심에서 그칠 일이 아님을 알게 될 것이다. – 낸시 버드셜(글로벌개발센터 회장)

《약탈자들》은 폭력과 빈곤의 관계를 충격적이고도 흡입력 있게 묘사한다. 이 책은 세계 빈곤과 개발 원조를 이해하는 데 폭력이라는 중요한 고리가 빠져 있다는 것을 설득력 있게 설명한다. 하우겐은 수십 년 동안 폭력과 싸우며 빈민을 폭력에서 풀어주고 법치를 구현하는 특별한 일을 하고 있다. 그가 직접 경험한 이야기에는 가난한 사람들을 끊임없이 괴롭히는 만연한 폭력, 특히 여성과 소녀에 대한 폭력에 눈을 떠야 할 도덕적이고, 개발적인 측면의 시급성이 있다. 세계 빈곤의 성격과 빈곤퇴치 분석을 본질적으로 확장시켜 줄 필독서다.
– 마리아 오테로(전 미 국무부 시민안보·민주주의·인권 부서 차관)

현실 문제에 대해 단순하고 구태의연하게 반응하는 세상에서 게리 하우겐은 통찰과 지혜, 현실성을 가지고 도전한다.《약탈자들》은 게임의 흐름을 바꾼다. 하우겐은 현실 세계의 경험에 비추어 빈곤과 차별, 현대 노예제는 모두 경제학이나 사상의 문제라는 생각을 가볍게 물리치고, 대신 인류의 잔학과 희망에 대한 깊은 이해로 인도한다. 그는 우리에게 선의를 짓밟고 발전과 권리, 자유를 부정하는 폭력의 실상을 보여 준다. 폭력은 여러 세대에 걸쳐 마음과 정신을 유린하고 선의의 노력을 좌절시킨다. 그는 또한 변화를 일으키는 용서와 회복의 힘을 보여 준다. 감동적이면서도 지성을 자극하고 논리적이면서 창의적인 이 책은 진짜 힘과 은혜가 무엇인지 보여 준다. – 케빈 베일스(헐 대학교 현대 노예제 교수, 프리슬레이브 공동 설립자)

빈곤을 퇴치하기 위해서는 폭력을 척결해야 한다는 근본 사실을 차근차근 설명하는 중대한 연구다. 매우 흥미롭고 중요한 이 책은 정보가 빼곡한데도 술술 읽히는 보기 드문 조합으로 감동을 전한다. ─ 로렌스 H. 트라이브(하버드 대학교 로스쿨 헌법학 교수)

《약탈자들》은 세계 빈곤에 관심을 가진 모든 사람에게 경종을 울린다. 저자가 꼼꼼한 정보와 충격적인 사건을 통해 말하듯이 극빈층을 괴롭혀도 처벌받지 않는 폭력범죄, 특히 소녀와 여성들에 대한 폭력범죄는 단순한 인권 문제가 아니다. 폭력은 개발의 발목을 잡고 있다. 아무리 많은 해외원조를 쏟아붓더라도 공공 사법제도가 작동하지 않으면 아무런 소용이 없다. ─ 재클린 풀러(구글 기부 이사)

《약탈자들》은 일상에서 일어나는 폭력범죄에 희생되지만 법집행 기관의 보호를 전혀 받지 못하는 가난하고 취약한 어린이와 어른들을 위해 큰일을 해냈다. IJM과 공저자 게리 하우겐, 빅터 부트로스는 가난한 사람들의 법치 접근권이라는 생사가 걸린 문제를 정부, 개발 기관, 시민 사회의 의제로 만들었다.
─ 엘리사 마시미노(휴먼라이츠퍼스트 대표)

게리 하우겐은 파탄에 이른 형사사법제도의 아픈 치부를 드러낸다. 그는 또한 우리에게 제도를 고칠 수 있다는 희망을 보여 준다. 이를테면 IJM이 필리핀 세부에서 하고 있는 일은 헌신된 팀이 있을 때 사법제도의 실패를 이해하고, 법집행 과정의 모든 단계의 개선을 지원하고, 내부 개혁자들에게 힘을 실어 주고, 개혁을 이룰 수 있다는 것을 보여 주는 놀라운 이야기다. 지구촌 모퉁이마다 정의를 실현하기 위해 힘쓰는 모든 이들에게 이 책을 추천한다. ─ 비벡 마루(나마티 회장, '정의를 위한 티맙' 설립자)

《약탈자들》은 한 국가가 성장하고 번영하기 위해서는 국민을, 특히 범죄와 착취, 억압의 피해자를 보호하는 공공 사법제도가 필요하다는 주장을 누구도 반박할 수 없게 펼친다. 개발도상국은 반드시 시민들에게 범죄와 착취의 피해자, 특히 빈민과 약자를 보호하는 정직하고 기민한 경찰을 제공해야 한다.
─ 폴 피 데이(캄보디아 반인신매매·청소년보호국 국장)

빈민의 삶 모든 면에 영향을 주는 폭력을 날카로운 통찰로 분석한다. 정의와 인권에 관심을 가지는 모든 사람을 흔들어 깨운다. 이 책에는 진실이 담겨 있으며 우리가 관심을 가져야 할 도구와 지침을 알려준다. ─팀 코스텔로(호주 월드비전 회장)

나는 전 세계에서 여성과 아동을 약탈하는 폭력을 직접 보았다. IJM은 피해자 개인뿐 아니라 국가 전체에 영향을 끼치는 일반 범죄를 만천하에 알린다.《약탈자들》은 가난한 사람들을 아끼는 모든 사람이 읽어야 할 필독서다.
─신디 헨슬리 매케인(인도주의 사업가)

게리 하우겐과 IJM은 개발도상국의 사법제도가 전반적으로 실패한 탓에 폭력이 횡행하며 폭력을 척결해야 빈곤을 퇴치할 수 있다는 것을 국제 인권 사회에 설명해 왔고, 계속해서 전 세계 교회의 사회적 양심을 흔들어 깨우고 있다. 하우겐은 이 중요한 책에서 그 두 가지 일을 하고 있다. ─팀 켈러(뉴욕 리디머 교회)

약탈자들

약탈자들

폭력은 빈곤을 먹고 자란다

게리 하우겐, 빅터 부트로스 지음
최요한 옮김

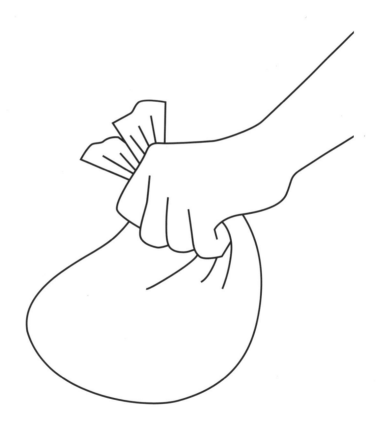

옐로브릭

은혜의 나무처럼 피난처가 되어 주는 고마운 잰에게

차례

일러두기

- 본문에 등장하는 인물 일부는 신원 보호를 위해 실명 대신 가명을 쓰고 사진의 일부를 흐릿하게 처리했습니다.
- 빅터 부트로스의 견해는 사견이며, 미국 법무부의 입장을 대변하지 않습니다.
- 이 책은 2015년 출간한 《폭력 국가》를 재출간한 것입니다. 저자의 한국어판 서문과 부록을 추가하고 몇 가지 용어를 손보았습니다.

한국어판 서문

1994년 나는 미국 법무부로부터 UN의 르완다 대학살 현장 조사 업무를 지휘하는 임무를 받았다. 이 사건은 8주 동안 약 80만 명이 넘는 르완다인들의 목숨을 앗아간 끔찍한 폭력 사태였다. 나는 현장에 머물며 이 사건으로 목숨을 잃은 이들의 명단을 확인하고, 학살이 자행된 현장을 조사하며 증거를 수집하고, 이 끔찍한 대학살 주동자들에 대한 소송을 준비했다. 수사가 진행되던 어느 날, 학살을 피해 도망치다 살해당한 사람들로 뒤덮인 한 교회에서 나는 깊은 생각에 빠졌다. 이렇게 끔찍한 학살이 이뤄지는 동안 우리는 (엄밀히 말해 이 세상은) 어떻게 방관할 수 있었을까?

약자들을 상대로 벌어지는 폭력과 이들을 보호해 줄 시스템의 부재는 비단 르완다만의 문제는 아니다. 세계은행(World Bank)의 연구 결과에 따르면 전 세계 빈곤층이 가장 두려워하는 것은 바로 성폭력, 강도,

강제 노동 착취와 같은 일상적인 폭력이다. 빈곤층에게 폭력과 착취는 배고픔, 질병, 실업과 마찬가지로 그들의 삶을 위협하는 일상적인 문제다. 다만 타인의 눈에 보이지 않는다는 점이 다를 뿐이다.

지난 수십 년간 세계는 단순히 빈곤층이 더 많은 자원에 접근할 수 있게 된다면 모두에게 안전한 세상이 될 것이라 믿어 왔다. 그래서 전 세계 빈곤층에게 자원을 지원하는 방식으로 빈곤 문제를 해결하려고 노력했다. 그 결과, 교육 및 보건에 대한 접근성이 높아졌고 경제가 발전했지만, 그와 동시에 가장 약한 사람들을 상대로 한 폭력 또한 증가했다. 이러한 학대와 착취의 문제가 해결되지 않는다면, 빈곤 문제 해결을 위한 국제사회의 노력은 물거품이 될지 모른다. 일상적인 학대와 착취로부터 생명을 보호할 수 없고, 빈곤층의 안전이 확보되지 않으면 아무 소용이 없다는 뜻이다.

그렇다면 빈곤층을 대상으로 한 폭력은 왜 지속적으로 확산되고 있는 것일까? 그 이유는 이들이 속한 지역사회의 형사사법체계가 가장 취약한 사람들을 폭력으로부터 보호할 수 있도록 법을 집행하지 않기 때문이다. 전 세계의 약 20억 명이 빈곤하게 살고 있으며 그 중 대다수가 지역 사회의 법체계로부터 보호를 받지 못한 채 살아간다. 권력을 가진 사람이 공정한 법집행이라는 시스템 없이 가난한 사람들과 같은 공동체에 속하게 되는 상황을 상상해 보라. 이는 힘을 가진 사람들이 자신의 행동에 책임질 필요 없이 제멋대로 가난한 이들에게 착취와 학대를 일삼는 환경이 조성되는 것을 의미한다.

《약탈자들》은 이와 같이 개발도상국의 빈곤층을 대상으로 확산하고 있는 폭력을 직접 목격한 사람들의 이야기를 들려주고, 단순하지만 동시에 매우 효과적인 해결책을 제시할 것이다. 지난 25년간, IJM은 법집행을 통해 형사사법체계를 강화하고자 애쓰는 많은 국가들과 함께 일해 왔다. 우리가 함께 찾아낸 방법은 효과적이었다. 일관된 법 집행은 폭력의 발생 비율을 낮추고, 가장 취약한 사람들을 폭력으로부터 보호한다. 결과적으로 이러한 변화는 공동체와 지역사회 발전에 기여한다.

IJM과 파트너들은 이 모델을 시행함으로써 2030년까지 5억 명을 폭력으로부터 보호하는 것을 목표로 하고 있다. 우리는 대한민국이 세계 발전을 선도하는 국가로서 이 세상의 가장 약한 사람들을 폭력과 착취로부터 보호하는 이 놀라운 사명에 중요한 역할을 하리라 기대한다. 한국의 독자들에게 《약탈자들》을 소개하게 되어 매우 반갑다. 가난한 사람들을 위한 정의를 구현하는 우리의 멈출 수 없는 여정에 기쁜 마음으로 당신을 초대한다.

감사드리며,
게리 하우겐

서론

학살 현장은 난생처음이었다. 지금은 두개골을 선반에 가지런히 정리해 두었지만, 원래 현장은 딴판이었다. 두개골들은 골격이 대부분 남아 있는 시신에 붙어 있었고, 이 작은 벽돌 교회에는 이런 시신이 산더미처럼 쌓인 채 썩어 가고 있었다. 1994년 르완다 대학살 직후 유엔 '특별수사본부' 본부장이 된 나는 이 가난한 산악 국가에 흩어져 있는 100여 곳의 집단 무덤과 학살 현장 목록을 건네받았다. 약 10주에 걸쳐 100만 명에 육박하는 사람들이 마체테(날이 넓고 긴 칼—역주)로 학살되었다. 대학살 후 초반 몇 주 동안 형사와 검사들로 구성된 다국적팀이 르완다 수도에서 꾸려졌고, 나는 군용 수송기를 타고 르완다로 날아가 이 팀에 합류했다. 공항에서 맞닥뜨린 르완다의 분위기는 종말 이후의 세상처럼 섬뜩하고 공허했다. 공항 밖에 대기하고 있던 차에 짐을 실으면서 문득 입국 심사를 받지 않았다는 사실을 떠올렸다. 공항에는 출입국 심사대도, 세관도 없었다. 우리가 의식하지 못하고 사는 일상의 견고한 문명과 질서, 그리고 안전은 대학살로 흔적 없이 사라졌다. 등골이 서늘했다.

내가 맡은 초기 임무는 유엔 전문가위원회와 함께 대학살의 전모를 밝히고 주범들을 기소하기 위한 증거 수집이었다(국제형사재판소를 설치하는 데는 족히 1년이 넘게 걸렸다). 하지만 사망자가 수십만 명이라 어디서부터 손을 대야 할지 막막했다.

결국 수도 키갈리 남쪽의 작은 마을 은타라마를 출발점으로 삼았다. 그곳의 한 작은 교회에는 살인자들이 유기한 시체들이 그대로 남아 있었다. 무릎 높이까지 쌓인 시신들, 살려고 안간힘을 썼던 가난한 주민들의 옷과 소지품에서 악취가 진동했다.

하지만 그들은 죽음을 피하지 못했다.

나는 스페인인 검시관 네 사람과 함께 잔해더미에서 두개골을 하나씩 들어 올려 간단한 확인 작업을 시작했다. "여자―마체테. 여자―마체테. 어린이―마체테. 여자―마체테. 어린이―마체테. 어린이―둔기 외상. 남자―마체테. 여자―마체테…" 이것만 해도 몇 시간이 걸렸다.

우리는 생존자 증언과 산더미 같은 끔찍한 물증을 바탕으로 대량 살육의 전모를 밝혀야 했다. 시간이 지날수록 나는 강렬한 질문에 사로잡혔다. 상상을 멈추기 힘들었다. 겁에 질린 가족들, 사방에서 엄습하는 공포, 비명을 지르는 이웃들을 난도질하고 자신을 향해 달려드는 피 묻은 강철 마체테, 이 참혹한 광경을 예배당 뒤쪽 벽에 붙어서 보고 있었던 희생자들의 심정은 어땠을까?

결국 나는 폭력과 빈곤의 본질을 명백히 깨닫고 어제와는 다른 사람이 되었다. 이 교회에서 죽음의 마체테를 피해 생사의 기로에 섰던 몹시 가난한 르완다인들은 설교, 식량, 의사, 교사, 소액대출이 필요하지 않았다. 마체테를 든 손을 저지해 줄 사람이 필요했다. 필요한 것은 오로지 그것뿐이었다.

선량한 사람들이 가난한 르완다인들을 오랫동안 돕고 있었지만 죽음의 마체테를 막지 못한 탓에 그들의 노력은 한낱 물거품으로 돌아갔다. 식량, 약품, 교육, 보호시설, 식수, 소액대출 같은 활동은 모두 유익하지만 죽음의 마체테를 막지 못했다. 약자를 집어삼키는 폭력이 메뚜기 떼처럼 습격했다. 폭력은 가난한 약자들이 생존하기 위해 억척스럽게 그러모았을 모든 것을 파괴했다. 사실상 메뚜기 떼는 근근이 살아가는 빈민의 현실에 아랑곳하지 않을뿐더러 오히려 약탈한 것으로 살찌고 강해진다.

＊　＊　＊

하지만 나는 르완다 대학살 이후 20년 동안 극심한 가난에 허덕이는 여러 개도국을 오가며 대학살 못지않은 충격적인 사실을 발견했다. 간간이 헤드라인을 장식하는 대량 살육과 대학살을 능가하는 폭력이 수십억 빈민의 삶을 소리 소문 없이 파괴하고 있었다.

일상적 폭력범죄는 드러나지 않게 수십억 빈민의 삶과 꿈을 폐허로 만들고 있다. 세계 빈민을 빈곤에서 구해 내려는 노력을 방해하는 폭력의 해악은 '메뚜기 떼의 습격'과도 같다. 전염병 같은 약탈적 폭력은 빈민이 처한 여느 문제와는 사뭇 다르기 때문에, 메뚜기 떼의 습격에 대한 대처도 반드시 달라야 한다. 파괴적인 폭력은 빈민의 모든 것을 앗아가며, 가난에 대한 다른 해결책으로는 결코 폭력을 막을 수 없다. 비단 폭력뿐 아니라 빈민의 다른 절박한 문제를 생각해 보면 이해가 쉬울 것이다. 무서운 기아와 질병 역시 가난한 사람의 모든 것을 파괴하는데, 식량으로는 질병을 고칠 수 없고 약품으로는 허기진 배를 채울 수 없는 것과 같은 이치다. 차이가 있다면, 세상은 가난한 사람들이 기아와 질병으로 신음하는 것을 '알기에' 그 문제를 해결하기에 바쁘다는 것이다.

하지만 '고질적인 가난'은 폭력에 취약하다는 것을, 폭력이 바로 지금 세계 빈민을 잔인하게 짓밟고 있다는 것을 세상 사람들은 모른다. 그래서 세상은 폭력 퇴치에 느긋하다. 폭력을 막지 않으니 빈민을 돕는 선량한 사람들의 노력은 대부분 물거품처럼 사라진다. 비극도 이런 비극이 없다.

이 책을 펼친 당신은 하루를 몇 달러로 근근이 사는 수십억 빈민에 속하지는 않을 것이다. 또한 날마다 끼니를 거르지도 않고, 치료할 수 있는 질병으로 죽을 확률도 희박하며, 손쉽게 식수를 마실 수 있고, 글을 읽을 줄 알고, 집이 있을 것이다. 참, 한 가지가 더 있다. 당신은 폭력의 위험에서 안전할 것이다. 노예살이, 투옥, 구타, 강간과 강도의 위협을 반복해서 받지는 않을 것이다.

하지만 수십억 빈민의 사정은 다르다. 세상은 세계 빈민의 현실을 모른다. 이 책은 그들의 현실을 말하고자 한다. 우리는 거대한 폭력의 세계가 숨어 있는 지하로 내려가는 만만치 않은 여행을 떠날 것이다. 수많은 빈민이 우리 눈에 띄지 않는 그곳에 살고 있다. IJMInternational Justice Mission에서 일하는 내 동료들은 개도국의 지하 세계에서 가난한 이웃과 더불어 살고 있다. 이 책에 실린 그들의 내밀한 이야기는 정보와 통계 자료에 인간의 뜨거운 심장과 따뜻한 살을 더한다. 우리에게는 그것이 중요하다.

IJM은 개도국 현지에서 폭력과 폭압에 신음하는 가난한 피해자들을 돕는 운동가들을 지원하는 국제 인권단체다. IJM은 아프리카, 라틴아메리카, 남아시아, 동남아시아의 가난한 지역에서 노예살이를 하고, 갇히고, 매 맞고, 성폭행을 당하고, 땅을 빼앗긴 가난한 이웃을 전임으로 돕는 변호사, 수사관, 사회사업가, 공익활동가로 구성된 팀들을 지원한다. 그들은 당국과 협력해서 피해자를 구출하고 가해자를 처벌한다. 아울러 사회사업기관과 협력해서 생존자들을 부축하여 치유와 회복, 재활의 긴 여정을 함께 떠난다. 수많은 생존자들의 이야기 속에서 사뭇 다른 가난의 실상이 수면으로 떠오른다.

우리는 세계 빈곤이란 말을 들으면 기아, 질병, 노숙, 문맹, 불결한 식수, 부족한 교육 따위를 떠올리지만, 폭력 문제를 즉각 떠올리는 사람은 드물다. 가난한 사람들의 잘 알려진 궁핍함 이면에는 성폭력, 강제 노역, 불법 감금, 토지 수탈, 폭행, 직권남용, 억압 따위가 훨씬 더 광범위하게 만연해 있다.

내가 말하려는 것은, 이따금씩 빈민을 약탈하고 헤드라인을 장식하는 르완다 대학살이나 전쟁, 내전 같은 격렬한 대규모 폭력 사태가 아니다. 오히려, 르완다 출장 이후 IJM 동료들이 내게 알려준 현실, 즉 일상적 폭력범죄다. 이것만 없었다면 안정되었을지도 모를 개도국에서 너무 많은 세계 빈민을 광범위하게 상습적으로 괴롭히고, 가난에서 벗어나려는 그들의 노력을 매번 좌절시키고 방해하는 일상적 폭력범죄 말이다.

하지만 일반인은 물론이고 전문가조차 빈곤을 이렇게 생각하지 못한다. 유엔의 새천년개발목표에서 세운 목표만큼 세계 빈곤 해결을 위해 가장 시급하게 실행해야 할 일은 없을 것이다. 2000년 유엔 새천년정상회의에서 193개국이 채택한 8대 경제개발목표는 세계 빈곤 해결을 촉구하는 유일무이한 구상이었다. 하지만 이 기념비적 보고서는 빈민이 처한 폭력 문제에 대해 일언반구도 없다.

얼마나 가슴 아픈 일인지 모르겠다. 앞으로 이야기하겠지만, 폭력은 가난에서 벗어나려는 빈민의 노력을 무위로 돌리고, 가난한 나라들의 경제 개발을 심하게 좀먹고, 빈곤퇴치 노력의 효율을 직접적으로 감소시킬 것이라는 상식을 뒷받침하는 증거가 속속 등장하고 있다. 수십 년 간 선량한 사람들이 해온 것처럼 우리는 가난한 사람들에게 갖은 재화와 서비스를 베풀 수 있지만, 악인들의 폭력과 약탈을 막지 않으면 결과는 무척 실망스러울 것이다. 지난 수십 년간 우리는 그 일을 하지 못했다.

물론 빈곤퇴치 활동의 성과가 없지는 않았다. 특히 1.25달러로 하루를 사는 극빈층의 수는 줄었다.(세계은행은 2015년 9월 절대빈곤선의 기준을 1.25달러에서 1.90달러로 상향조정하였다. 본서는 저술 시기상 그 이전 기준에 따른 통계를 사용하고 있다.—편집자 주) 하지만 앞으로 살펴보겠지만, 2달러로 하루를 살아야 하는 사람들의 수(20억 이상)는 30년 동안 큰 변화가 없었다. 그리고 그 이유가 일상적 폭력이라는 부인할 수 없는 연구 결과가 속속 나오고 있다. 이 책은 가난과 싸우는 전통적 방법을 줄여야 한다고 주장하지 않는다. 도리어 여전히 극심한 가난의 수렁에 빠진 수십억 빈민은 구호 활동을 두 배로 늘려 달라고 요청하고 있다. 하지만 이 책은 메뚜기 떼 같은 약탈적 폭력으로부터 노력의 성과를 안전하게 지켜야 한다는 경종을 울린다.

사실 폭력이 호시탐탐 노리는 평범하고 가난한 사람들의 내밀한 이야기, 곧 생산력을 잃고, 잠재적 이윤을 빼앗기고, 트라우마로 자신감과 행복을 잃고, 생사의 기로에 선 사람들이 약탈자에게 당하는 이야기를 읽을 때 우리는 이 끔찍한 사건들이 개개인에게 얼마나 가혹한 영향을 미치는지를 볼 수 있어야 한다. 또한 이 무시무시한 개인의 비극에 전 세계 개도국의 수많은 사람을 곱한 통계를 생각한다면, 빈민의 희망을 집어삼키는 거대한 폭력의 수채통을 막지 않는 것이 얼마나 큰 치욕인지 느끼게 될 것이다.

하지만 폭력을 우선적으로 해결하지 않는 것보다 더 충격적인 것은 그 문제에 대해 알고 있는 사람들이 가장 기본적인 해결책, 그들도 가장 의존하고 있는 해결책, 즉 법집행을 간과하는 습관이 있다는 것이다. 차차 살펴보겠지만, 개도국 빈민은 사실상 무법천지에서 이례적인 수준의 폭력을 견디고 있다. 한마디로 개도국의 기본 법집행 제도가 심하게 손상되어, 국제적인 연구에 따르면 빈민 대다수가 법의 보호를 받지 못하고 있다. 개도국의 사법제도는 가난한 사람을 더 가난하고 더 불안하게 만든다. 마치 어느 날 눈을 떠 보니 개도국의 병원이 빈민을 더 병들게 만들고, 수도 시설은 빈민이 마시는 식수를 더럽히고 있다는 것을 발견하는 격이다.

그런 재앙이 있다면 문제를 직시하고 즉시 해결하는 것이 정상이지만 애석하게도 세상은 그런 현실에 눈뜨지 못하고 있을 뿐더러 가난한 사람들에게 의미 있는 희망조차 주지 못하고 있다. 일언반구도 없고 손가락 하나 꿈쩍하지 않는다. 차차 보겠지만, 가난한 사람들을 일상 폭력에서 보호하는 데 기본적으로 필요한 형사사법제도를 우선적으로 바로 세우지 못했기에, 지난 세기에 훌륭한 발전을 거두고도 21세기에는 침체해 버린 두 가지 큰 투쟁이 있다. 곧 극심한 가난을 끝장내기 위한 투쟁과 최소한의 인권을 지키기 위한 투쟁이다.

21세기 세계 빈민에게, 일상에서 벌어지는 무서운 폭력에서 그들을 보호하는 기본 사법제도보다 더한 급선무는 없다. 경험자라면 다 알듯이 '안전'보다 중요한 것은 없다.

《약탈자들》은 불법 폭력이라는 전염병이 우리 세계의 두 가지 꿈, 즉 세계 빈곤을 끝장내는 꿈과 빈민의 기본 인권을 지켜내는 꿈을 전부 파괴하고 있다는 충격적인 이야기다. 하지만 이 책은 개도국의 기본 사법제도가 제대로 작동하지 않는 이유와 관련된 여러 충격적인 이야기도 밝힌다. 반세기 전 식민 열강이 개도국을 떠날 때 여러 가지 법률이 개정되었지만 법'집행' 제도만큼은 그대로 남았다. 이 제도는 폭력에서 시민을 보호하는 것이 아니라 시민에게서 정부를 보호하는 제도라 할 수 있다.

둘째, '공공' 사법제도가 작동하지 않자 개도국의 재력가와 권력자는 그와 판박이인 사설 경호원과 대체적 분쟁해결 방법을 갖춘 '사설' 사법 체계를 세워 현대에 가장 근본적이고도 눈에 띄지 않는 사회 혁명을 일으켰다. 이로써 빈민에게는 날로 악화되는 쓸모없는 '공공' 사법제도만 남게 되었다.

마지막으로, 충격적인 역사적 이유(그리고 그 비극적 결과)로 유수한 빈곤퇴치, 경제 개발, 인권 단체들은 개도국의 법집행 제도를 강화하는 일을 일부러 회피했다.

《약탈자들》은 이런 문제점들을 현실적으로 다루기 위해 역사에서, 또한 현재 묵묵히 전진하고 있는 개혁 프로젝트에서 변화의 희망을 찾는다. 오늘날 제대로 기능하는 거의 모든 공공 사법제도도 한때는 파탄과 부패, 폐단으로 얼룩진 전례가 있다. 《약탈자들》은 근현대사에서 우리가 놓친 감동적인 이야기들을 찾아내 사법제도가 어떻게 사회적 약자를 보호하는 제도로 개혁되었는지 보여 준다. 게다가 개도국의 파탄에 이른 공공 사법제도를 개혁하여 폭력에서 빈민을 효과적으로 보호하고자 노력하는 전 세계 여러 단체와 IJM의 다양한 사업은 짙은 희망의 윤곽을 드러낼 것이다.

하지만 의미 있는 희망을 확보하려면, 현실에 발을 단단히 붙여야 한다. 문제의 밑바닥을 진지하게 들여다보지 않는 비현실적인 달뜬 상상력으로는 부족하다. 신체 건강한 수백만 명의 사람이, 종말을 예고하듯 참혹하게 죽어 가는 다른 수백만 명이 처한 상황을 정직하게 직시했기 때문에 지금처럼 에이즈 문제를 돌파할 수 있었다. 시선을 피하지 않는 용기, 책장을 넘기지 않고 채널을 돌리지 않고 다른 페이지를 클릭하지 않은 전 세계 수백만 평범한 시민들의 결정 덕분에 어려운 현실에서도 희망이 떠올랐고 어둠에서 벗어나는 굳센 행진이 시작되었다.

　마찬가지로 우리가 극빈자들과 어깨를 나란히 하고 빈곤의 이면에 숨은 알려지지 않은 공포 속으로 들어가야만, 그들은 더 나은 내일을 맞을 것이다. 그래서 우리는 1장에서 당신을 그 어둠 속으로 안내할 것이다. 자못 충격이 크더라도 견디고 읽어 주기를 간곡히 부탁한다. 그 너머에 참된 희망이 있다. 앞으로 우리는 무질서한 폭력의 소용돌이를 뒤엎고, 불가능할 것 같았던 안전과 질서를 이룩한 여러 개도국의 신선하고 구체적인 역사를 소개할 뿐 아니라 오늘날 IJM을 비롯한 여러 비정부 기구, 정부 사업을 통해 성매매, 강제노동, 성폭행, 고문, 불법 감금 등 악질적인 폭력에서 빈민을 보호하는 진짜 희망의 구체적인 사례들을 살펴볼 것이다.

　하지만 그 전에 꼭 말해 둘 것이 있다.

　이 책은 어떤 문제에 대해서도 최종 결론을 내리지 않는다. 우리는 다만 마땅히 자원을 동원해 긴급하고 신중하게 해결해야 함에도 그렇게 하지 않고 있는 심각한 문제에 대한 대화의 물꼬를 트고 싶다. 이 책은 가난한 사람에 대한 폭력범죄의 수준과 종류, 폭력이 경제 개발·구호 활동·현대 인권 문제에 끼치는 영향, 개도국에 남아 있는 식민 사법제도, 사법제도 민영화, 사법제도 원조 프로그램에 얽힌 이야기, 개도국 형사사법제도의 정치경제학, 법집행의 발전 역사, 오늘날의 실험적 사법 개혁을 비롯해 복잡한 주제들을 소개한다. 각 주제는 다양한 전문가, 학술지, 논문, 인터넷에 게재된 최근 학계 논설 등을 망라한 방대한 분야를 다룬다. 우리의 목적은 어느 분야를 완벽하게 망라하는 것이 아니라 믿을 만한 논거를 일관성 있고도 흥미 있게 엮어서 불행하게 방치되고 있는 지구적 위기, 곧 빈민에 대한 폭력을 시급히 해결하자는 화두를 꺼내는 것이다.

말한 김에 이 말도 덧붙여야겠다. 부트로스와 나는 일상의 폭력범죄에서 빈민을 보호하는 법집행 제도를 정립하는 것이 그들의 성공과 안녕에 중요하다고 믿지만, 법집행만이 그들을 보호하는 유일한 수단은 아니다. 폭력범죄는 매우 복잡한 사회 현상으로 다양한 요인이 있다. 우리가 주장하는 내용을 간단히 말하자면 '확실한 억제력인 법집행 없이' 다른 요인들을 제거해서 폭력범죄를 막으려는 조치는 (개도국에서 실패하고 있고) 실패한다는 것이다. 둘째, 우리는 민권 변호사로서 서구에서 성공한 법집행의 가치를 인정하고 또한 거기서 배울 점이 있다고 믿지만 형사사법제도에 결함이 있다는 것 또한 잘 알고 있다. 우리는 일찍이 미국 법집행 제도의 폐단에 맞서 싸우면서, 다른 나라들에 있는 폐단과 만행, 부패가 미국의 제도에도 빠짐없이 있다는 점을 알고 있다. 우리는 또한 서구의 형사사법제도가 다른 나라의 문제를 획일적으로 해결할 수 있다고 믿지 않는다. 최선의 해결책은 자국 상황에 맞는 자생적 개선책과 가장 적합한 외부 자료의 조합에서 나온다. 우리가 바라는 것은 전 세계 가난한 사람들이 자국의 모든 폭력에서 보호받을 수 있는 형사사법제도가 정착되는 것이다.

이 책은 은타라마의 교회 안에 쌓여 있던 시신에서 시작해 이 시대 세계 빈곤의 주범으로 암약하는 일상 폭력에 이르기까지, 우리가 오랜 여행을 하면서 마주쳤던 무서운 현실에 대한 기록이다. 두 눈을 부릅뜨고 폭력의 실상을 들여다보는 일, 책임지는 사람 하나 없이 같은 폭력이 반복되지 않도록 하는 일, 어느 것 하나 쉬운 일은 없다. 은타라마 대학살 추모관에는 우리가 1994년에 수습한 유골들이 선반에 잘 정돈되어 있다. 인간이 서로 해서는 안 될 일과 서로 해야 할 일을 뚜렷이 보여 주어 우리를 양심과 용기의 길로 인도한다면, 이곳은 의미 있는 장소가 될 것이다.

1장

그곳에서 무슨 일이 벌어지고 있는가?

세상 사람들이 페루 라우니온에서 벌어지는 일을 볼 수 없다는 것은 여러모로 당연하다.

지구를 제 손바닥처럼 본다는 구글 어스로 라우니온을 검색해도 도시는 전혀 보이지 않는다. 1만 8천 미터 상공에서 보면, 험준한 안데스 산맥 속으로 도시 전체가 자취를 감춘다. 구글 어스로 내가 사는 도시를 들여다보면 우리 집과 자동차뿐 아니라 인근 예술극장의 간판까지 읽을 수 있다. 하지만 대성당, 법원, 병원, 잉카 유적지, 경기장, 학교, 중앙시장, 광장이 있고 주민 수천 명이 사는 안데스 산맥의 라우니온은 도시 자체가 전혀 보이지 않는다.

구글을 탓할 수는 없다. 어느 지역이든 화면의 해상도는 '수익과 지명도'에 정비례하고, 세상 사람들 대다수는 1만 8천 미터 상공에서 라우니온을 보는 데 불만이 없다. 즉 안 보아도 그만이다. 라우니온의 고해상도 이미지 따위는 필요 없다는 세계인의 암묵적인 동의는 주로 시장경제학의 문제다. 누군가는 위성과 영상기술 비용을 지불해야 하는데 라우니온의 케추아족 주민들의 구매력으로는 어림도 없다.

하지만 당신과 내가 이 작은 도시를 볼 수 없는 이유는 또 있다. 이곳에서는 경천동지의 사건이 일어나지 않는다. 아니, 일어나지 않는 것처럼 보인다.

사실 구글 어스는 대학살과 산림 파괴, 내전 같은 주목할 만한 재난이 일어난 지역이나 2011년 무력 충돌로 '시간당' 여성 48명이 강간당하는 충격적 성폭행이 만연했던 콩고 동부처럼, 오지라는 이유로 세간의 관심에서 밀려나기 쉬운 지역의 잔혹한 처지를 상세히 보여 주는 특수 기능이 있다.[1]

그런 공포에 비하면 라우니온이 있는 우아누코 지방에 주목할 만한 사건이 과연 있을까.

전쟁으로 폐허가 된 콩고에 버금가는 성폭행이 만연해 있다면 어떨까.[*]

인구 20만여 명이 거주하는 페루의 주도 우아누코를 처음 방문했을 때 한 지방지에서 어느 의사가 닷새 동안 강간 피해자 50명을 진료했다는 기사를 읽었다.[2] 게다가 그는 나를 만난 자리에서, 피해자 50명을 일일이 진찰해 보니 모두 10-13세에 불과한 소녀들이라고 말했다. 더 끔찍한 사실은, 내가 만난 변호사나 지역 지도자, 활동가들은 어느 누구도 이번 성폭행은 물론 다른 성폭행으로 감옥에 간 가해자를 '한 사람'도

---

[*] 콩고 인구는 7천만 명이다. 시간당 48명이 강간을 당했다는 것은 닷새마다 20만 명당 16명이 당했다는 뜻이다. 인구 20만 명이 사는 우아누코의 한 보건소 기록에 의하면 닷새 동안 50명이 강간을 당했다. 이것은 물론 두 나라의 상황을 비교하는 체계적인 방법은 아니지만 개도국의 가난한 사람들이 일상에서 겪는 성폭력이 이처럼 심각한 수준인데도 언론에서는 관심조차 갖지 않는 현실을 잘 보여 준다.

기억하지 못했다.

안데스 산맥의 여러 마을에서 '무언가' 끔찍하게 잘못된 일이 벌어지고 있었다.

세상 사람들에게 우아누코 지방은 지루하고 아득한 개도국의 가난을 상징하는 보잘것없는 벽지에 불과할 것이다. 여러모로 그렇기는 하다. 하지만 두 페루인 변호사는 나를 더 깊숙한 현실로 데리고 갔다. 라우니온 같은 도시의 이면에 숨어 있는 추악한 실체는 거리에 누운 시체와 함께 나타났다. 잔인하게 유린당한 여덟 살 소녀의 몸이었다.

소녀의 이름은 유리였다. 이른 아침, 누군가가 유리의 짓이겨진 시체를 한길에 버렸다. 자갈길 위로 자그마한 피 웅덩이가 고였다. 두개골은 움푹 패고 다리는 전선에 묶여 있고 팬티는 발목에 걸려 있었다. 도심을 가르며 흐르는 강이 지척에 있는데도 범인들은 시체를 버젓이 대로에 버렸다.

거리낌 없이 무참하게 살해한 뒤, 밤새 쌓인 쓰레기와 함께 치우라는 듯 아무렇지 않게 버려진 어린 소녀. 어쩌면 라우니온에서 발생한 이 기괴한 강간 사건이 페루 약자들의 일상을 말없이 파괴하는 보이지 않는 폭력을 조금이나마 밝혀 줄지도 모를 일이다.

하지만 이런 끔찍한 이야기 속으로 깊이 들어가기란 쉬운 일이 아니다. 서로 모르는 사람이 없는 곳, 누가 누구에게 무슨 짓을 했는지 모르는 사람이 없는 곳, 가해자와 피해자가 거리에서 스쳐 지나치는 곳, 대대로 강자가 약자를 조롱하는 이 작은 도시의 현실 같지 않은 친밀함과 잔인함, 면전에서 일어나는 부패를 나는 곧 보게 될 터였다.

신형 토요타 승용차가 라우니온으로 향하는 굽이진 길을 돌고 있었다. 나는 태아처럼 몸을 웅크리고 앉아 멀미를 참고 있었다. 해발 2천 미터, 푸른 초목으로 뒤덮인 계단식 피라미드 같은 안데스 산맥을 급하게 돌아가는 길을 자동차는 쉬지 않고 달렸다. 앞좌석에는 페루인 변호사 호세와 리처드가 타고 있었다. 두 사람은 라우니온에서 일어난 일을 세상에 알리고 싶어 했다.

리처드와 호세는 페루의 훌륭한 인권단체 파시에스페란사Paz y Esperanza 에서 일한다. 깎아지른 벼랑을 급하게 도는 순탄치 않은 여행으로 나는 신에게 영혼을 내맡긴 상태인데도, 두 사람은 기분 좋게 웃고 떠들면서 서로 헐뜯는 농담을 하는가 하면, 새로 깐 포장도로 덕분에 라우니온으로 가는 시간이 반으로 줄어 네 시간이면 갈 수 있다고 기뻐했다.

우아누코 출신 리처드는 우리가 지나간 위험한 산길에서 트럭 운전을 했던 아버지 덕분에 가족 중에 유일하게 제대로 교육을 받을 수 있었다. 리처드는 지나치다 싶을 정도로 관대한 사람이다. 늘 과로하고 헤프게 베풀고 해마다 건강을 지키겠다고 아내에게 약속한다. 그는 친절하고 성실하며 기운이 넘치고 미소가 환하고 자주 웃으며 짓궂은 면도 있다. 리처드는 돈을 많이 내는 학생에게 좋은 일자리를 알선한 학장의 부패를 폭로하여 법대 학생회장이 되었다. 장담하건대, 오늘날 페루에서 아동강간범을 감옥에 보내기 위해 리처드만큼 오랫동안 열심히 일해 온 변호사도 없을 것이다.

얄궂게도, 호세는 사람들을 감옥에서 '빼내는' 일부터 시작했다. 1990년 대 페루의 후지모리 정부와 테러단 샤이닝패스가 거칠고 잔인하게 피흘리며 싸우는 동안 페루 정부의 테러리스트 법정에서 열린 비밀 재판으로 무고한 페루인 수천 명이 감옥으로 사라졌다. 호세와 파시에스페란사의 동료들은 자신들이 맞서 싸우던 직권남용 감금을 일삼는 체제에 의해 잡혀갈 위험을 무릅쓰고 범죄자로 기소된 가난한 페루인들을 변호했다. 그 시절을 이겨낸 호세는 활동가 아내와 함께 파시에스페란사에서 가난한 사람들이 당하는 성폭력에 대처하는 일을 시작했다. 그때가 2003년, 유리의 짓이겨진 작은 몸이 라우니온의 거리에 버려진 해였다.

유리 이야기

호세와 리처드는 외부인들은 결코 볼 수 없는 것을 내게 보여 주고 싶어 했다. 멀리 케추아족 마을의 그림 같은 풍광을 보여 주고 싶었던 것이 아니다. 어차피 이 작은 마을에는 늘 관광객이 넘쳐난다. 제3세계의 가난을 보여 주고 싶었던 것도 아니다. 개도국이나 '신흥 시장' 국가를 방문하는 사람은 누구나 판잣집, 남루한 아이들, 쓰레기 더미, 뒷간, 오염된 물을 구경할 수 있다.

리처드와 호세는 친숙한 모습의 표면 아래 빈민이 존재하는 곳에서 폭력이 판치는 광활한 지하 세계를 보여 주고, 굴욕적인 만행과 폭행으로 질식할 것 같은 그 세계에서 가난한 사람들이 벗어날 수 없게 가로막는 세력을 폭로하고 싶어 했다.

이를테면 2003년 라우니온의 그 어두운 밤에 유리에게 일어난 일을 실제로 목격한 사람은 아무도 없다. 유리와 가해자들은 알지만 누구도 말이 없다. 보란 듯이 한길에 버려진 유리와 달리, 사람들은 내색하지 않는다. 폭력의 여파는 강에 가라앉고 방에 갇히고 술집 뒷골목에 묶이고 블라우스로 덮이고 땅에 묻힌다. 아프리카 최악의 전쟁터에서나 일어나는 강간 횟수에 버금가는 성폭력이 일어나는 페루의 마을에서 당신과 내가 이런 일에 대해 조금도 들을 수 없다는 것은 이상한 일이 아니다.

대관절 이곳에서 무슨 일이 벌어지고 있는 것일까?

*　　*　　*

그 춥던 12월 아침, 거리에서 유리의 시신을 처음 발견한 사람들 중에는 유리의 열한 살 난 오빠 존도 있었다. "현장으로 가던 날 아침이 기억나요. 누가 우리 집 대문을 부서져라 두드렸어요. 그러더니 누가 내 동생이 죽었다고 말해 줬어요."

2003년 12월 19일, 5시도 되지 않은 어둑새벽이었다. 존과 식구들은 작은 집을 나서서 가게들이 서 있는 자갈길을 따라 행인들이 모이기 시작하는 인도까지 내달렸다. 전날 밤 잔치가 열렸던 곳, 식구들도 아는 장소였다.

찢어지는 가난에도 존의 어머니와 대가족은 존을 초등학교에 보냈고 마침내 졸업까지 시켰다. 전날 밤 존의 선생님과 6학년 졸업생 30명은 가족과 후원자들과 함께 연회장에 모여 마을 전체가 함께하는 경사를 축하했다. 존은 몇 주 전부터 이 학교 잔치를 손꼽아 기다렸다. 멀리 떨어진 곳에서 일하는 존의 어머니 루실라는 잔치에는 못 갔지만 저축한 돈으로 아들의 양복을 사 보냈다.

존은 졸업 한 달 전부터 들뜬 마음으로 검은 양복을 몰래 꺼내 입어 보고 다시 걸어 두기를 반복했다. 존이 나에게 오래된 사진을 건넸다. 연회장에서 찍은 사진에는 외할머니와 외삼촌 사이에서 조금 헐렁한 검푸른 더블버튼 양복과 넥타이 차림을 하고 졸업장을 들고 뻣뻣하게 서 있는 존이 보인다. 무척 착하게 생긴 얼굴이다. 가난한 가족의 기쁜 날을 담은 근사한 사진이다.

하지만 사진 속의 존 뒤로 연회장을 소유한 지역 유지의 집으로 이어지는 계단도 보인다. 이튿날 혈흔이 발견된 계단, 유리의 생전 모습이 마지막으로 목격된 계단이다.

유리는 연회장에서 그리 멀지 않은 곳에서 오빠와 친척들과 함께 살았다. 커다란 검은 눈과 웃음을 한껏 머금은 볼이 예쁜, 쾌활한 케추아족 여덟 살 소녀는 웃을 일이 없는 가족에게 웃음을 주는 아이였다. 유리는 안데스 산맥의 찬 공기를 가르며 친구들과 우르르 몰려서 오빠를 따라 연회장으로 갔다. 연회장은 돼지구이 요리와 음악, 아이들로 북적댔다. 유리는 친구들과 놀면서 구경하기 바빴고, 가끔은 계단도 오르락내리락했다. 존에 따르면, 이층에서는 졸업생들에게 줄 크리스마스 선물을 찾는 부모들에게 싸구려 장난감을 팔고 있었다. 밤이 깊어지고 아이들이 하나둘 빠져나가자 낡은 연회장에는 어른들이 모여들었고 주인이 임시로 꾸민 술집에서 술을 마시기 시작했다.

연회장 주인 페드로 아얄라와 부인 켈리는 이층에 마련한 집에서 열아홉 살 아들 게리와 열한 살 헤라르도(가명)와 같이 살고 있었다. 헤라르도는 성폭행을 견디지 못하고 가출한 후에 그곳에서 일을 하며 지냈다. 리처드와 호세의 설명에 따르면, 아얄라 부부는 라우니온처럼 가난한 소도시에 하나씩 있을 법한 인물이었다. 가난한 사람들을 상대로 돈을 버는 저돌적이고 영리한 사람들. 아얄라 부부는 연회장을 밤에는 디스코텍으로 바꾸어 맥주와 음식을 팔고, 유료 전화를 운영하고, 옷을 팔고, 크리스마스 철이 되면 플라스틱 장난감이나 궁핍한 사람들에게 필요한 것이라면 무엇이든 팔아 폭리를 남겼다. 온통 가난에 찌들어 위태로운 하루살이처럼 살아가는 소박한 사람들이 모인 마을에서, 보기 드문 강한 자신감으로 자수성가를 이루어 살아가는 사람들이 있다. 황량하고 더러운 주변 풍경에도, 그들의 주택은 크고 화려하고 지붕에는 위성 방송 수신기가 얹혀 있고 10대 자녀들은 최신 유행하는 옷을 입고 가구마다 비닐 덮개가 덮여 있다. 가난한 주민들은 그들을 가리켜 돈 있는 사람, 힘 있는 사람, 중요한 사람, '특별한 사람'이라고 부를 것이다. 유리의 가족은 아얄라 부부를 그렇게 불렀다. 그리고 자신을 비롯한 라우니온의 가난한 주민들은 '보잘것없는 사람', '무지렁이'라고 불렀다.

* * *

졸업 축하 잔치 이튿날 아침, 아얄라 부부의 이층 발코니 밑 길바닥에 싸늘한 시체로 누워 있는 유리 주변에 모인 적은 무리가 바로 그 '무지렁이'들이었다. 열한 살 존은 여동생의 시신을 보았다. 손발은 전선에 묶여 있고 팬티는 발목까지 내려와 있었다. "온몸이 상처와 멍투성이였어요. 그놈들이 동생의 다리를 부러뜨리고 머리를 짓이겼어요."

"어린 양을 반으로 갈라놓은 것 같았어." 외숙모 카르멘이 옆에서 거들었다.

식구들이 유리를 마지막으로 본 곳은 아얄라 부부의 연회장이었다. 시신 주변에 모인 존의 식구들은 문득 전날 밤 누군가는 어린 유리를 집에 바래다주리라는 생각에 경솔하게 유리를 그곳에 두고 왔다는 것을 깨달았다. 잔치에 왔던 한 아이는 유리가 계단으로 이층 아얄라 부부의 집으로 올라가는 것을 보았고, 자신은 계단 옆에 있었지만 유리가 다시 내려오는 것은 보지 못했다고 말했다.

드디어 페드로 아얄라가 모습을 드러냈다. 그는 거리에 놓인 아이 시체와 모인 이웃들을 보았다. 그런데 이상하게도, 그에게서는 호기심이나 불안감을 찾아볼 수 없었다. 그는 두 번 다시 돌아보지도 않은 채 큰 길을 따라 내려갔다.

신고를 받고 현장에 도착한 두 경찰과 검사는 유리의 시신을 안치소로 보냈다. 하지만 그들이 집 안으로 들어가기는커녕 아얄라 부부에게 아무것도 묻지 않은 채 떠나 버리자 유리의 친척과 이웃들은 동요하기 시작했다. 어떻게 된 일이야? 그들은 절박한 심정으로 부리나케 연회장으로 들어갔다.

이층으로 올라간 그들은 마루에서 핏자국과 온갖 얼룩으로 더럽혀진 매트리스를 발견했다. 그 옆에는 유리의 작은 부츠와 모자, 옷들이 차곡차곡 쌓여 있었다. 페드로의 부인은 그 옷이 자기 것이라고 주장했지만 어린 아이의 옷이 분명했고, 친척들은 한눈에 유리의 옷을 알아보았다. 게다가 유리의 친척들은 세탁장이 있는 옥상 싱크대 옆에서 물에 젖은 유리의 옷가지와 피 묻은 셔츠를 발견했다. 나중에 이 셔츠는 아얄라 부부의 열아홉 살 된 아들 게리의 옷으로 밝혀졌다.

잠시 후, 경찰은 그 집에서 '하인'으로 일하는 열한 살짜리 헤라르도를 병원으로 데려가 임상심리학자를 통해 그의 진술을 들었다. 그는 연회장에서 잠이 들었는데 한밤중에 어린 아이가 "엄마, 엄마, 엄마!"라고 소리치는 비명과 게리와 페드로의 목소리에 눈을 떴다. 헤라르도는 무슨 일인지 알아보려고 이층으로 올라가려 했지만 게리가 그를 제지하면서 길거리에서 떠드는 아이들 소리니 걱정하지 말라고 했다. 헤라르도는 다시 잠이 들었는데, 새벽에 일어나 이층으로 올라갔더니 술 취한 페드로 옆에 담요를 덮고 있는 소녀가 있었다. 헤라르도는 소녀를 쿡쿡 찔러 보았지만 아무런 반응이 없었다. 그는 페드로가 발설하지 말라고 윽박지르면서 입을 열면 난폭한 양아버지에게 돌려보내겠다고 위협하고는 연회장 청소를 시켰다고 진술했다. 헤라르도가 다시 이층으로 돌아왔을 때 소녀는 보이지 않았다.

결국 그날 아침 경찰은 아얄라 부부의 집으로 돌아가 매트리스, 유리의 부츠와 옷, 옥상 세탁장에서 발견된 씻다 만 피 묻은 셔츠를 짐수레에 싣고 갔다. 그제야 유리의 친척들은 병원으로 달려갔지만 소녀의 시신은 이미 부검실로 들어간 후였다. 이제 그들은 입에 담기도 무서운

이 소식을 누가 유리의 어머니에게 전할 것인지 정해야 했다.

* * *

루실라는 몇 백 킬로미터 떨어진 곳에서 평생 해온 일을 하고 있었다. 루실라는 가족을 부양하기 위해 열심히 일했다. 검은 눈동자, 높은 광대뼈, 작은 키. 루실라는 전형적인 케추아족 여자지만 모직 치마, 니트숄, 검은 페도라 같은 전통 의상은 입지 않는 세대다. 내가 라우니온을 방문했을 때 그녀는 검은 머리를 위로 묶고 청바지와 따뜻한 갈색 스웨터 차림이었다. 우리가 마을을 걷는 동안 루실라는 자신이 자란 작은 집을 보여 주었다. 돌과 진흙, 양철을 얼기설기 엮어 만든 그 집은 유리의 시체가 발견된 장소에서 고작 수백 미터 떨어진 곳이었다.

어린 시절 루실라는 학교에 다닐 수 있을 만큼 살림이 넉넉했지만, 안데스 산골에서 자라는 다른 아이들처럼 집에서 멀찍이 떨어진 산속에서 혼자 지루하게 돼지와 염소와 양을 친 기억밖에 없었다. 술에 취해 폭력을 휘두르는 아버지 때문에 가정에 파탄이 오자 학교를 그만두어야 했기 때문이다. 나중에 루실라는 결혼하여 존과 유리를 낳아 길렀지만 가정은 또다시 파탄에 처했다. 부부는 리마 북쪽에서 일자리를 구했지만 남편이 폭력적으로 변해 가자 루실라는 자신과 유리가 더 이상 안전하지 않다고 느꼈다(라우니온의 학교로 돌아간 존은 외할머니와 지내고 있었다). 남편과 헤어진 루실라는 유리를 라우니온에 있는 친정 식구들에게 보냈고 자신은 일을 하면서 근근이 살았다.

그래서 루실라는 암울했던 그날 아침, 멀리 떨어진 곳에 있었던 것이다. 루실라의 형제자매들은 조카딸의 죽음을 그녀에게 알릴 방법을 찾아야 했다. 개도국에도 휴대전화는 흔하지만 루실라네 같은 극빈층은 여전히 전화가 있는 이웃이나 친척, 가게의 도움을 받아야 한다.

루실라가 말했다. "이웃 사람이 이른 아침부터 대문을 두드리면서 '전화 좀 받아 보세요'라고 했죠. 나는 옷을 입고 전화를 받으러 밖으로 나갔어요."

루실라의 동생 카르멘이 전화를 걸었지만 도저히 말을 꺼낼 수 없어서 수화기를 올케에게 넘겼다.

"누가 전화기에 대고 '유리가 연회장에서 살해됐어요'라고 말했어요." 나를 보고 말하는 루실라의 검은 눈동자에 눈물이 그렁그렁했다. "그렇게만 말했어요. 나는 주저앉은 채 말문이 막혔어요. '누가 나한테 원한이라도 있는 거야? 나는 아는 사람도 없어. 유리가 왜 연회장에 갔지? 누가 내 딸을 죽였어?'라는 생각뿐이었어요."

전화를 끊은 루실라는 당장 라우니온으로 가고 싶었지만 낮에 운행하는 버스를 탈 돈(15달러)이 없어서, 저렴한 야간 버스를 기다려야 했다. 산을 오르는 구불구불한 비포장도로를 달리면 열두 시간 후에야 라우니온에 닿을 것이다. 그녀는 그 열두 시간 내내, 전화기에서 들은 무섭고 이상한 말을 떠올리고 또 떠올렸다. "유리가 연회장에서 살해됐어요."

* * *

루실라는 흙바닥, 오염된 식수, 문맹, 궁핍한 생활에 따라붙는 끈질긴 무언의 멸시 가운데 살지만, 그 속에서도 낯익은 꿈들이 얼핏얼핏 보인다. 나는 루실라가 아끼는, 넉넉하고 소중했던 순간을 간직한 유리의 사진에서 그 꿈들을 보았다. 루실라는 딸에게도 선물하고 싶었다. 중산층 주택에서 청소하며 보았을 그곳의 아이가 누리는 것들을. 생일 잔치, 바다

네 살 생일 때의 유리

여행, 학교 행사, 퍼레이드 하나하나가 그녀의 힘겨운 노력의 산물이었다. 나는 네 살 된 유리가 의자 위에 당당하게 서서 뒷짐을 지고 커다란 생일 케이크 앞에서 환하게 웃는 사진이 가장 마음에 든다. 흰 천을 산뜻하게 덮은 탁자 위에는 푸짐한 음식이 가득하고 그 앞으로 플라스틱 컵들이 놓여 있다. 사진 가장자리에는 미처 렌즈 바깥으로 나가지 못한 루실라가 기우뚱하게 서 있다. 여느 중산층 엄마처럼 루실라는 어린 딸을 위해 자신이 마련한 것들을 자랑스럽게 보고 있다.

오랫동안 나는 대학살, 노예살이, 살인, 고문, 치욕스러운 강간, 폭행에서 살아남은 가난한 부모들의 이야기를 직접 들었다. 그들이 묘사하는 고통은 상상을 초월한다. 나는 그런 고통을 견딘 사람들은 어딘가모르게 나와는 다른 사람이라고 여기고 싶은 유혹을 받는다. 어쩌면 그들은 나와 정서가 다를 것이다. 기대나 관심, 희망, 바람, 필요의 수준이 낮을지도 모른다. 하지만 시간이 흐를수록 그들도 나와 '똑같은' 사람이라는 것을 알게 되자 고통스러웠다. 그 매트리스에서 유리가 견뎠던 것, 열두 시간 동안 안데스 산맥을 오르는 버스에서 루실라가 견뎠던 것은 결코 그들이 가난하다는 이유로 수월하게 할 수 있는 일이 아니었다. 보통 부모들처럼 루실라는 딸에게 무슨 일이 생겼는지 알고 싶었다. 그녀는 사람들이 옳은 일을 해주고, 딸을 살해한 역겨운 범인들이 법의 심판을 받기를 바랐다.

하지만 참담하게도, 라우니온에 도착한 루실라는 자신이 어떤 세력과 맞서고 있는지 알지 못했고 그것을 알았을 때는 이미 때가 늦었다.

* * *

'일상적' 폭력이 대부분 눈에 띄지 않는 것은 사실이지만, 강간과 살인은 특히 까다로운 범죄다. 유리의 경우 범인들은 망신스러운 실수를 저질렀다. 집 '앞' 인도에는 폭행을 당하고 살해된 소녀의 시체가 있었고, 집 '안'에는 피 묻은 매트리스와 피해자의 옷이 있었다. 아얄라 부자는 범행을 부인하기 어려웠다. 경찰이 유리의 시신과 집 안의 물증을 치우자마자 켈리 아얄라는 슬며시 집을 빠져나갔다. 도시를 가로질러 몇 블럭 떨어진 곳에는 돈을 주면 이 문제를 해결해 줄 남자가 있었다. 변호사 에스타시오 플로레스였다.

호세와 리처드에 따르면, 이것은 개도국에서 벌어지는 전형적인 일이었다. 가난한 사람들은 처음부터 공정한 싸움이 불가능하다. 페루 시골에서 피해자가 가해자의 처벌을 바란다면 돈을 내야 한다. 그렇다. 말 그대로다. 선진국 사람들은 이해하기 힘들 것이다. 선진국에는 폭력범죄 피해자를 대신해 법을 집행하는 수사관과 검사, 치안 판사들에게 봉급을 주는 비교적 풍족한 공공 사법제도가 있기 때문이다. 선진국에서 폭력범죄는 곧 국가에 대한 범죄다.

하지만 페루를 비롯한 수많은 개도국에서는 돈을 내야 법률 서비스를 받을 수 있다. 돈과 힘이 있는 가해자들은 분명히 자신을 변호할 돈을 내겠지만(합법으로든 위법으로든) 1~2.5달러로 하루를 근근이 사는 가난한 사람들은 자신을 변호할 돈이 없다. 수사는 진척이 없고, 가해자들은 처벌을 받지 않고, 사건 재발을 방지할 길은 없다.

리처드가 설명했다. 루실라 같은 경우 검사를 찾아가면 "검사가 다짜고짜 물어봅니다. '돈 있어요?' 사건을 수사할 검사나 대신 일할 변호사에게 줄 돈이 있냐는 거죠." 루실라의 수중에는 사건을 맡길 변호사를 고용할 돈은커녕 살해된 딸의 시신을 되찾으러 가기 위한 버스 요금 15달러도 없었다.

나는 리처드에게 물었다. "하지만 이것은 명백한 강간 살해 사건이잖습니까? 어머니가 돈을 내지 못하면 어떻게 됩니까?"

리처드는 온화한 눈빛과 조금은 고통스러운 표정으로 잠시 나를 쳐다보았다. 뻔한 사실을 내가 이해하지 못해서였을까. 제 나라에서 일어난 당혹스러운 일 때문이었을까. 루실라 같은 어머니들의 처지 때문이었을까. 아마 전부 다일 것이다.

"돈이 없으면 그걸로 끝입니다."

나는 이후에 우아누코 지방에서 강간당한 딸을 둔 어머니 수백 명을 대표하는 여섯 어머니를 만났다. 그들도 똑같이 말했다. "돈이 없다고 하면 그들은 '도울 수 없다'는 말만 하고 우리를 내쫓습니다." 그들이 내린 결론은 간단하고 참담했다. "우리는 가난하기 때문에 정당한 대우를 받을 수 없습니다."

*　*　*

유리의 살인 사건을 수사할 사람을 구할 돈이 없었던 루실라의 가족은 곧 그 결과를 뼈저리게 느꼈다. 페루에서는 피해자 가족이 선임한 대리인 한 사람이 부검에 참석하도록 법으로 정했는데도, 유리의 가족에 따르면 사건 담당 검사 로사리오 프레텔은 피해자 가족 측의 출입을 전혀 허락하지 않았다. 하지만 아얄라 부자의 변호사 에스타시오 플로레스는 부검에 참석했다. 그의 의뢰인인 페드로 아얄라와 게리 아얄라는 아직 아무런 고소도 당하지 않았기 때문에 상식에 어긋나는 일이었다.

검시관은 피해자의 질에서 채취한 샘플에서 정액의 존재를 확인했다.[3] 하지만 어쩌된 일인지 가해자를 밝혀낼 이 샘플은 영영 사라져 버렸다. 샘플을 채취한 의사는 병원장의 지시로 샘플을 버렸다고 나중에 증언했지만 이유는 설명하지 못했다.[4] 마찬가지로 유리의 시신이 안치실에 도착했을 때 분명히 속옷이 있었지만 증거를 수집할 의무가 있는 프레텔은 이 중요한 생물학적 증거 자료를 확보하지 않았다.

같은 날, 질 샘플을 처음 채취한 의사는 병원장에게서 매우 이상한 지시를 받았다. 유리의 죽음으로 슬픔에 빠진 가족과 친구들이 있는 집으로 가서 내일 장례를 치를 어린 시신에서 질 샘플을 새로 채취하라는 것이었다. 법원의 승인을 받고 검사가 동석해야 가능한 절차였는데 병원장은 그 모든 절차를 무시했다. 또한 이상하게도 병원장이 지시를 내리는 자리에 그가 부검실에서 보았던 플로레스가 있었다. 플로레스는 의사에게 자신은 '유리'의 가족을 대리하는 변호사라고 거짓말을 했다.

유리의 친척들은 경찰 둘, 의사 둘과 함께 밤늦게 판잣집 단칸방으로 찾아온 플로레스가 어처구니없게도 같은 거짓말을 했다고 말한다. 유리의 가족에 따르면, 플로레스는 모여 있던 가족과 친구들에게 모두 집 밖으로 나가라고 지시했다. 혼란과 슬픔에 빠진 사람들의 항의가 빗발치는데도 플로레스는 쭈뼛쭈뼛 서 있는 의사들에게 뻔뻔한 얼굴로 질 샘플을 다시 채취하라고 요구했다. 그러고는 가족에게 "걱정하지 마세요. 아무 일도 없을 겁니다. 나는 여러분의 변호사입니다. 유리는 내 조카나 다름없었습니다. 내가 여러분을 변호하겠습니다"라고 말했다.

플로레스는 한 가지가 더 필요했다. 유리가 입었던 옷이었다. 부검하는 동안 병원 밖에서 기다리던 외숙모 카르멘은 급히 가게로 가서 유리에게 입힐 흰색 드레스를 샀다. 유리의 시신을 씻기고 새 옷으로 갈아입힌 후 가족은 유리가 입었던 옷을 집으로 가져왔다. 그 옷에는 범행 증거가 고스란히 남아 있었다. 플로레스는 가족에게 그 옷을 달라고 요구했다. 유리의 외삼촌 오베드는 마지못해 승낙했다. 그는 '가족의 변호사'라고 주장하는 남자가 자신들을 도우리라 여겼다. 그 옷은 최초의 질 샘플과 함께 감쪽같이 사라졌고 다시는 찾을 수 없었다. 새로운 질 샘플에는 '신기하게도' 정액의 흔적이 없었다.

하지만 그날 아침 아얄라의 집에서 발견한 피 묻은 매트리스와 옷들이 있지 않은가. 이 증거물은 경찰서에서 검사 사무실로 이송되었고, 면밀한 조사도, 증거 채택도 되지 않았다. 사실 페드로 아얄라와 게리 아얄라 부자에게 무죄를 선고한 재판이 있은 지 몇 달 후 리처드와 동료들이 마침내 사건을 맡기로 했을 때까지 매트리스는 자물쇠를 채운 검사의 벽장에 보관되어 있었다. 깨끗이 세탁한 매트리스에는 아무 흔적도 남아 있지 않았다.

더더욱 충격적인 것은, 마치 아무 일도 없었다는 듯 혈흔이 있는 부분을 잘라내고 새로 기웠다는 것이다. 나는 리처드에게 이 이야기를 처음 듣고는 너무 어처구니가 없어서 믿기지가 않았다. 그러고 나서 사진을 직접 보았다. 유리의 시신이 발견된 날 아침 아얄라의 집에서 찍은

현장에서 찍은 매트리스 사진(왼쪽)과 검사가 보관하고 있던 매트리스(오른쪽)

현장 사진이었다. 청록색 줄무늬 일곱 개가 세로로 떨어지는 회백색 매트리스 왼쪽에 혈흔이 있었다. 그리고 검사 사무실에 있던 매트리스 사진을 보았다. 청록색 줄무늬가 세로로 있는 똑같은 회백색 매트리스였다. 하지만 줄무늬는 일곱 개가 아니라 네 개밖에 없었다. 매트리스의 왼쪽 줄무늬 세 개만큼을 잘라내고 마치 아무도 눈치 채지 못할 것이라는 식으로, 아니, 더 정확하게 말하면 마치 누가 눈치 채더라도 대수롭지 않다는 식으로 매트리스 옆구리를 다시 꿰매었다.

짧은 시간에, 그것도 어처구니없이 노골적인 방법으로 아얄라 부자의 변호사, 병원장, 경찰서장, 검사는 부검에서 채취한 생물학적 증거, 피해자의 옷, 소녀를 잔인하게 강간한 매트리스의 혈흔을 인멸했다. 하지만 소녀가 강간과 살해를 당했다는 것은 여전히 명백한 사실이었다. 누군가는 처벌을 받아야 했다. 아얄라 부자만 아니면 누구라도 괜찮았다.

*   *   *

유리의 시신이 발견된 날 아침, 아얄라 부부의 집에서 일하는 조건으로 숙식하고 있던 열한 살 가출 소년 헤라르도는 병원 임상심리학자를 만난 자리에서 페드로와 게리 부자가 이 사건에 연루되었다고 처음부터 진술했다. 하지만 수사 기관은 마을에서 유명한 알코올중독자이자 거지인 노인 시샤를 유리의 강간살해범으로 체포했다. 어린 헤라르도는 경찰서로 불려가 날조한 이야기대로 재진술하라고 강요받았다.

헤라르도를 협박해서 받아낸 진술 외에는 아무 증거가 없는데도, 시샤는 강간살해범으로 기소되었다. 하지만 이것은 수사 기관의 오판이었다. 기소 사실을 전해들은 주민들은 경찰서에 집결해 시샤의 체포에 항의했다. 너무 어처구니가 없는 일이었다. 시샤가 연회장에 가지 않았다는 사실을 아는 사람이 많았고, 주민들은 그가 천진한 술꾼일 뿐이라고 말했다. 주민들은 돈과 힘이 있는 아얄라 부자가 수사를 받지 않는 이유를 요구했다. 곧장 수사 기관은 방침을 뒤집어, 시샤를 강간살인범으로 순식간에 체포했듯이 아무 해명 없이 곧장 석방했다.

그들은 각본을 다시 짜야 했다. 아얄라 부자의 변호사 에스타시오 플로레스에게는 도시를 오가는 가난한 노동자들에게 숙소를 임대하는 누이가 있었다. 세입자 중에 얼굴이 동그란 열아홉 살 소년 호세가 있었다. 주민들은 대놓고 업신여기지는 않아도 그를 저능아로 여겼다. 때로 호세는 라우니온과 파차스를 오가는 버스에서 요금 받는 일을 했다.

호세는 유리를 강간하고 살해했다는 죄목으로 길거리에서 체포되어 경찰서로 연행되었다. 범행이 일어난 시간에 호세는 마을에서 세 시간 떨어진 필코칸차의 집에 있었다. 호세의 증언에 따르면 라우니온 경찰은 그의 옷을 벗긴 후 때리고 목을 조르고 유린했다. 그는 이틀 동안 고문을 당한 끝에 경찰이 시키는 대로 자백했다.

하지만 호세의 '자백'은 확증이 필요했다. 어린 헤라르도는 또다시 악몽 속으로 휩쓸렸다. 호세처럼 헤라르도 역시 나중에, 경찰이 때리고 괴롭히고 고문한 끝에 진술서 서명을 받아냈다고 말했다. 진술서는 경찰이 허위로 꾸민 것으로, 호세와 헤라르도가 유리를 강간하고 살해했다고 쓰여 있었다. 게다가 두 소년은 켈리 아얄라가 찾아와 혐의를 인정하면 돈과 음식을 주겠다고 회유하고, 미성년자인 헤라르도는 감옥에 가지 않을 것이라고 약속했다고 이구동성으로 말했다.

사흘 뒤에 드디어 치안 판사 앞에 출두한 두 소년은 강압을 이기지 못해 허위 자백을 했다고 항의했고, 헤라르도는 게리가 소녀를 강간하고 살해하는 것을 두 눈으로 똑똑히 목격했다고 자세히 증언했다. 하지만 이미 늦었다. 기차는 역을 떠나 철길을 달리고 있었다. 라우니온의 '잘난 사람'들은 기차의 방향을 고정하고는 스위치를 버렸다. 진범을 밝

유리의 가족과 함께 유리의 무덤을 찾은 게리 하우겐(왼쪽)

힐 물증은 기차 밖으로 사라졌고 호세라는 '못난 사람'은 빠져나올 수 없는 화물칸에 갇혔다.

루실라 가족은 재판을 바로잡기 위해 변호사를 고용하려 했지만 내가 전 세계에서 보았던 것처럼 그들은 더 깊은 가난으로 추락했다. 이것은 가난한 사람들을 조롱하는 잔인한 현실이었다. 루실라는 변호사 비용을 마련하기 위해 혹독한 세월을 견디며 힘들게 마련한 작은 땅을 헐값에 팔고, 닥치는 대로 부업을 했다. 노상에서 도넛을 튀겨 팔기도 했다. 친척들도 부업을 했고 루실라의 아버지는 가축을 몽땅 팔았다. 하지만 밑 빠진 독에 물 붓기였다. 그들은 그 이유를 이해할 수 없었지만 유리를 사랑하기에 포기할 수도 없었다. 결말이 빤한 이야기였다. 변호사들은 잇달아 수임료만 챙기고는 아무 일도 하지 않고 사건에서 손을 뗐다.

한편 페드로와 게리 부자는 처음부터 재산과 지위를 이용해 공격적이고 파렴치한 변호사를 선임했고, 결국 무죄 선고를 받았다. 그 대신 이 해괴한 범죄의 육중한 무게는 호세의 어깨 위로 떨어졌다. 재판 내내 '어떤 변호사'의 도움도 받지 못한 호세는 징역 30년형을 선고받아 혹독하고 위험한 페루의 감옥에 갇혔다. 그는 오늘도 감옥에서 썩고 있다.

빈곤 이면의 공포

이것이 가난의 공포다. 당신과 나, 세상 사람들이 잘 알지 못하는 가난의 폭력적인 면이다. 이를테면 우리는 가난하게 사는 페루인들이 아주 많다는 것을 안다. 하지만 가난 이면에 있는 악몽 같은 폭력에 대해 우리는 얼마나 알고 있는가. 페루의 시골 여성 대다수가 빈곤선 이하에서 의식주 문제를 해결하기 위해 고군분투한다는 것은 알지만 루실라와 루실라의 어머니와 유리가 당했듯이 페루 여성의 50-70퍼센트가 성폭력을 비롯한 여러 가지 폭력의 피해자라는 것을 아는 사람은 얼마나 될까.[5] 페루 여성의 약 47퍼센트가 강간 피해자(강간 미수 포함)라는 조사에 대해 들어 본 사람이 얼마나 될까.[6]

우리는 세계 빈민이란 말을 들으면 기아, 질병, 노숙, 오염된 식수, 문맹, 실업 따위를 쉽게 떠올린다. 하지만 호세와 리처드가 곧장 떠올리는 것은 빈민을 빈곤에 옭아매는 폭력이다. 외부인들은 이런 현실을 알기가 여간 힘들지 않다. 가난한 사람에 대한 폭력은 대부분 교묘하게 은폐되기 때문에 개도국을 자주 방문하고 그곳 사정을 잘 안다는 사람들조차도 지나치기 십상이다. 악취, 판잣집, 오수, 걸인, 쓰레기 등은 쉽게 눈에 띄지만, 가난의 벽 뒤로 주먹에 맞은 얼굴, 추악한 강간, 총알이 관통한 머리, 목을 조르는 손을 두 눈으로 직접 목격하는 사람은 드물다.

유리와 루실라의 이야기는 너무나 잔인하고 극적이어서 보기 드문 경우로 여기는 사람이 많겠지만 애석하게도 그렇지 않다. 그들의 이야기는 개도국의 수억에 이르는 가난한 사람들을 조용히 짓밟고 해일같이 덮치는 '일상' 폭력의 아주 작은 예에 불과하다.

유엔이 발표한 보고서가 있다. 자세한 내용을 담고 있지만 모르는 사람이 많은 이 보고서에는 간단하고도 직설적인 문장 하나가 묻혀 있다. 과연 세상은 이 문장의 뜻을 아직 상상조차 못 하고 있다.

대다수 가난한 사람들은 법의 보호를 전혀 받지 못한 채 살고 있다.[7]

세계 빈민 인구는 25억에 달하므로[8] 무엇이든 '대다수 가난한 사람'에게 영향을 주는 일은 '아주 많은' 사람에게 영향을 주는 셈이다. 25억 대다수가 법의 보호를 받지 못하는 상태라면 아주 많은 사람이 큰 위험에 처해 있다는 뜻이다. 그 위험은 우리 같은 사람들이 상상할 수 없을 정도로 심각하다. 요컨대 그들은 안전하지 않다. 날마다 수억에 달하는 사람이 노예로 전락하고 투옥되고 구타와 강간, 약탈을 당한다.

하지만 이처럼 은폐된 폭력의 악몽은 구글 어스로도 볼 수 없을 만큼 희미한 우아누코 같은 곳, 아무도 기억하지 않는 가난으로 찌든 작은 산골 마을에서나 일어나는 일은 아닐까.

그렇다면 조금 안심이 된다. 하지만 아니다. 성장과 발전이 이루어지는 개도국 여러 곳에서, 가난한 사람들을 극성스럽게 짓밟는 폭력은 지금도 우리 눈앞에서 벌어지고 있다.

인도가 그 좋은 예다. 인도는 폭발적인 성장으로 세계 경제를 숨죽이게 만들고 있다. 그중에서도 인도 첨단 기술의 중심지 방갈로르만큼 기적 같은 경제 발전과 현대화로 주목받는 도시도 없다. '인도의 실리콘밸리' 방갈로르는 인도에서 세 번째로 큰 도시로, 인구가 9백만 명이 넘는다. 또한 경제성장률 10.3퍼센트를 구가하고,[9] 억만장자는 적어도 열 명,[10] 백만장자는 1만 명이 넘으며,[11] 토머스 프리드먼이 《세계는 평평하다》(21세기북스 역간)에서 세계 경쟁에 대한 통찰을 얻은 곳으로도 유명하다. 페루의 라우니온처럼 눈에 띄지 않는 도시와 달리 당신과 나는 구글 어스의 고해상도 위성사진을 통해 방갈로르의 모든 대로와 골목을 훤히 내려다볼 수 있다. 방갈로르의 반짝이는 새 국제공항에 있는 점보제트기의 수를 셀 수도 있고, 프리드먼이 주목한, 제멋대로 펼쳐져 있는 거대 기술 기업의 잘 다듬은 잔디와 유리빌딩 위로 날아갈 수도 있다.

하지만 방갈로르의 젊은 변호사 사시미타 멀미가 내게 보여 주고 싶은 것은 따로 있었다. 사시미타는 방갈로르에서 법대를 졸업한 상위 계급 엘리트 가문 출신의 젊은 재원이다. 뛰어난 학생이었던 사시미타는 방갈로르에서 번창하는 기업에 곧 채용되었고 회사의 핵심 사업에 두각을 나타낸 덕분에 고속으로 승진했다. 그런데 놀랍게도, 그 회사의 핵심 사업이란 다름 아닌 뇌물 협상이었다. 경제가 크고 복잡하면 해결해야 할 대규모 분쟁, 거래, 규제 문제가 끊임없이 닥친다. 인도에서는 부정부패와 뇌물이라는 복잡한 체제로 이런 문제를 자주 해결한다. 물론 이런 복잡한 체제에는 능숙한 전문가와 해결사가 필요한 법인데 인도에서는 대개 변호사가 그 일을 맡는다.

변호사가 된 사시미타는 대세를 따랐지만, 몇 년 동안 일에서 의미와 보람을 느낄 수 없었다. 그녀는 인생 선배들의 조언에 따라 변호사를 모집하는 방갈로르 IJM에 입사했다.

새로운 일을 시작하기 전에 사시미타는 보통 사람들처럼 인도의 가난에 대해 잘 알고 있었다. 인도에는 1.25달러로 하루를 연명하는 인구가 약 4억 1천만 명에 이른다. 미국 전체 인구보다 1억이나 더 많다. 인도 어린이의 46퍼센트가 영양실조에 시달리고,[12] 인도인 약 7천8백만 명이 노숙자로 지낸다.[13] 사람들은 가난 하면 빈민가, 영양실조, 거지, 더러운 식수, 질병 따위를 떠올린다. 하지만 사시미타는 새로운 일을 하면서 발견한 사실, 곧 남아시아의 농경지, 벽돌 공장, 채석장, 농장에서 육안으로 볼 수 없는 방식으로 수백만 명을 집어삼키는 납치, 강제노동, 고문이 횡행하는 지하 경제 전체를 내게 보여 주고 싶어 했다.

나는 '노예제'라는 말을 몹시 싫어하기 때문에 오늘날 그런 극악한 만행이 조금이라도 일어난다는 말을 듣기만 해도 경악하며 불쾌한 기분을 감추지 못한다. 그런데 충격적인 사실이 있다. 오늘날 전 세계에는 대서양 노예무역이 이루어지던 400년 동안 아프리카에서 잡혀간 노예의 수보다 더 많은 노예가 있다(대략 2천7백만 명). 더욱이 오늘날 인도에는 전 세계 어느 나라보다 더 많은 노예가 있다.[14] 사시미타에게 노예제는 통계의 문제가 아니라 시급하게 풀어야 할 인간 개개인의 문제다. 그녀는 동료들과 함께 방갈로르와 인근 타밀나두 주의 공장과 농장, 시설에서 노예로 생활하는 동포 수천 명을 구출했다.

사시미타는 나를 차에 태우고 도시를 가로질러 방갈로르 외곽순환도로 남서쪽 가장자리에서 조금 떨어진 곳에 도착했다. 그녀는 웃자란 풀과 널찍이 펼쳐져 있는 나무들 사이를 가리켰다. 타일을 얹은 지붕이 완만한 경사를 이루는 작고 하얀 시멘트 건물들 사이로 손으로 만든 벽돌 수천 장이 쌓여 있었다.

2월의 늦은 오후, 사방이 적막에 물든 시원한 날이었다. 하지만 조금만 가까이 가면 말소리가 들릴 정도로 가까운 들판에 자리 잡은 그 건물에는 납치, 구타, 기아, 잔인한 고문, 강제 노역, 윤간으로 얼룩진 악몽 같은 세월을 보내고 있는 노예 열두어 명이 있었다.

물론 인도에서 노예제는 불법이다. 그런데 어떻게 수백만 명이 노예살이를 하고, 감옥에 가는 사람은 왜 아무도 없는 것일까.

사시미타는 벽돌 공장에서 노예살이를 하다가 구출된 사람들을 소개해 주었다. 나는 그들의 이야기를 들으면서 사람을 납치해서 노예로 부리고 강간하고 고문한 혐의를 받는 사람이 어떻게 7년 후 방갈로르 대로를 버젓이 다닐 수 있는지 알아볼 참이었다.

사시미타는 방갈로르에서 차로 한 시간 정도 이동해서, 이 '인도의 실리콘밸리'를 중심으로 넓게 흩어져 있는 농촌 마을로 갔다. 다른 사람에게 예속된 노예 생활에 대해 설명해 줄 사람들을 만나러 가는 길에 우리는 맥도날드에 들렀다. 기분이 묘했지만 분명히 맥도날드다. 고속도로에서 벗어난 길에 새로운 맥카페 매장이 있다. 황금빛 로고, 입구에 앉아 있는 마스코트 로널드, 최신 에스프레소 커피가 수천 년 전 방식으로 벽돌을 만드는 노예들이 일하던 곳에서 차로 한 시간 거리에 있다.

포장도로는 흙길로 이어진다. 우리는 거품이 가득한 맥도날드 카푸

치노를 손에 들고 초원, 텃밭, 야자수 숲, 길가 마을을 지나간다. 우리는 어느 작은 마을에서 몇 백 미터 떨어진 곳에 주차한 후 고랑을 지나 사람들이 모여 있는 곳으로 간다. 커다란 타마린드 나무 그늘에 돗자리를 깔고 어른과 아이들 열두어 명이 앉아 있다. 사시미타는 IJM 동료들과 함께 7년 동안 처음에는 그들의 자유를 위해, 그다음은 정당한 재판을 위해 곁에서 그들을 도왔다. 그동안 아이들이 태어나고, 두 아이가 세상을 떠나고, 작은 승리를 거두고, 수많은 실패를 견뎠다.

나는 외부인이었지만, 한 식구나 다름없는 사시미타 덕분에 주민들은 따뜻한 신뢰와 상냥한 웃음으로 나를 환영한다. 검고 긴 머리를 뒤로 단정하게 묶어 광대뼈가 도드라진 여자들은 붉고 푸르고 노랗게 주름 잡힌 아름다운 사리를 입고 있다. 부인들은 코와 귀를 뚫어 작은 금 장신구로 치장하고 손목에는 팔찌를 차고 발가락에는 반지를 꼈다. 때마침 남편들은 깨끗하게 다린 칼라셔츠, 허리에 두르는 격자무늬 전통 면치마인 '룽기'나 바지 차림이다. 이 사람들은 20-30대 청장년인데도 40-50대처럼 늙어 보인다. 사시미타는 그들이 도덕적으로 완벽하지 않다는 것을 잘 알고 있다. 그들은 여느 사람처럼 실수가 잦고 평범하다. 하지만 우리와 달리 그들은 말할 수 없이 어두운 세계의 고통과 공포를 이겨 냈다. 겸손하고 솔직하고 존엄한 그들의 놀라운 회복력은 보는 이를 겸허하게 만든다.

마리암마 이야기

한때 자유로운 노동자였던 그들은 방갈로르에서 60킬로미터 떨어진 곳에 있는 벽돌 공장에서 함께 일했다. 일은 힘들었지만 만족스러웠다. 그들은 공장에서 기숙하면서 아침 6시부터 저녁 6시까지 일했다. 수천 년 동안 큰 변화 없이 전래된 작업 공정에 따라 하루에 벽돌 수천 장을 생산했다.

바닥에 웅크리고 앉아 15센티미터 길이의 벽돌을 만들어 가지런히 세워 놓거나 무거운 벽돌을 머리에 잔뜩 이고 운반하는 일이 대부분이었다. 나는 50킬로그램도 안 되는 인도 여자와 아이들이 20-30킬로그램짜리 벽돌을 이고 30미터, 50미터, 100미터를 몇 시간 동안 쉬지 않고 오가는 것을 본 적이 있다. 나는 그 일을 10-15분 해보았는데도 근육이 뭉치고 관절이 쑤셨다. 날마다 벽돌 기계의 인간 톱니바퀴처럼 돌아가는 단조로운 생활로 정신이 아득해지는 것은 두말 할 것도 없다. 하지만 이 친구들은 가족을 부양하고 생계를 유지할 수 있어서 만족했다.

신분이 천하고 가난한 탓에 초등 교육도 받지 못하고, 문맹에다 십대에 결혼하고, 가진 땅은 없지만(또는 점점 줄어드는 텃밭을 형제들과 나눠야 하지만) 그들은 벽돌 공장에서 일한 대가로 먹고 자녀를 기르고 지낼 곳을 마련하고 몸이 아프면 병원에 갈 수 있었다. 그들은 다른 기회를 모색하고 더 나은 계획을 세우고 친척을 방문하고 축제를 즐기고 아이들을 학교에 보낼 자유가 있었다.

귤빛과 금빛의 사리를 입고 내 옆에 앉아 있던 작은 체구의 마리암마는 일요일이면 일을 쉬었다고 말했다. 일요일을 어떻게 보냈느냐고 묻자 그녀는 웃으면서 대답했다. "기분 좋게 목욕을 하고 몸단장을 합니다. 일요일은 여자들이 아름다움을 느끼는 날이지요."

마리암마는 그날 오후 우리가 나무 그늘에 모였을 때 나를 가장 먼저 맞아 주었다. 나는 미리 검토한 IJM 사건 기록에서 그녀의 사진을 보았지만, 노예 시절의 얼굴과 자유를 되찾은 지금의 얼굴이 사뭇 달라서 알아보지 못했다. 사진 속 마리암마의 얼굴은 극도의 피로에 마비되

돗자리에 앉아 있는 마리암마

어 완전히 탈진한 상태였고, 피할 수 없이 찾아와 짓누르는 고통과 치욕을 순순히 받아들이겠다는 듯이 체념한 표정이었다. 하지만 오늘 고향 땅에서 당당한 모습으로 차분히 앉아 있는 그녀의 표정에는 빛과 열정, 힘과 지성이 느껴졌다. 다른 부인들과 마찬가지로 마리암마는 남자들이 이야기하는 동안 지긋이 앉아 있었지만, 사실 그녀는 깃털같이 가벼운 몸으로도 사람들을 대표하는 용감하고 명료하고 정확한 대변자였다.

그녀는 다른 벽돌 공장에서 일하기로 한 운명적인 결정에 대해 이야기해 주었다. 그들은 처음 공장에서 벽돌 1천 장에 6달러를 벌었지만, 벽돌을 말릴 공간이 점점 부족해서 수입을 늘리려면 더 큰 시설이 필요했다. 어느 날 공장 주인의 친구 V(재판이 진행 중이므로 가명으로 부른다)가 그들을 찾아와 자기 벽돌 공장의 일자리를 제안하면서 이사 비용과 정착금으로 333달러를 현금으로 내놓았다. 한 사람당 약 40달러에 해당하는 돈이었다.

하지만 마리암마를 비롯한 여러 가족이 새 공장으로 이주하자마자 암울한 노예살이가 시작되었다. 벽돌 공장의 상태는 그들이 상상했던 것과 전혀 달랐다. V와 그의 큰아들은 사납고 무자비했다. 노예 노동자에 대한 몹쓸 거짓말과 폭압이 이어졌다. 우선, V는 그들이 자신에게 빚을 졌고 폭력을 써서라도 돈을 받아낼 테니 빚을 다 갚을 때까지 일해야 한다고 주장했다. 그들은 다른 곳에서는 일할 수 없었고 품삯은 전적으로 V의 재량에 달려서 근근이 입에 풀칠할 정도만 받았다(게다가 식료품은 V에게서 구해야 했다). 돈을 한 푼도 주지 않을 때도 있었다. 때로 벽돌 재료를 주지 않기도 했다. 결국 그는 돈도 음식도 주지 않고, 떠나는 것도 허락하지 않았다. 마리암마와 공장 사람들은 아무것도 먹지 못하고 이레 동안 방치되기도 했다.

V는 그들이 도망칠 수 없다는 것을 똑똑히 보여 주었다. 쇠사슬과 몽둥이, 칼로 무장한 폭력배를 지프차에 가득 태우고 와서는 노동자 한 사람을 방으로 끌고 가 밤새 두들겨 팼다. 매를 흠씬 맞은 노동자를 끌고 나온 V는 나머지 노동자들에게 "도망치면 이 꼴이 될 줄 알아"라고 협박했다.

궁지에 빠진 마리암마와 슈실 부부는 친정 부모에게 맡긴 어린 두 아이를 만날 길이 없었다. 어느 날 아이들이 많이 아프다는 소식을 들은 부부는 아이들을 보려고 벽돌 공장을 몰래 빠져나갔다. 하지만 V는 폭력배를 대동하고 마을까지 쫓아왔다. 마리암마는 손에 든 작은 손수건을 비비 꼬면서, V의 방갈로르 집으로 잡혀간 이야기를 했다. V와 큰아들과 부하 세 사람이 슈실을 바나나 나무에 묶고 온몸을 손바닥과 주먹으로 치고 팔뚝만 한 각목으로 때렸다.

마리암마는 남편이 울면서 "때리지 마세요! 때리지 마세요!"라고 소리치는 모습을 보고만 있어야 했다. 마리암마는 남편을 살려달라고 간청했다. "V는 내 팔을 잡고 옆방으로 데려갔어요. 내가 저항하자 큰아들이 내 머리를 뒤에서 잡고 방으로 밀어 넣었죠. 두 사람은 내 머리를 벽에 찧었고, 내가 주저앉자 돌아가며 나를 욕보였어요. 내가 비명을 지르자 비는 '입을 열면 죽여 버리겠다'고 윽박질렀어요."

노동자 가족들을 공포로 몰아넣은 가장 고통스러운 위협은 악랄한 성폭행이었다. 마리암마와 마유키(공장 동료)의 설명에 따르면, V가 밤에 벽돌 공장에 와서 남편들을 결박하고 열두 살 소녀를 포함한 여자들을 지프차에 태운 뒤 방갈로르 집 옆 자기 소유의 사원 건축 현장으로 가서 큰아들과 함께 그들을 강간했다. 여자들의 말에 따르면, 이후에는 폭력배들이 가세했고, 그들은 사원 건축 현장에서 종종 윤간을 자행했다.

여자들은 V가 언제 들이닥칠지 몰랐기 때문에 어두운 밤이 무서웠다. 자살 충동을 느끼는 사람들도 있었지만 가족을 버리고 떠나고 싶지 않았다. 결국 그들은 죽을 각오로 도망쳐서 숨어 있기로 했다. 마리암마가 말했다. "우리는 공포에 떨면서, 제대로 먹지도 못하고 살았습니다. 그들 손에 죽을 것 같아 무서웠어요. 그래서 위험을 감수했지요. 남아 있으나 도망치나 죽기는 매한가지였으니까요."

*   *   *

그들은 벽돌 공장에서 도망친 후 잠잠히 동태를 살폈다. V는 노예들을 찾지 못하자 지프차에 친구들을 싣고 마을에 가서 노예들의 먼 친척

세 사람을 납치했다. 그러고는 노예들이 돌아오면 인질을 풀어 주겠다고 말을 전했다.

그날 저물어 가는 오후, 나는 타마린드 나무 아래서 세 남자 남데브, 말레쉬, 마루티가 납치에서 살아난 이야기를 직접 들었다.

V의 패거리는 인질을 방갈로르 도심의 집으로 데려가 옷을 벗기고 머리를 밀고 옷을 태운 다음 일정한 시간 간격으로 구타했다. 나흘날 그들은 인질을 벽돌 공장으로 보내 일을 시켰다. '군다'(인도의 불한당)들이 다시 일정한 간격으로 찾아와 하키 채와 두꺼운 각목으로 온몸과 관절을 사정없이 때렸다. 이렛날 마루티는 집 안에 모신 신상 앞에서 이상한 불 시험을 받은 후 마을로 돌아가 마지막으로 노동자들의 귀환을 촉구할 사람으로 선발되었다. 그들은 노동자들이 돌아오지 않으면 말레쉬와 남데브를 죽이겠다고 협박했다.

여기서 잠시 마루티가 한 일에 주목하자. 그는 마을로 돌아가 V가 인질을 붙잡고 있고 도망친 노동자들이 돌아오지 않으면 인질을 죽이겠다는 것을 '공개적으로' 알려야 했다. V는 전 지역 주민이 알기를 '바랐다'. 그것이 그의 계획이었다. 그는 인도에서 가장 발전한 도시 한복판에서 처벌을 두려워하지 않고 이렇듯 대담한 범행을 저질렀다.

한편 도망친 노예들과 세 인질은 두려워서 죽을 지경이었다. 벽돌 공장 콘크리트 밀실에 갇힌 말레쉬와 남데브는 열흘간의 고문으로 머리에서 피가 흐르고 다리를 다쳐 앉지도 서지도 못했다. 말레쉬는 바닥에 누운 채 남데브에게 속삭였다. "오늘 죽을 것 같아."

말레쉬가 나에게 말했다. "그때 나는 구석에 몸을 웅크리고 죽음을 기다렸습니다." 남데브가 부드러운 음성으로 거들었다. "나도 거기서 죽는 줄 알았습니다. 다시는 가족을 볼 수 없으리라 생각했지요."

*　　*　　*

다행히도 바로 그 순간, 사건을 파헤치던 사시미타의 IJM 동료들이 치안 판사를 대동하고 V의 벽돌 공장에 도착했다. V는 노동자에 대한 가혹 행위와 인질 납치를 극구 부인했다. 하지만 IJM팀은 치안 판사와 함께 인질이 감금되어 있는 곳을 발견했다. 그들은 구출된 후 치안 판사 앞에서 사건의 전모를 밝혔다. IJM은 그들의 증언을 녹화했다. 말할 것도 없이 상황은 V에게 불리하게 돌아갔고 처음으로 그의 안색이 어두워졌다.

하지만 그의 걱정은 기우였다. V는 피해자들에게 노예 노동, 노예 감금, 폭행, 납치, 강간, 갈취, 절도, 부당한 감금 등 적어도 35개나 되는 심각한 범죄를 저질렀다. 하지만 페루의 성폭행 사건과 마찬가지로 사법제도는 법을 집행하지 않았기 때문에 매우 가난한 사람들을 상대로 저지른 범죄는 사실 법이 금하는 '실제적인 문제'가 아니었다.

사시미타의 설명에 따르면, 방갈로르 사법기관은 V의 모든 범죄를 확증할 목격자를 거의 열두 명이나 확보했다. 치안 판사는 인질을 구타하고 밀실에 가둔 범인을 현장에서 붙잡았을 뿐 아니라 현장에서 인질을 구출하고 납치와 고문 사실을 즉시 녹화했다. 그것으로 부족하다면, 사법기관과 피해자들이 사법정의를 실현하는 데 도움을 아끼지 않을 사시미타의 팀 같은 공익 변호사와 수사관, 사회사업가들도 있었다.

"그래서 어떻게 됐습니까?" 내가 사시미타에게 물었다.

그녀가 말하길, 첫째, 현지 경찰은 '2년' 동안 V와 공범에 대한 고소를 접수하지 않았다. 나는 그 이유를 물었다.

경찰이 사시미타와 동료들에게 설명한 이유는 다음과 같다.

- 피해자 '한 사람'의 관할지가 명백히 다르다(하지만 인도 법에 따르면, 이런 이유로 수사하지 않는 것은 경찰의 '직무 유기'에 해당한다).
- 강간 피해자들이 병원에서 검사를 받지 않았다(하지만 인도 법에 의하면, 이런 검사는 불필요하다. 게다가 피해자들은 가해자에게 감금된 상태인데 어떻게 병원에 가서 증거가 될 검사를 받는단 말인가).
- 경찰은 피해자가 허위 진술을 했고 사건은 수사 가치가 없다는 보고서를 (몰래) 법원에 제출했다(하지만 경찰은 수사를 전혀 하지 않았고 보고서에 아무 근거를 제시하지 못했다).
- 피해자들이 경찰서에 오지 않았다(사실 피해자들은 '경찰서로 찾아가겠다고 끊임없이 말했지만' 경찰은 한사코 피해자들의 방문을 막았다. 1년이 지나서야 경찰은 피해자 증언을 받기로 동의했다. 피해자들은 모든 범죄를 입증하는 증언을 빠짐없이 진술했다).
- 피해자들을 찾을 수 없었다(IJM은 피해자들의 정확한 소재를 경찰에 알렸지만 경찰은 '한 번도' 찾아가지 않았다. IJM은 피해자들을 경찰서로 데려가겠다고 늘 말했다).
- 피해자들이 상해 사실에 대해 증언하지 않았고 진단서도 제출하지 않았다(하지만 사실 그들은 상해 사실에 대해 증언을 마쳤고 인도 법에 따르면 특히 1년 반이 지난 시점에서 그런 진단서는 불필요했다).
- 노예 노동 범죄가 일어난 곳은 관할지가 아니다(사실이 아니다).
- IJM이 경찰에 관련법을 설명하지 않았다(IJM은 그럴 의무가 없는데도, 거듭 설명했다).
- 다른 사람이 있는 곳에서 강간 행위가 있을 수 없고, 더군다나 아버지와 아들은 절대 그런 짓을 같이 하지 않는다(하지만 다수 목격자에 의하면, 그런 곳에서 그런 짓을 벌였다).
- 고발을 접수하라는 검사의 서면 지시를 받지 못했다(서류는 불필요

하다. 오히려, 경찰이 서면으로 요청하지 않는 한 검사는 그런 불필요한 서류 작성을 거절한다).

- 가해자의 지프차를 증거로 압수하고 싶었지만 타이어가 없어서 압수하지 못했다(하지만 이것은 고발을 접수하지 않은 이유가 될 수 없는 한심한 핑계다).

마침내 '2년'이 지나고, 피해자들이 직접 목격한 모든 범죄를 '세 번에 걸쳐' 경찰에 진술한 후에야 경찰은 사시미타를 비롯한 IJM 동료들의 끊임없는 압박에 굴복하고, 폭행, 불법 감금, 협박, 강간, 범죄 음모, 노예 노동의 죄목으로 V와 그의 큰아들을 구속했다.

그런 다음 어떻게 되었는지 내가 물었다.

사시미타는 다시 중요한 대목만 설명했다.

법원은 V와 큰아들이 심중한 폭력범죄로 구속되었는데도 그들을 보석으로 석방했다. 법원은 (노예 소유, 강간, 납치, 폭행으로 구속된) 고객의 '건강이 나쁘다'고 주장한 피고 측 변호사의 말을 듣고 보석을 허락했다.

그 후 당국은 가해자들이 피해자들을 고문할 때 사용한 무기와 급습 당일 수거한 여러 물증을 분실했다. 아울러 인질 발견과 피해 사실을 기록한 사진과 영상녹화물들도 사라졌다. 게다가 경찰은 IJM에게 넘겨받은 영상녹화물과 사진을 고발장에서 누락하기까지 했다. 검사는 정부 관리가 증언하는 동안 이 증거를 제시하지 못했고, 법원은 사진과 영상녹화물의 존재를 알면서도 아무런 조치도 취하지 않았다.

그래도 재판에서 치안 판사는 현장에서 목격한 가해자의 범죄를 판사에게 분명하게 증언했고, 여러 피해자도 관련된 모든 범죄를 확증했다. 그런데 놀랍게도, 기소된 피고인은 V의 장남인데도 경찰은 다른 아들을 체포해서 법정에 세웠다. 목격자들은 '법정에 출두한' 피고인이 범인이라고 단언할 수 없게 된 것이다. 검사는 경찰의 체면을 생각해서 진짜 피의자를 법정에 세우라고 호통 치지 않았다. 가해자와 변호사가 꾸민 사기와 경찰과 검찰의 실수 때문에 대법원까지 항소가 이어졌고, 진짜 피의자의 최종 재심은 그로부터 '3년' 뒤로 미뤄졌다.

결국 피해자들이 벽돌 공장에서 구출되고 처음 소송을 제기한 지 6년 반이 지난 후에야 정식 재판이 열렸고, 피해자들은 다시 관련 범죄에 대해 증언했다. 하지만 사건 담당 판사가 다른 지역으로 발령이 났다. 판결을 내릴 시간이 충분했고 발령이 떨어졌어도 다른 사건들은 처리했지만 이 사건만은 판결을 보류했다. 사건은 새로운 판사에게 배당되었다. 그는 증언도 듣지 않고 증거도 보지 않고 V와 장남에게 무죄를 선고했다.

사시미타와 동료들에게 사건의 전모를 들은 나는 먹먹해서 잠시 가만히 앉아 있었다. 사시미타는 다음과 같은 말로 이야기를 맺었다. "가장 끔찍한 것은 이 결과가 특별할 것도 색다를 것도 없다는 점입니다. 분노도 일으키지 않았고, 별다른 스캔들이 되지도 못했어요. 언론은 잠잠했지요. 이런 잘못에 대해 경찰, 검사, 판사, 서기, 사법 공무원 누구 하나 징계를 받거나 발각되거나 책임을 지는 사람은 없을 거예요. 우리는 이런 사건을 수백 건이나 맡았지만 이게 '보통'입니다."

사실 이 사건에 단 하나 특별한 점이 있다면, 방갈로르 사법기관의 성공을 위해 도움을 아끼지 않은 사시미타와 IJM 동료들의 헌신일 것이다. 이번 사건에서 사시미타의 팀은 경찰을 26회 찾아갔다. 관련 기관 공무원들을 방문한 횟수는 53회다. 7년 동안 법원을 73회 방문하고(재판이 이유 없이 정회된 일도 12번이나 된다), 검사 10명을 79회나 만났다.

인도 사법기관이 이렇게 헌신적인 시민들의 특별한 도움을 받고도 납치, 강제 노역, 윤간, 폭행을 처벌하지 못한다면, 이런 도움을 '받지 못하고' 잔인한 폭력에 희생된 가난한 사람들이 법의 보호를 받을 가능성은 얼마나 되겠는가.

외부인들은 법전, 정복 경찰, 법복 차림의 판사를 보고 그들이 인도의 가난한 시민들을 위해 법을 제대로 집행하리라 여길 것이다. 하지만 마리암마, 사시미타, 가장 중요하게는 V에 이르기까지 모두 그것이 사실이 아님을 알고 있다.

마리암마는 자신이 왜 법의 보호를 받지 못하는지 알고 있다. 루실라를 비롯한 페루 어머니들의 대답과 똑같다. 가난하기 때문이다.

마리암마가 나에게 말했다. "불의가 우리를 괴롭히지만 우리는 체념하고 받아들여야 합니다. 나는 법에 대해 전혀 몰라요. 우리는 잔인한 현실을 받아들일 수밖에 없습니다. 돈도 힘도 없기 때문이지요. 경찰은 V의 말을 믿지 우리 말은 믿지 않아요. 우리가 V의 노예이기 때문이지요. 경찰은 그의 말을 믿을 겁니다."

마리암마는 사법기관에 대해서도 한마디 했다. "그들에게 우리는 보잘것없는 사람입니다. 우리가 돈을 주면 거들떠보기는 하겠죠. 그렇지 않으면 눈길조차 주지 않아요."

고장 난 경보기

유리와 마리암마 이야기에서 보듯이, 개도국의 가난한 사회에서 돈과 힘이 있는 사람들은 빈민을 폭력에서 보호하지 못하는 부패한 사법제도를 적극 활용한다. 관계 당국을 학대 도구로 삼기도 하고, 뇌물을 주고 매수한 공무원들을 폭력의 방패로 이용하기도 한다. 여러 개도국의 형사사법제도는 심각하게 부패했기 때문에 가해자들은 빈민을 잔인하게 학대하고도 처벌을 걱정할 필요가 '전혀' 없다.

이런 환경에서 가해자들은 사법제도를 애써 망가뜨릴 필요가 없다. 마치 경보기가 작동하고 있다는 경고문은 붙어 있지만 전원이 꺼져 있다는 사실을 알아차리고 안심하는 도둑과 같다. 경보기를 끄려고 애쓰지 않아도 된다. 경보기는 울리지 않기 때문이다.

이렇게 가정해 보자. 인구 3백만 명이 사는 대도시가 있다(몬트리올, 샌프란시스코, 로마 정도의 인구다). 이 도시는 강간률이 약 10퍼센트로 매우 높다. 해마다 강간 피해자가 되는 여성과 소녀들이 15만 명에 이른다는 말이다.

자, 대다수 강간 사건에서 가해자를 성공적으로 기소하려면 피해자는 의사를 찾아가 물적, 법의학적 증거를 수집해야 한다. 그런데 3백만 명이 사는 도시 전체에 정부기관을 대표해 '모든 폭행 사건'에 대한 검사를 수행하고 증언할 검시관은 단 '한 명'뿐이다.

성폭행을 당한 사람은 하루에 약 600명이나 되는 강간 피해자들 틈에서 검시관을 만나기 위해 기다려야 한다. 게다가 검시관을 기다리는 비성폭행 피해자도 수백 명에 이른다. 물론 검사를 제대로 하는 검시관이라면 전날 찾아온 600~1,000명에 달하는 피해자들을 전부 검사하지 못했을 것이므로 어제(와 그전에도) 검사를 받지 못한 사람들 역시 줄을 서서 기다리고 있다. 현실적으로 따져서, 하반기에 폭행을 당한 사람은 자기 앞에 강간 피해자 14만 9천 명이 기다리고 있다. 거리로 환산하면 90킬로미터다.[*]

어처구니없지 않은가. 하지만 이것이 바로 동아프리카 대도시에서 일어나고 있는 현실이다. 공공 사법제도라는 잡초 속에 깊이 들어가 보지

---

[*] 하지만 강간 증거는 사건 발생 72시간 내에 확보하는 것이 가장 효과가 크고, 늦어도 96시간 내에는 확보해야 한다.

않는다면 이런 어처구니없는 현실에 대해 알 도리가 '전혀' 없다.

하지만 당신이 로라 같은 소녀라면 어처구니없다는 말조차 무색할 것이다. 겨우 열 살 먹은 소녀가 같은 동네 남자 세 사람에게 강간을 당했는데도 범인들의 처벌을 기대할 수 없다면 말이다.

로라 이야기

구글 어스를 이용해 로라가 사는 동네로 가보자. 방갈로르 외곽의 초목이 무성한 마리암마의 마을을 떠나 푸른 인도양을 건너 동아프리카에서 급강하하여 도착한 곳은 케냐 나이로비. 영화 〈콘스탄트 가드너〉를 보았다면 이곳 빈민가를 기억할 것이다. 바둑판처럼 펼쳐진 녹슨 양철 지붕들, 판잣집 사이 좁고 질척한 길을 따라 흐르는 더러운 물, 알록달록 널린 빨래들, 플라스틱 물통, 너덜너덜한 종이 포스터 들이 대대로 내려오는 쓰레기와 잔해를 스펀지처럼 빨아들이는 광활한 갈색 대지 위로 흩어져 있다.

로라는 크고 짙은 갈색 눈에 이를 드러내며 활짝 웃는 미소가 예쁜 소녀다. 로라는 아버지와 아홉 살 남동생 세스, 네 살배기 여동생 칸타이와 함께 빈민가에 즐비한 가로세로 3미터짜리 셋방에서 살고 있다. 얼마 전 로라의 어머니는 네 시간 떨어진 친정에 갔지만 집으로 돌아오지 못했다. HIV 감염이라는 아프리카의 긴 밤으로 영원히 떠났기 때문이다.

개도국 도시 주민의 약 3분의 1이 빈민가에 거주한다. 로라처럼 불결하고 밀집한 게토에서 확실한 거주권 없이 사는 사람이 10억에 육박한다는 뜻이다(유엔 추산에 따르면, 약 8억 2천8백만 명이다). 아프리카 사하라 사막 이남에서 도시 주민의 약 62퍼센트는 빈민가에 산다. 2억에 달하는 적지 않은 수다.[15] 로라가 사는 빈민가 코로고초에는 미국 앨라배마

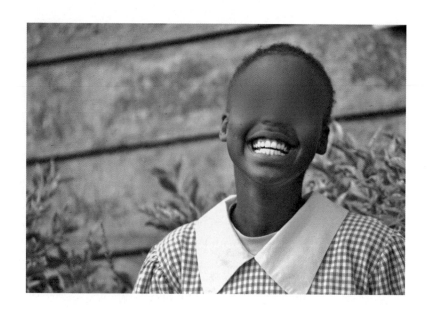

주 몽고메리에 맞먹는 인구가 1.5제곱킬로미터에 밀집해 있다. 로라 이웃 (약 12만 명[16])들의 평균 월수입은 라우니온 주민의 절반 정도에 해당한다.

실업, 불결함, 기아, 열악한 주택이 넘치는 거대한 빈민가는 개도국의 익숙한 모습이다. 외부인은 이런 빈민가에서 느끼는 두려움이 막연할 테지만, 실제로 살고 있는 주민들이 느끼는 두려움은 자못 크다. 얼마 전 유엔이 발표한 빈민가 보고서에 따르면, 주민들이 가장 두려워하는 것은 철거도 기아도 질병도 아닌 폭력 피해다. 사실 "가난한 사람들은 주택이나 소득보다 폭력과 안전을 더 중요한 문제로 여긴다."[17]

로라의 동네 같은 나이로비 빈민가들을 대상으로 한 연구에서도 거주지의 폭력을 '가장 큰 문제'로 꼽은 주민이 압도적으로 많았다.[18] 실제로 나이로비 빈민가 주민 대다수는 안전을 느낄 수 없다고 응답했다.[19] 특히 여성과 소녀들이 느끼는 불안은 크다. 빈민가와 관련해 인용 지수가 높은 한 국제 보고서에 따르면, 당연한 말이지만, 거대한 게토의 생

활 조건은 "경악스럽다." 하지만 "똑같이 우려할 만한 사실은 빈민가에 만연한 여성에 대한 폭력이다. 이것이 [본] 연구를 '강하게 관통하는 주제'로 떠오른 단일 이슈다."[20]

물론 열 살 로라에게 여성과 소녀에 만연한 폭력은 '연구를 관통하는 주제'가 아니라 로라가 태어나 살고 있는 악몽 같은 현실이다. 다른 아이들과 마찬가지로[21] 로라가 당한 성폭력도 로라가 집으로 여기는 양철 지붕을 얹은 허름한 판잣집에서 시작되었다. 어머니가 세상을 떠난 뒤, 깊은 밤 낡은 푸른색 등잔이 꺼지면 로라의 아버지는 딸을 침대에 누이고 입을 틀어막은 뒤 겁탈했다. 로라는 아버지에게 그만하라고 애원했다. 나중에 이웃들은 로라가 틀어막은 손 사이로 내지르는 비명 소리를 희미하게 들었다고 했다. 하지만 그들은 가만히 있었다. '가족 문제'이기 때문이다. 경찰에 신고해서 좋을 것이 없었으므로 굳이 위험을 감수할 필요가 없었다. 시간이 흐르자 로라는 울지 않았다. "늘 당하는 일이니까요."

                                    *   *   *

이런 빈민가에 사는 여성과 소녀를 위협하는 폭력은 도처에 널려 있다. 이를테면 화장실에 가는 길조차 안전하지 않다. 빈민가에는 화장실이 없는 가구가 75퍼센트에 이른다.[22] 따라서 수많은 여성과 소녀들은 수백 미터 떨어진 동네 변소와 목욕실을 이용해야 한다. 사생활과 위생, 야간 전기 시설은 꿈도 못 꾼다. 로라가 사는 도시의 슬럼가를 대상으로 한 어느 체계적 연구의 내용을 한번 보자.

> 부실하고 불편한 화장실과 목욕실, 효과적인 치안과 안전의 부재로 여성은 강간을 비롯한 성폭력에 더욱 취약하다. 나이로비의 빈민가와 부락에는 여성에 대한 폭력이 만연해 있다. 가해자를 처벌하는 경우는 드물며, 폭력은 여성을 가난하게 만드는 주된 요인이다.[23]

로라는 이런 무서운 현실을 더 뼈저리게 실감하고 있다. 하루는 목욕 스펀지를 사러 매점에 가는데 이웃 남자 조셉 이롱구가 로라를 붙잡았다. 로라는 강하게 저항했지만, 그는 30킬로그램의 몸을 코로고초의 한 공동 목욕실로 끌고 가 겁탈했다. 그는 로라에게 50센트 동전을 던지며 아무에게도 말하지 말라고 겁박했다.

이 시점에서 나는 이 악몽 가운데도 마법처럼 안전한 장소가 있을 거라고 말하고 싶다. 하지만 로라처럼 가난한 전 세계 수백만 소녀가 사는 곳, 범죄자를 처벌하지 않는 곳은 집도, 목욕실도, 심지어 학교도 안전하지 않다. 지난 10년 동안 유능하고 고무적인 운동가들은 지역사회와 소녀의 인생을 바꾸는 데 교육보다 더 효과적인 것은 없음을 증명했다. 하지만 로라를 위해, 로라 같은 수백만 소녀를 위해 우리가 분명히 알아야 할 것이 있다. '법을 집행하지 못하면' 학교는 소녀들을 폭력에서 보호하지 않을 것이다.

현재 개도국에서 이루어진 연구들에 따르면, 소녀들이 학교에 가지 않는 가장 중요한 원인은 폭력이다. 얼마 전 유엔의 한 연구가 결론을 내렸듯이 "언급되는 일이 드물지만, 도시의 가난한 동네에서 취학률이 낮은 주요 원인은 안전 부재, 특히 소녀들에게 안전하지 않다는 인식 때문이다."[24]

로라는 이런 무서운 사실을 잘 알고 있다. 어느 날 아침, 4학년 로라는 등굣길에 또 다른 이웃 남자 안토니 무토키아에게 붙잡혀 그의 좁은 방으로 끌려가 강간을 당했다. 무토키아는 75센트를 던지며 입단속을 지시했다. 로라가 사는 곳에서 강간범은 이런 푼돈을 내는 것이 예사였다.

*　*　*

물론 구글 어스로 1,800미터 상공에서는, 나이로비 빈민가에서 벌어지는 이런 추악한 행태를 볼 수 없다. 바다처럼 펼쳐진 녹슨 양철 지붕으로 빽빽한 직사각형들은 나름대로 질서가 있는 것처럼 보인다. 방문자들이 코로고초의 거리와 좁은 골목으로 들어가더라도, 등불이 꺼진 양철집에서, 캄캄한 공동 목욕실에서, 등굣길 무토키아의 판잣집에서 로라에게 일어나는 일은 보이지 않는다.

아울러 로라는 수치와 두려움, 절망에 빠져 자신에게 일어난 일을 아무에게도 말하지 않는다. 라우니온에서 방갈로르, 나이로비에 이르기까지 가난의 이면 깊숙이 숨어 있는 것은 남들에게 폭행을 당하고 상처를 입는 슬픈 굴욕과 모독이다. 로라는 날마다 도처에서 자신이 안전하지 않다는 사실을 몸서리치게 알고 있다. 곳곳에서 그녀 곁을 도사리는 약탈자들 역시 그것을 알고 있다.

하지만 우리는 그 사실을 모른다. 판잣집 사이로 오수가 흐르는 거대한 빈민가에 열 살 소녀가 살고 있다는 사실에는 희미한 불안을 느끼며 마음이 아프겠지만, 우리는 가장 무서운 현실은 외면할 것이다.

하지만 다행히 로라에게는 사랑과 용기를 잃지 않고 현실을 외면하지 않는 누군가가 이웃에 있다. 코로고초에 있는 나오미 완지루의 판잣집 월세 단칸방은, 외관은 빈민가의 여느 집과 비슷하다. 흙탕길 골목, 밖에 놓인 세숫대야 여러 개, 모든 것을 갉아먹고 있는 갈색 녹. 하지만 나오미를 만나기 위해 집으로 들어가면 다른 세상이 펼쳐진다. 나오미는 생명과 기쁨이 넘치는 눈빛으로 인사한다. 순백색 터번으로 머리를 감은 나오미는 기품이 느껴지는 여자다. 거친 철과 판자로 만든 벽에는 마을 관습에 따라 흰 천이 걸려 있고 바닥에서 천정에 닿는 솔빛 찬장은 놀이동산, 사진 진열장, 동물 인형 창고, 차※ 보급소 역할을 한다. 나오미는 코로고초의 자원봉사 사회사업가다. 나오미가 사랑과 희망으로 다스리는 이 작은 공간은 보호받지 못하고 공포와 수치를 느끼는 여러 소녀가 안심할 수 있는 유일한 곳이다.

로라는 아침에 무토키아에게 겁탈을 당한 후 결국 학교에 갔지만, 고통이 심해서 선생님에게 사실대로 말했다. 선생님은 즉시 로라를 나오미에게 데려갔다. 시간이 흐르면서 로라는 나오미를 신뢰하게 되었고, 나오미는 그동안 로라가 당한 일을 전부 알게 되었다. 나오미는 로라를 병원에 데려갔고, 로라를 진찰한 의사는 확실한 강간 증거를 진단서에 기록했다.

나오미는 가해자들, 특히 아버지가 큰소리로 범행을 부인하고 공포와 혼란에 빠진 소녀의 신용에 흠집을 내리란 것을 경험으로 알고 있었다.

또한 증언을 해줄 목격자들이 없으리란 것도 알고 있었다. 이웃들은, 한밤에 집에서 새어나오는 로라의 비명을 들은 주민들조차 피고인들이 폭력배들에게 돈을 주고 증인이 될 만한 사람들을 협박한다는 것을 알고 공포에 떨었다. 로라의 선생님조차 겁이 나서 증언하지 못했다. 그래서 나오미는 로라의 재판에 진단서가 꼭 필요하다는 것을 알고 있었다.

하지만 이곳은 로라가 재판을 받는 것이 불가능할 정도로 사법제도가 파탄에 이른 곳이다.

나오미가 확보한 의학적 증거는 정부가 발행한 정식 서류에 기록되었지만, 나이로비에서는 효력이 없다.

이유가 무엇일까. 의사가 자격이 없어서일까. 증거를 변칙으로 수집해서일까. 이 증거를 쓰지 못하게 하는 법이나 규정이 있어서일까. 아니다. 나이로비의 모든 경찰은 특별한 한 의사가 발행한 진단서만 의학적 증거로 인정하기 때문이다. 경찰은 다른 의사의 진단서는 법원이나 검사에게 제출하지 않는다. 여기서는 그 검시관을 K라고 부르자.

사실 경찰은 K가 피해자를 재검진하여 '확인'만 해준다면 그 진단서를 기꺼이 법원에 제출할 것이다.

그렇다. 나이로비는 앞서 예를 든 300만 명이 사는 도시다. 연구에 따르면, 한 해 폭행 피해자가 50만 명에 이르고, 그중 약 15만 명은 강간 피해자다.[25] 이런 곳에서 나이로비 경찰은 '모든' 피해자에게 '무슨' 폭행을 당했든 '오로지' K의 진단서만 요구한다. 그래야 폭행에 대한 의학적 증거를 법원에 제출할 수 있다.[26] 물론 이런 식으로는 K의 쓰러져 가는 단칸 진료실 바깥에 쌓여 있는 밀린 사건을 해결할 수 없을 뿐더러 나이로비에 만연한 성폭력을 해결할 수도 없다.

폭행 피해자가 K를 만나는 데 몇 달씩 걸리는 것은 말할 것도 없다. 더욱이 환자와 사회사업가들에게 K는 진료실을 자주 비우기로 악명 높

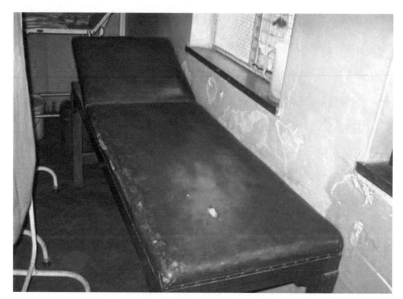

K 진료실의 진찰 침대

다. 한 사회사업가는 내게 이렇게 말했다. "어린 소녀들이 얼마나 큰 충격을 받는지 모릅니다. 종합적인 진료도, 보고도 없습니다. 검사 시간이 채 10분도 안 됩니다."

로라도 마찬가지였다. 오랜 기다림과 실망과 굴욕만 안겨주는 형식적인 검사 후 K는 약식 진단서에 성폭행을 당했다는 뚜렷한 증거가 없다고 기록하고, 로라는 강간 피해자가 아니라는 결론을 내렸다.

강간 피해를 인정한 전문의의 진단서가 로라에게 있다는 것은 중요하지 않았다. 케냐 법원이 그 진단서를 증거로 채택할 수 있다는 것도 중요하지 않았다. 나이로비에 폭행 진단을 내리고 증거를 제시할 수 있는 의사 수백 명이 있다는 것도 중요하지 않았다. 수년 동안 법원에 제출하는 폭행과 관련된 의학적 증거는 K가 작성한 정부 서류만 인정하겠다고 우겨 온 경찰 때문에 그 어느 것도 중요하지 않았다.

더 어처구니가 없는 것은 아무도 그 이유를 모른다는 것이다. IJM 나이로비 소속 변호사들은 명백한 케냐 판례법을 근거로 수년 동안 이유를 따졌지만 경찰은 여전히 K의 진단서만을 요구한다. "이것이 관행"이라는 게 경찰의 유일한 해명이다.

그래서 로라 같은 소녀들은 풀려난 강간범과 함께 빈민가로 돌아간다. 범인들은 뇌물을 주지 않아도 자유롭게 활보한다. 나오미 같은 보호자들도 부조리에 크게 좌절한 채 코로고초의 좁은 골목으로 돌아간다. 어린 강간 피해자가 또 생길 텐데 정의를 위해 싸워야 할 이유에 대해 할 말이 없다.

로라의 이야기는 수백만 세계 빈민이 날마다 싸워야 하는 폭력과 무법의 혼돈뿐 아니라 그들을 보호해야 할 기본 형사사법제도의 무서운 태만까지 폭로한다. 그 태만이 어느 정도로 심각한가 하면, 이 동아프리카의 대도시에서 아무도 관심 없고 해명조차 하지 않는 불합리한 관행 때문에 사실상 제도가 작동을 멈출 정도다. 대다수 개도국은 가장 기본적인 제도(부유한 나라에서는 가장 기본적인 공공 서비스)인 사법과 치안이 아주 오랫동안 무용지물이었던 탓에 빈민을 약탈하는 폭력범죄자들은 처벌을 두려워하지 않는다. 불행히도 세상 또한 이것을 고치거나 이해하려고 하지 않는다.

그 결과는 세상의 무관심만큼이나 자못 심각하다. 로라, 마리암마, 유리, 루실라는 극심한 가난에서 벗어나기 위해 싸우는 개도국의 수십억 빈민을 대표할 뿐 아니라, 파탄에 이른 형사사법제도로 개도국에 만연한 일상적 폭력 때문에 근본적으로 그들이 불리한 싸움을 하고 있다는 것을 보여 준다. 지난 반세기에 걸친 다양한 운동은 개도국에서 가난을 퇴치하기 위해 국제적 지원을 결집했지만, 앞으로 보듯이 자립에 힘쓰는 세계 빈민의 발밑에 있는 깔개를 계속 잡아빼고 있는 폭력의 참혹한 현실에는 관심을 가지지 못했다. 이제는 부패에서 벗어나기 위해 노력하는 가난한 사람들을 계속 좌절하게 만드는 폭력의 네 가지 큰 암류가 무엇인지 분명히 알아야 한다.

2장

가난한 사람들의 목소리

바야흐로 1981년. 로널드 레이건이 미국의 새 대통령으로 취임하고, 다이애나 스펜서 공주는 찰스 왕자와 결혼하고, 이집트 대통령 안와르 사다트가 암살되고, 빌 게이츠는 IBM의 첫 컴퓨터 운영체제인 MS-도스를 출시하고, MTV가 개국하고, 과학자들은 HIV 바이러스를 발견하고, 영화 〈레이더스〉가 개봉하고, 미국 금리는 15.75퍼센트다(나는 고등학교 졸업을 앞두고 있다). 전 세계 개도국의 두 명 중 한 명은(52퍼센트) 극빈층이다. 그들은 1.25달러 미만으로 하루를 근근이 살고 있다.

자, 이제 2010년으로 건너뛰어 보자. 개도국 극빈층은 다섯 명 중 한 명으로(21퍼센트) 대폭 줄었다. 전문가들은 2015년까지 극빈층이 15퍼센트까지 감소할 것으로 예상한다.[1] 뜻밖의 놀라운 진전이지만 무시하지 못할 '나쁜' 소식도 있다. 잇따르는 희소식에도 2015년 '극'빈층은 '10억'에 육박할 것이다(8억 8300만). 하루 생계비 1.25달러는 치료나 취학은 꿈

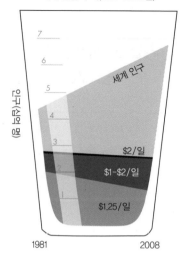

이 잔은 반이 비어 있는가, 반이 남아 있는가?
세계 빈곤 추세(1981-2008년)

인구(억 명)

세계 인구

$2/일

$1-$2/일

$1.25/일

1981   2008

도 꾸지 못하는 극심한 가난이다.[2] 더욱이 1981년에서 2008년까지 최소 1.25달러, 최대 2달러의 돈으로 하루를 사는 사람들은 6억 4800만 명에서 11억 8천만 명으로 '두 배' 증가했다.

빈곤 감소 추세를 보자. 문제는 이것이다. 당신은 잔의 반이 비어 있다고 보는가, 아직 반이 남아 있다고 보는가?

빈곤율. 2달러로 하루를 사는 사람들의 절대 수, 즉 '매우' 극심한 가난에 허덕이는 인구는 1981년에는 25억 9천만 명, 2008년에는 24억 7천만 명으로 거의 변화가 없다. 2015년에도 이런 절대 수치는 20억 명은 될 것이다. 한편 1981년에는 개도국 인구의 70퍼센트에 달하는 어마어마한 인구가 2달러 미만으로 하루를 살았지만, 2008년에는 43퍼센트로 대폭 줄었다.

보건. 해마다 5세 미만 아동 760만 명이 예방과 치료가 가능한 원인 (주로 식량과 의료 부족)으로 사망한다. 하지만 30년 전(1500만 명)에 비해

이 아동사망률은 절반으로 떨어졌다.[3]

식수. 생존에 꼭 필요한 깨끗한 물을 구하지 못하는 사람이 7억 8천만 명에 이른다. 하지만 사망과 질병을 유발하는 물밖에 없었던 20억 명이 1990년 이후로는 깨끗한 물을 사용하고 있다.[4]

기아. 10억에 달하는 사람이 기아에 허덕이고(9억 2500만 명) 개도국인구의 16퍼센트가 영양 부족이지만, 1981년에는 25퍼센트가 영양 부족이었다.[5]

교육. 전 세계 아동 6750만 명이 교육의 혜택을 전혀 받지 못하고, 성인 7억 7500만 명은 글을 읽을 줄도 쓸 줄도 모른다.[6] 하지만 1999년에서 2008년 사이에, 이전에는 교육 기회가 전혀 없었던 어린이 5200만 명이 초등 교육을 받았다.

주거. 16억 명이 표준 이하의 주거 환경에서 살고 있고 1억 명은 노숙자다.[7] 하지만 빈민가 인구 비율은 46퍼센트에서 32퍼센트로 감소했다.[8]

극심한 가난과 결핍에 맞서는 싸움은 역사상 처음으로 중요한 변곡점에 이른 듯하다. 200년 전, 인류는 75퍼센트가 극도로 가난하게 살았

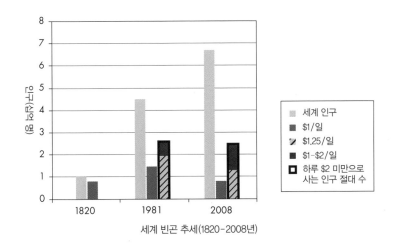

세계 빈곤 추세(1820~2008년)

지만(오늘날로 치면 1달러 미만으로 하루를 살았다) 놀랍게도 지금은 극빈층이 약 12퍼센트에 불과하다.[9] 이것은 희소식이다. 그런데 그 12퍼센트는 여전히 약 8억 명에 이른다. 200년 전, 오늘날의 1달러로 하루를 버텼던 절대 인구 수와 정확히 일치한다.[10]

우리 시대에 이르러 참혹한 가난에 대한 역사적 싸움은 비상한 가능성을 향해 빠르게 다가가는 듯하다. 역사상 처음으로 수십억에 달하는 사람이 땅으로 곤두박질치지 않고 극심한 가난의 중력을 뚫고 나갈 속도를 찾을 태세다. 한편, 1달러로 하루를 살던 생활에서 벗어나도 2달러로 하루를 버티는 사람들의 기나긴 대열에 합류하는 것이 고작인 현실에서, 진보의 탄력이 주춤하는 것 같기도 하다.[11]

우리의 싸움은 앞으로 어떻게 될까?

우리가 맞선 적의 실체

한 가지는 분명하다. 우리는 가공할 적과 맞서고 있다. 극심한 가난은 보일 듯 숨어 있고 간단한 듯 복잡하다. 이를테면 굶주린 아이라는 문제는 명백하고 간단하다. 아이는 우리에게 "배고프다"라고 말할 것이다. 아이에게 필요한 것은 식량이다. 하지만 기아가 아이에게 영향을 주는 방식은 숨어 있고 아이가 먹을 식량이 부족한 이유는 복잡하다. 인류가 극심한 가난과 싸운 역사는 대개 이렇듯 분명하고 간단한 문제를 인식한 후 그 문제를 해결하기 위해 노력하는 과정에서 가난 이면의 복잡한 현실을 발견하고 그에 걸맞은 해결책을 다시 설계해 온 이야기다.

1950년대 멕시코와 인도의 빈민에게 관심을 가졌던 사람들은 밀과 쌀 생산량이 부족하기 때문에 빈민이 기아에 허덕인다고 보았다. 그런데 어쩌면 '부적합한' 밀과 쌀을 재배하기 때문인지도 모른다는 분석이 나왔다. 노먼 볼로그 같은 농학자들은 개도국에 고수확 품종을 도입하여 녹색 혁명을 일으켜 멕시코와 인도를 쌀과 밀 수출국으로 만들고 10억 명을 기아에서 구했다. 하지만 농학자들은 식량 공급이 풍족했던 방글라데시에서 아사한 300만 명은 구하지 못했다. 경제학자 아마르티아 센의 가르침처럼, 문제는 식량 '공급'이 아니라 식량을 구할 수 있는 가난한 사람들을 약탈하는 '불공정한 분배'다.

식량은 기아 문제를 해결하고 영양 섭취는 면역력을 높이지만 '식량'으로는 소아마비, 이질, 말라리아, HIV 같은 전염병의 확산을 막지 못한다. 공중 보건 전문가들은 모두 아는 사실이다. 이런 문제는 의료, 백신, 보건, 위생 시설로 해결해야 한다. 하지만 저소득국 국민은 정부가 지나친 부채로 공중 보건 시설에 투자할 예산이 부족하거나 부패한 공무원들이 그 돈을 착복하면 그런 혜택을 받을 수 없다.

저소득국의 가난한 엄마가 소액대출을 받아 재봉틀을 사서 재봉사로 일할 수 있다면 가족을 위해 모기장과 위생시설을 갖출 수 있을 것이다. 물론 '면허' 없는 사업장을 적발해서 폐업시키는 당국이 두렵거나, 마음만 먹으면 남의 땅쯤은 아무렇지 않게 빼앗는 지역 정치인의 부유한 친구들이 무섭다면 그녀는 굳이 사업을 시작하거나 위생시설을 갖추려 하지 않을 것이다. 설령 배짱이 두둑하더라도 문맹이거나 졸업장이 없거나 대출 절차나 서류 작성 방법을 모르면 면허를 취득할 수 없다. 그녀가 학교에 가지 못한 것은 부모가 아들만 교육시키고, 학비를 댈 수 없을 만큼 가난하고, 나이 많은 남자에게 시집가서 열다섯 살부터 아이를 길렀기 때문이다. 게다가 규제를 받지 않는 탄광 때문에 오염된 물을 마시고 병든 아이를 집에서 간호해야 하기 때문에 더 이상 가정부로도 일할 수 없다. 마을 공무원들은 외국 채굴 회사가 주는 뇌물을 받고 비리를 눈감아 주고, 남편은 내전으로 피난 온 이웃 나라의 값싼 노동력에 밀려 광산에서 일자리를 잃었다.

이것은 가난의 복잡한 실상을 보여 주는 맛보기에 불과하다. 가난의 다양한 측면은 다른 문제들과 분명히 관련이 있다. 하지만 각각의 문제에는 고유한 특징이 있다. 즉 문제의 본질을 그대로 두면 문제를 해결할 수 없다. 이를테면 열악한 위생 탓에 이질에 걸리면 체내에서 영양을 흡수하지 못하기 때문에 기아가 악화된다. 하지만 위생과 이질을 해결하더라도 식량이 없다면 기아 문제는 영영 해결할 수 없다. 가난의 면면들은 다른 요인의 영향으로 악화되는 것이 사실이지만, 문제의 본질을 그대로 두고 부차적인 문제를 해결해서는 아무 소용이 없다. 악화 요인은 때로 본질적 해결책을 무용지물로 만들지만, 본질을 무시하고 비본질적 악화 요인만 해결해서는 '늘 불충분하다'.

세계 빈곤과의 싸움에서 중요한 변곡점에 이른 지금, 우리는 그동안 간과한 가난의 독특한 측면에 대해 분명히 말해야 한다. 사람들은 가난의 본질이 무엇인지 모르고, 알고 있더라도 문제를 직접 해결하는 대신 악화 요인을 해결할 뿐이다.

가난의 본질은 바로 날마다 일상적으로 일어나는 약탈적 '폭력'이다. 가난한 사람들은 '가난하기 때문에' 기아, 질병, 노숙, 문맹, 기회 박탈뿐 아니라 폭력에도 취약하다.[12] 폭력은 기아, 질병, 노숙, 실업과 마찬가지로 가난의 일부가 되었다. 차차 말하겠지만, 폭력은 가난한 사람들이 가장 걱정하는 문제다. 폭력은 우선 그들이 가난한 이유의 본질이고 가난에서 벗어나지 못하는 제1원인이다. 폭력을 해결하지 못하면 우리는 극심한 가난과의 싸움에서 결코 이길 수 없다.

극빈층에 영향을 미치는 전쟁이나 내전이 발발하면 사람들은 폭력에 신음하는 세계 빈민의 처지에 대해 그나마 이야기한다. 《빈곤의 경제학》을 쓴 폴 콜리어를 위시한 몇몇은 가난의 주원인과 개발의 덫은 전쟁과 내전이라고 지적한다. 하지만 우리는 지금 그런 폭력에 대해 말하는 것이 아니다. 우리는 비교적 안정된 국가에서 날마다 일어나는 '일상적' 폭력에 신음하는 수십억에 달하는 빈민에 대해 말하고 있다. 가난에 맞선 싸움에서 변곡점에 이른 수십억 빈민의 진보는, 그들의 삶을 지속적으로 개선하려는 선의의 노력을 잠식하는 일상의 공포를 세상이 마침내 해결할 준비를 갖추었느냐에 달려 있다.

빈곤에 숨어 있는 공포

가장 위험한 문제는 눈에 띄지 않는다. 개도국의 빈곤과 싸우는 대다수는 이면에 숨어 있는 공포를 보지 못한다. 도처에 있지만 눈에 띄지 않는다는 점에서 개도국의 폭력은 선진국이 지닌 슬픔과 비슷하다.

대형 법률회사에서 순진한 인턴 변호사로 여름을 보내던 젊은 시절, 나는 전권을 가지고 뛰어난 실력을 발휘하는 선배 변호사가 실은 며칠 전 중환자실에서 병으로 세상을 떠난 아들을 무기력하게 보고만 있어야 했다는 사실을 알게 되었다. 그런데도 그는 오전 9시 40분, 빳빳한 정장에 면도를 한 말쑥한 얼굴로 복잡한 환경 보상법 문제를 처리하고, 크림을 넣지 않은 커피를 주문했다. 책상에는 여전히 아들 사진을 넣은 액자들이 있었다. 누가 말해 주지 않았더라면 나는 전혀 '몰랐을' 것이다.

내가 활보하는 현실의 이면에 또 다른 끔찍한 세계를 감추고 있던 얇은 커튼이 확 걷히는 느낌이었다. 나는 부유한 화이트칼라 전문직 세계에는 두 가지 현실이 숨어 있다는 것을 알았다. 첫째, 우리 주변에는 늘 거대한 슬픔이 맴돈다(죽음, 암, 자살, 치매, 불륜, 실패, 중독 등). 둘째, 그것이 어떤 슬픔인지 알 수 없다. 우리는 겉으로 드러나는 갈등은 쉽게 인식한다. 하지만 슬픔은 어떨까? 슬픔을 보려면 아주 깊숙이 들어가야 한다.

개도국 빈민을 괴롭히는 폭력도 마찬가지다. 그들은 하루하루 잔혹한 폭력의 위협을 받으며 살고 있지만, 우리는 알 수 없고 그들은 말하지 않는다. 하지만 겉모습에 속으면 안 된다. 슬픔처럼 눈에 띄지 않는 것이 그들의 일상 깊숙이 박혀 있을지 모르기 때문이다.

가난한 사람의 온갖 고통이 외부인의 눈에는 잘 드러나지 않는 것이 사실이다. 부유한 사람들과 물리적으로 멀리 떨어져 있어서, 자세히 관찰하지 않으면 보이지 않아서, 그들이 웃으면서 툭툭 털어버려서, 우리가 자세히 보거나 물어보지 않고 어림짐작으로 추측하는 것이 많아서다. 하지만 드러나지 않는 폭력이 유별난 데는 세 가지 이유가 있다. 첫째, 폭력의 이면에는 폭력을 감추려고 전력을 다하는 지능적이고 계획적인 가해자가 있다. 폭력의 '실행'은 외부인의 눈에 거의 띄지 않는다. 둘째, 빈민은 남들과 마찬가지로 큰 고통을 당해도 사생활과 얽힌 폭력을 쉽게 밝히지 못한다. 의도적인 폭력으로 치욕, 유린, 예속, 강간, 모독을 당한 인간은 그 같은 경험을 수치스럽게 여긴다. 역설적으로 가해자와 피해자는 강하고 내성적인 성향을 공유한다. 즉 그들은 모두 폭력을 숨기려 한다. 끝으로, 빈민을 위협하는 폭력은 공기 같아서 그것을 특별한 현상으로 말하는 법은 드물다. 그들은 폭력을 흡수해 버린다.

1999년 세계은행의 후원을 받아 연구, 출간된 3부작 《가난한 사람의 목소리》는 빈민의 말에 귀 기울인 끝에 거둔 매우 광범위하고 성공적인 성과였다. 유례없는 일이었다. 가난과 복지를 어떻게 보는가? 당신의 문제와 우선순위는 무엇인가? 빈민 수만 명이 직접 답하고 자신의 이야기를 자세히 전했다.

빈민의 이야기를 직접 들은 세상은 무엇을 배웠을까? 가난한 사람들이 마침내 커튼을 열어젖히자 그 뒤에 숨어 있던 잔인한 폭력의 실상이 만천하에 드러났다. 그들이 날마다 싸워야 하는 잔인한 폭력은 전쟁이나 지정학적 갈등으로 불거진 폭력이 아니라 이웃의 강자가 약자를 해치는 폭력이다. 세계은행은 가난에 대한 통찰로 가득한 이 책을 발표하는 자리에서 두 가지 중요한 현실을 보도자료의 표제로 올렸다. 무력無力과 폭력, 특히 여성과 소녀에 대한 폭력.[13]

보고서에 따르면 "세계 곳곳에서 폭력의 희생자는 파문에 대한 두려움으로 침묵"하고 깊은 치욕을 느끼는 빈민들은 자신이 당하는 폭력과 위협에 대해 선뜻 밝히지 못한다. 따라서 세계 빈곤에 대해 잘 아는 사람들조차 전시戰時가 아닌 일상 속 폭력의 현실을 쉬이 간과한다.[14]

둘째, 가난한 사람의 문제는 전 세계에 편재한다. 최빈국이든 중소득국이든 지역은 중요하지 않다. 모든 대륙에서 빈민은 폭력의 피해자다.[15]

- 말라위: "방문한 마을들 한 곳도 빠짐없이, 가난한 사람들은 절도, 강도, 주거 침입, 살인과 일상을 위협하는 여러 행위에 대해 말했다."[16]
- 브라질: "브라질 빈민가에 사는 주민들은 일상에 폭력과 범죄가 터무니없이 만연해 있다고 말한다."[17]
- 태국: "가난한 사람들은 불안하고 무섭다고 말했다."[18]
- 나이지리아: "농촌과 도시 빈민 모두 범죄를 두려워한다. 무장 강도와 식량 절도를 빈번하게 언급했다."[19]
- 에콰도르: "가난한 사람들은 강도, 탈취, 강간, 살인 등 여러 위험에 직면한다."[20]

빈민들의 목소리는 계속 이어진다. 《가난한 사람의 목소리》는 안정된 개도국과 중소득국의 빈민들은 일상에서 폭력을 경험하는 비율이 현저히 높고,[21] 도시 빈민가 주민들은 점점 더 다른 무엇보다 폭력을 가장 두려워하며,[22] 가난한 사람은 흔히 폭력을 '가장 무서워하는 것'이나 '가장 큰 문제'로 꼽는다[23]는 증거들이 증가하고 있음을 보여 준다. 가난한 사람들이 목소리를 내자 그들의 삶과 마을을 황폐하게 만드는 폭력이라는 역병이 만천하에 드러났다.

정확한 문제 인식, 그러나 빗나간 해결책

폭력이 개도국 빈민들을 위협한다는 것을 인식한 세계 빈곤 전문가들은 재미있게도 문제의 본질을 '먼저' 해결한 후 비본질적 악화 요소를 처리하기보다 악화 요소만 처리해서 문제를 해결하려고 한다.

폭력을 해결하는 근본 방법은 무엇일까? 현대 사회가 폭력에 대처하는 방법은 '법집행'이다. 곧 폭력 행위는 '위법'이고 국가(강제력을 합법적으로 사용할 권한을 전유하는 주체)는 불법 폭력을 저지르는 범죄자를 구속·처벌하는 '법집행' 강제력을 사용할 권한이 있다.

법집행만이 폭력을 해결하는 유일한 방법은 아니다. 현대 사회가 폭력을 줄이기 위해 적절히 장려할 수 있는 활동(폭넓은 경제 활동 기회, 교육, 문화적 태도, 사회적 중재, 가로등 설치, 야간 농구 등)은 매우 광범위하다. 이런 활동은 폭력의 악화 요인(실직, 기회 부족, 경제적 불평등, 불통, 성차별, 가로등 부족, 청년 실업)을 해결할 수 있다. 하지만 오늘날 번영한 선진국에서 폭력 행위를 효과적으로 규제하고 확실히 억제하는 법집행력 '없이' 악화 요인을 제거해서 폭력을 해결하는 사회는 없다.

그런데 이상하게도 사람들은 개도국 빈민이 처한 폭력 문제를 올바르게 이해할수록, 법집행을 통해 빈민을 폭력에서 보호하는 형사사법제도 '없이' 악화 요인(무지, 문화적 태도, 경제 활동 기회나 교육 부족)을 주로 해결해서 문제를 해결하려고 한다. 악화 요인을 완전히 해결하기 위해 힘 쓰는 것은 잘못이 아니지만, 법집행력이 제대로 기능하도록 바로잡는 데 전력을 쏟지 않으면 우리는 이 싸움에서 지고 만다. 이 싸움은 가난한 사람이 반드시 이겨야 하는 싸움이다.

외부의 자원과 보호

빈민을 폭력에서 보호하는 기본 법집행이 반드시 필요하다는 것은 가난과 인간 조건의 본질적 측면에서 분명한 사실이다. 인간은 매우 연약한 상태로 태어나 전적으로 '자기 외부'의 자원과 보호에 의존하여 살아간다. 우리는 자기 충족적 존재가 아니다. 인간 내부에는 스스로 생존하고 번성할 수 있는 인자가 없다. 외부로 나가 자신을 위협에서 보호하고 필요를 충족할 자원을 끊임없이 획득해야 한다.

몸은 신진대사가 필요하다. 몸은 생존에 필요한 칼로리, 영양분, 산소, 물을 무섭게 찾는다. 우리는 생존과 성장에 필요한 외부 '자원'이 필요할 뿐 아니라 '보호'도 받아야 한다. 스스로를 방어할 능력이 부족하기 때문이다. 이를테면, 우리는 자신을 기후에서 보호할 주택과 (대개) 의복이 필요하다. 박테리아와 질병에서 지킬 항생제와 약품이 필요하다. 따라서 인간으로서 생존하고 발전하고 번성하는 데 필요한 자원을 구하지 못하고 보호를 받지 못할 정도로 궁핍하다면 그는 빈민이다.

이것이 가난의 본질에 대한 주류의 생각이자 상식이다. 사람은 좋은 음식, 깨끗한 물, 양질의 교육 같은 인간답게 살아가는 데 필요한 '외부의 자원'이 있어야 하고, 병균과 오염된 물, 악천후 같은 위협에서 안전하게 지켜 줄 '외부의 보호'를 받아야 한다. 그런데 여기에 반드시 추가해야할 것이 있는데, 사람은 '다른 사람들'로부터 보호를 받아야 한다. 인간의 폭력에서 보호를 받아야 한다. 더욱이, 인간은 혼자서는 폭력에 맞서 자신을 보호할 수 없다. 개인은 외부의 보호를 받아야 하고, 그런 보호에는 비용이 '많이' 든다.

무엇이 우리를 폭력에서 보호하는가

당신이 노예살이, 투옥, 폭행, 강간, 강도를 두려워하지 않고 안전하고 평화롭게 이 책을 읽고 있다면, 혼자 은둔해서 살고 있든지, 잔인하고 탐욕스런 주변 사람들에게서 당신을 보호하는 제도의 혜택을 받고 있기 때문이다. 어디에나 남들보다 더 우세하고 공격적이고 교활하고 호시탐탐 노리는 사람이 존재하며, 보호에는 비용이 들기 마련이다.

따라서 당신이 안전하다면, 사설 경호를 이용하든지 법집행과 공공 안전 제도에 필요한 세금을 내든지 치안에 필요한 비용을 지불하기 때문이다. 이런 보안 서비스가 제대로 작동하고 있다면, 당신은 그 사실을 의식하지 못할 것이다. 법과 치안이라는 강제적 제도가 없다면 마음대로 설쳤을 악랄하고 약탈적인 사람들이 당신 곁에 있다는 사실을 대개 잊고 살기 때문이다. 당신을 폭력에서 보호하는 힘은 적당한 가격을 지불하고 투여한 이로운 백신처럼 작동한다. 당신은 약을 복용한 후 한 시간이면 그 사실을 잊고(물론 약은 계속 당신을 위해 싸울 준비를 하지만), 눈에 보이지 않는 백신이 세균을 억제하여 약효가 나타나더라도 당신은 공격적인 미생물에 치명적으로 취약하다는 사실을 까맣게 잊는다.

하지만 당신이 효과적인 공공법집행에 필요한 비용을 지불할 수 없는(또는 지불할 의사가 없는) 가난한 사회에 살고 있다면 어떻게 될까? 거기에다 사설 보안 서비스를 이용할 돈마저 없다면 어떻게 될까? 폭력 세력에 무방비로 노출된 당신이 피해자가 되는 것은 시간 문제다. 공기 중에 있는 세균과 악천후, 눈에 띄지 않는 오염 물질처럼 폭력은 사회에 만연해 있고, 폭력의 세력에 맞서 안전을 확보할 공공 자원이나 민간 자원이 없다면 당신은 안전하지 못하고 당신의 안녕은 위태로워진다. 당신의 안위가 악화되는 것은 불 보듯 뻔하다.

부유한 사회의 시민들은 광범위하고 값비싼(대개 눈에 띄지 않고 의식조차 하지 않는) 법집행 제도를 통해 사들인 평안과 안전에 익숙해져서 폭력의 세균이 항상 공기 중에 있다는 사실을 잊는다. 우리는 인간 본성의 경계에 끝없이 저항하는 폭력의 세력에 관심을 가지지 않기 때문에 가난한 사회를 보더라도 그들이 어떻게 폭력에서 보호를 받을까 같은 긴급한 질문 따위는 던지지 않는다. 우리는 그런 질문을 하는 훈련을 받지 못했고 이면을 파헤칠 생각을 하지 못한다. 가난한 사람이 살아가는 잔혹한 현실을 이해하고 싶다면, 우리는 눈을 크게 뜨고 보아야 한다. 폭력은 가난한 사람을 괴롭히는 모든 조건 가운데 가장 눈에 띄지 않기 때문이다.

성폭력

가난의 은밀한 공포에 대해 조금 더 알고 싶다면, IJM 동료 델미 라미레즈를 따라 그녀가 과테말라 시의 자기 동네에서 보살피는 소녀들을 만나 보자. 델미는 아담한 몸집의 40대 사회사업가로, 끔찍한 성폭력을 당한 소녀들의 회복을 위해 일하는 사람이 갖춰야 할 온화한 친절과 오래된 지혜, 낙천적인 기쁨을 발산한다.

델미가 보살핀 가난한 성폭행 피해 소녀는 수백 명에 이른다. 부드러운 음성으로 아이들 이야기를 하는 그녀는 연방 손등으로 입을 막고 뜨거운 눈물을 흘린다. 하지만 아이들과 함께 있을 때는 웃고, 안아 주고, 짓궂은 이모처럼 장난을 치며 평범한 아이들을 대하듯이 행동한다.

나는 델미와 함께 공동생활가정을 찾았다. 8세에서 15세 사이의 소녀 여섯 명이 수공예품 재료가 가득한 접이식 탁자에 둘러앉아 깔깔 웃으며 무언가를 만들고 있다. 나도 어느새 통통한 한 살배기 아기를 무릎에 앉히고 탁자 옆에 앉아 있다. 아이들이 기뻐하는 순진무구한 모습이 마치 꿈처럼 느껴졌다. 델미에게서 미리 들은 이야기에 따르면, 전문가들의 보고서에서나 볼 수 있는 온갖 폭력이 그들에게는 끔찍한 현실이었기 때문이다.

내가 안고 있는 남자아기는 옆에 있는 11세 소녀의 아들이다. 아이의 앳된 티를 채 벗지 못한 자그마한 '엄마'는 울긋불긋한 만화 캐릭터가 그려진 흰색 티셔츠에 청바지 차림이다. 검은 곱슬머리는 뒤로 묶고 파란색 꽃핀으로 옆머리를 장식한 아이는 수줍게 웃기만 하다가도 불꽃처럼 환한 웃음을 터뜨린다. 나는 그 아이를 글로리아라고 부를 것이다. 글로리아는 전문가들이 말하는, 2달러 미만으로 하루를 사는 빈곤층 출신이다.

글로리아는 열 살 때 어머니가 출근한 사이 어머니의 남자친구에게 강간을 당했다. 결국 글로리아는 내 무릎에 앉아 있는 귀여운 아들을 낳았다. 사실 그 남자는 한동안 글로리아뿐 아니라 '여동생'까지 성폭행했는데 그 일로 자매는 성적이 급격히 떨어졌다. 몇 년 전에 아버지가 살해되자 자매는 어머니의 남자친구와 억지로 살아야 했다. 그 후 조부모의 집으로 들어가 살았는데 조부모도 살해되었다. 살인 사건은 미제로 남고 살인범은 잡지도 못했다. 글로리아는 이렇게 급류처럼 흐르는 폭력의 세계에서 태어났다. 발설하면 죽이겠다고 위협하는 강간범의 말을 글로리아는 믿을 수밖에 없었다.

빈민의 일상에 흐르는 충격적이고 종잡을 수 없는 극도의 폭력, 어린이(특히 소녀)들이 속수무책으로 당하는 피해, 우리에게 휘장 뒤의 공포를 결코 보여 주지 않는 무의식의 침묵과 치욕, 이 모든 것이 내 주위에 퍼져 있는 현실이었다.

세계 빈민의 처지를 이해하고 그들을 돕고 싶다면 우리는 반드시 휘장 뒤로 가야 한다. 그런 다음, 가난한 사람을 짓밟는 가장 만연한 폭력, 곧 성폭력부터 처리해야 한다. 피해자 수가 가장 많고 가장 잔인한 폭력인데도 계속 우리 관심 밖으로 밀려나는 문제이기 때문에 시간과 노력을 들여야만 한다. 그 이유가 무엇일까?

날마다 일어나는 재앙은 진짜 뉴스로 여기지 않기 때문인지도 모른다. 퓰리처상 수상자이자 인권 전문 기자인 닉 크리스토프와 셰릴 우던 부부도 같은 의문을 품었다.

> 중국에는 천안문[광장]에서 일어난 사건으로 목숨을 잃은 시위자 수만큼 [편파적인 무관심으로] '매주' 헛되이 죽는 여자아기가 많다. 이런 중국 유아들 소식은 뉴스에 한 줄도 실리지 않는다. 우리는 언론의 우선순위가 왜곡되었다는 의심이 들었다.…중국에서 반체제 인사가 체포되면 머리기사로 다루지만, 소녀 10만 명이 매일같이 납치되어 사창가에 팔리는 현실은 뉴스 가치가 없다고 여긴다.[24]

크리스토프와 우던은 베스트셀러 《절망 너머 희망으로》를 통해 성폭력이라는 지구적 문제를 세계인의 관심사로 만드는 데 누구보다 혁혁한 공을 세웠지만, 두 사람이 걸은 길을 보면 이 거대한 인재人災에 관심을 가지는 일이 얼마나 지난한지 알 수 있다. 하지만 우리는 적어도 기본은 파악할 수 있을 것이다. 세계 빈민 대다수의 건강과 안녕을 위태롭게 만드는 요인은 많지 않기 때문이다.

성폭력과 세계 빈민에 대해 우리가 알아야 할 것은 무엇일까? 크고 끔찍한 두 가지 사실, 곧 성폭력은 치명적인 전염병인 동시에 수익 사업이란 점이다.

성폭력이라는 전염병

첫째, 성폭력은 그 규모와 파괴력 때문에 세계적 전염병이란 말이 가장 잘 어울린다. 가난한 사람을 위협하는 성폭력은 도처에 늘 존재하며 가혹하다. 명석한 세계 지도자들은 성폭력을 전 세계 수억 빈민을 한 사람씩 파괴하며 말없이 번지는 전염병이라고 반복해서 말한다. 성폭력은 무서운 역병처럼 개도국의 가정, 학교, 골목, 직장, 고아원, 사원, 상업, 보육 시설을 가리지 않고 구석구석까지 침투했다.*

전문가들은 전 지구적 관점에서 이 전염병에 대해 어떻게 말할까? 우선 성폭력은 세계 빈민을 약탈하는 더 심각한 질병인 '젠더 폭력'에서 비롯한다. 이는 성폭력, 가정폭력, 그밖에 남자가 여자에게 가하는 강압적인 온갖 폭행과 결합된 광범위한 개념이다. 가난한 사회에서는 가난한 남자와 (특히) 소년도 성폭력을 당하지만, '여자라는 이유만으로' 날마다 폭력의 맹공을 받는 여성과 소녀는 압도적으로 많다.

《가난한 사람의 목소리》에서 연구한 60개국 빈곤 사회에서 "여성에 대한 신체적 폭력은 일상과 다름없을 정도로 만연해 있다."[25] 파키스탄에서 에티오피아, 가나, 아르헨티나, 방글라데시에 이르기까지 여성과 소녀들은 성폭행, 구타, 가정폭력, 폭행을 증언했다.

그 수는 엄청나다. 전 세계 여성 세 명 중 한 명은 구타나 강간을 당하거나 평생 폭행을 당한다.[26] 여성과 소녀에 대한 폭행 비율은 가난한 여자들에게 더 높게 나타난다.[27] 연구에 따르면 에티오피아 여성 49퍼센트, 우간다 여성 48퍼센트, 페루 여성 62퍼센트, 인도 여성 35퍼센트, 브라질 여성 34퍼센트는 잠재적 폭행 피해자다.[28] 개도국의 통계 수치는

---

* 성폭력은 선진국에도 만연해 있지만 개도국의 제도는 가난한 사람을 구조적으로 차별하기 때문에 극빈층은 불의에 대해 하소연할 곳이 없다.

엇비슷하다. 그래서 세계은행은 15-44세에 해당하는 여성과 소녀는 암, 교통사고, 말라리아, 전쟁을 '합친' 것보다 성폭력으로 사망하고 불구가 되는 경우가 더 많다고 추산했다.[29]

개도국 여성과 소녀들의 사생활을 자세히 들여다보면 아찔한 통계 수치가 사실로 드러난다. 페루의 루실라는 딸 유리가 강간, 살해되었을 뿐 아니라 자신도 가정폭력 때문에 집을 떠나야 했고, 그 전에 루실라의 어머니도 가정폭력 때문에 집을 떠났다. 과테말라의 글로리아 자매는 강간을 당하고 어머니는 폭행을 당하고 할머니는 살해당했다.

개도국에서 젠더 차별은 무섭고 치명적인 폭력으로 드러난다.[30]

- 전 세계적으로 여동생이나 딸이 버릇없이 굴었다든지 자격 없는 남자와 사랑에 빠졌다든지 (가장 잔인한 것은) 강간으로 '더러워졌다'는 이유로 가족의 손에 이른바 '명예 살인'으로 목숨을 잃는 여성과 소녀가 해마다 5천 명에 이른다.[31]
- 인도에서 신랑 가족이 신부 가족에게 현금이나 패물을 주는 지참금 문제로 인한 가족 분쟁으로 목숨을 잃는 여성과 소녀는 해마다 약 1만 5천 명에 달한다.[32]
- 해마다 개도국에서 소녀 수백만 명(일곱 명 중 한 명)이 15세 전에 강제로 시집을 간다. 폭력이 빈번하고 첫 성관계는 강압과 두려움, 고통을 동반한다.[33]
- '날마다' 전 세계에서 소녀 약 6천 명이 여성 할례FGM를 받는다. 여성 할례란 성기의 전부나 일부를 제거하는 수술로 대개 마취제를 투여하지 않고 실시한다.

특히 주목할 점은 여성과 소녀에 대한 이 같은 폭력(부인 폭행, 지참금 살인, 명예 살인, 염산 테러, 강압적인 아동 결혼, 여성 할례 등)은 대부분의 개도국에서 '위법'이란 사실이다. 하지만 법은 집행되지 않고 여성과 소녀에 대한 폭력은 '해금'되었다. 젠더 폭력이 전 세계를 휩쓸자 수년 후 국제 앰네스티는 다음과 같이 발표했다.

> 여성에 대한 폭력 행위는 수사하지 않는 것이 다반사다. 가해자들은 자신이 체포, 기소, 처벌받지 않는다는 것을 알고 거리낌 없이 범행을 저지른다. 여성에 대한 폭력을 처벌하지 않는 관행으로 인해 그런 행위를 범죄가 아니라 정상적이고 용납할 만한 행동으로 여기는 사회적 분위기가 생긴다. 여성들은 헛수고란 것을 알기 때문에 정의를 위해 싸우지 않는다. 심각한 인권 침해 사실을 인정받지 못한 피해자들은 폭력으로 인한 원래 고통에 더해 더 큰 괴로움을 겪는다.[34]

여성과 소녀에 대한 폭력이 만연하고 일반화된 상황에서 개도국의 '성' 폭력은 전염병처럼 창궐한다. 질병통제예방센터의 유행병 학자들의 말처럼 성폭력은 "인권을 침해하는 세계적 불의로, 보건과 사회에 심각한 결과를 야기한다."[35] 더욱이 다른 전염병과 마찬가지로, 가난한 사람들은 무방비로 재앙을 견뎌야 한다. 세계 폭력에 대한 세계보건기구의 광범위한 연구에 따르면, 가난한 여성과 소녀는 성폭력에 크게 취약하고, 성폭력은 모든 사회 계급에서 발생하지만 사회경제적 최하층이 가장 큰 위험에 처해 있다는 점이 거듭 드러난다.[36] 성폭력을 정확히 정량화하기 어렵다는 것은 누구나 알지만, 개도국 모든 지역의 수집된 다양한 자료를 취합하면 빈민이 처한 형편에 대한 윤곽이 드러난다. 세계보건기구가 아프리카 5개국 학생 22,656명을 대상으로 조사한 자료에 의하면, 어린이 네 명 중 한 명(소녀 네 명 중 한 명 이상)은 강간을 당한다. 아프리카 전역에서 보고되는 수치는 엇비슷하다. 에티오피아의 한 자료는 여성 59퍼센트가 성폭력을 당한 경험이 있다고 보고하고,[37] 다른 자료는 에티오피아 '소녀' 68.5퍼센트가 성폭행을 당했다고 보고한다.[38] 말라위 소녀 38퍼센트는 "전혀 원하지 않는" 첫 경험을 했다고 고백했고, 가나 소녀 30퍼센트도 마찬가지였다.[39] 남아공에서 아동을 대상으로 한 범죄 중 가장 만연한 것으로 보고된 범죄는 강간이고, 경찰이 신고를 받은 강간이나 강간 미수 피해자의 40퍼센트는 18세 미만 소녀들이다.[40] 성경험이 있는 10-19세 케냐 소녀 중 45퍼센트는 합의하지 않은 성관계를 1회 이상 겪어야 했다. 물론, 성폭력은 아프리카 대륙 바깥에서도 맹위를 떨친다. 방글라데시에서는 15세 이전에 첫 경험을 한 지방 여성 36퍼센트가 강압에 의해 성관계를 했다고 말한다. 페루 리마로 건너가면 수치는 45퍼센트로 올라간다. 태국 여성의 30퍼센트는 미수를 포함한 강간 피해자다. 멕시코 일부 지역은 42퍼센트다. 라틴아메리카의 성폭력 실태 보고서에 따르면 "성폭력은 만연한 심각한 문제다." 배우자나 애인에게 평생 성폭력을 당하는 여자들이 적게는 5퍼센트, 많게는 47퍼센트에 이른다.[41]

세계는 차츰 가난한 사람이 당하는 성폭력에 관한 개별 자료에 주목하고 있지만, 전문가들이 조심스럽게 지적하는 대로 그들이 보유한 자료는 실제 "세계적 규모의 문제"에 비하면 "빙산의 일각"에 불과하다.[42] 곧 가난한 사람에 대한 성폭력은 '대부분' 이면에 숨어 있다는 말이다.

개도국의 수많은 여성과 소녀들은 내 동료들에게 불안을 호소한다. 때와 장소를 가리지 않는 성폭력의 위협 때문이다. 이를테면 가장 안전해야 할 가정에서 성폭력이 발생한다. 빈민 밀집 지역은 친인척(그리고 친척의 친구와 애인까지)에 의한 성폭행 비율이 높다. 로라는 빈민가의 작은 집에서 아버지에게 강간을 당했다. 글로리아도 집에서 어머니의 남자친구에게 상습적으로 강간을 당했다. 가난한 여성과 소녀에게 가정은 불

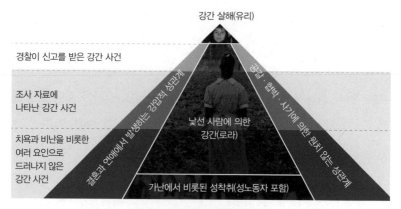

강간 살해(유리)

경찰이 신고를 받은 강간 사건

결혼과 연애에서 발생하는 강압적 성관계

협박, 협박, 시기에 의한 원치 않는 성관계

조사 자료에
나타난 강간 사건

낯선 사람에 의한
강간(로라)

치욕과 비난을 비롯한
여러 요인으로
드러나지 않은
강간 사건

가난에서 비롯된 성착취(성노동자 포함)

빙산의 일각에 불과한 성폭력*

법 만행이 은밀하게 발생하는 곳이다.

성폭력은 또한 마을 곳곳에 숨어서 도사린다. 코로고초에서 로라는 이웃집과 공용 화장실로 끌려가 두 남자에게 폭행을 당했다. 이런 일은 전 세계에서 비일비재하게 일어난다. 국경없는의사회MSF는 가난한 사람들에게 만연한 성폭력이 숨은 현상이 아님을 잘 아는 국제기관이다. 그들은 '의료 비상 사태'를 선포했다.[43] 국경없는의사회가 신중하게 강조하듯이, 전쟁이나 분쟁이 발발한 재난 지역뿐 아니라 "성폭력은 또한 안정된 지역에 사는 수백만 명에게 영향을 끼친다."[44] 개도국의 공식 연구에 따르면, 성폭력이라는 전염병은 가난한 소녀가 친근함과 안전을 찾고 싶은 모든 곳에 무섭게 침투한다. 극빈 사회에서 "합의 없는 성행위는 익숙한 환경(이를테면 마을이나 가정, 학교)에서, 일상 활동에서, 대개 아는 사람에 의해 발생할 확률이 높다."[45]

---

* 세계보건기구의 허락을 받아 참고하여 작성. "World Report on Violence and Health". Ed. Krug, Dahlberg, Mercy, Zwi and Lozano, Geneva: World Health Organization. 2002. 150.

특히 등굣길과 '학교'에서 벌어지는 성폭력 때문에, 개발 전문가들이 말하는 '소녀 효과'의 밝은 전망이 어두워진다는 것은 비극이다. 소녀 효과란 극빈 사회의 소녀들이 학교 교육을 받을 때 일어나는 큰 긍정적 효과를 가리킨다. 소녀들을 위한 교육의 밝은 전망을 높이 평가하는 전문가들이 있듯이, 개도국 소녀들이 학교에 '가지 않는' 주요 원인이 성폭력이라고 말하는 전문가들도 있다. 실제로 세계보건기구의 연구에 따르면, 개도국 소녀 대부분에게 학교는 성폭력이 '가장' 빈번하게 발생하는 곳이다.[46] 끔찍하게도, 개도국에서 실시된 연구에 따르면, 학교 성폭력의 가해자는 교사와 학생들이다.[47] 개도국 부모들도 여느 나라 부모들과 다르지 않다. 딸이 강간당하는 것을 원하지 않는다. 그들은 흔히 이런 비극적인 이유로 딸을 학교에 보내지 않는다. 개도국 전역을 관통하는 이런 정당한 두려움 탓에 남아시아와 사하라 사막 이남 아프리카에서는 사춘기에 이른 소녀들의 재학 비율이 급격한 하락세를 나타낸다.[48]

소녀 효과가 소기의 성과를 거두려면 여학생들의 등굣길이 안전해야 하는데 성폭력에 대한 법집행이 정당하게 이루어지지 않기 때문에 학교마저 '안전하지 않다'. 더욱이 이루 말할 수 없는 악영향을 끼치는, 소녀에 대한 성폭력은 신체적·심리적 트라우마를 일으키고, 생식 기관을 다치게 하고, 목숨까지 잃게 만든다. 세계보건기구 전문가의 말처럼 "성폭력 관련 사망은 자살, HIV 감염, 성폭행 도중이나 이후 '명예 살인'에 의한 살인의 형태로도 나타난다."[49]

여성과 소녀는 병균에 취약하듯이 도처에 도사리고 있는 성폭력에도 취약하다. 인류학자들은 강간이 모든 인간 사회에 예외 없이 공통적으로 나타나는 행동 양식으로 '인간의 보편 특징'이라고 말한다.[50] 공기 중의 병균과 마찬가지다. 그런데 약품과 위생으로 병균에서 자신을 보호하는 여성과 소녀가 있는 반면, 그렇지 못한 가난한 여성과 소녀가 있다.

마찬가지로 성폭력에 대해 불완전하지만 대체로 효과적으로 성실히 집행되는 법의 보호를 받는 여성과 소녀가 있는 반면, 그렇지 못한 가난한 여성과 소녀가 있다. 전 세계에 전염병이 창궐하는데도 우리 누이와 딸, 어머니들은 무방비로 방치되어 있다.

수익 사업이 된 성폭력

성폭력에 대해 두 번째로 알아야 할 점은 성폭력은 전염병일 뿐 아니라 '비즈니스'이기도 하다는 것이다. 강간과 성폭행은 실제로 돈을 버는 '고수익' 사업이다. 이것은 개도국의 가난한 여성과 소녀들에게 매우 좋지 않은 소식이다. 개인 분쟁이나 사회 병리, 불통에서 비롯된 폭력 못지않게 나쁜 것은 폭력이 돈이 되는 것을 알고 전염병에 경제적 동력을 장착하고 그 '질병'을 힘껏 전파하는 수많은 사람에게 큰 보상을 베푸는 것이다. 말라리아나 오염된 물, 이질을 모아서 부자가 되겠다고 생각하는 사람은 많지 않다. 하지만 성폭력으로 고소득을 올릴 수 있다는 사실을 '아는' 사람이 많고, 그들은 잔혹한 광기로 가난한 약자들을 착취해 부의 기회를 좇는다.

강간으로 돈을 버는 거대한 비즈니스가 실재하는 것을 알면 무척 혼란스럽겠지만, 그것이 인간의 추악한 본성이고 세상 현실이다. '날마다' 이 세상에는, 돈을 지불하고 강간과 성추행을 하는 성매매가 수백만 건에 이른다. '날마다' 수백만 명(주로 여성과 소녀, 일부 소년)이 그렇게 당하는(다른 상황이라면 동의하지 않았을 성행위를 강압이나 위협에 의해 견뎌야 하는) 상거래가 이루어진다. '날마다' 강간과 성폭행에 돈을 지불하는 사람이 수백만 명이고, 수많은 사람이 성폭력을 조장하고 돈을 번다.

너무 충격적이고 말도 안 되는 소리처럼 들릴 수도 있으니, 정확한 숫자로 쪼개서 말하는 편이 좋겠다.

첫째, 날마다 상거래를 통해 강간이나 성추행을 당하는 사람은 수백만 명에 이른다.

전 세계 성 인신매매에 대한 신빙성 있는 자료에 따르면, 강제적·상업적 성착취, 곧 억압과 강요로 성매수자를 상대해야 하는 사람은 420만 명에서 1160만 명에 이른다.[51] 냉정한 눈으로 통계 자료를 검토한 크리스토프와 우던은 적어도 "전 세계에 성매매 노예라고 부를 만한 여성과 소녀(와 일부 소년)가 300만 명"이라고 말했다. 두 사람은 곧바로 이렇게 덧붙인다.

이것은 회유와 협박으로 매매춘을 하는 사람들은 제외한 보수적 추산이다. 또한 18세 미만으로 사창가에서 일하기로 스스로 결정했다고 볼 수 없는 수백만 명도 포함되지 않았다. 우리가 말하는 300만 명은 사실 다른 사람의 소유물이나 다름없어서, 소유자는 처벌을 두려워하지 않고 이들을 살해할 수 있다.

불법 행위의 피해자 수를 정확하게 추산하기는 어렵지만, 기민하고 빈틈없는 여러 활동 덕분에 우리는 그 윤곽을 가늠할 수 있다. 냉철하고 엄격한 영국의 의학 잡지 《랜싯》은 '해마다' 강제로 매매춘을 시작하는 아동이 최소 100만 명이고, 그런 어린이가 전 세계에 1천 만 명이 있다고 밝혔다.[52] 유니세프는 아동 200만 명이 강압에 의한 성매매를 통해 성폭력을 당한다고 전한다.[53] 국제노동기구는 인도에서만 자신의 의사에 반하는 매춘을 강제로 하는 여성과 소녀가 약 230만 명에 달한다고 추산했다.[54]

다음으로, 날마다 폭력으로 강요된 성행위에 돈을 지불하는 성매수자 수백만 명이 있다.

강제 매춘을 하는 420-1160만 명에 이르는 사람들 중에는 하루에도 여러 명의 성매수자를 상대하는 이들이 많다. 매매춘 사업자는 투자한 것 이상으로 돈을 벌고 싶어 하고, 수입은 성매수자 수에 비례하기 때문이다. 우리가 전 세계에서 발견한 사실에 따르면, 강제 매매춘 피해자는 대개 하루에 성매수자 3-10명을 받는다. 그 수를 절반으로 줄여도 '날마다' 600만에서 5천만 명 사이의 사람(실제로는 남성)들이 돈을 내고 폭력(강간이나 성추행)으로 강요된 성행위를 하는 셈이다.

틀림없이 성매수자 대다수는 폭력으로 강요된 섹스를 바라지 않을 것이다. 그들이 원하는 것은 성행위다. 성매수자는 피해자의 자발성을 바라기 때문에 성매매 사업자는 폭력이나 협박으로 피해자의 자발성을 요구하고, 거부하면 처벌한다. 성매수자의 태도는 해적판 DVD를 구입하는 사람과 비슷하다. 그들은 사실 '훔친' 영화를 보려는 것이 아니다. 싼 가격에 영화를 보고 싶을 뿐이다. 마찬가지로 폭력으로 강요했다는 사실을 '알고' 섹스를 하고 싶어 하는 성매수자는 비교적 적다. 성매수자 대다수는 섹스를 바랄 뿐, 싼값에 섹스를 매수할 수 있게 한 폭력 따위는 (직접 보고 들어도) 기꺼이 잊고 부정한다.

마지막으로, 해마다 전 세계 수십만 명이 의도적으로 강간과 성추행을 상업적으로 매매하여 돈을 번다.

매매춘 피해자 한 사람 뒤에는 일을 꾸미고 돈을 버는 사람이 적어도 셋이 있다. 첫째, 피해자를 꾀어내는 모집책. 둘째, 성매수자에게 성매매를 알선하는 사업자. 셋째, 두 사람을 이어주는 중개인이나 인신매매범. 이렇게 3자 이상이 암약하면서 수입을 올린다. 따라서 해마다 수백만 피해자를 양산하는 국제 사업인 강제 매매춘으로 해마다 돈을 버는 사람은 (수백만 명이 아니라면) 수십만 명에 이를 것이 분명하다.

성폭력이 상당한 '돈벌이'가 된다는 현실은 냉혹하지만 사실이다. 보수적인 추산에 따르면, 세계적인 강제 매매춘 사업이 개도국에서 거두는 수입은 185억 달러다.[55]

그런데 우리가 강제 매매춘에 이토록 초점을 맞추는 이유는 무엇일까? 피해자 수로 보자면 세계 빈민이 처한 가장 큰 문제는 따로 있다. 게다가 섹스에 관한 문제는 과장되기 십상이고, 더 시급하게 해결해야 할 사안에 대한 관심을 흩뜨린다. 하지만 상업적 성착취에 관심을 가져야 할 이유가 몇 가지 있다. 첫째, 이것은 적극적이고 압도적으로, 가난한 사람을 '겨냥한' 폭력이다. 둘째, 이것은 모든 개도국 법률에 저촉되는 중죄이지만 가난한 사람에 대한 여느 폭력처럼 날마다 '대규모로' 발생한다. 중죄에 해당하는 강제 매매춘은 수백만 빈민을 상대로 하루에 수백만 번이나 발생하지만 처벌받는 사람은 아무도 없다. '피해자들이 가난하기 때문이다.' 마지막으로 강제 매매춘은 눈에 띄지 않는다. 강간으로 돈을 버는 국제적인 비즈니스를 모르는 사람이 어디 있느냐고 물을 사람이 있을 법도 하다. 하지만 모르는 사람이 많았다. 이 산업은 20세기까지도 맹위를 떨쳤지만, 1990년대 휴먼라이츠워치Human Rights Watch[56]와 아동성착취반대협회ECPAT를 비롯한 여러 인권단체가 이 같은 공포를 밝혀내기 전까지 국제 개발 사회는 관심을 가지지 않았다. 1998년, IJM이 미국 국회에 데려간 개도국 생존자들이 그 문제에 대해 증언하자[인신매매피해자보호법(2000)이 될 법안을 지지하기 위해서였다] 의원들은 마치 이 사실을 처음 알았다는 듯한 반응을 보였다. 처음 알려진 것은 맞지만(사실, IJM도 처음에는 생소했다) 새로운 문제는 아니었다. 이 문제가 국제 사회에 '갑자기' 드러났다는 사실은, 좀 안다는 사람들조차 가난한 사람에 대한 폭력이라는 큰 문제를 모를 수 있음을 보여 주었다.

가해자의 동기와 계획을 알면 성폭력이 어떻게 수익 사업으로 둔갑

하는지 알 수 있다. 가해자의 의지, 의도, 생각, 계획, 손익이 사업의 원동력이기 때문이다. 하지만 불행히도 가해자의 관점에서 사업을 보는 통찰은 몹시 드물다. 인신매매 척결을 위해 모인 유엔의 한 고위급 포럼에서 지적했듯이 "널리 지탄받아 마땅하고 세계적으로 분명한 문제인데 놀랍게도 우리는 사람을 거래하고 착취하는 인신매매범들에 대해 아는 것이 없다."[57]

IJM은 1997년부터 수많은 시간을 들여서 개도국 성매매 업소에서 잠입 활동을 벌였고, 가해자 수천 명을 개별 조사했다. 우리는 유죄 판결을 받아 수감 생활을 하는 매음굴 감시자와 인신매매범 약 60명을 상대로 체계적인 면담을 실시하여 강제 매매춘 가해자에 대한 연구를 수행했다.[58] 강제 매매춘은 매우 복잡한 범죄, 인간 행동, 사회경제적 현상이므로 우리가 아는 것은 전체의 일부에 불과하지만, 사업 이면의 원동력인 범죄자들과 오랜 시간을 보내면서 배운 것이 많다.

우리가 목격한 것과 피해자 연구에서 드러난 사실에 따르면,[59] 강제 매매춘 가해자는 '가난한' 여성과 소녀를 범행 대상으로 삼는다. 이유가 무엇일까?

가해자는 그들이 '잘 속아 넘어가서' '강요하기도 쉽다'고 여긴다. 강간이나 성추행을 하려고 사람을 강제로 매음굴이나 성매매 업소로 끌고 가는 일은 여간 어렵지 않다. 따라서 가해자는 다양한 위계僞計를 써서 피해자의 동의를 구하고 저항을 줄인다.

IJM이 전 세계에서 수사하는 강제 매매춘 사건 수천 건 가운데 피해자에게 위계를 사용하지 않은 사건은 단 한 건도 없다.

- 네팔의 10대 시골 소녀 닐라야는 카트만두에 사는 부유한 여자의 가정부로 취직하는 줄 알았지만 콜카타의 매음굴로 팔려 갔다.

- 베트남의 10대 소녀 리엔은 포이펫의 커피 가게에서 일할 수 있다는 말을 들었지만 매음굴로 이용하는 마사지 가게로 팔려갔다.
- 태국의 10대 청소년 쌩라위, 썬끌린, 쁘랑은 각각 종업원, 바텐더, 옷가게 점원으로 취직해 말레이시아로 갔지만, 알고 보니 조호르바루의 매음굴로 납치된 것이었다.
- 필리핀의 말리는 어머니의 약값을 마련하기 위해 가수 일자리를 얻어 말레이시아로 갔지만 매음굴로 이용하는 술집에 감금되었다.
- 나발라를 비롯한 나이지리아 출신 10대 소녀들은 유럽에서 타자수로 일할 수 있다는 말을 듣고 코트디부아르의 최대 도시 아비장으로 갔지만 성 인신매매 업소에서 강간을 당했다.

가난한 사람들은 절망적인 경제 상황 탓에 (본인은 물론, 부모나 보호자까지) 의심 없이 끝까지 믿고 위험도 불사하기 때문에 특히 위계에 취약하다. 그들은 대개 배움과 지식이 부족하고, 순진하고, 높은 사람에게 공손하고, 자기 주장이 서툴러서 당당한 범죄자의 모습에 쉬이 속는다. 가난한 여성이 연령이 낮을수록 더욱 취약하리란 것은 누구나 예측할 수 있다.

이런 이유로 강제 매매춘 가해자는 속이기 쉬운 '가난한' 여성과 소녀를 겨냥한다. 하지만 짚어야 할 점이 있다. 강제 매매춘에서 위계가 차지하는 부분이 크다 보니 '강제' 매매춘의 핵심에는 늘 폭력이 있다는 점을 간과하는 사람이 많다. 명심하자. '모든' 기만적 인신매매 위계는 결국 드러나고, 피해자는 성매수자를 만나기 마련이다. 피해자가 성행위를 거부하면(거의 전부가 거부한다) 가해자는 위력이나 협박으로 피해자를 짓밟고, 성매매는 강간 상품으로 변한다. 이것은 중대한 강력 범죄다. 가해자가 폭력으로 피해자를 진압하지 못하면 모든 위계 활동은 물거품이 된다. 따라서 폭력은 성매매에 결정적 요소다.

따라서 가해자가 계획적으로 가난한 사람을 겨냥하는 두 번째 이유는 자명하다. 위계에 속은 가난한 사람은 폭력에 무방비 상태이기 때문이다.

강제 매매춘 가해자는 위계가 늘 폭력으로 마무리되는 것을 잘 알기 때문에 '쉬운' 먹잇감을 찾는다. 그들은 (허약하거나 소극적이어서) 폭력에 저항하지 않을 것 같은 대상을 물색한다. 하지만 더 중요한 것은, 가해자들이 도움을 받을 수 없는 사람들을 노린다는 점이다. 강제 매매춘 가해자는 솔직히 말하면 이기적인 겁쟁이다. 그들은 공정한 싸움에는 전혀 관심이 없다. 그들은 노력하는 것도, 위험을 감수하는 것도 싫어하기 때문에, 피해자를 보호하려고 나서는 사람들을 상대하고 싶어 하지 않는다. 가해자는 공범과 깡패를 잔뜩 모으고 되도록 고립된 피해자를 노린다.

이론상으로 폭력에서 시민을 보호하는 것은 가족, 사회, 사설 경호, 정부, 이렇게 네 가지다. 어떤 소녀가 폭력의 위협에 노출되더라도 가족이나 이웃, 사회, 부족, 씨족의 든든한 울타리가 있다면 소녀는 대체로 안전하다. 부유한 사람은 위험에서 자신을 안전하게 지키고 보호할 사람을 고용하기도 한다. 마지막은 정부, 즉 폭력의 위협에서 시민을 보호하는 정확한 목적을 위해 공권력을 사용하여 법을 집행하는 사법 기관이다.

하지만 개도국 빈민에게 가족과 마을의 보호는 든든한 반면, 사설 경호와 정부의 보호는 있으나 마나다. 개도국 빈민은 부자처럼 사설 경호를 이용할 수 없다. 우리가 지금껏 보았고 앞으로 더 보겠지만, 가난한 사람들은 법의 보호도 받지 못한다.[60]

따라서 강제 매매춘 가해자는 가족과 마을의 보호를 받지 못하는 대상을 찾기만 하면 성공은 확실하다는 것을 안다. 성인신매매범은 피해자를 가족과 마을의 보호에서 떼어놓기만 하면, 피해자를 돕기 위해 아무도(사설 경호원이나 경찰관) 나서지 않고 자신은 처벌을 받지 않는다는 것을 잘 안다. 따라서 그들은 여성이나 소녀를 가족과 마을에서 떼어놓는 데 전력을 다한다. 모든 위계는 여기서 시작된다.

실제로 이들의 온갖 위계를 보면, 여성이나 소녀를 가족과 마을(피해자가 도움을 청할 수 있는 사람들)에서 떼어놓는 방법이 대부분이다. 가난한 사람이 가족과 마을을 떠나게 만들 수 있는 가장 좋은 방법은 돈을 벌게 해주겠다는 약속이다. 더군다나 마을을 떠나서라도 가족을 부양할 수 있는 길이 있다면(미혼자는 대개 취업을 가족 부양의 기회로 여긴다) 식구들이 직접 나서서 떠나라고 독려한다.

물론 피해자가 가족과 이웃의 보호를 받지 못하는 사람이라면 일은 더 쉬워진다. 여기서도 인신매매범이 개도국 극빈층 가족을 노리는 이유는 분명하다. 개도국에는 가난으로 인한 혹독한 현실과 절망, 압박감 때문에 가족과 마을에서 보호를 받지 못하는 사람이 많다. 가난한 사람들은 고향을 멀리 떠나 불안정한 일자리를 전전하기 때문에 가족과 마을의 보호를 받지 못한다. 성별, 인종, 종교, 신분 등에서 주변화된 사람은 이웃의 보호를 기대할 수 없다. 젠더 폭력이나 가정 폭력, 알코올 중독 등으로 가족의 보호를 받을 수 없는 사람도 있다.

가족이나 이웃의 든든한 보호를 받는 소녀나 여성이라고 해도, 음식과 물, 거처가 부족해 하루를 근근이 사는 사람이 대다수인 가난한 마을에서는 푼돈만 쥐어 주면 여성이나 소녀를 꾀어내는 위계에 기꺼이 가담할(알든 모르든) 공범을 쉽게 찾을 수 있다.

여기에는 두 가지 중대하고 위험한 함의가 있다. 첫째, 폭력범죄의 잔인한 논리에 따르면, 가난한 사람들이 폭력의 먹잇감이 되고 폭력을 피할 수 없는 이유는 폭력에 더 취약해서다. 가난한 사람은 상어가 들끓는 바다에 빠진 혈우병자나 다름없다. 물에 빠지면 누구나 위험하지만, 이들은 상처가 나면 피를 더 흘리고, 피를 더 흘리기 때문에 상어들이 더 덤벼든다.

둘째, 사설 경호를 이용할 돈이 있거나 법집행 제도가 작동하는 사회에 사는 사람과 달리, 가족과 이웃의 보호에서 벗어난 가난한 여성이나 소녀는 폭력에 처한 순간 아무리 비명을 지르고 도움을 청해도 도와줄 사람이 곁에 없다. 개도국에서 가난한 사람의 외침은 허공에 닿을 뿐이다.

나는 생존자들의 구체적인 설명을 직접 들었기 때문에 강제 매매춘의 '폭압의 시간'이 어떤지 알고 있다. 그들은 각목, 몽둥이, 전선, 쇠파이프로 맞고, 눈앞에서 매를 맞고 고문을 당하고 심지어 죽음을 당하는 다른 소녀들의 피를 닦아 내며, 강제로 투여한 마약으로 기력을 잃고 구역질을 하고, 강간에 저항하는 동안 자기 아이를 담뱃불로 지지는 광경을 강제로 목격하기도 했다.

마음을 단단히 먹고 이들의 이야기에 귀를 기울여 보자. 그러지 않는다면 눈에 보이는 가난의 이면 깊숙이 숨어 있는 광활한 폭력의 바다 속으로 수백만 명의 목소리는 사라지고 말 것이다.

인신매매범에 속은 마야가 겪은 폭압의 시간도 폭력의 검은 바다에 묻힐 뻔했다. 인도 서벵골의 시골 마을에 있는 오빠 집에서 역시 시골 마을인 부모님 집으로 가는 길에 마야는 잘 아는 부부를 만나 잠깐 일을 도와달라는 부탁을 받았다. 마야는 장소도 가깝고 잠깐이면 끝날 것 같아 따라 나섰지만, 자못 멀리 가자 어디로 가느냐고 공손하게 물었다. 마야는 어른인 이들을 믿었다. 부부는 마야에게 음식과 차를 주었다. 마야는 곧 잠이 들었고, 일어나 보니 한 호텔 방이었다. 얼마나 시간이 흘렀을까.

기소된 포주가 매음굴에서 소녀들을 때릴 때 사용한 몽둥이를 휘두르고 있다.(IJM 수사 장면)

바깥에서 문이 잠긴 방에 홀로 있다는 사실에 마야는 배 속이 비틀리는 불안을 느끼고 가슴이 답답했다. 아래층에서 소녀의 비명이 들렸다. 한참 있다가 한 여자가 마야의 방문을 열었다. 방에서 나온 마야는 몸을 다 드러낸 옷을 입은 소녀들이 모여 있는 것을 보았다. "다들 왜 저런 옷을 입고 있어요?" 마야가 여자에게 물었다.

"요즘은 저런 옷이 유행이야."

훗날 마야가 기억을 더듬으며 말했다. "그들은 아무도 없는 방으로 나를 데려갔어요. 그때부터 부부가 나를 팔아넘겼다는 느낌이 들기 시작해서, 내내 울었어요. 여자아이 셋이 음식을 가져왔어요. 다들 같은 고향이었어요. 내가 도움을 청해도 되겠는지 물었더니 그들은 도와줄 수 없다고 했어요. 그랬다가는 죽을 거라고. 누가 들어와 위스키 한 병, 쇠파이프 두 개, 각목 두 개를 놓고 갔어요. 몹시 무서웠어요."

마야는 성폭력 비즈니스의 한복판에 들어와 있었다. 그곳은 나쿨 베라가 운영하는 인도 콜카타 변두리의 매음굴이었다.

"나쿨은 술을 마시면서 방으로 왔어요." 마야가 기억을 떠올렸다. 그는 마르고 강단 있어 보이는 40대 남자로, 뾰족한 턱에 아무렇게나 수염이 나 있었다. "그는 욕을 하면서 친구들에게 마두리를 데려오라고 했어요. 마두리는 머리를 잡힌 채 끌려왔어요. 나쿨은 잔에 술을 채우더니 마두리에게 먹였어요. 그러고는 마두리를 때리기 시작했어요. 마두리의 옷을 벗기고 각목과 쇠파이프로 계속 때렸어요. 마두리가 의식을 잃자 물을 끼얹어 깨웠어요. 나는 마두리가 도망치다가 잡혀온 것을 알게 됐어요."

첫날 밤의 무시무시한 공포는 이제부터 시작이었다. 마두리가 의식을 잃고 바닥에 쓰러져 피를 흘리자 나쿨은 강제로 마야의 입을 벌리고 술을 퍼부었다. 그는 마야를 아래층으로 끌고 가 난폭하게 강간했다. "나는 기절했어요." 정신이 든 마야는 걸을 수 없을 정도로 통증이 심했다.

열두 시간 전, 믿고 지내던 이웃을 잠깐 도와주려 했던 소녀는 같은 날 밤 개도국 강제 매매춘의 통계에 묻힌 작은 자료가 되어 버렸다. 마야는 매음굴 지하로 끌려가 노출이 심한 옷을 입고, 나쿨에게 돈을 주고 매음굴 소녀와 섹스를 하기 위해 밀려든 성매수자들 앞에 떠밀려 나갔다.

마야는 매음굴에서 우리가 간단히 '강제 매매춘'이라고 말하는 현실을 1년 가까이 견뎠다.

마침내 내 동료 멜리타 페르난데스와 인도 IJM 직원들은 인도 수사기관과 공조해서 마야와 여러 소녀를 이 지옥에서 구출했다. 마야를 담당한 IJM 사회사업가와 멜리타는 나쿨을 기소하겠다는 비범한 의지와 그런 곳에서 자기 같은 소녀에게 일어난 일을 전 세계에 알리겠다는 마야의 결심을 칭찬했다. 마야는 매음굴에서 다른 소녀의 탈출을 돕다가 붙잡힌 한 언니가 당한 일을 전했다. 나는 마야의 자세한 설명이 잊히지 않는다.

"나쿨은 매음굴의 모든 소녀를 한 방에 모았어요. 다들 분위기가 심상치 않은 걸 알았어요. 그들은 술과 각목, 쇠파이프를 잔뜩 가져왔어요. 내가 다른 소녀들에게 무슨 일이냐고 물었더니, '쉿. 비명도 지르지 말고 울지도 말고 아무 말도 하지 마. 가만히 보기만 해'라고 말했어요."

"포주들은 누군가를 방으로 끌고 왔어요. 다른 소녀의 탈출을 도운 언니였어요. 그들은 언니에게 억지로 술을 먹였어요. 나쿨이 언니에게 '너, 내가 어떤 사람인지 알지? 나는 용서할 사람은 용서하지만, 용서하지 않는 사람은 죽여 버려.' 그는 언니의 옷을 다 벗기고 때리기 시작했어요. 팔이 부러졌는데도 그는 멈추지 않았어요. 사방이 피로 흥건했어요."

"반죽음이 된 언니는 물을 달라고 간청했어요. 나쿨은 누구라도 움직이면 언니 같은 신세가 될 거라고 협박했어요. 그는 언니를 방으로 보냈고 언니는 그날 밤 죽었어요. 그들은 시신을 가방에 넣어 트렁크에 실은 후 강에 버렸다고 해요."

멜리타와 IJM 인도 지부는 일곱 번이나 실패를 거듭한 끝에 믿을 수 있는 인도 경찰들의 도움으로 마침내 구출 작전에 성공했다. IJM이 가세한 검거 활동으로 결국 나쿨은 인도 수사 기관에 체포되었다.

내가 이 글을 쓰고 있는 지금, 마야는 인도 법정에 출두해 나쿨의 매음굴에서 일어난 일을 증언하고 있다.[61] 나쿨 같은 잔인한 범인과 마주하는 일은 소녀에게 무서운 일이다. 특히 피고인을 처벌하는 경우가 매우 드문 사회에서는 더욱 그렇다. 하지만 마야는 자기가 하는 일을 잘 알고 있는 것처럼 보인다.

마야는 묻는다. "수많은 폭행과 고문을 눈앞에서 똑똑히 목격했는데 범인을 처벌해야 하지 않겠어요? 그의 범행에 항의하지 않으면 그는 결코 멈추지 않을 거예요. 나는 용기를 내야 해요. 살고 싶으면 싸워야 해요. 젖 먹던 힘까지 다해 그가 벌을 받게 만들 거예요."

멜리타가 나에게 말했다. "이런 범죄를 '가난' 탓으로 돌리기는 편합니다. 인신매매 문제는 '어쩔 수 없다'는 식이죠. 하지만 가난은 사람들이 인신매매를 당하는 한 가지 이유에 불과합니다. 인신매매가 여전히 존재하는 것은 인도에 공공 사법제도가 작동하지 않기 때문이죠. 마야의 이야기를 비롯한 모든 의뢰인의 이야기가 이런 내 믿음을 뒷받침합니다."

강제노동

개도국 빈민을 괴롭히는 두 번째로 거대한 폭력은 강제노동이다. 하지만 성폭력과 달리 강제노동은 '오로지' 돈을 위한 폭력이고, 경제적 목적을 위해 행사하는 폭력이다.

약탈은 해묵은 폭력이다. 강자가 약자를 노리는 것은 태고 때부터 시작된 인류의 현실이자 가장 고전적인 범죄다. 하지만 가난한 사람에게는 훔칠 돈이나 재산이 없다. 빈민에게 훔칠 수 있는 가장 값진 것은 그 사람 자체다.

가해자가 돈을 벌기 위해 가난한 사람의 신체를 약탈해서 벽돌을 만들고, 바닥을 닦고, 벼를 거두고, 담배를 말고, 석탄을 싣고, 바위를 부수고, 곡식을 심고, 나무를 자르고, 건물을 짓고, 성냥을 만들고, 도랑을 파고, 천을 깁고, 양탄자를 엮고, 가축을 치는 일 따위를 시키는 것이 강제노동의 본질이다.* 이러한 강제노동은 끝이 없다. 가해자는 열악한 거

---

* 강제로 성행위를 해야 하는 강제 매매춘은 성폭력과 강제노동에 모두 해당한다.

처를 마련한 후 음식과 물을 눈곱만큼 제공하면서, 몇 달, 몇 년씩 쉬는 날도 없이 노동력을 착취해서 막대한 돈을 번다. 저소득 개도국에서 강제노동의 경제 규모는 강제 매매춘과 별도로 70억 달러에 달한다.[62]

전문가들이 '오늘날' 전 세계에 역사상 가장 많은 노예가 있다고 믿는 까닭이 여기에 있다. 세계 인구 대비 노예의 '비율'이 그 어느 시대보다 낮고,[63] 노예를 부려서 버는 수입이 세계 경제에서 차지하는 '비율'이 그 어느 때보다 낮은 것은 사실이지만,[64] 절대적 수로 따지면 이토록 노예가 많은 시대는 없었다.[65]

역사가들에 따르면, 대서양 노예무역 '400년간' 아프리카에서 송출된 노예는 약 1100만 명이다.[66] 이 숫자는 '올해'(2014년) 전 세계에서 노예로 사는 인구의 절반에 불과하다.

세계 경제와 자유, 기회가 유례없이 성장하는 시대에 '노예'로 지내는 수백만 명은 대관절 누구일까?

수백만 명이 여전히 노예로 살아간다: 2011년 인도 첸나이 시 외곽 벽돌 공장에서
노예들을 구출한 날, 500명이 넘는 어른과 어린이가 한자리에 모였다.

가난한 사람들이다. 현대 노예제의 피해자는 극빈층이고, 노예제는 저소득국에서 가장 많이 나타난다.[67] 앞서 보았듯이, 빈민은 절망적인 빈곤 탓에 가족과 마을을 떠나야 하는 거짓 취업 알선과 인신매매의 위계에 취약하다. 하지만 결국 그들이 노예살이를 하는 이유는 지구상에서 폭력에 무방비로 남겨진 사람이 그들이기 때문이다. 현대 노예제를 연구하는 세계적인 학자 케빈 베일스는 빈민을 노리는 노예제에 대해 이렇게 설명한다.

> 정부는 권리를 박탈당한 가난한 사람을 이등 시민으로 취급하고, 관심도 시간도 주지 않는다. 개도국에는 이런 일이 반복되고, 리오든 뉴델리든 마닐라든 방콕이든 가난한 사람은 결국 극히 취약한 상태로 내몰리게 된다. 경찰은 당신을 보호하지 않고, 법도 당신의 방패가 되지 못한다. 당신은 문제를 해결할 돈이 없고, 폭력배나 경찰에 비하면 당신이 손에 든 무기는 보잘 것없다.[68]

실제로, 우리가 개도국의 목소리에 귀를 기울이면 현대 노예제의 광범위한 실체가 수면으로 떠오른다. 파키스탄 아동권리보호협회의 자와드 아슬람은 자국의 지주들이 농장과 주택에서 강제노동을 시키는 파키스탄 극빈자들이 700만 명에 달한다고 말한다. 이들은 양탄자 제작, 탄광, 유리 제조, 수산업에서 강제노동을 하는데 파키스탄 벽돌 공장에서 일하는 사람만 100만 명에 달한다.[69] 아프리카 모리타니의 노예와 노예주 출신인 부바카 메사우드와 압델 나세르 울드 에스메인은 자국 노예들을 돕기 위해 SOS라는 단체를 세웠다. 그들은 정부가 허락하기만 한다면, 자국 인구의 10-20퍼센트에 달하는 수십만 명이 여전히 노예 생활을 하고 있는 현실을 공개적으로 설명할 수 있다.[70] 아이티 레스타베크

재단의 현지 대변인들은 집을 떠나 부자들의 저택에서 입주 노예('레스타 베크') 신분으로 학교도 가지 못하고 학대와 성폭행을 당하며 종일 무임금으로 강제노동을 하는 가난한 아이티 아동이 25-30만 명이나 있다고 말한다.[71] 가나 현지 운동가들은 내 동료들을 데리고 가나 볼타 호숫가로 가서 강제노동을 하도록 팔려온 소년 수십 명을 만났다. 소년들은 작은 어선의 열악한 작업 환경에서 하루 12-16시간을 일하는데, 해마다 익사하는 소년도 많다. 전문가들은 서아프리카와 중앙아프리카에서 다양한 형태의 강제노동을 하는 어린이가 20만 명에 이른다고 추정한다.[72]* 브라질 주교회의 토지사목위원회의 자비에르 플라사는 좋은 직장과 높은 봉급을 주겠다는 중개인이나 고용주의 거짓말에 속아 노예가 되는 브라질 시골의 노동자가 해마다 2만 5천 명이라고 말한다.[73] 소유한 땅이 없고 대부분 문맹인 극빈층 노동자들은 브라질 동북부 오지로 가서 산림 관리, 숯 생산, 목축, 설탕·면화·콩 농장에서 강제 노역을 한다.[74]

현대 노예제에서 가장 혼란스러운 부분은 노예제의 실상을 흐리는 '부채' 개념이다. 앞서 마리암마의 노예 생활이 어떻게 시작되었는지 기억하는가? 마리암마를 비롯한 노동자들은 V의 공장으로 가기 전에 쥐꼬리만 한 선금을 받았다. 이 문제를 자세히 들여다보면 채권자와 노동자 사이는 분명히 채무와 무관하다(사실 채권자는 부채 상환을 바라지도 않는다). 이것은 채권자가 노동자를 위력으로 지배할 수 있는 장소, 채권자가 노예주가 되고 채무자는 노예가 되는 곳으로 가난한 사람을 유인하기 위한 속임수다(강제 매매춘에 이용하는 거짓 취업 알선처럼).

이 문제를 짚고 넘어가야 할 이유는 두 가지다. 첫째, '채무노예'나 '담

---

* 국제노동기구는 사하라 사막 이남 아프리카의 강제노동 피해자를 최소 66만 명으로 추정한다.

보노동' 관계는 강제노동의 가장 큰 범주이고,[75] 오늘날 전 세계 노예 조건의 대다수는 기만적 부채 개념을 사용하거나 노예제를 감추고 위장하기 위해 선금을 이용한다. 둘째, 생각 있는 사람들 중에서도 현대 노예제 논의에서 '부채'라는 말을 들으면 즉시 안도하는 경우가 많다. "아, 그렇지. '진짜' 노예제는 아니군. 열악하고 착취적인 노동 조건은 불공정하고 애석한 일이지만, 남을 위해 일하지 않으면 폭력을 휘두르고 모든 자유를 빼앗는 그런 노예제는 아니야."

안타깝지만, 그런 노예제가 맞다. 노예제는 다른 사람을 완전히 강압으로 통제한다. 담보노동에서 고용주는 노동자를 때려 죽여도 처벌을 받지 않는데, 이런 권한보다 더 확실한 통제가 있을까. IJM 첸나이 지부 사회사업가로 50회가 넘는 구출 작전을 지휘하고 노예 수천 명에게 자유를 선사한 프라니타 티모시가 알려준 살인 사건은 충격적이다. 모한 레디 벽돌공장에서 담보노동자로 일했던 12세 소년 마두르는 도망치다 잡혀서 공장 안뜰 중앙 기둥에 묶인 채 감독에게 맞아죽는 아버지의 모습을 지켜보아야 했다. YBI 벽돌공장 담보노동자 라하리는 병이 들어 이미 몸이 불편한 십대 아들이 지각했다는 이유로 매를 흠씬 맞고 상처를 치료하지 못해 죽는 모습을 지켜보아야 했다. SLN 벽돌공장에서 가족과 함께 담보노동자로 일하는 차나 역시 감독에게 심한 구타를 당하고 죽은 십대 아들 아딧을 살려내지 못했다.

이 모든 사건에서 피해자는 선금을 받고 공장에 들어갔다. 일단 공장에 들어가면 떠날 수 없고, 폭력적인 고용주의 철저한 감시를 받았다. 경찰은 살인 사건을 제대로 수사하지 않았고 가해자를 처벌하지 않았다.

수사 기관 공무원이나 식자들이 부채와 얽힌 강제노동을 무시하듯 말할 때 프라니타는 틀림없이 대단한 인내심을 발휘했을 것이다. 링컨이 동시대 노예제 지지자들의 경박한 언행에서 느꼈던 심정을 알 것 같다.

링컨은 이렇게 말했다. "노예제에 찬성하는 사람을 만날 때마다 그가 노예가 되는 꼴을 보고 싶은 충동을 느낀다."

나는 노예제에 찬성하는 사람을 만난 적은 없지만, 채무 관련 강제노동을 가리켜 '진짜 노예제가 아니'라고 말하는 사람은 만나 보았다. 그럴 때면 나 역시 그가 강제노동을 하는 꼴을 보고 싶고, 강제노동을 하고도 그런 생각을 할지 알고 싶은 충동을 느낀다. 나는 이런 회의주의자들이 담보노동을 직접 해보면 두 가지를 느끼리라 확신한다. 첫째, 외부의 개입 없이는 절대로 부채에서 벗어나지 못한다. 둘째, 강제노동은 확실히 노예제다.

담보노예제의 원리는 무척 간단하다. 채권자는 대출을 미끼로 채무자에게 두 가지 조건을 제시한다. 첫째, 부채를 상환할 때까지 떠나지 못한다. 둘째, 임금 결정권이 없다. 이런 조건에서 빚을 갚기란 '불가능하다'. 채권자는 채무자에게 빚을 상환할 만큼 돈을 주지 않기 때문이다. 게다가 채무자는 빚을 갚기 위해 다른 일을 하지 못한다. 더군다나 공장을 '떠날 수 없다면' 그들은 채권자에게 '돈을 주고' 숙식을 해결해야 한다. 가격은 채권자가 마음대로 정하므로 채무자의 빚은 더욱 늘어나 상환이 불가능해진다. 여기서 핵심 요소는, 채무자가 도망치지 못하게 폭력으로 위협하는 것이다. '채권자의 돈을 가져간' 채무자의 '절도'를 막기 위한 일이므로 이것은 정당한 조치다.

당신과 내가 이런 황당한 일을 겪지 않는 이유는 간단하다. 우리가 사는 사회는 개인이 폭력을 행사해 부채를 받아내는 일을 허용하지 않는다. 하지만 허다한 빈민이 살고 있는 개도국에서는 개인이 강압과 협박으로 부채를 받아내는 것이 대세다.[76] 외부의 개입 없이 담보노예가 빚에서 풀려날 길은 없다. 이것이 노예제의 특징이다.

나는 수천 장에 달하는 강제노동 보고서를 여럿 읽었고, 수백 시간 넘게 담보노동과 인신매매에 대한 회의와 세미나, 포럼에 참석했다. 하지만 참극을 겪은 실제 사람들을 소개하는 프라니타의 교육만 한 것은 없었다.

고피나스도 그런 '사람' 중 하나다. 타밀나두에 사는 이 청년은 음식을 사먹으려고 빌린 10달러 때문에 노예로 전락했다. 이 돈 때문에 채권자는 고피나스에게 담보노동이라는 황당한 굴레를 씌우고 폭력을 행사해 15년 동안 채석장에서 일을 시켰다. 프라니타의 소개로 IJM 첸나이 지부에서 '자유 훈련'을 받고 있는 고피나스를 만났을 때, 그는 자유인이 된 지 3주째였다. 검게 그을린 얼굴 피부는 튀어나온 광대뼈에 축 처져 있었고, 쾌활하지만 주름진 눈은 15년 동안 바위를 때렸던 쇠망치의 불똥을 민낯으로 받아낸 탓에 핏발이 서고 흐릿했다. 그는 피곤을 이기지 못해 어깨에 기대어 자는 어린 아들을 힘센 팔로 안고 오랫동안 이야기했다.

15년 전, 고피나스는 굶주렸다. 그는 우물 파는 일을 했으나 비수기에는 일이 많지 않았다. 그는 알라멜루 블루메탈스 채석장에서 일하기로 하고 고용주에게 선금 10달러를 받았다. 고피나스는 하루 할당량을 채우기 위해 뜨거운 태양 아래서 아내와 종일 쇠망치로 바위를 때리고 쇠지레로 돌을 퍼 날랐다. 하지만 그들은 곧 하루 할당량인 한 트럭분을 채우는 일이 불가능하다는 것을 알았다. 고용주는 약속과 달리 돈을 '서너 주마다' 1-2달러만 지급했고, 이의를 제기하면 본때를 보였다. 그리고 받은 돈은 식대로 고용주에게 고스란히 돌려주어야 했다. 고작 10달러에 불과한 부채를 결코 갚을 수 없다는 사실과 도망치면 붙잡혀서 매를 흠씬 맞는다는 사실이 뼈저리게 분명해졌다.

고용주에게 구입할 수 있는 음식은 멀건 죽밖에 없었다. 해가 갈수록 '식대'가 쌓이니 빚은 325달러로 늘었다. 고피나스는 땔감을 모아 빚을 갚을 요량으로 밤에 숲에 가서 일하겠다고 사정했지만 고용주는 그를 조롱하며 말했다. "네가 가져간 내 돈만 갚으면 채석장을 떠나 어디든 갈 수 있어." 물론 불가능한 일이었다.

인근에는 고피나스 같은 빈민층 자녀가 다닐 수 있는 학교가 있었다. 하지만 수백만 담보노예 아동처럼 고피나스의 아이들은 채석장을 떠나 학교에 갈 수 없었다. 영양실조 때문에 여러 질병에 시달리는 가족들이 치료를 받을 수 있는 병원도 인근에 있었지만 병원에 가게 해달라고 부탁할 때마다 돌아오는 것은 손찌검뿐이었다. 강제노동이라는 폭력을 당하는 고피나스 가족에게 빈곤의 악순환을 끊기 위한 필수 사회복지 제도는 무용지물이었다. 외부인들은 인도의 풍경과 근면한 빈민의 모습을 쉽게 볼 수 있다. 하지만 그들은 가난한 사람이 아무리 열심히 일을 해도 수렁에 빠지기만 할 뿐 결코 형편이 나아지지 않는 까닭을 전혀 알 수 없다.

물론 담보노예라는 어처구니없는 폭력은 불법이며, 당국이 눈감아주기 때문에 가능한 일이다. 담보노예 시설에 잠입한 프라니타의 동료들은, 경찰에게 돈을 주면 노동자를 때려 주거나 도망친 노예를 잡아 준다고 자랑하는 고용주들을 여러 차례 만났다.

다음은 인도 남부의 한 벽돌 공장 사장이 미숙한 다른 사장에게 탈출을 시도하는 노동자들을 다루는 방법을 가르치는 대화다.

사장: 나는 일꾼들을 모조리 패 버려.

IJM[신출내기 사장으로 가장]: 싹 다 말입니까?

사장: 그래, 싹 다.

IJM: 사장님이 직접 때립니까?

사장: 물론이지. 감독한테도 시키고. 지시만 하면 감독이 일꾼들을 잘근잘근

밟아 버리지. 어쨌거나 사납게 때리는지 내가 나서서 말려야 할 판이라니까.

그놈들은 때려야 말을 잘 들어. 때리지 않으면 일도 안 하고 도망칠 궁리만 해. 도망친 놈을 잡으면 흠씬 패줘야 해. 그래야 두 번 다시 도망칠 생각을 안 해. 어디에 숨어 있든 잡아내니까 무서운 거지.…처음에는 나도 사람을 때리는 게 무서웠어. 때리면 노동부에 신고하겠다고 으름장을 놓으니까. 하지만 나중에는 배짱 있게 되물었지. "노동부가 미리 받은 내 돈 갚지 않고 도망가라고 했어?"

나는 경찰한테 일꾼들을 패 달라고 부탁했어.

IJM: 여기 경찰이야 사장님 친구들이니까 가능하지만, 내가 어떻게 그렇게 합니까?

사장: 왜 못해? 거기는 경찰 없나?

IJM: 있죠.

사장: 그럼 경찰한테 100루피 찔러 주고 공장에 와서 일꾼들 좀 패 달라고 부탁해. 기꺼이 해 줄 거야.

IJM: 경찰서가 가까이 있습니까?

사장: 물론이지. 내가 연락하면 즉시 달려와.

나는 채석장에 불법으로 잡혀 있던 담보노동자에게 왜 경찰에 신고하지 않았느냐고 물은 적이 있다. 그의 대답을 듣고 의문이 풀렸다. "우리가 경찰에 가지 않아도 사장이 경찰한테 오라고 돈을 줍니다. 우리를 때리라고요."

가난한 사람은 우리 눈에 띄지 않게 숨어 있는 공포와 불법 폭력의 세계에 살고 있다. 외부인에게 보이는 것은 바삐 돌아가는 벽돌 공장, 존경받는 사업가, 돈을 버는 노동자, 가까운 학교와 병원, 기적 같은 인도 경제다. 하지만 외부인이 전혀 모르는 실상이 있다. 노동자는 노예이고,

사업가는 잔인한 범죄자이고, 노예노동자가 전혀 접근할 수 없는 학교와 병원은 그들을 가혹하게 비웃을 뿐이며, 기적 같은 경제 발전은 폭력 가운데 살고 있는 가난한 사람과 무관하다는 것이다.

토지 수탈

가난이 공포인 이유는 빈민이 폭력에 취약하기 때문이다. 가난한 사람은 자식을 어떻게 먹여 살릴지 걱정한다. 병에 걸려 몸져누울까 봐 두려워한다. 일자리나 교육, 기회 부족에 기가 죽는다. 하지만 무엇보다 강자가 휘두르는 폭력 앞에서는 '공포'를 느낀다. 가난하다는 것은 공포에서 결코 안전하지 못하다는 뜻이다. 버스 정류장에서 시장, 등굣길, 우물가, 들판, 공장, 골목까지 가난한 사람에게 안전한 곳은 없다. 끔찍한 것은 집조차 안전하지 않다는 것이다. 그들을 괴롭히는 사람이 집 안에 있기 때문이기도 하고, 그런 사람이 '집을 차지하려고' 밤낮을 가리지 않고 언제든 찾아오기 때문이다.

경사가 있던 날, '재산권 강탈'이라는 추상적 현상이 폭력과 노숙이라는 악몽 같은 현실로 수전을 찾아왔다. 수전은 걸어서 먼 곳에 사는 친척의 결혼식에 참석하느라 하루 동안 집을 비웠다. 우간다 시골에 어두운 밤이 내리자 수전의 어린 세 손주들은 잎이 무성한 커피 나무와 카사바 나무 사이 홍토 위에 튼튼하게 지은 할머니의 작은 벽돌집에서 곧 잠이 들었다. 그런데 느닷없이 시끄럽게 갈라지는 소리가 들렸다. 아이들은 눈을 뜨고 일어나 앉았다. 두 번째 소리가 들리자 집이 흔들렸다. 아이들이 고개를 들자 단단한 모르타르 조각과 먼지가 얼굴 위로 쏟아졌다. 단칸방 집 전면이 갈라지고 무너졌다. 톱날같이 갈라진 벽 틈으로 밤하늘이 보이고 무섭게 번득이는 날카로운 강철이 벽을 계속 부수었다.

수전의 땅을 강탈한 이웃이 파괴한 작은 집

그 너머로 분노에 찬 음성이 들렸다. "이 할망구를 내가 죽여 버리겠어!"

아이들은 목소리만으로 그가 누군지 알았다. 할머니가 재산과 땅을 포기하지 않자 할머니를 죽이겠다고 계속 협박했던 이웃이었다. 마침내 그가 집으로 들이닥쳐 곡괭이로 집을 부수고 있었다. 아이들은 재빨리 흙바닥에 엎드렸다. 그러고는 기어서 뒷문으로 빠져나가 비틀비틀 어둠을 뚫고 근처 앞 못 보는 삼촌의 집으로 피신했다.

이튿날 이웃이 집을 부수었다는 소식을 들은 수전은 손주들을 걱정했지만 아이들이 안전하다는 소식에 일단 마음이 놓였다. 하지만 집이 망가지고 땅 한 뙈기마저 빼앗겼다는 말에는 구역질이 날 것 같았다. "이제 난 어떻게 하누?"

수전은 노숙자 신세가 되었다. 식량, 부모가 없는 손주들의 거처, 돼지 사료, 아이들의 학비를 대는 채소. 텃밭은 수전의 유일한 수입원이었

수전과 두 손자손녀

다. 수전의 작은 벽돌집은 폐허가 되고 텃밭은 뺏겼다. 돼지가 죽고 살림살이는 모두 도둑맞거나 망가졌다. 난폭한 이웃은 여전히 협박을 일삼고 수전의 땅이 제 소유라고 공공연하게 떠들었다. 자신과 손자손녀의 생존을 위해 근근이 버겁게 살아가는 할머니는 이제 어떻게 해야 하나?

이것은 폭력과 협박으로 집과 땅을 한두 번 빼앗긴 적이 있는 전 세계 수백만 빈민에게는 무시무시한 질문이다. 나는 보기 드물게 훌륭한 한 아프리카 육군 대령에게서 '재산권 강탈'에 대한 이야기를 직접 들었다. 아프리카의 대령들이 과부와 고아를 양산한다는 인상이 강한 시대에, 이 잠비아 대령은 헌신적으로 과부와 고아를 '보호했다'. 어느 날 오후, 나는 과부였던 어머니와 형제자매들이 재산을 잃고 길에 나앉았던 악몽 같은 그의 어린 시절 이야기를 들으며 난폭한 토지 수탈이 어떻게 일어나는지 알게 되었다.

"그 사람들은 내가 주일학교에서 받은 작은 성경까지 빼앗았습니다." 클레멘트 무텐다는 겨우 아홉 살이던 1964년에 아버지를 여의었다. 잠비아 남부 지방 관습에 따라 장례식이 끝나자 아버지의 친척들은 모든 재산이 '가문'의 것이라고 주장하고 몰수해 갔다. 남은 그의 가족은 길에 나앉아 가난에 내동댕이쳐졌다. 집과 땅을 빼앗긴 수많은 다른 가족들처럼 그들도 수도 루사카로 떠났다. 무텐다의 어머니는 8남매를 먹여 살리기 위해 날마다 생활 전선에서 싸웠다. 가톨릭 학교에서 무상 교육을 받은 무텐다는 한동안 성직자를 꿈꾸었지만 군인의 길을 택했다. 영특하고 성숙하고 달변이었던 무텐다는 진급을 거듭했고, 잠비아 육군 장학생으로 법대를 졸업한 후 잠비아군 대표로 유엔 활동에 참여했다.

"하지만 조국을 생각하면, 나약한 어머니들과 아이들이 늘 마음에 걸렸습니다. 그들의 모습에서 내 어머니와 내가 보였어요." 무텐다는 잠비아에서 가장 존경받는 최고 변호사로서 누릴 수 있는 든든한 인맥과 앞날이 창창한 경력을 포기했다. 그는 '여성을 위한 국립법률구조사무소'에서 일한 후 IJM 루사카 지부 대표로 가난한 과부와 고아의 권리를 보호하는 데 10년을 바쳤다.

IJM의 모든 직원은 대령을 존경한다. 그가 똑똑한 것은 사실이지만, 지혜롭기도 했다. 침착하고 조리 있고, 가난한 과부 할머니들에게 친절하고 권력자를 만나도 주눅 드는 법이 없었다. 가느다란 콧수염, 가수가 노래하는 듯한 음성, 테니스장에서 구사하는 기막힌 백핸드. 그는 누구보다 멋진 사람이었다. 훌륭한 지도자였던 대령은 애석하게도 뇌 감염으로 돌연 세상을 떠났다. 사실 그가 죽은 이유는 그 당시 잠비아에 제대로 된 CT 촬영기가 한 대도 없었기 때문이다. 우리는 아프리카 대륙에서 가장 좋은 시설을 갖춘 남아프리카공화국으로 그를 급히 후송했지만, 이미 때를 놓친 후였다.

과부와 고아, 폭력을 이긴 생존자 수백 명은 장례식에 모여 자신을 위해 싸워 준 대령을 애도하는 노래를 불렀다.

과부 비너스 소코도 분명 장례식에 참석했을 것이다. 나는 몇 년 전 대령과 함께 루사카의 빈민가 재래시장에서 비너스를 만났다. 비너스는 회색 콘크리트 벽돌로 만든 자신의 작은 노점 카페를 찾은 우리에게 옥수수가루죽을 대접했다. 비너스는 대령을 오라비처럼 대했다. 비너스와 남편은 오랫동안 노점 카페에서 음식을 팔아 집을 마련하고 식구를 부양했다. 하지만 남편이 병으로 죽자 보호자를 잃은 과부는 빈민가 포식자들의 눈에 띄었다. 한 폭력배가 비너스를 폭행하고 가게와 재산을 빼앗았다. 가게를 빼앗긴 비너스는 가족을 먹여 살릴 길이 없었다.

1년 후 비너스는 IJM과 대령에 관한 이야기를 듣고 하룻길을 걸어 사무실을 찾았다. 비너스는 지난 몇 달간 날마다 입은 단벌 차림—검은 티셔츠에 '치텡게'(잠비아 전통 치마)—이었다. 무덴다와 IJM팀은 그녀의 사건을 맡아 한바탕 싸움을 치르고 비너스의 재산을 되찾았다. 그날 비너스는 시장에서, 재산을 빼앗긴 1년 동안 어떻게 살았는지 나에게 이야기했다. 그녀는 아들을 잃었다. 수입이 끊기자 아이들은 영양실조에 걸렸고 막내 필립은 결국 숨을 거두었다는 이야기를 나는 멍하니 듣기만 했다. 그날 오후, 비너스의 집에서 살아남은 다른 아들을 만났다. 그 아이는 일어나서 인사를 하고 싶지만 음식을 제대로 먹지 못해 다리 힘을 영영 잃고 말았다고 수줍게 말했다. 나는 비너스와 그녀의 아이들, 대령을 만난 후 '재산권 강탈'을 전혀 다른 시각으로 보게 되었다.

'재산권 강탈'은 아프리카를 비롯한 개도국의 가난한 사회에서 벌어지는 난폭한 토지 수탈 현상을 직설적으로 가리키는 표현이다. 지구촌 현실을 크게 보면 이렇다. 전 세계 대다수 빈민들은 언제라도 집과 땅을 잃을 수 있다. 토지와 재산의 소유자를 증명하는 믿을 만한 등기 제도가 없기 때문이다. 설령 그런 제도가 있더라도, 제도는 가난한 사람의 권리를 대신 집행할 의사도, 능력도 부족하다.

선진국 사람들에게 등기부 없는 나라가 있다는 것은 상상할 수도 없는 일이다. 페루 경제학자 에르난도 드 소토를 비롯한 여러 학자가 개도국에 소유권을 밝히는 공문서가 있으리라는 세계인의 착각을 흔들어 깨뜨리기 전까지 서양의 지성인들은 이런 명백한 사실을 모르고 있었다. 우리는 등기소에 가면 누가 어느 땅을 소유하고 있는지 확인할 수 있지만, 개도국 빈민들은 소유권을 확인할 방법이 없다. 비너스는 토지 소유권을 증명할 공문서가 없었다. 다른 이웃들 사정도 매한가지였다. 실제로 사하라 사막 이남 아프리카(빈민은 약 3억 7천만 명) 시골 주민의 90퍼센트는 공식 소유권이 없는 땅에서 살거나 일한다. 인도네시아에 4천만 명, 남미에 4천만 명, 인도에 4천만 명, 전 세계 가난한 사람 약 3억 5천만 명이 같은 처지에 있다. 지구촌 도시 빈민 약 15억 명은 확실한 소유권을 보장받지 못한 채 무허가 정착지나 빈민가에 살고 있다.[77]

당연히, 재산 소유권이 불분명한 혼란은 약자를 노리는 강자를 불러들인다. 개도국의 이 같은 '빈곤의 보이지 않는 특징'에 대해 미국 국제개발청이 인지하듯이 "확실한 소유권이 없는" 가난한 사람들은 "종종 무분별하게 또는 강제로 자신의 터전에서 내쫓긴다."[78] 실제로 해마다 전 세계 극빈자 수백만 명이 자신의 집과 땅에서 강제로 쫓겨난다. 강제 퇴거를 당하는 사람은 약 5백만 명이고, 이웃의 강자에게 집을 빼앗기는 사람도 수백만 명에 이른다.[79] 방글라데시 수석 경제학자이자 유엔개발계획UNDP의 빈민 법적권한 강화 프로그램을 이끄는 하미드 라쉬드 박사는 단호하게 말했다. "토지 소유권이 제한적이고 불확실하면 가난한 사람은 빈곤을 극복하기가 불가능하지는 않더라도 매우 힘들다."[80]

소유권이 불분명한 무법 혼돈의 개도국에서 가장 큰 피해자는 역시 여성이다. 법적 소유권을 밝히는 공문서가 없는 진공 같은 상황은 두 가지 사회적 힘, 곧 잔인한 폭력과 전통 규범을 불러들인다. 이 싸움에서 여성은 대개 무참히 지고 만다. 개도국에는 여성을 업신여기고 천대하며 심지어 재산으로 취급하는 전통적 규범이 만연해 있다. 이를테면 사하라 사막 이남 아프리카에서 여성의 상속권을 인정한 것은 불과 20년 전 일이다. 하지만 남자가 사망하든지 가정을 버리고 떠났을 때 여성은 여전히 정당한 상속권자로 인정받지 못하며, 여성이 가장이 된 가정을 노리는 다른 세력이 즉시 개입하여 강제로 재산을 횡령한다.

상속권과 관련된 재산권 강탈은 피해자를 위태롭게 만들 뿐 아니라 치명적이기도 하다. 보호자가 없는 과부와 고아는 유일한 생계 수단을 빼앗기고 길에 나앉는다. 그들은 힘센 가해자에 맞설 희망이 없고 생존마저 불투명하다.

이런 문제는 과연 규모가 얼마나 될까?

첫째, 사하라 사막 이남 아프리카에서 식량의 80퍼센트는 여성이 생산하는데도 땅을 '소유한' 여성은 거의 없다. 여성이 소유한 농경지는 전체의 1퍼센트에 불과하다.[81] 결국 주생산자의 토지 소유권이 만성적으로 불안정한 경우, 기초 식량 생산은 자칫 무너질 공산이 크다.

둘째, HIV-에이즈를 비롯한 여러 요인으로 사망률이 높은 개도국은 과부 인구가 대단히 많다. 최근 연구에 따르면, 전 세계적으로 극심한 가난에 허덕이는 과부가 1억 1천5백만 명이 넘는다. 특히 눈에 띄는 사실은 과부가 돌보는 아이들이 '5억 명'에 이른다는 것이다.[82] 나라 전체 아동의 대다수를 과부들이 기르는 국가도 있다. 르완다는 아이들의 70퍼센트, 모잠비크는 60퍼센트, 캄보디아는 35퍼센트를 과부들이 돌본다.[83] 곧 난폭한 토지 수탈과 재산권 강탈에 맞서 소유권을 주장할 수 없는 1억 이상의 과부와 5억에 달하는 어린이가 집과 땅을 빼앗길 위험

에 처해 있다는 뜻이다.[84]

과부를 돕는 사람은 아무도 없는 듯하다. 세계은행이 밝혔듯이, 아프리카에서 과부의 소, 주방 살림, 은행 저축, 농기구, 주택, 옷 따위를 몽땅 빼앗고 과부와 아이를 착취와 학대, 폭력에 노출된 가난으로 내모는 가해자는 종종 과부의 '친척들'이다.[85] 폭력을 물리칠 소유권을 집행할 수 없는 전 세계 과부 수백만 명은 "정령 숭배 종교, 기독교, 힌두교, 이슬람교를 불문하고 자신의 종교나 인종, 카스트, 문화와 무관하게 '재산권 강탈'과 '추방'을 흔히 경험한다."[86] 게다가 '무관심한' 경찰과 '적대적인' 법원이 약자에 대한 잔인한 약탈을 거드는 바람에, 체포되는 가해자는 거의 없다.[87] 설상가상으로, 자기 집에서 쫓겨나는 과부들은 남편을 앗아간 HIV 보균자가 많다. IJM의 여러 사건을 보면, 잔인한 폭력에 터전을 잃은 과부들은 HIV 치료에 필요한 진료를 받을 수 없는 곳으로 쫓겨난다. 처음에는 '단순' 재산범죄였던 것이 소용돌이치는 급류처럼 사망 선고로 닥쳐온다.

과부와 고아가 땅을 잃고 가문과 마을에서 쫓겨나는 것과 아울러 등기 제도가 없다는 것은 부동산 수요가 증가하거나 가난한 사람이 사는 곳의 땅값이 올라갈 경우 가난한 사람은 사나운 기업, 파렴치한 개발자, 폭력단에 의해 강제로 쫓겨날 공산이 크다는 뜻이다. 이런 세력은 대개 부패한 공무원들을 등에 업고 있고, 간혹 정부에서 직접 퇴거 명령을 내리기도 한다. 지구촌 곳곳에서 무허가 정착지에 터전을 마련한 가족은 대개 지방 정부나 중앙 정부 같은 외부 세력에게 집과 가게를 잃는다.[88] 강제 퇴거는 흔히 불법과 폭력을 동반하고 은밀하게 진행된다. 그렇게 극빈자와 약자는 끔찍한 결과를 맞이한다.[89]

가난한 사람과 그들을 돕는 우군은 고군분투하지만, 그들의 노력은 난폭한 토지 수탈에 순식간에 물거품이 되고 만다. 개도국 빈민에 대한 재산 강탈을 전 세계에 폭로하는 옥스팜Oxfam은 이런 위협을 널리 알리는 일을 한다. 옥스팜 대표 바버라 스토킹은 인도네시아, 과테말라, 남수단, 우간다, 온두라스의 수상한 토지 거래에서 속출하는 빈민에 대한 폭력과 강제 퇴거를 연구한 보고서에서 이런 결론을 내린다. "전 세계 대다수 극빈자는 유례없는 속도로 진행되는 토지 거래와 부동산 과열 경쟁으로 더 나쁜 상황에 처했다."[90]

세계 빈민에게 강제 퇴거와 토지 횡령은 강제노동과 강제 매매춘과 마찬가지로 경제적 이윤을 좇는 거대한 폭력이다. 가난한 사람은 폭력 앞에서 의지할 곳이 없다. 마치 가난한 사람을 벼랑에서 밀어 버리듯이, 폭력을 억제해야 할 법집행 기관이 실은 가난한 사람을 취약하게 만드는 약탈적 폭력의 원인이란 점은 문제를 더욱 '악화시킨다'. 개도국의 법집행은 보호와 억제를 통해 폭력을 해결하는 열쇠이기는커녕 폭력의 '원천'으로, 가난한 사람에게는 낭패이고 폭력배에게는 '낭보'다. 이제 기괴하고 파괴적인 이 현실 속으로 들어가 보자.

경찰의 권한 남용과 임의 구금

사실은 부정할 수 없다. 우리가 사실을 처리하지 않으면 사실이 우리를 처리한다. 세상이 아직 제대로 직면하지 못한 세계 빈곤에 대한 또 다른 잔혹한 사실은, 개도국 사법기관이 폭력을 해결하기는커녕 폭력을 '휘두르고' 있다는 점이다.

이것은 사소한 문제가 아니다. 개도국의 병원이 가난한 사람을 '더 병들게' 만들고, 새 우물이 실은 물을 '오염시키고', 학교는 공부하는 학생을 '처벌하고', 항생제가 병을 '전염시킨다'는 것이 밝혀졌다고 상상해 보자. 분개한 세상은 서둘러 문제를 해결할 것이다. 가난한 사람들이 자국의 법집행에 대해 세상에 말하고 싶은 부분도 바로 이런 것이다. 법집행이 문제를 악화시킨다. 세계은행의 획기적 연구인《가난한 사람의 목소리》가 내린 결론은 강렬하다.

> 이번 연구에서 밝혀진 가장 놀라운 점은 경찰과 사법제도가 부자의 편에 서서 가난한 사람을 탄압하고 그들을 '더 불안하고 두렵고 가난하게' 만든다는 것이다. 특히 도시 빈민은 경찰을 정의와 평화, 공정의 수호자가 아니라 '위협과 불안의 원천'으로 여긴다.[91]

지구촌 개도국에서 이 문제는 똑같이 반복된다. 세계 빈민을 가장 많이 괴롭히는 가해자와 약탈자는 바로 자국 경찰이다.《가난한 사람의 목소리》저자들이 내린 결론처럼 "가난한 사람들은 경찰을 보호자가 아니라 탄압자로 본다. 그들은 되풀이해서 말한다. 사법과 치안은 오직 부유한 기업, 부자, 연줄이 있는 사람들의 차지라고."[92]

나는 케냐 나이로비 출신의 IJM 동료 벤슨이 소개한 동향인 브루노와 케일럽을 만난 후 이런 현실을 더욱 생생하게 느낄 수 있었다. 브루노는 40대 후반의 가장이다. 깡마른 몸에 걸친 단정한 셔츠와 바지는 헐렁했고, 수염을 말끔하게 깎았지만 칼자국과 흉터, 고르지 못한 치아, 지친 눈동자의 얼굴은 가난의 흔적이 역력하다. 나이로비에서 두 번째로 큰 빈민가의 비좁고 작은 집에 사는 브루노는 매일 아침 6시에 일어난다. 그는 도시에서 일하면서 나이로비에서 떨어진 시골에 사는 아내와 아이들에게 매달 생활비를 송금한다.

평소와 다름없는 어느 날 아침, 날이 밝자 브루노는 세수를 하고, 시장에 내다 팔려고 손으로 직접 제작한 구슬 장식 가죽 벨트들을 챙긴다. 시장의 좋은 자리를 선점하기 위해 바삐 걸어가는데 지프차 한 대가 옆에 선다. 경찰차다. 갑자기 누가 뒤에서 브루노를 붙잡는다. "무슨 일이냐고 물었더니 그냥 나를 차에 밀어 넣었다." 아내와 아이들, 어머니와 형제들은 그가 어디에 있는지, 그에게 무슨 일이 생겼는지 몇 주 동안 모를 것이다.

몇 킬로미터 밖, 나이로비의 또 다른 비좁은 빈민가에서 야간 경비원 케일럽은 노천 시장에서 밤새 토마토를 지키고 집으로 돌아오는 길이다. 케일럽은 키가 크고 호리호리한 30대 남자다. 부드러운 눈매에 큰 눈, 치아를 드러내고 환하게 웃는 얼굴이 인상적이다. 그는 아내 애덜리나가 깨끗이 다림질한 파란 격자무늬 셔츠를 입고 있고, 이상한 펭귄 로고가 박힌 검은색 야구 모자를 즐겨 쓴다. 애덜리나는 이제 막 빈민가의 성냥갑 같은 집을 나서서 신발을 팔고 부업으로 재봉을 하는 일터로 떠났다. 케일럽은 어린 아들 제리를 유치원에 보낼 준비를 한다. 케일럽 부부는 세 자녀가 좋은 교육을 받을 수 있도록 열심히 일한다. 큰딸은 고등학교를 졸업하고 대학 진학을 꿈꾸고 있다. 두 사람은 큰딸이 무척 자랑스럽다. 부모는 고등학교를 졸업하지 못했지만 큰딸은 가까운 전문대학교에서 꿈을 이루도록 몇 년 동안 돈을 저축하고 있다.

오늘 케일럽과 제리는 평소보다 조금 늦게 출발한다. 케일럽이 다섯 살배기 아들의 손을 잡고 즐겁게 유치원으로 가는데 자동 소총을 든 경찰들이 느닷없이 길을 막는다. "자네가 문제를 일으킨다는 얘기를 들었어." 케일럽은 무슨 영문인지 모른다. 그는 문제를 일으킨 적이 없다. 아들을 유치원에 보낼 준비를 했을 뿐이다. 무장 경찰들은 길에 있던 다른 남자들과 케일럽에게 경찰 승합차에 타라고 지시한다.

경찰은 케일럽을 연행한다. 다섯 살 난 아들이 혼자 길가에 서 있다. 케일럽은 엄습하는 공포와 무기력을 느낀다. 게리는 아빠를 보고 소리를 지른다. 곁에 있던 동네 여자가 게리의 교복을 알아보고 유치원으로 데려간다. 하지만 게리는 며칠이 지나야 아빠에게 무슨 일이 생겼는지 알게 될 것이다.

경찰은 케일럽의 집으로 차를 돌린다. 그는 경찰들이 변변찮은 세간을 뒤지고 아내가 부업에 쓰는 재봉틀 두 대와 큰딸의 학비를 위해 모아둔 현금을 빼앗는 모습을 무기력하게 쳐다본다. 경찰은 케일럽의 재산과 평생 저축한 돈을 강탈하고는 그를 승합차로 밀어 넣는다. 차에는 다른 남자 일곱 명이 더 있고, 가는 길에 몇 사람을 더 잡아들인다.

뒷좌석에서 케일럽과 브루노는 처음 만난다. 연행된 남자들에게는 공통점이 있다. 그들은 출근길에서, 버스를 타려는 순간, 시장에 가는 길에 경찰에 체포되어 차에 실렸다. 오전 내내 남자들은 잡혔다가 풀려나기를 반복한다. 경찰이 요구하는 뇌물 2,000실링(약 23,000원)을 내면 풀려난다. 케일럽의 한 달 수입 절반이다. 케일럽과 브루노는 돈이 부족해 풀려나지 못한다.

몇 시간 후, 케일럽과 브루노는 어리둥절한 두 남자와 함께 끝까지 차에 남는다. 경찰은 케일럽과 브루노를 경찰서로 연행해 주먹으로 때리고 발로 차고 쇠방망이로 가혹하게 폭행한다. 그러고는 케일럽과 브루노를 차에 태우고 나이로비 외곽 숲속으로 간다. 그들이 도착한 공터에는 TV 한 대와 쇠방망이가 여러 개가 놓여 있다. 케일럽과 브루노는 겁에 질린다.

경찰들은 두 사람에게 고함을 지른다. 케일럽과 브루노가 공모해서 한 호텔에서 TV를 훔쳤다는 것이다. 그들은 나머지 장물을 어디에 감추었느냐고 호통을 친다. 5월의 어느 날 오후, 그 공터에 있던 TV는 실제로 몇 주 전 한 호텔에서 도둑맞은 것이었다. 상부의 압박을 피하고 싶은 경찰은 진범이 아니더라도 닥치는 대로 아무라도 찾아야 한다. 경찰은 완력으로 두 사람을 땅에 엎드리게 한다. 두 사람은 얼굴을 땅에 처박는다. 폭력의 수위는 점점 높아진다. 케일럽은 그날을 이렇게 기억한다.

"나는 참지 못하고 경찰들에게 '나는 훔친 적이 없으니까 죽이고 싶으면 어서 죽여. 사람을 이렇게 고문하지 말고 그냥 죽여'라고 대들었다." 결국 두 사람은 숲속에서 나와 감옥에 갇혔다. 그리고 2주 후, 경찰은 부상을 입어 기진맥진한 두 사람을 법정에 세우고 그들이 극형에 해당하는 폭행 강도죄를 지었다고 판사에게 자신 있게 말한다.

판사는 경찰에게 혐의를 뒷받침할 증거를 '아무것도' 요구하지 않는다. 케일럽과 브루노는 변호인이 없다. 사선 변호인은 고사하고 국선 변호인마저 없다. 판사는 경찰이 제시하는 근거 없는 혐의만 믿고 확정일도 없이 두 사람을 무기한 투옥한다. 약 1년 후, 브루노는 감옥에서 아내가 인내심의 한계에 다다랐다는 소식을 듣는다. 그의 도움이 끊기자 가족은 무너지고 아내는 아이들을 데리고 제 길을 찾아 떠났다. 케일럽의 가족은 그를 떠나지는 않았지만 입에 풀칠하기 위해 안간힘을 쓰고 있다.

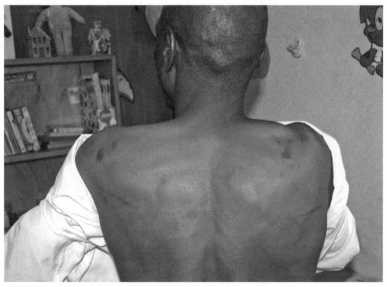

브루노가 케냐 경찰의 폭행으로 생긴 흉터를 보여 주고 있다.

케일럽이 나이로비 빈민가의 자기 집 앞을 걷고 있다.

그의 가족은 더 싼 집을 찾아 빈민가를 떠나야 했다. 큰딸의 꿈도 물거품처럼 사라졌다. 큰딸은 학교를 중퇴하고 가족을 돕기 위해 형편없는 임금을 받는 시간제 가게 점원으로 일한다. 그러는 사이, 더러운 구치소에 무한정 갇혀 빈곤의 심연으로 추락하는 가족을 돕지 못하는 케일럽은 무력감에 깊이 빠진다.

브루노와 케일럽의 이야기는 개도국의 한 도시에서 일어난 한 가지 사건에 불과하지만, 우리는 이 사건에서 전 세계 수억에 달하는 극빈층을 날마다 위협하는 법집행 폭력을 구성하는 모든 요소를 생생하게 살펴볼 수 있다. 1) 경찰의 약탈. 2) 판결선고전 구금의 남용. 3) 고문.

약탈자가 된 경찰

《가난한 사람의 목소리》 저자들의 요점은 예리하다. 개도국 빈민에게

"경찰은 폭력배나 매한가지다."[93] 가난한 사람에게 난폭한 마을 폭력배의 폭행, 협박, 강도, 갈취는 익숙한 경험이다. 하지만 개도국 빈민에게는 경찰 역시 절도, 강간, 갈취, 폭행으로 마을을 약탈하는 또 하나의 무장 폭력배나 다름없다. 사실 경찰은 여느 범죄자보다 더 주기적으로 가난한 사람의 돈을 갈취하고 강탈할 것이다.

《가난한 사람의 목소리》는 경찰의 약탈이라는 개도국의 두드러진 현실을 분명하게 보여 준다.

- "경찰이 여기 오면 우리 것을 빼앗고…모든 사람이 굴욕감을 느낀다."(브라질)[94]
- 경찰은 "불법 징수원이다."(방글라데시)[95]
- "우리는 범죄자보다 경찰이 더 무섭다."(아르헨티나)[96]
- "경찰 대다수에게 경찰복은 돈을 버는 수단이다. 그들은 준법 시민을 갈취해서 돈을 번다."(나이지리아)[97]
- "가난한 사람은 비효율적이고 부패하고 사회를 분열시키는 경찰을 맹비난한다.…경찰은 희롱과 갈취, 공갈을 일삼고, 가난한 사람은 경찰의 협박 때문에 마음 편히 살 수가 없다."(인도)[98]

개도국에서 박봉에 시달리는 경찰은 직권을 남용해 약자의 돈을 계속 갈취한다. 일선 경찰이 갈취한 돈은 관할지나 도시 전체의 갈취를 조직적으로 감독하는 고위 간부까지 지휘 계통을 따라 체계적으로 전달된다. 내 동료들은 갈취한 돈과 뇌물을 상관에게 차례로 상납하는 것으로 알려진 캄보디아, 인도, 필리핀, 과테말라, 태국, 케냐, 잠비아, 볼리비아, 말레이시아, 온두라스, 우간다를 비롯한 여러 나라에서 지위 고하를 막론한 여러 경찰들과 솔직한 대화를 수없이 나누었다.

개도국 경찰은 가난한 사람을 노리는 체계적 갈취로 그들의 돈을 가차 없이 빼앗을 뿐 아니라 마을의 여성과 소녀들을 빈번하게 유린한다. 가난한 사람을 대상으로 한 조사에 따르면, 가난한 마을의 남자는 돈을 갈취하는 경찰에게 맞거나 유치장에 갇히는 것을 두려워하는 반면, 여성과 소녀는 경찰에게 강간과 성폭행을 당할까 봐 두려워한다.[99]

어이없게도, 개도국에서는 폭력에 취약한 사람 곧 경찰의 보호가 '필요한' 사람일수록 경찰을 더 '두려워하는' 것 같다. 약탈하는 경찰들에게 자주 폭행과 갈취를 당하는 부랑 아동과 성노동자들에게 왜 경찰에 신고하지 않느냐고 물으면, 그들은 불신이 가득한 슬픈 눈동자로 당신을 쳐다볼 것이다. 개도국 빈민가의 가난한 사람들은 문제가 생기면 경찰에게 '달려가기'보다 경찰에게서 '달아나는' 경우가 대부분이다.

직권남용 감금

개도국 빈민에게 참혹한 피해를 주는 두 번째 법집행 폭력은 직권남용 감금이다. 브루노와 케일럽의 악몽에서 알 수 있듯이, 감금은 단순 갈취를 위한 무서운 무기로 쓰인다. 실제로 《가난한 사람의 목소리》에 따르면, 개도국 빈민이 가장 두려워하는 것은 경찰이 돈, 성행위, 부동산, 재화, 서비스를 뜯어낼 목적으로 그들을 허위 죄목으로 체포하여 감금하는 것이다.

사실 경찰은 몇 사람만 부당하게 감금하면 된다. 시민들 사이에 공포 분위기가 조성되면 요구하는 뇌물을 너나없이 순순히 내놓기 때문이다. 브루노와 케일럽과 함께 연행된 남자들도 대부분 뇌물을 주고 풀려났다. 따라서 감옥에 가지 않는 대가로 내야 할 돈이 없는 가난한 사람만 피해를 입는다.

모두 하나같이 나쁜 일이지만, 불행한 일이 넘치는 세상에서 이 문제

라이베리아	97%
말리	89%
볼리비아	84%
베냉	80%
나이지리아	78%
니제르	76%
콩고-브라자빌	70%
파키스탄	70%
필리핀	66%
베네수엘라	66%
인도	65%
페루	58%
과테말라	54%
아르헨티나	53%

국가별 판결선고전 구금률*

가 개도국 빈민에게 끼치는 피해는 얼마나 크고, 또한 이것이 함의하는 바는 무엇일까?

개도국의 감옥과 유치장을 방문하면 대다수가 재판을 받지 않았거나 혐의조차 없다는 것을 알 수 있다. 붙잡혀 있는 사람 대부분은 피의자도, 피고인도 아니다. 그들이 불법으로 감금된 이유를 설명하는 서류가 전혀 없다는 뜻이다. 하지만 개도국의 수감자 대다수는 불법 감금이 아니라 '판결선고전 구금'에 해당한다. 사실 전 세계 감옥과 유치장에는 한 해 약 1천만 명이 판결선고전 구금으로 투옥된다.[100] 최빈국은 수

---

* 자료 출처: "Entire world—Pre-trial detainees/remand prisoners (percentage the prison population)." International Centre for Prison Studies. n.d. http://www.prisonstudies.org/info/worldbrief/wpb_stats.php?area=all&category=wb_pretrial

감자 4분의 3 이상이 판결선고전 구금으로 투옥된다. 곧 가난한 사람이 다수인 저소득국과 중소득국에서 감옥과 유치장의 수감자 '대다수'는 어떤 선고도 받지 않았다는 것이다. 그들은 유무죄를 판단하는 절차에 앞서 미리 구속된 셈이다.

케일럽과 브루노의 경우처럼, 개도국의 여러 사회에서 경찰은 아무 증거도 없이 시민을 감금할 수 있다. 감금 여부는 전적으로 경찰의 재량에 달렸다. 그렇다면 문제는 검사에게 증거를 제출하기 전까지 얼마나 오래 감금할 수 있느냐, 감금에 필요한 증거는 얼마나 필요하냐다. 증거 제출 없이 장기간 감금할 수 있거나 부실한 증거로도 감금을 유지할 수 있다면 문제가 크다.

이것이 개도국에서 판결선고전 구금으로 수감된 수백만 명의 문제다. 첫째, '선진국'에서 시민이 체포될 경우, 경찰이나 검사는 용의자를 구금해야 한다는 합법적 증거를 법원에 제출해야 한다. 구금 기간도 대개 '시간' 단위로 측정한다. 하지만 대다수 개도국의 케일럽과 브루노 같은 수감자들은 '수개월이나 수년'이 지나야 겨우 판사를 만날 수 있다.[101] 예를 들어, 나이지리아의 평균 판결선고전 구금 기간은 3.7년이다. 즉 어느 나이지리아 사람이 자녀가 고등학교에 입학한 날 무고하게 체포되어 유치장에 감금된다면, 그는 아이가 고등학교를 졸업할 때까지 무죄 방면될 날을 기다리며 감옥에서 지내야 한다.

내 IJM 동료들은 케냐의 케일럽과 브루노처럼 결백한데도 허위 기소된 가난한 수감자들의 사건을 수없이 맡으면서 발견한 사실이 있다. 누가 중재하지 않으면 그들은 면밀한 증거 확인이 있기 전까지, 약 1년 반동안 감옥에서 썩어야 한다는 것이다. 다른 인권단체들에 따르면, 17년을 기다린 끝에 재판을 받은 케냐 수감자들도 있다.[102] 인도에는 원활하지 않은 법원 행정으로 계류하는 사건이 3천만 건에 이르고, 그 평균 기간은 15년이다.[103] 이런 상황에서는 무죄한 빈민이 투옥된 후 유죄 판결을 받고 복역하는 기간보다 더 오래 재판을 기다리는 일이 다반사다.

악몽 같은 상황에서 풀려난 후 당신의 인생과 행복을 도둑질한 사법기관은 아무런 책임을 지지 않는다는 것을 알면, 상처에 소금을 뿌린 듯한 기분이 든다.

그렇게 시간을 빼앗기다가 끔찍한 고통을 겪는 일도 있다. 얼마 전, 케냐의 IJM 동료들은 판결선고전 구금으로 1년 이상 감금된 무고한 남자의 석방을 도왔지만, 그 남자는 석방일에 아내가 이미 사망했다는 소식을 들었다. 그는 아내에게 작별 인사도 하지 못했다. 개도국에서 판결선고전 구금으로 투옥된 수감자들의 처지를 누구보다 면밀하게 조사한 열린사회정의 이니셔티브Open Society Justice Initiative 활동가들이 내린 결론은 명료하다. "판결선고전 구금은 사람에게 일어날 수 있는 가장 불운한 일이다." 판결선고전 구금이 그리도 끔찍한 까닭은 기한 제한이 없고 사법부가 감독을 제대로 하지 않기 때문이기도 하지만, 유치장의 '상태'도 한몫을 한다.

아무 구금 시설에 가서 질병, 오물, 폭력, 수모의 악취를 직접 느껴 보면 긴 강의가 따로 필요 없을 것이다. 하지만 개도국의 유치장을 방문한 사람은 드물기 때문에 간단히 설명해 보자. 우선 유치장 시설은 몇 년씩 수많은 사람을 감금할 목적으로 지은 것이 아니므로 불결하고 형편없는 곳이다.[104] 나는 IJM 동료들과 함께 여러 유치장을 방문했다. 유치장은 초만원이었다. 사람들은 누울 자리가 없어 쌓아놓은 '달걀판'처럼 서로 무릎을 포개어 앉아야 했고 번갈아 잠을 잤다. 이런 상황에서 사람들은 가족이나 친구가 사식을 넣어 주지 않으면 음식과 물을 먹지 못하고, 그마저도 다른 수감자들에게 빼앗기거나 나누어 먹어야 했다. 국제적십자위원회ICRC가 전한 바에 따르면, 개도국의 유치장 사망률, 즉 월간

필리핀 마닐라의 초만원 감방

1만 명당 사망자 수는 ICRC가 활동한 전쟁터나 긴급재난발생 사망률과 맞먹거나 더 심각한 정도다.[105]

　그러면 해마다 개도국 구금 시설에서 혐의가 있다는 이유만으로 이토록 끔찍하고 치명적인 상황을 참아야 하는 수백만 수감자는 누구인가? 대다수가 케일럽과 브루노처럼 평범하고 가난한 사람들이다. 이 문제를 다룬 국제 보고서는 요점을 간단히 적는다. "판결선고전 구금 시설은 빈민들로 만원이다."[106] 열린사회정의 이니셔티브가 발견한 것처럼 "현금을 정확한 사람의 손에 쥐어 주는 능력이 종종 자유와 구금의 차이를 결정한다."[107]

　케냐의 전前 교정국장은 유치장 수감자 다섯 중 하나는 변호사만 있어도 석방될 것이라고 말했다.[108] 방글라데시의 판결선고전 구금에 대한 한 평가서는 다음과 같은 사실을 발견했다. 첫째, 유치장 수감자 대다수는 가난한 사람이다. 둘째, 73퍼센트는 재판을 한 번도 받지 않았다. 셋째, 혐의를 받고 있는 죄의 최고형보다 더 오래 갇혀서 재판을 기다리는 사람이 많다. 넷째, 법률 조언을 받지 못하는 사람이 대다수다. 다섯째, 보석으로 풀려날 수 있는 사람 대다수가 그대로 방치되어 있다.[109]

임의 감금, 격리, 폭행, 만성 불안, 무기력, 폭력, 유기, 트라우마가 주는 심리적 충격은 엄청나다. 나는 IJM 동료들과 함께 허름하고 비좁고 답답한 개도국 법정에 앉아 초라한 수감자들이 카프카적인 광기의 연극을 관람하기 위해 들어오는 모습을 수없이 지켜보았다. 그들은 자신의 기대와는 영 딴판인, 무의미하고 이해할 수 없는 행사를 구경하고는 다시 감방으로 돌아갔다. 피로와 마비와 죽음과 수모에 물든 그들의 눈동자는 깊고 투명한 심연과 같았다. 그들은 한동안 구부정하게 앉아 있다가 바깥으로 나갔다. 휴정(오늘 판사가 오지 않았다), 연기(서류 미비, 검사 부재), 보류(일방적 통보). 이런 생지옥 같은 곳에서 인간으로 지낸다는 것은 말도 안 되게 힘든 일처럼 보인다.

다른 한편으로, IJM 동료들은 수임료를 받지 못해도 거의 매주 이런 상황에서 석방되는 의뢰인들을 보며 기뻐한다. 케일럽과 브루노도 풀려났다. 하지만 우리는 판결선고전 구금의 전형적 '여파'로 깊은 고통을 겪기도 한다. 이를테면 당신은 유치장에서 석방되었지만 HIV 같은 병을 얻었고 가족은 병원비를 마련할 수 없다. 1년 반 동안 직장에 나타나지 않은 탓에 실직한다(더군다나 전과자를 누가 고용하겠는가?). 학비를 대지 못하는 바람에 아이들은 학교를 그만두었다. 학년이 한참 뒤처진 아이들의 교육비 마련은 이제 더 버거워졌다. 집세를 내지 못했거나 집을 팔았거나 주인이 바뀌어서 당신은 거리에 나앉았다. 이제 어떻게 해야 할까?

부당한 판결선고전 구금에서 풀려난 '이후'에 닥치는 참혹한 현실은 이게 전부가 아니다.[110] 내가 이 말을 하는 이유는 우울한 분위기를 더 우울하게 만들고 싶어서가 아니라, 가난한 사람의 가족과 사회가 직권남용 판결선고전 구금이라는 숨은 위험으로 지불하는 대가를 현실적으로 계산하자는 것이다. 열린사회정의 이니셔티브 국제 전문가들의 말이 다시 정곡을 찌른다. 해마다 판결선고전 구금으로 감금되는 1천만 명, 곧 지구촌에서 가장 가난하고 소외된 사람들은 "빙산의 일각에 불과하다. 판결선고전 구금으로 유치장에 갇히는 1천만 명에게 영향을 받는 가족과 사회 구성원은 수억 명에 이른다."[111]

고문

한 잠비아 변호사는 이렇게 말했다. "징역 선고는 유죄가 입증된 사람에게조차 가혹한 처벌인데 국가가 용의자에게 그런 처벌을 내린다면 국가는 최악의 범죄자가 된다."[112]

그의 말을 정부의 사법기관을 악의 축으로 비난하는 분기탱천한 인권변호사의 진부한 발언쯤으로 여길 사람도 있을 것이다. '최악의 범죄자라고?' 에이, 설마? 그러나 빈민에 대한 세 번째 법집행 폭력에 대해 들으면 그 말이 과장이 아님을 알게 될 것이다. 판결선고전 구금과 밀접한 관련이 있는 세 번째 폭력은 '고문'이다.

우리는 고문이라는 말을 들으면 으레 정치권력과 통제를 유지하는 수단으로 비밀경찰을 이용해 반체제 인사, 정치범, 반란 지도자를 체포하여 고문하는 잔인한 독재자나 독재 정권을 떠올린다. 냉전 시대에 인권변호사로 일한 나는 고문 하면 즉시 떠오르는 친구들이 있다. 남아공 아파르트헤이트 정권의 경찰 특수부에 고문당한 내 친구들. 필리핀 마르코스 군부 세력의 고문에서 생존한 친구들. 캄보디아 폴 포트 정권의 고문 공장에서 살아남지 못한 사람들의 사진. 군부의 고문실에서 사라져 어머니를 다시 만나지 못한 라틴아메리카 대학생들. 부끄럽고 창피한 이야기이지만, 중요한 정보를 빼내기 위해 테러 용의자들에게 지금은 허용하지 않는 고문의 선을 넘어 '강화된 신문 기법'을 사용한 미국 정부가 떠오르기도 한다.

하지만 이 같은 정치적 고문이나 국가 안보를 위한 고문은 날마다 전 세계에서 광범위하게 일어나는 고문 규모에 비하면 새 발의 피다. 오늘날 전 세계 고문 피해자의 대다수는 개도국의 평범하고 가난한 사람이고, 대개 판결선고전 구금 과정에서 고문이 행해진다.[113] 유엔 고문 특별조사관 만프레드 노왁은 고문에 대한 국제적인 평가를 마친 후 이렇게 말했다. "고문은 주로 정치범이나 '고위급' 죄수들의 운명이라고 여기는 사람이 많다. 실은 임의 구금, 고문, 비인도적 처우의 피해자 대다수는 혜택을 받지 못하는 가장 가난한 사회 계층에 속하는 평범한 사람이다."[114]

신중한 전문가들은 "전 세계 여러 나라에서 고문은 '협조'하지 않는 용의자의 자백을 유도하기 위한 경찰의 관행"이라고 말한다.[115] 개도국 경찰은 대개 범죄를 해결하는 권한인 기초 신문 기법을 제대로 훈련받지 못한다. 게다가 부패가 만연한 경찰 문화에서 상부의 압박이 가해지면, 고문으로 자백을 받아내는 편이 용의자의 혐의를 입증하는 가장 쉽고, 어쩌면 유일한 방법이라는 인식이 퍼진다.[116] 6년간 전 세계 유치장에서 벌어지는 고문을 조사한 유엔 고문 특별조사관 노왁의 말처럼, "불행히도 여러 나라에서 경찰서 유치장에 있는 형사 피의자에 대한 고문은 광범위하고 체계적이다. 유치장에 처음 들어온 두 사람 중 한 명은 구타와 유사 고문을 받은 흔적이 뚜렷하다."[117]

전 세계 수십억 극빈자는 전염병처럼 번지는 성폭력, 강제노동, 난폭한 토지 수탈에서 법의 보호를 받지 못할 뿐 아니라 법집행 자체가 가난한 사람을 파괴하고 강탈하는 사회에서 살고 있다. 세계 빈민이 폭력으로 신음하고 있다는 잔혹한 사실은 차츰 수면으로 드러난다. 이제 조금 더 정확한 계산이 필요하다. 폭주하는 폭력은 가난한 사람을 빈곤에서 해방할 경제 개발의 꿈과 국제적인 노력에 어떤 영향을 끼칠까? 이것이 우리가 곧 살펴볼 시급하고 중요한 물음이다.

3장

메뚜기 떼의 습격

이것은 19세기 미국 중서부 빈농의 세계에 일어난 가장 비극적인 사건일 것이다. 1875년 미주리 주 세인트클레어 카운티에서 목숨을 잃은 여섯 식구의 초라한 나무 묘비에 '아사'라는 단어만 새긴 채 사건은 끝이 났다. 그 시대 역사는 이 가난한 사람들의 이름을 밝히지 않고 이렇게만 적는다. "영혼이 몸을 떠나지 않게 붙들어줄 식량이 부족하여 엿새 동안 여섯 식구는 차례로 세상을 버렸다."[1]

그 시대 중서부 농가 대부분이 그랬듯이, 이름 없이 사라진 여섯 식구는 극심한 고난에 익숙했다. 미국 대평원에는 집을 지을 목재가 부족해서 가족들은 땅굴과 초가에서 살았다. 처음에는 맨손으로 땅을 일구었고 차차 말을 이용해 토지를 경작했다. 혹독한 겨울에 사람과 가축이 굶어죽지 않으려면 농사를 지어야 했다. 5년만 더 버티면 정부가 무상으로 주는 토지를 받아 그것을 담보로 땅을 경작할 말도 사고 농사에 쓸

종자도 사고 집을 지을 목재도 살 수 있었다.

1875년 4월, 부지런히 일하고 정부의 보조도 받고 이웃과 품앗이도 하며 끝까지 버틴 끝에 미주리 주의 척박한 농가들의 형편은 서서히 나아졌다. 비가 넉넉하게 내려 밀과 채소는 풍작이고 가축은 겨울 사료를 기대하며 월동 준비를 했다. 거대한 도박이 그들에게 행운을 가져다줄 참이었다. 추수가 끝나면 무거운 빚도 청산할 수 있었다. 마침내 가난의 대물림을 끊을 날이 멀지 않았다.

그런데 고작 몇 시간 만에, 모든 것이 깨끗이 사라져 버렸다. 거대한 먹구름이 세인트클레어 카운티를 덮었다. 태양을 가린 그것들은 땅으로 내려와 모든 곡식과 채소를 남김없이 먹어 치웠다. 농부들이 속수무책으로 집 안에 몸을 숨기고 있는 동안, 역사상 최악의 메뚜기 떼 재앙은 그들이 피땀 흘려 이룬 것을 모조리 파괴했다. "밀, 귀리, 아마, 옥수수는 모두 밑동만 남았다. 감자를 비롯한 모든 채소도 마찬가지였다. 메뚜기 떼가 휩쓸고 간 폐허를 망연자실하게 쳐다보는 농부들의 귓가에 기아가 대문을 두드리는 소리가 크게 들렸다."[2]

1875년, 2천7백만 톤에 달하는 메뚜기 떼가 미국 중서부(캘리포니아 주보다 큰 지역이다) 52만 제곱킬로미터에 달하는 땅에 내려앉아 모든 것을 먹어 치웠다. 250만 명이 먹을 양의 식량이 '매일같이' 사라졌다. 무성한 밭과 풍작을 이룬 드넓은 들판은 몇 시간 만에 폐허로 변했다. 농가와 가축에 필요한 곡식이 다 없어져 월동 준비는 불가능했다. 메뚜기 떼는 울타리, 페인트, 주택 널빤지를 먹어 치웠다. 살아 있는 양의 털과 빨랫줄에 걸린 옷을 먹어 치웠다. 사람들은 황급히 담요를 가져와 밭에 덮었지만 메뚜기 떼는 담요를 먹어 치우고 채소를 먹어 치웠다.[3] 정착민들은 소를 비롯한 가축들이 사료가 없어 죽어 가는 모습을 지켜보며 빵과 물로만 연명했다. 당시 신문은 이렇게 보도했다. "돈을 모두 써 버린 농장주들은…당장 먹을 것이 없다. 가축은 아사했고 그들은 빈털터리 신세였다."[4]

메뚜기 떼는 모든 것을 파괴했다. 농부들의 노고와 희생, 노력은 아무소용이 없었다. 정부의 무상 토지 분배도 소용이 없었다. 이웃의 품앗이와 다른 지역 주민들의 동정도 소용이 없었다. 메뚜기 떼의 습격으로 "오랜 세월에 걸친 노동과 헌신이 열흘 만에 사라지는 것"을 지켜본 사람들에게 외부 지원을 말하는 것은 "비웃음처럼 보였다."[5]

일상을 습격하는 메뚜기 떼

우리 시대에도 마찬가지로, 빈민을 강탈하고 파괴하는 폭력을 해결하지 않은 채 개도국의 경제 개발을 지원하고 가난을 퇴치하겠다는 말은 그들에 대한 '비웃음처럼 보인다'. 학교와 등굣길을 위협하는 성폭력을 해결하지 않고 로라와 유리에게 교육의 기회를 약속하는 것은 소녀들을 희롱하는 것처럼 보인다. 경찰이 마음대로 유치장에 가두지 못하게 보호하기는커녕 경찰이 직장과 일터를 빼앗는데도 케일럽에게 직업 교육을 하고 브루노에게 벨트 사업에 필요한 소액대출을 하는 것은 그들을 희롱하는 것처럼 보인다. 토지 수탈을 막는 대신 텃밭에서 먹을거리를 장만하라고 수전에게 농기구와 종자, 농업 훈련을 제공하는 것은 그녀를 희롱하는 것처럼 보인다. 여성에게 결정권이 없는 빈민가와 벽돌 공장에서 일어나는 폭력을 해결하지 않고 로라와 마리암마에게 안전한 성교육과 에이즈 교육, 직업 훈련을 제공하는 것은 그들을 희롱하는 것처럼 보인다. 채석장에 가두어 놓고 죽어 가는 아이를 병원에 가지 못하게 하는 폭력을 해결하지 않고 고피나스의 시골 마을에 병원을 세우는 것은 그의 가족을 희롱하는 것처럼 보인다.

1870년대 미국 중서부의 가난한 시골 농부들에게는 스스로 책임지든 다른 사람의 지원을 받든 토지, 종자, 농기구, 훈련, 교육, 관개, 가축, 자본이 문제가 아니었다. 메뚜기 떼가 습격해서 모든 것을 폐허로 만든 다면 대평원의 가난하고 약한 농부들은 결코 성공할 수 없었다. 다른 노력들도 모두 중요하고 꼭 필요했지만, 닥치는 대로 먹어 치우는 메뚜기 떼의 파괴력을 견디기에는 역부족이었다. 더군다나, 그 어떤 노력으로도 메뚜기 떼를 막을 수 없었다.

현재 개도국 빈민을 집어삼키며 전염병처럼 번지는 일상의 폭력을 과감하게 해결하지 못하면, 그들은 절대로 자신의 꿈을 이룰 수도 없고 성공할 수도 없다. 우리는 이 같은 사실에 세계인이 동의하는 역사상 중요한 순간을 맞이하고 있다. 하버드대 학자이자 열린사회재단 대표인 크리스토퍼 스톤은 세계은행에 제출한 보고서에서 이렇게 말했다. "사회·경제적 개발의 관점에서 볼 때, 난무하는 범죄와 폭력을 그대로 둔다면, 가난을 퇴치하고, 거버넌스를 개선하고, 인간의 고통을 줄이기 위한 최선의 계획이 물거품으로 돌아간다."[6]

이 같은 사실과 데이터를 볼 때, 세계 빈곤퇴치와 개발에 관심이 있는 사람들은 폭력의 메뚜기 떼가 우리의 노력을 폐허로 만드는 상황을 더 이상 두고 볼 수만은 없다. 일상적인 불법 폭력이 밝은 미래를 위해 힘쓰는 개도국 빈민의 노력을 짓밟고 있다는 것을 분명하게 보여 주는 중요한 경험과 데이터가 더디지만 확실히 쌓이고 있다.

세상은 가난과의 싸움에서 여전히 다른 것에 주목하고 있지만, 전문가들은 '메뚜기 떼의 습격'이 남긴 황폐한 실상, 곧 가난한 사람에 대한 전염병 같은 폭력을 해결하는 것이 개도국 빈민을 진정으로 돕는 경제개발의 '선결 조건'이라고 이구동성으로 말한다.[7] 빈곤퇴치와 개발을 위한 다른 노력을 중지하고 폭력 문제부터 해결하자는 뜻이 아니다. 아무리 열심히 경작하고 비료를 주고 곡식을 길러도 폭력의 메뚜기 떼를 해결하지 않으면, 우리는 여전히 큰 문제에 처할 것이고 갖은 노력이 물거품으로 돌아간다는 간단한 사실을 알자는 것이다.

세계은행은 근 10년 동안 "최근 범죄와 폭력이 개발 목적 실현을 가로막는 최대 장애물로 나타나고 있다"는 말을 반복하고 있다.[8] 세계은행은 딱 잘라 말했다. "여러 개도국의 높은 범죄 폭력률은 일상의 안전을 위협할 뿐 아니라 거버넌스를 개선하고 빈곤을 퇴치하는 폭넓은 개발 노력을 위태롭게 만든다."[9] 유엔 마약범죄사무소UNODC는 조사 끝에 폭력 규제가 빈곤퇴치와 경제 개발의 선결 조건이라고 결론지으면서 이렇게 말했다. "개발 목적 실현을 위해서는 반드시 기초 질서를 확립해야 한다."[10] 영국 국제개발부DFID의 리더들은 이런 결론을 내렸다. "가난한 사람은 식량, 식수, 일자리 못지않게 안전과 치안을 바란다. 치안 없이는 개발도 없다."[11] 폭력을 연구하는 사람들은 개발 전문가들이 아마르티아 센이 꿰뚫어 본 바 "개발은 사람들이 누리는 진짜 자유가 확대되는 과정"이라는 점을 놓치고 있으며, "범죄와 폭력에서 해방되는 것이 개발의 중요한 요소다. 두려움에서 해방되는 것도 결핍에서 해방되는 것만큼 중요하다. 한 가지라도 빠지면 어떤 권리도 진정으로 누릴 수 없다"는 점을 이해하지 못한다고 개탄한다.[12]

물론 가난한 사람들은 자기 생각을 말할 기회가 있을 때마다, 폭력 때문에 자신들의 힘겨운 노력과 희망찬 진보가 산산이 부서졌다고 말한다. 그들은 메뚜기 떼의 습격을 처음부터 잘 알고 있었던 것이다.

남인도의 시디는 매음굴로 납치되어 HIV에 감염되고 모든 것을 잃은 자신의 신세와 가난의 대물림을 끊고자 힘쓴 아버지를 떠올리면서 눈물을 흘린다. 샨티는 자신이 사는 시골에 학교를 세운 조국이 자랑스럽지만, 정미소에서 날마다 노예처럼 일해야 하는 세 아이는 학교에 갈 수 없어서 마음이 아프다. 마찬가지로 시장 노점에서 일했던 비너스는 자신이 가족을 부양한다는 사실이 뿌듯했지만, 폭력배에게 가게를 빼앗기자 아이들을 굶길 수밖에 없었다.

결국 외부인들은 지난 반세기 동안 무려 3조 달러가 넘는 돈을 쏟아부어 온갖 방법으로 개도국 빈민을 돕고 있지만, 약자들의 실낱같은 희망마저 강탈하는 폭력을 억제하지 않으면 원조 결과는 그들의 기대에 미치지 못할 것이다(지금도 이런 사실은 여러 면에서 여실히 드러나고 있다).

앞으로 보겠지만, 폭력이 복잡한 방식으로 개도국의 경제 개발과 빈곤퇴치 노력을 좀먹는 비용을 경제학자와 사회학자들이 계산하고 있는데, 빈민들의 말에 귀를 기울이면 메뚜기 떼의 습격에 대해 알아야 할 것들을 대부분 알 수 있다. 《가난한 사람의 목소리》에 수록된 한 아프리카 부족민의 말마따나 "안전하지 않은 곳에서는 살 수가 없다."[13] 물론 이것은 완벽한 상식이다. 당신이 소득과 교육, 의료 서비스를 통해 국민 삶의 질을 높이려 하는 개도국의 가난한 가족이라면, 노예살이를 하고 투옥되고 매 맞고 강간당하고 재산을 빼앗기는데 어떻게 상황이 더 좋아질 수 있겠는가? 실제로, 믿을 만한 기관들은 가난한 사람들이 우리에게 말하듯이 거대하고 약탈적인 폭력 때문에 빈민들이 가난에서 벗어나지 못한다고 이구동성으로 말할 것이다. 아마르티아 센부터 윌리엄 이스털리에 이르기까지 신뢰할 만한 개발경제학자들은 모두 시장 주도 경제 개발이 인권과 재산의 보호를 받는 사람들에게 달려 있다고 기꺼이 인정한다.[14] 마찬가지로, 대런 애스모글루와 제임스 로빈슨은 《국가는 왜 실패하는가》에서 국가가 경제성장을 유지하려면 '착취적'(곧 소수를 위해 다수의 자원을 쥐어짜는) 사법기관보다 모든 사람에게 공평한 권리와 보상을 제공하는 '포용적' 사법기관(과 여러 국가기관)이 더 중요하다고 힘주어 말한다.[15] 소로스와 아베드는 빈곤퇴치의 최근 성과가 "개도국의 법치를 강화하지 않으면 무위로 돌아"갈지도 모른다고 경고한다.[16] 하지만 차차 살펴보겠지만, 직관적·경험적으로 자명하다고 해서 사람들이 그 문제를 제대로 인식하고 활발히 논의하리라는 보장은 없다.

1875년 미국에서 있었던 일처럼 메뚜기 떼 같은 폭력이 순식간에 모든 것을 폐허로 만든다면 전 세계가 주목하겠지만, 날마다 일어나는 노예제, 강간, 갈취, 횡령 등은 수억 빈민을 한 번에 한 명씩 습격하고, 이렇게 누적되는 메뚜기 떼의 재앙은 쉽게 눈에 띄지 않는다. 그러나 더디지만 확실히 전문가들이 셈을 하고 있으며, 그 장부는 충격적이다.

폭력의 비용

2011년, 세계은행은 연간 세계개발보고서에서 폭력이 개발에 미치는 영향을 조사했다. 보고서는 주로 전쟁과 분쟁에 초점을 두었지만, 일상적 폭력범죄로 드러난 사실을 간과할 수는 없었다. 실제로, 매우 높은 일상 폭력범죄율은 내전, 경제적 충격, 자연 재해 못지않게 경제 개발의 방해물이 될 수 있다. 폭력범죄율이 지나치게 높으면 GDP가 2-3퍼센트 하락할 정도로 국가의 경제 생산성이 떨어진다. 보고서에서 지적하듯이, "이것은 보수적인 추산이다. 여러 보고서들은 범죄 비용을 GDP의 3.1퍼센트에서 7.8퍼센트까지 산정한다."[17]

2005년, 허리케인 스탠이 일으킨 홍수와 산사태로 인한 인명 피해와 경제 손실을 조사한 과테말라 부통령은 피해가 "막심하다"고 말했다.[18] 하지만 그 후에 발행된 보고서에 따르면, 과테말라의 일상 폭력범죄 비용은 약 24억 달러로 국내 총생산의 7.3퍼센트에 달한다. 같은 해 허리케인 스탠이 끼친 피해액의 '두 배가 넘는다.'[19] 하지만 폭력의 메뚜기 떼가 사회를 폐허로 만드는 동안 언론은 잠잠했다. 범죄와 폭력으로 엘살바도르의 경제성장은 25퍼센트, 콜롬비아는 25퍼센트, 브라질은 11퍼센

트가 하락했는데도 대서특필 같은 것은 없었다.[20]

개도국 폭력범죄의 '총비용'을 GDP에 대한 백분율로 추산하는 것은 정확한 통계라고 하기는 어렵지만, 세계은행의 다른 보고서에는 이런 표현이 있다. 그 국가들이 폭력범죄율을 코스타리카 수준으로 낮춘다면, 해마다 GDP의 1.7-5.4퍼센트 사이의 경제성장률을 이룰 수 있다. 곧 절실히 필요한 경제성장을 위한 수십억 달러를 확보할 수 있다는 뜻이다.[21] 한 국제 보고서에 따르면, 저소득국에서 발생하는 범죄와 폭력의 총비용은 자국 GDP의 14퍼센트와 맞먹는다.[22] 경제학자들의 설명은 다음과 같다.

폭력이 경제에 미치는 몇 가지 중대한 승수 효과가 있다. 이를테면 인적 자본의 더딘 축적, 저조한 노동 시장 참여율, 낮은 노동생산성, 잦은 결근, 저소득과 아동의 미래 생산성 저하, 그리고 거시 경제학적 수준에서 미미한 저축률과 투자율이다.[23]

구체적인 예로, 경제학자들은 폭력에 의한 장애로 노동력을 상실한 햇수를 계산해 폭력 비용을 산정한다. 이것을 장애보정손실연수DALY라고 한다. '해마다' 전 세계적으로 여성에 대한 강간과 가정 폭력으로 사라지는 장애보정손실년수는 '900만 년'이다.[24] 아프리카에서 생산되는 식량의 주생산자는 여성(80퍼센트)이다. 해마다 폭력 때문에 아프리카 여성의 장애보정손실연수 수백만 년이 사라지면, 식량 생산과 빈민의 실낱같은 경제에 어떤 영향을 미칠지 상상해 보라. 마찬가지로 인도의 나그푸르 지역 여성들에 대한 조사에 따르면, 가정 폭력으로 직장을 그만둔 여성이 13퍼센트에 달하고 폭력이 발생할 때마다 평균 일주일 반을 결근했다.[25] 니카라과에서 폭행을 당하는 여성의 수입은 그렇지 않은 여성의 '절반 정도'다.[26]

경제학자들은 이런 방법으로 폭력이 '인적 자본'에 미치는 영향을 계산한다. 인적 자본이란 노동과 기술, 지식에 포함된 생산적 부를 가리킨다. 전문가들은 "개도국에서 개인의 발전 노력을 직접적으로 차단하고 자유를 빼앗는 주된 원인"이 폭력인 것을 알아 냈다.[27] 실제로 라틴아메리카와 카리브 해의 '인적 자본 축적률'은 폭력과 범죄 때문에 15년 만에 '반 토막'이 났다.[28] 아프리카에서는 폭력과 범죄가 인적 자본을 좀먹고, 고용을 방해하고, 자산 축적에 찬물을 끼얹었고, 창업 활동을 가로막았다.[29]

또한 경제학자들은 폭력이 가난한 사회의 인적 자본 '개발'을 파괴하는 것을 발견했다. 폭력은 가난한 사람이 가난에서 벗어날 수 있는 기술과 지식을 습득하는 것을 방해한다. 내가 만난 한 노예는 어른인데도 읽고 쓰고 계산하는 법을 배우지 못했을 뿐 아니라, 요즘 같은 세상에 바다와 비행기가 무엇인지도, 다른 나라가 있다는 사실도 몰랐다. 그런 것을 배울 기회가 없었기 때문이다. 이와 비슷하게, 개도국 소녀들은 성폭력 때문에 기적 같은 힘을 주는 교육의 혜택을 전혀 받지 못한다. 휴먼라이츠워치의 에리카 조지의 말처럼, "소녀들은 날마다 학교에 가려면 등굣길의 성폭력과 폭행을 피할 수 없다는 사실을 알기에 학업을 포기한다."[30] 세계은행이 잠비아에서 발견한 사실에 따르면, 때로 교사들도 가난한 동네에서 발생하는 폭력이 무서워서 학교 가기를 꺼린다.[31]

파괴된 인적 자본과 두려움에 떠는 수백만 빈민의 손실을 모두 더하면 얼마나 될까? 이는 막대한 사회적 비용이다. 경제학자들이 말하는, 사람들이 함께 일하고 교류하기 위한 사회적 표준과 네트워크, 곧 '사회 자본'의 파괴다. 폭력은 공동체의 근간을 파괴하고 마을과 가족 내부에 파장을 일으킨다. 상실의 트라우마를 새길 뿐 아니라 신체의 자유를 억압하고 긴장을 높여 사회적 관계를 무너뜨린다.[32] 경찰이 다시 들이닥쳐

돈을 빼앗고 폭행할 거라면, 브루노가 군이 위험을 무릅쓰고 가죽 벨트 사업을 다시 시작해야 할 이유가 있을까? 마리암마는 아이들을 학교에 보내겠다는 생각을 오래전에 포기했다. 이러나저러나 아이들도 담보노예가 될 것이 뻔하기 때문이다. 고피나스는 더 이상 월급을 독촉하지 않는다. 그럴 때마다 돌아오는 건 매질밖에 없기 때문이다.

폭력이 아프리카와 라틴아메리카의 경제 개발에 미치는 영향을 조사한 유엔 마약범죄사무소 연구자들은 폭력에 대한 '두려움'만으로도 "근본적인 개발을 마비시키는" 힘이 있음을 발견했다. 그들이 내린 결론에 따르면, "제대로 기능하는 사회를 건설하는 과정이 개발이라면 범죄는 '반反개발' 요인으로 작용하고 사회의 바탕을 이루는 신뢰 관계를 파괴한다."[33] 폭력의 공포 가운데 사는 사람들은 자원을 뇌물과 경호비로 허비하고, 모험을 삼가고, 기업가 정신이 부족하고, 단기 이윤을 추구하고, 자산을 모으거나 사업을 시작하지 않는다.[34]

이것이 바로 폭력의 메뚜기 떼가 고된 수고와 노력을 순식간에 폐허로 만드는 세계의 일그러진 일상이다.

폭력의 메뚜기 떼가 습격하면 가족과 사회는 너나없이 큰 타격을 받는다. 경제적 손실은 물론이고 인적 자본과 사회 자본마저 파괴된다. 그런데 1875년 미국 중서부 대평원의 농가들을 생각해 보자. 그들은 모두 메뚜기 떼의 습격을 받았지만 모두 다 기아의 무덤에 묻히지는 않았다. 일시적으로 주저앉았다가 재기한 이들이 있는가 하면, 벼랑 끝에 내몰려 회생이 불가능한 이들도 있었다.

마찬가지로 폭력이 있는 곳은 어디든 고통과 손실이 크지만, 폭력은 세계 빈민에게 유례없이 파괴적인 원투 펀치를 날린다. 첫째, 파괴 대상을 차별하지 않았던 대평원의 메뚜기 떼와 달리 개도국에서 기승하는 폭력의 메뚜기 떼는 가난한 사람을 '골라낸다'. 가난한 사람은 폭력과 착취의 쉬운 먹잇감이고 군침 도는 표적이다. 둘째, 빈민은 근근이 생존하기 때문에 그들이 체감하는 폭력의 파괴력은 훨씬 더 크다.

대학 시절 내 은사였던 역사학과 노교수는 빈곤을 이렇게 정의했다. 빈민은 불행을 견딜 여력이 없는 사람이다. 그들은 병원에 갈 수 없기 때문에 아파서는 안 된다. 막일을 하는 일터이지만 출근하지 않으면 해고되기 때문에 아파서도 안 되고, 버스를 놓쳐서도 안 되고, 다쳐서도 안 된다. 밥 사 먹을 돈은 잔돈이 전부이기 때문에 잃어버려서는 안 된다. 우유를 얻을 수 있는 유일한 방편이기 때문에 키우는 염소들이 병에 걸려도 안 된다. 이유는 한도 끝도 없다. 나쁜 일은 누구에게나 찾아온다는 현실은 물론 좋지 않은 소식이다. 하지만 대다수는 여윳돈이 있고 폭풍을 피할 도움을 받을 수 있다. 그들은 2달러로 하루를 살지 않기 때문이다.

가난한 사람들은 진료를 받을 수 없고 영양 부족으로 면역 체계가 약하다. 그래서 그들에게 부상과 질병, 장애는 훨씬 더 치명적이다.[35] 폭력을 동반한 절도나 갈취로 빼앗긴 재산이 상대적으로 적다고 해도, 가난한 집들은 풍비박산이 된다. 특히 도구나 차량, 가축 같은 한 줌 생산 수단을 잃어버리면 타격이 크다.[36] 이들에게는 여분이란 것이 없기 때문이다. 가장이 투옥과 노역, 폭행 같은 폭력에 희생되어 일을 못하면 그 여파는 크고 심각하다. 가장이 부양하는 식구가 많을수록, 가장이 노동력을 상실한 가족은 더 절박한 현실로 내몰린다. 여유 있는 사람들은 이렇게 가축이나 토지, 노동력을 잃은 가난한 사람의 처지를 상상하기 힘들다.[37]

트라우마의 숨은 비용

전문가들이 계산하는 폭력 비용에는 막대한 직간접적 금전 비용뿐 아니라 개인의 일생을 영원히 바꿔 버리는 더 심각하고 사적인 '비화폐적' 비용도 있다. 폭력은 가난한 사람의 우울증, 자살, 공황장애, 알코올과 약물 남용/의존, 외상 후 스트레스 장애를[38] 전쟁 지역에 사는 사람들이 입는 심리적 손상에 맞먹는 수준까지 높인다.[39] 폭력의 메뚜기 떼는 단순히 윤택한 미래만 파괴하는 것이 아니라 인생을 파괴한다.

이 무시무시한 폭력이 무엇보다도 큰 재앙인 까닭은 그것이 인간의 '내면'을 망가뜨리기에 '눈에 보이지 않기' 때문이다. 노예제, 강제 매매춘, 성폭행을 비롯한 극도의 폭압을 당한 피해자들이 받은 정신적·심리적 충격은 겉으로 드러나지 않는다. 가난한 사회에서 그들은 치료를 거의 받지 못하고,* 그런 충격은 "시간이 약"이라는 말도 적용되지 않는다.

내 동료 벤슨과 델미, 프라니타나 국경없는의사회 같은 현장 의료팀처럼 개도국에서 오래 반복되는 트라우마 생존자들을 곁에서 직접 돕는 사람들은 한결같이 폭력 피해자들에게 "인격을 해치고 좀먹는 외상 후 스트레스 장애가 잠복해서 진행된다"는 것을 인정한다.[40] 개도국에서 일하는 사회사업가와 심리치료사들은 트라우마 피해자들이 심약한 상태에서 피해 사실을 억누르고 회피하는 심리적 부정이나 분열을 겪는다는 것을 익히 알고 있다. 피해자들은 "과거의 기억이 강하고 선명하게 침투하는" 경험을 자주 하기 때문에 현실에 적응하지 못하고 주도적으로 살기 어렵다.[41] 정신의학자 주디스 허먼은 획기적인 저작《트라우마》

---

* 가난한 사회들에는 트라우마를 회복하는 의미 있는 토착 풍습이 있다. 하지만 이것으로 트라우마의 심각한 심리적 손상을 고칠 수 있다고 여기는 것은 금물이다. 그렇게 해서는 치료되지 않으며, 트라우마가 정신 건강에 끼치는 영향에 면역이 된 사람은 없다.

에서 이렇게 말한다. "이 같은 충격적인 심리적 상실은" 깊은 분노와 함께 "난공불락의 우울증으로 진행할 수 있다."[42]

가난에 허덕이는 전 세계 수억 극빈자를 의미 있게 돕고 싶은 꿈이 있다면, 우리는 극심한 트라우마로 고통 받는 수백만 빈민에게도 눈을 크게 떠야 한다. 그들은 건강하고 생산적인 삶의 회복과 재활에 필수적인 정신 치료를 전혀 받지 못한다. 그들이 부유한 사회의 시민이라면 병원에 입원하든지 꾸준한 심리치료를 받아 건강하고 정상적인 생활로 복귀할 수 있었을 것이다. 먹을 것도 충분하지 않은 사회에 고도의 심리치료를 제공하자는 비현실적 기대에서 하는 말이 아니다. 폭력을 퇴치하지 않으면서 가난한 사람의 경제 발전과 번영을 돕는 노력이 어떤 성과를 내는지, 그 효율성에 더욱 현실적으로 접근하자는 말이다. 개인과 사회의 권익을 신장하는 온갖 프로그램을 시행하더라도 그 사회의 폭력을 억제하지 않으면, 그들은 더 심한 트라우마로 고통 받을 것이고, 우리의 도움을 의미 있게 이용할 수 없을 것이다.

우리는 침묵할 수 없다

세계 빈곤퇴치에 관심 있는 사람들은 이제 행동에 나서야 한다. 우리는 메뚜기 떼의 습격, 곧 삶의 질을 높이는 경제 개발과 인적 자본, 사회 자본을 폐허로 만드는 불법 폭력을 공개적으로, 정직하게 논의해야 한다. 다양한 전문가들이 지적하는, 약자들을 가난으로 밀어 넣어 가두어 버리는 폭력들을 하나씩 짚어 보면 정신이 번쩍 든다.

우리는 이제 젠더 폭력과 토지 횡령으로 여성과 소녀들이 안정된 가정과 마을에서 도시 빈민가로 내쫓기는 현실을 알게 되었다. 그들에게 그곳은 더욱 불안하고 가난에서 벗어나기 힘든 곳이다. 각종 연구에 따르면, 여성들은 "그들을 해치려고 위협하는 무언가에서 도망칠 수 있는 무언가를 찾기 위해" 도시 빈민가로 이주하는 것이 아니다.[43] 우리는 개도국 소녀들을 위한 교육이 그들과 마을을 가난에서 벗어나게 돕는 데 굉장한 효과가 있다는 것을 안다. 하지만 동시에, 개도국 소녀들에 대한 폭력이 그들의 학교 출석률, 성적, 성취도, 자긍심, 심신의 건강을 초토화하는 것을 알면서도 그에 대해 거의 논의하지 않는다.[44] 우리는 이제 HIV를 퍼뜨리는 주범이 성폭력이며, 성폭력은 개도국(특히 아프리카)의 여성과 소녀들에게 집중적으로 일어나고 가난한 사회의 경제를 유례없이 파괴하고 있다는 것을 알게 되었다.[45]

우리는 이제 개도국에 대한 자세한 연구에 힘입어, 강제노동이 극심한 가난의 직접적 원인임을 알게 되었다. 강제노동은 가난한 사람을 "스스로 빠져나올 수 없는 빈곤의 악순환"에 가두어 버린다.[46] 경제 전문가들은 강제노동이 '효율과 공평'에 역효과를 낳고, 저임금이나 무임금, 임금 체불, 현금 지불 회피, 아동의 교육 기회 박탈과 더불어, 생계 수단·인적 자본·자녀의 미래에 투자할 노동자의 재화를 박탈함으로써 경제 발전을 저해한다고 말한다.[47]

우리는 이제 획기적인 최신 조사를 통해 개도국에서 벌어지는 직권남용 구금으로 빈민이 막대한 경제 손실을 입는 것을 알게 되었다. 빈민은 직권남용 구금으로 소득(수십억 달러), 직업, 교육, 수확, 영업장을 빼앗기고, 막대한 비용·뇌물·여행 경비를 지출해야 하며, 파산·절도·가족 해체가 증가하고, 빈곤의 사지로 내몰린다.[48]

우리는 불법 폭력이 경제 개발을 위협하고, 소득과 의료 시설, 교육 기회 증대를 방해해 가난한 사람들의 생활의 질을 떨어뜨린다는 것을 확실히 안다. 하지만 경제성장과 개발의 알고리즘은 매우 복잡하고, 불법 폭력이 경제성장률이나 소득 증대, 빈곤퇴치에 미치는 정확한 영향을 정량화하기란 여간 어렵지 않다. 우리는 메뚜기 떼의 습격에 대한 경종을 울리되, '모든 것'을 알고 있는 척 과시할 수는 없다.

우선, 사건과 통계, 폭력과 범죄의 정도에 관한 정확한 정보 수집이 몹시 어렵다. 폭력과 범죄는 의도적으로 은폐되기 때문이다. 연구자들은 발표된 범죄, 피해자 조사, 대리 지표(살인을 폭력 전반의 대표로 내세우는 방식)를 비롯한 각종 정보같이 신빙성이 없고 부정확하기로 이름난 공식 통계를 사용할 수밖에 없다. 사회과학 도서관에는 폭력과 범죄는(특히 다양한 국가와 사회들 간의) 측정하기 어렵다는 학술 논문으로 가득하다.

폭력의 규모에 관한 좋은 정보를 확보하더라도, 해당 국가나 사회의 경제성장이나 빈곤에 영향을 주는 다른 요인들을 제거한 특정 폭력의 인과 관계는 파악하기가 몹시 어렵다. 더욱이, 직관적으로 명백한 폭력과 가난의 구체적인 인과 관계가 치밀한 검증을 통과하지 못하는 경우도 있다. 이를테면, 가정폭력이 가난한 여성의 노동생산성을 저하할 것이라는 생각은 입증되지 못했다.[49] 따라서 때로는 틀림없을 것 같은 폭력과 가난의 인과 관계도 증명할 수 없거나 전문가들조차 파악할 수 없을 만큼 복잡하다.

마지막으로, 불법 폭력이 개도국 빈곤퇴치 프로그램에 미치는 영향에 대한 정보가 부족하다. 이를테면, 앞서 보았듯이 우리는 성폭력이 개도국 가난한 소녀들을 위한 교육과 보건 프로그램을 위협한다는 정보를 경험으로 다수 확보하고 있다. 하지만 토지 수탈은 아프리카 여성을 위한 식량 증대 프로그램에 정확히 어떤 영향을 미칠까? 담보노예제는 남아시아 빈민을 대상으로 한 농촌 보건 프로그램에 어떤 영향을 줄까? 젠더 폭력이 식수 이용에 미치는 영향은 무엇일까? 아동 성폭력이 아동후원 프로그램에 끼치는 영향은 무엇일까? 가난한 가족을 갈취하는 경찰이 소액대출 프로그램에 미치는 영향은 무엇일까?

현장에서 다양한 프로그램을 운영하는 활동가들은 가난한 사회와 자신들의 일을 괴롭히는 불법 폭력에 진저리가 난다고 털어놓는다. 하지만 그들은 세상이 주목하는 전쟁과 분쟁 지역을 제외하고, 세계 빈민 '대다수'가 살고 있는 비교적 평화로운 지역에서 폭력이 빈곤퇴치에 미치는 정확한 비용을 체계적으로 따져 보는 연구는 거의 보지 못했다고 덧붙인다. 전통적인 개도국 빈곤퇴치 프로그램에는 폭력에 대한 빈민의 취약성에 대응하는 부분이 드물기 때문에, 활동가들이 전통적 프로그램의 실효성을 해치는 폭력에 대해 조사하고 논의하는 활동이 미진하다고 지적해도 별다른 반향은 없다.

하지만 현실 부정은 결코 해답이 될 수 없다. 정보가 부정확하고 실정이 복잡하다고 해서 우리가 확실히 아는 사실, 곧 불법 폭력의 메뚜기 떼가 개도국을 습격해서 가난한 사람들의 희망을 폐허로 만들고 있다는 사실을 묵인할 수 있는 이유는 될 수 없다. 정보와 지식의 격차는 현실을 정확히 이해하는 데 도움을 줄 연구의 우선순위와 기금을 결정하는 이유는 될지언정, 경종을 울리지 않고 머뭇거릴 이유는 될 수 없다. 지구 온난화, 에이즈, 지속 불가능한 복지 프로그램, 비만을 비롯한 여러 공공 위기 같은 쟁점에도 정보가 몹시 복잡하다는 문제가 있지만, 정보가 복잡하다는 이유로 이런 의제를 시급한 공론에서 배제하는 것은 어리석고 무책임한 일이다.

위험을 무릅쓴 책임 있는 행동보다 손쉽고 똑똑한 복잡성을 중시하는 서양의 안락한 지식 문화에서 이것은 대단히 위험할 수 있다. 사실 인간과 사회의 실재는 무척 복잡하고 분석 도구는 매우 정교해서, 고도로 전문화된 실증적 기준에 부합하게 인간사의 인과 관계를 명백하게 증명하기란 거의 불가능하다. 그러나 상식 있는 사람들은 알 만큼 안다.

얼마 전 비만이 식사량이나 앉아서 생활하는 습관과 관련이 있다는 정밀한 연구를 보도한 뉴스가 신문 머리기사를 장식했다. 현대의 실증적 기준에 맞는 연관성을 증명하는 일은 놀랍도록 어렵기 때문에 전문가들은 이런 성과에 축배를 든다. 실제로 체중과 식사량, 운동량의 관계를 정확히 측정하는 데는 오해, 거짓, 풍문, 속설, 허위 상관관계가 판친다. 하지만 보통 사람들은 아마 오래전부터 비만의 핵심을 간파하고 있었을 것이다.

마찬가지로, 불법 폭력과 개도국의 가난과의 싸움에 관한 모든 것이 밝혀지지는 않았지만 우리는 이미 알 만큼 알고 있다. 오늘날 매우 주도면밀한 학자로 인정받는 하버드 대학교 크리스토퍼 스톤은 이 분야의 지식 수준을 검토한 후 이렇게 말했다.

> 개발 원조의 목적이 국가 경제의 성장이든 중앙 정부와 지방 정부의 효율적인 행정이든 단순히 가난한 사람들의 최대 관심사를 해결하는 일이든, 중요한 것은 범죄와 폭력을 줄이는 것이다.[50]

노예가 되고 투옥되고 매 맞고 강간이나 강도를 당하기 때문에 학교나 병원에 갈 수 없고, 임금, 토지, 직장을 지킬 수 없고, 창업할 수 없고, 물 길으러 우물에 갈 수 없고, 집에 머물 수 없고, 건강하게 지낼 수 없는 개도국의 수백만 남녀노소에게 '폭력은 중요한 문제다'. 마찬가지로 1875년 미주리 주 야트막한 무덤에 누운 여섯 식구에게 메뚜기 떼는 '중요한' 문제였다.

1875년의 재앙에서 어렵게 생존한 사람들에게는 천만다행으로, 로키 산맥 메뚜기 떼의 참혹한 습격은 재발하지 않았다. 사실 세기가 바뀌면서 메뚜기 떼는 불가사의하게도 사라졌다. 그러나 개도국 약자들에게는 안타까운 일이지만, 약탈적인 폭력 세력은 대평원의 메뚜기 떼처럼 쉬이 사라지지 않을 것이다. 반대로, 폭력 세력을 제압하지 못하면 빈민들의 희망은 대대로 사라지고, 식량·교육·주택·일자리·빈민 권익 신장을 위한 각종 프로그램은 그들의 희망을 되살리지 못할 것이다. 메뚜기 떼의 습격을 이기지 못하면 가난한 사람을 돕는 선량한 이들의 지원은 무위로 돌아갈 것이다.

어떻게 폭력을 뿌리 뽑을까?

이 질문에 답하려면 우리는 뒤로 물러나 다른 질문을 먼저 던져야 한다. 개도국 빈민은 왜 이렇게 막대하고 집중적인 폭력의 희생자가 되는가? 이토록 잔인한 폭력 세력이 떼 지어 활개 치며 세계 빈민을 잔인하고 참혹하게 파괴하는데도 왜 가만두는 것인가? 이것이 우리가 곧이어 풀어야 할 질문이다.

4장

아무도 몰지 않는
트럭

두 눈으로 직접 보지 않으면 믿기 어려울 것이다. 그래서 문제다. 대다수 학자, 정책 입안자, 오피니언 리더, 지성인은 모든 사회에는 폭력을 규제하는 사법제도가 있다고 말할 테지만 개도국 빈민에게 그 사법제도란 것이 실제로 어떻게 작동하는지 직접 본 사람은 드물다. 이를테면 당신은 이제 곧 댄에게 닥칠 일을 직접 볼 필요가 있다. 그러려면 그가 이제 출두할 케냐 법정에 가서 방청석에 앉아야 한다. 이제 곧 일어날 일은 당신을 혼란과 불신에 빠뜨릴 것이다. 서양 법조인들은 이 모순 같은 상황에 아연실색할 것이다. 이제 곧 일어날 일은 개도국 빈민이 일상적으로 겪는 일이라고 해도 과언이 아니다.

IJM 동료이자 케냐 변호사인 조셉 키부구는 나를 나이로비 형사 법정으로 안내해서, 외부인은 거의 보기 힘든 장면을 보여 주었다. 조셉은 무척 진지하면서도 쾌활한 젊은 변호사다. 어린 시절 드물게 사립학교에서 무상 교육을 받은 덕택에 가난한 시골의 암울한 미래에서 탈출할 수 있었다. 그는 자신의 가난한 시절과 남들에게 받은 후한 도움을 한시도 잊은 적이 없다. 그래서 케냐 인구의 대부분을 차지하는, 변호사를 선임할 수 없는 동포들을 위해 헌신적으로 일하고 있다.

나는 따뜻하고 친절한 조셉을 보면서 늘 감동을 느꼈다. 그는 허리를 숙이고 들릴 듯 말 듯한 희미한 목소리들, 곧 어린 강간 피해자가 속삭이는 음성, 실종된 수감자에 대한 걱정스러운 질문, 보답할 것이 없는 과부가 수줍게 건네는 감사 인사에 귀를 기울이곤 했다.

조셉은 판사가 생사를 결정하는 경기장으로 나를 안내했다. 국가 공권력 앞에서 유죄와 무죄가 판가름 나는 곳, 피고인이 자유인이 될지 철창에 갇힐지 결정되는 곳으로. 조셉은 케냐 빈민들에게 '법원에 가는 일'이 무슨 뜻인지 내게 직접 보여 주고, 나 같은 외부인의 편견을 깨뜨릴 수 있기를 바랐다.

서늘한 나이로비의 아침, 검은 정장 차림의 조셉은 거대한 키베라 빈민촌 외곽으로 날 데려갔다. 흡사 초등학교처럼 보이는 낮은 벽돌 건물이 줄지어 있는 이곳이 키베라 법원이다. 나는 그를 따라 초등학교 교실 크기의 평범한 법정 안으로 들어가 두 번째 줄 의자에 몸을 웅크리고 앉는다. 피고석 맞은편 방청석에는 피곤해 보이는 케냐 시민들이 가득하다.

법정에 앉은 지 30분이 지나자 조셉이 말한 댄이 옆문으로 입장해 피고석에 앉는다. 댄은 깡마른 열일곱 살 소년인데, 까까머리, 슬픈 듯한 갈색 눈동자, 거친 피부가 인상적이다. 피고석의 어두운 색 나무 의자에 털썩 앉아 바닥만 보고 있는 댄은 피곤하고 아파 보인다. 댄은 가냘픈 어깨에 헐렁하게 걸친 목이 늘어난 티셔츠와 물 빠진 낡은 청바지 차림이다. 색이 바랜 티셔츠는 야생동물 보호구역 기념품 가게에서 버린 옷

같다. 케냐 지도와 사자·코끼리 그림 위로 '하쿠나 마타타'라는 글씨가 적혀 있다. 스와힐리어로 '걱정 마'라는 뜻이다. 댄은 중죄로 기소된 처지니 사실 전 세계에서 댄보다 걱정거리가 많은 열일곱 살 소년은 많지 않을 것이다.

댄은 지난 8개월간 감옥에서 생활했다. 다른 두 소년과 함께 빈민촌에 부족한 식수를 공급하는 호스 경비를 맡으면서 악몽은 시작되었다. 다른 동네에서 찾아와 물을 빼 가는 노인과 언쟁이 붙었다. 격분한 노인은 경찰 친구를 데리고 다시 나타나 세 소년을 '폭행 강도'로 체포하게 했다.

사방이 흰 벽으로 둘러싸인 이 작은 법정에서 댄이 처한 위험은 세 가지다. 첫째, 댄이 체포될 당시 '폭행 강도'는 보석을 불허하는 범죄였다. 아무리 어이없는 혐의라 해도 일단 체포되어 구금되면, 일처리가 말할 수 없이 느린 법원이 최종적으로 사건의 시비를 가릴 때까지 몇 달이고 몇 년이고 케냐 감옥에서 마냥 기다려야 한다. 둘째, 폭행 강도는 최고형을 선고할 수 있는 중죄다. 셋째, 이 두 가지 사실은 부패한 경찰이 가난한 사람에게 뇌물을 요구할 수 있는 매우 효과적인 수단이다.[1] 경찰은 근거 없는 혐의만으로 누구라도 감옥에 보낼 수 있다. 돈을 마련할 수 있는 가족은 카프카의 소설에나 등장할 법한 악몽 같은 제3세계 감옥에서 사랑하는 사람을 빼내기 위해 얼마든 지불할 용의가 있다. 여론 조사에서 케냐 경찰은 사회에서 가장 부패한 집단으로 늘 손꼽힌다.

댄은 감옥에서 8개월을 힘들게 버틴 끝에 자신의 혐의에 처음으로 반론을 제기할 수 있는 기회를 얻었다. 이것은 그의 생사가 걸린 재판이다. 하지만 가난한 댄은 변호인을 선임할 수 없다. 개도국의 대다수 빈민들처럼, 무성의하고 실력 없는 삼류 변호사의 도움조차 전혀 받지 못한다.

댄을 비롯한 가난한 피고인들은(심지어 종신형을 구형받은 사람도) 최선을 다해 스스로를 변호할 수밖에 없다. 하지만 그나마도 여의치 않은 까닭은, 키베라 법정에서 진행하는 댄의 모든 재판은(당시 케냐의 모든 법정에서처럼) 영어를 사용하기 때문이다. 댄은 영어를 말하지도 알아듣지도 못한다. 그가 쓰는 말은 스와힐리어다. 그래서 댄은 변호인도 없이, 검사와 판사가 하는 말조차 이해할 수 없는 재판 끝에 종신형을 선고받는다.

다시 말하지만, 댄의 상황은 나이로비 언론에서 이례적이거나 특이한 사건이 아니다. 오히려 너무 흔한 일이라, 뉴스감이 되지 않는다. 댄의 사연은 모두가 흔히 겪는 일상이다. 이것이 케냐의 현실이다.

조셉이 법정에 가자고 했을 때 나는 으레 피고인과 변호인이 함께 앉아 있는 재판을 떠올렸다. 적어도 피고인이 알아듣는 언어로 재판을 진행하리라 기대했다. 검사는 당연히 법조인일 것이라고 예상했다. 하지만 내 예상은 또다시 빗나갔다. 케냐의 검사 대다수는 법률 지식이 아예 없거나 희박한 경찰 출신이다. 경험이 부족한 검사라도 댄같이 변호인을 대동할 수 없고 영어를 모르는 가난한 사람을 기소하는 일쯤은 능숙하게 한다. 하지만 경찰 출신 검사보다 우월한 법대 출신 변호사를 대동한 부유한 범죄자를 상대하기에는 역부족이다.[2] 그래서 감사 자료에 따르면, 절도와 부패 혐의가 있는 고위층 범죄자는 "예외 없이 처벌을 면하고" 살인 용의자의 87퍼센트는 다시 거리를 활보한다.[3]

폭력범죄가 난무하는 나이로비에서 경찰 출신 검사들은 승소율을 높여야 하는 압박이 심하므로, 변호사를 선임하지 못하고 재판 과정을 이해하지 못하는 빈민촌 출신 17세 소년은 그들에게 좋은 기회다. 더욱이 댄의 유죄 판결이 어처구니없는 실수로 판명되더라도, 항소 근거가 될 재판 기록은 찾을 수 없을 것이다. 재판 기록이라고는 치안 판사가 '손으로' 쓴 쪽지가 유일한데, 그들은 자신이 법정에서 저지른 명백한 실수와 부조리에 대해서는 자세히 기록하지 않는다. 이것이 곧 동아프리카에서 가장 부유한 국가의 대도시에서 형사사법 '제도'가 작동하는 방식이다.

페루의 마리아에게 이 '제도'는 조금 다르게 작동한다. 지난 달, 14세 소녀 마리아는 같은 동네 택시 기사에게 세 번이나 강간을 당했다. 직접 목격하지 않으면, 마리아에게 제도가 어떤 식으로 작동하는지 이해할 수 없을 것이다. 고심 끝에 마리아는 겨우 경찰에 신고할 용기를 냈다. 내 페루 변호사 친구들인 리처드와 호세가 마리아와 함께 경찰서로 가는 길을 따라가 보자. 당신이 그 자리에서 직접 목격하지 않는다면, 경찰이 마리아에게 어떤 수모를 안겨주는지 상상도 하지 못할 것이다. 경찰이 마리아에게 고함친다. "어떻게 이 사람을 유혹했지?" "이 아저씨를 귀찮게 하는 이유가 뭐야?" "왜 가족을 욕보여?" 결국 그들은 수사도, 강간범 체포도 거부한다. 사실, 마리아네 마을 경찰은 누구도 강간 수사 훈련이나 아동 성폭력 피해자 신문 훈련을 받지 못했다. 물론 '성폭력 응급 키트'도 금시초문이었다.

이번에는 (마리암마를 위해 법정에서 싸운 방갈로르 노예제 반대 변호사) 사시미타와 함께 담보노동폐지법(1976)을 집행하는 관청으로 가서 노예제 사건의 영상녹화물을 포함한 유력한 증거를 제출해 보자. 그러면 담당 공무원이 어떻게든 책임을 '회피하려고' 장황한 핑계를 늘어놓는 소리를 듣게 될 것이다. 주로 등장하는 핑계는 이런 것들이다. 치안 판사가 담보노동폐지법을 읽은 것은 고사하고, 그게 무슨 소린지 잘 모른다. 일정이 바쁘다. '다음 주'에 다시 오면 처리하겠다. 노동자들이 거짓말을 하는 것 같다. '증거가 더' 필요하다. 관공서가 쉬는 날이다. 선거철이다. 지정된 보상금을 지급할 재정이 부족하다. 노예주가 너무 힘이 세다. 그러면서 또다시 '다음 주'에 오는 게 좋겠단다.

그런가 하면, 동남아시아에 사는 내 변호사 친구에게 그 나라의 형사사법'제도'가 어떻게 작동하는지 물어볼 수도 있다. 친구의 신변 보호를 위해 나라 이름은 밝히지 않겠다. 그는 매음굴로 위장한 술집에 넘겨져 '빚'을 갚기 위해 쉴 새 없이 강간을 당한 십대 소녀 세 사람의 처지를 자세히 서술한 고발장을 가지고 경찰서로 가는 길이다. 동행한 당신은 가는 길에 고발장을 자세히 본다. 세 소녀와 술집 주인들 사진, 술집 주소, 소녀들이 감금된 방의 위치를 표시한 지도가 있다. 경찰서에 도착해 차에서 내리기 전, 변호사가 당신에게 묻는다. "마을에서 발생한 이런 범죄 사실을 경찰에 신고하면 당신 나라 경찰들은 어떻게 합니까?"

당신은 생각한다. 돈 때문에 강간당한 소녀들의 사진과 지도를 경찰에게 보여 준다면? 경찰은 즉시 출동 준비를 할 것이다.

하지만 이제부터 당신은 동남아시아 변호사가 경찰서에서 몇 시간씩이나 항의하는 모습을 보게 될 것이다. 변호사의 끈질긴 설득 끝에 결국 경찰은 현장으로 출동해 소녀들을 구출하기로 결정한다. 단, 지금 당장이 아니라 '며칠 후'다. 물론 귀띔해 줄 시간을 벌기 위해서다. 실제로 변호사와 경찰이 작전을 위해 매음굴을 찾은 날, 문 닫은 술집은 비어 있었다. 소녀들의 행방은 알 수 없었다. 나중에, 내 친구는 당신에게 그 매음굴은 동일인이 소유한 다섯 군데 매음굴 중 하나라고 확인해 준다. 그 사장은 단속을 피하려고 업소들에서 500달러를 거둬 매달 경찰에 상납한다.

나는 개도국의 공공 사법제도가 수억 극빈자에게 '작동하는' 방법을 머릿속으로 그려 보다가 어린 시절 할아버지의 딸기 농장 후미진 잡초 속에서 녹이 슨 채 썩어 가던 고장 난 트럭이 떠올랐다. 누가 할아버지에게 트럭이 있느냐고 묻는다면 할아버지는 "있다"고 대답했을 것이다. 그러면서 트럭에 붙은 '엔진'과 '타이어', '운전대' 같은 것을 손으로 가리켰을 것이다. 하지만 트럭이 움직이는지 묻는다면 할아버지는 짐짓 현실의 부조리를 아는 듯 싱긋 웃으며 이렇게 말할 것이다. "아, 움직이진 않아. 안 본 지 수십 년이 됐거든. 산딸기나 뭘 실어 나른 적도 없어. 실은 가까이 가지 않는 게 좋아." 할아버지는 마지막 충고를 덧붙인다. "지금은 뱀과 거미 소굴이 됐으니까."

마찬가지로 개도국 빈민에게 공공 사법제도에 대해 물으면 그들은 아마도 '경찰'이나 '법원', '법률', '변호사'에 대해 이야기할 것이다. 하지만 그들에게 이런 것은 할아버지의 '트럭'이나 마찬가지여서 아무 쓸모가 없다. 우리 가족 중에 할아버지의 트럭을 운전해 본 사람이 아무도 없듯이, 개도국 빈민들은 사법제도의 본래 혜택을 제대로 받아 본 경험이 없다. 사실 경찰, 법원, 법률, 변호사 들은 잡초에 파묻힌 녹슨 트럭처럼 잘해 봤자 신비롭고 최악의 경우엔 위험할 뿐이다. 그들을 멀리하는 것이 상책이다.

개도국의 공공 사법'제도'에 관한 이런 짤막한 이야기들을 통해 유리와 마리암마, 로라가 우리에게 던지는 긴급한 질문에 대한 간단한 대답이 드러나기 시작한다. 개도국의 빈민은 왜 파괴적이고 집중적인 폭력, 더 나은 생활을 위한 기회를 사정없이 강탈하는 폭력을 당해야 할까? 메뚜기 떼가 남긴 폐허처럼 가난한 사람의 희망과 미래는 왜 일상의 폭력에 파괴되는 것일까?

가장 분명하지만 또한 소홀히 취급하는 대답은, 가난한 사람들은 남들이 날마다 매순간 의심하지 않고 무의식적으로 의지하는 기본 법집행의 보호를 받지 못한다는 것이다. 유엔이 실시한 국제적 연구의 결론처럼, 개도국의 기본 법집행력은 빈민 대다수가 법의 보호를 받지 못할 정도로 파탄에 이르렀다. 형사사법제도라는 배관의 파열, 누수, 경색, 부패로 인해 가난한 사람들은 법전이 약속하는 훌륭한 보호를 전혀 받지 못하고 있다. 결국 그들은 사실상 무법 상태에 살고 있다.

우리는 빈민을 폭력에 취약하게 만드는 근본 원인을 분명히 알아야 한다. 그렇지 않으면 폭력 문제는 눈덩이처럼 불어나 우리가 가난이라 총칭하는 해결 불가능한 막연한 문제로 변하기 때문이다. 그렇게 되면 우리는 문제의 정확한 원인과 목표한 해법을 모두 놓치게 된다.

말라리아를 비유로 들어 보자. 해마다 약 100만 명이 말라리아로 목숨을 잃는다. 사망자 대부분은 5세 이하 어린이다.[4] 말라리아 사망자의 90퍼센트는 가난한 사람이므로 혹자는 말라리아 사망 원인이 가난이라고 여길 것이다. 하지만 말라리아는 가난 때문에 발생하지 않는다. 말라리아의 원인은 모기와 말라리아 기생충이다. 가난한 사람들이 많이 죽는 것은 남들에게 있는 것이 그들에게는 없기 때문이다. 곧 모기 박멸과 말라리아 기생충 예방이라는 혜택을 받지 못해서다. 그래서 가난한 사람은 말라리아로 죽고, 가난하지 않은 사람은 살아남는다. 마찬가지로 빈민에 대한 폭력의 원인은 가난이 아니다. 폭력의 원인은 난폭한 사람들이다. 하지만 당신이 개도국에 사는 빈민이라면 전 세계 모든 사람에게 있는 것이 당신에게는 없다. 즉 난폭한 사람들에게서 당신을 보호하는 기본 법집행이다.

가난한 사람들이 직면한 다양한 문제들을 제대로 구별하지 못하면 우리는 기회를 놓칠 수도 있다. 이를테면 세상은 빈민의 말라리아 사망률을 현저히 낮추(고 없애)기 위해 먼저 빈곤이 퇴치되기를 기다릴 필요가 없다. 그 대신 모기장을 설치해 모기와 말라리아 원충에서 극빈층 어린이들을 보호하고, 살충제를 살포하고, 치료에 힘쓰면 된다.[5] 물론 이런 식으로 가난한 사람을 보호하는 과정에서 혹자는 뒤엉킨 빈곤 문제들이 상황을 악화시키고 가난한 사람들을 보호하는 일이 여의치 않다는 것을 느끼겠지만, 문제가 쉽게 풀리지 않는다고 해서 모기와 말라리아 기생충에서 가난한 어린이들을 보호하는 일을 그만두어야 할 이유는 없다. 문제가 쉽게 풀리지 않으면, 더 영리하고 혁신적으로 문제를 해결해야 한다.

마찬가지로, 현재 수십억 극빈자들이 어쩔 수 없이 견디고 있는 끔찍하고 불필요한 폭력을 대폭 줄이기 위해 먼저 빈곤이 해결되기를 기다릴 필요가 없다. 그 대신 가해자를 처벌하고 사법질서를 정립하고 빈민에 대한 폭력 행위를 억제하는 기본 법집행 제도를 바로잡아 약자를 착취하는 난폭한 사람들에게서 가난한 사람을 보호해야 한다. 그 과정에서 우리는 분명히 빈곤의 다른 문제들이 법집행을 어렵게 만든다는 사실을 발견할 것이다. 하지만 다시 말하지만, 이것은 가난한 사람을 보호하는 법집행을 포기해야 하는 이유가 아니라, 더 영리하고 혁신적이며 헌신적으로 싸워야 하는 이유일 뿐이다.

필리핀의 내 동료들은 이 같은 사실을 극적으로 증명했다. 그들은 빈곤이 해결될 때까지 기존 사법제도를 통해 폭력에서 가난한 사람을 효과적으로 보호하는 일을 미룰 필요가 없다는 것을 세상에 보여 주었다. 2007년, 빌&멜린다 게이츠 재단은 필리핀에서 두 번째로 큰 대도시 세부에 전염병처럼 번지는 폭력적인 미성년자 성매매 착취를 해결하는 프로젝트를 후원했다. 필리핀의 변호사, 형사, 사회사업가, 지역 활동가들은 랜턴 프로젝트Project Lantern를 통해 현행법으로 강제 아동 매매춘을 근절하기 위해 세부의 경찰, 검사, 법원, 공공 서비스 등을 훈련하고 교육하고 지원하는 활동을 벌였다. 4년 동안 아동 수백 명을 구출하고, 성인 신매매범 백여 명을 체포·기소하는 노력 끝에 세부 전역에서 성매매 소녀 피해자가 79퍼센트나 감소했고, 이 같은 사실은 외부 감사로도 밝혀졌다. 같은 기간, 세부의 빈곤 지수는 큰 변화가 없었다.

법집행은 극악무도한 폭력에서 어린이들을 안전하게 지켰고, 폭행, 질병, 트라우마, 무지, 모욕, 약물 남용, 타락의 악순환에서 가난한 소녀들을 안전하게 지켰다.

빈민에게 정말 법집행이 필요한가?

세부의 극적인 미담과, 개도국의 법집행력을 증진하여 폭력에서 빈민을 보호하려는 최근의 실험들은 우리에게 큰 용기를 주는 사례다. 하지만 우리가 당장 마주해야 하는 냉엄한 사실은, 개도국에서 효과적인 공공 사법제도를 바로 세우기란 비용이 많이 들고 어렵고 위험하고 가망이 낮다는 점이다. 나중에 보겠지만, 지난 반세기 동안 시도했다가 실패한(대체로 계획이 잘못되고, 열의가 부족하고, 실행이 서툴렀던) 몇 가지 일들이 희망을 깨뜨렸기에, 부패하고 남용되기 마련인 개도국의 법집행력(국가 공권력 기관)을 강화한다는 생각은 세계 빈민을 위해 오랫동안 일한 노련한 운동가들의 간담을 서늘하게 만들기에 충분하다. 따라서 이 일에 전념하려면 이것이 해볼 만한 일임을 스스로 확신해야 한다. 다시 말해, 제 구실을 하는 기본 법집행력이 폭력 퇴치에 '필수'라고 믿어야 한다. 둘째, 우리는 개도국 빈민들에게 그런 제도는 '실제로 존재하지 않는다'는 것을 이해해야 한다.

사람에 따라서, 폭력 근절을 위한 법집행을 필수로 여기는 사람도 있고, 그에 대해 별로 생각해 보지 않은 사람도 있고, 그 효과가 의심스러운 사람도 있을 것이다.

대다수 사람들은 빈민에게 기본 법집행 제도가 필요하다는 것을 논쟁의 여지가 없는 분명한 사실로 여긴다. 페루의 호세와 리처드, 인도의 사시미타, 케냐의 조셉이 자국 빈민을 괴롭히는 폭력을 해결하는 데 가장 시급하게 필요한 것은 제 기능을 하는 형사사법제도라고 설명하면,

부유한 사회에 사는 보통 사람들은 선뜻 동의할 것이다. 마을에서 차량 탈취나 강도, 강간이 발생하면 그들은 즉시 경찰을 떠올리고 경찰에게 합당한 조치를 요구할 것이다. 또한 지역 리더들에게 청년 실업 해결, 여성을 위한 호신술 강좌, 가로등 정비 등을 건의하겠지만, 거리를 순찰하고 범죄를 수사하고 범인을 체포하고 난폭한 범죄자들의 처벌을 위해 힘쓰는 경찰 없이 이런 조치가 효과를 거두리라고는 생각하지 않을 것이다. 선거에 참여할 때, 만사의 기초는 법질서이며 약탈적 폭력에서 안전한 마을을 만드는 것이 무엇보다 중요하다는 것을 알고 투표한다. 기본 법집행 '없이' 살아야 하는 개도국 빈민들의 처지를 알면, 도저히 견딜 수 없는 현실이라 여길 것이다.

하지만 법집행 제도를 본 적도, 생각해 본 적도 없는 사람들은 그런 제도가 시급하다는 사실이 잘 다가오지 않을 것이다. 가끔씩 저녁 뉴스나 신문에 폭력 사건이 등장하지만, 대부분 당국이 알아서 처리하고 있기 때문에 우리는 크게 마음 쓰지 않아도 되는 먼 나라의 불쾌한 일처럼 느낄 뿐이다. 그들은 사나운 폭력 때문에 인생이 쑥대밭이 되는 경험을 해보지 못했다. 그들이 사는 동네, 개와 산책하고 아이들이 뛰노는 거리에는 약탈적 폭력을 일삼는 악인들이 활보하지도 않고, 이것은 그들이 필사적으로 해결해야 하는 문제도 아니다. 따라서 약탈적 폭력을 해결하려는 사람들과 기관들(곧 법집행 기관, 치안, 형사 법원, 감옥)은 가끔 TV 드라마나 케이블 방송 다큐멘터리에나 등장하는 먼 나라 이야기처럼 느껴질 것이다. 이런 사람들은 과테말라의 델미나 인도의 프라니타가 세계 빈민에게 정상적인 법집행이 반드시 필요하다고 설명하면 그 자리에서는 공감하는 듯하지만, 그 문제가 기아, 질병, 노숙, 문맹, 실업같이 더 익숙한 문제들만큼 절실하게 다가오지는 않을 것이다.

마지막으로 세 번째 부류의 사람들은 케냐의 조셉과 페루의 리처드가 자국의 빈민을 괴롭히는 폭력을 해결하기 위해 가장 먼저 법집행을 바로잡아야 한다고 강변하면, 그 말을 믿지 못한다. 이 회의론자들은 개도국의 법집행이 가난한 사람들을 괴롭히는 극심한 폭력의 '근원'이란 것을 경험으로 잘 알고 있다. 문제의 원인을 주된 해결책이라고 하니, 그들에게는 억지 주장처럼 들릴 법도 하다. 개도국 빈민들은 형사사법제도가 자신들의 입장을 들어 주는 경우를 본 적이 없기에, 법집행을 훈련하고 지원하고 강화한다는 생각은 비현실적이고 위험한 발상처럼 들린다. 뿐만 아니라, 그들은 법집행 지지자들을 만사를 못으로 보는 망치든 광신자쯤으로 여긴다. 이런 회의주의자들이 보기에는, 법질서에 대한 열정에는 문화적 태도, 경제적 좌절, 이주로 인한 단절, 사회 갈등, 젠더 편견, 전통적 갈등 해소법에 대한 경시, 고유문화 파괴, 정치적 소외 등에 내재한 폭력의 '더 깊은 뿌리'에 대한 관심이 빠져 있다.

다른 종류의 회의주의자들도 있다. 자원이 풍부하고 고도로 발달한 법집행 제도권에서 일하는 서양의 정책 전문가들은 선거철마다 정치권에서 남발하는 정책들과 사투를 벌인다. 이런 공약들은 폭력범죄를 일으키는 심각한 사회 문제는 해결할 생각은 안 하고, 경찰 증원, 처벌 강화, 공격적 치안 조치, 형량 확대로 범죄 예방을 강화하겠다는 단순하고 순진한 정책을 내세운다. 그들은 개도국의 폭력에 대해서도, 이런 정책과 싸우면서 애써 터득한 회의주의를 버릴 리가 없다. 특히 미국의 형사사법 전문가들 중에는, 개도국의 법집행 제도를 강화하려 하다가 막대한 투옥률로 비판받는 미국의 형사사법 관행이 무분별하게 수출될 것을 심각하게 우려하는 이들도 있다.

마찬가지로, 특정한 법집행과 구체적 폭력범죄율 감소의 인과 관계를 (현대의 양적 측정법으로) 증명하는 일이 매우 복잡하다는 것을 잘 아는 전문가들은 법집행에 대한 투자 확대가 과연 빈민의 삶을 개선하는 가치 있는 프로그램을 든든히 뒷받침하는 상당한 성과를 낼지 의구심을 드러낸다. 선진국에는, 폭력을 줄이는 법집행의 효력에 대해 "경찰은 범죄를 예방하지 못한다"고 단호하게 말하는 데이비드 베일리 같은 인습 타파형 전문가들부터 경찰이 범죄를 성공적으로 예방하는 것은 "사실상 반박의 여지가 없다"라고 그들 못지않은 자신감을 보이는 사회학자 칼 클로커스에 이르기까지 광범위하고 복잡한 사회과학적 논의가 있다.[6] 학식 있는 전문가들조차 법집행의 효력에 대해 의견이 분분하니, 위험과 복잡한 사안들과 고비용을 감수하면서까지 개도국에 형사사법 제도를 정착시키려고 덤벼드는 사람이 드물 만도 하다.

억제력의 본질

따라서 법집행을 바로잡아 폭력에서 빈민을 보호하는 일을 진전시키고자 한다면, 법집행이야말로 빈민을 괴롭히는 폭력을 해결하는 데 '필수'임을 의심치 말아야 한다. 이 일은 생각보다 어렵지 않다. 첫째, 전문가들도 기본 사실에는 이견이 없다. 제 아무리 범죄학이나 개발경제학의 사회 통념을 깨뜨리는 독창적인 반대 의견을 내고 싶은 전문가라 하더라도, 법집행을 통한 합법적 공권력을 독점적으로 사용하는 국가 없이 사회 폭력을 효과적으로 해결할 수 있다는 생각을 뒷받침하는 신빙성 있는 사회과학적 증거는 사실상 없다는 것을 알고 있다. 한 학자는 이렇게 말했다.

> 진짜 문제는 경찰이 범죄를 예방할 수 있느냐의 여부가 아니라 어디까지 예방할 수 있느냐다. 이에 대해 범죄학자들 사이에 이견은 거의 없다. 베일리조차 여기에 동의한다. 만약 반대했다면, 그는 경찰이 범죄를 예방할 수 있다는 제언과 그에 대한 정책 제안이 가득한 책을 쓰지 않았을 것이다.[7]

인류 역사의 폭력에 대한 최근의 양적 연구에서 보듯이, 사회의 폭력 사용을 규제하는 군사력을 갖춘 제3의 중재자로서 등장한 국가, 곧 공권력의 합법적 사용을 독점하는 홉스의 리바이어던 덕분에 국가 등장 이전의 부족 사회에 비해 참혹한 살육은 80퍼센트나 감소했고, 이후 현대 국가의 강화된 법집행으로 살인 범죄율은 96.7퍼센트까지 낮아졌다.[8]

현대 사회과학적 조사(와 상식)는 법집행력이 범행 비용과 위험을 상승시켜 범행 의지를 줄인다는 합리적 선택 이론가들과 일상활동 범죄학자들이 발견한 사실과도 일치한다.[9] 스티븐 핑커는 폭력에 대한 광범위한 연구서 《우리 본성의 선한 천사》에서 이렇게 결론을 내린다.

> 레빗을 비롯한 여러 범죄 통계학자의 분석은 억제력의 효과를 보여 준다. 복잡한 통계보다 현실 세계의 실험을 더 좋아한다면, 1969년에 발생한 몬트리올 경찰 파업을 예로 드는 것이 좋겠다. 안전하기로 유명한 몬트리올은 경찰이 손을 놓자마자 몇 시간 만에 은행 강도 여섯 건, 방화 열두 건, 약탈 백건, 살인 사건 두 건이 벌어졌고, 이에 기마 경찰이 치안 회복에 나섰다.[10]

형사사법제도의 억제력은 폭력을 줄일 뿐 아니라, 다른 무엇과도 비교할 수 없는 효력을 발휘한다. 그래서 반드시 필요하다. 이 억제력은 분명 위험하기도 하다. 그런 이유로 사람들은 개도국의 가난한 사람을 괴롭히는 폭력을 줄일 다른 방법을 열심히 찾기도 한다. 하지만 희망적 관측만 믿고 불법 폭력 행위를 물리적으로 규제하고 처벌하는 국가의 공권력을 다른 것으로 대체할 수 있다고 주장하는 것은 무리다.

분명히 말하지만, 법집행만으로는 폭력을 완전히 억제할 수 없다. 법집행은 꼭 필요하지만 폭력을 충분히 해결하기에는 역부족이다. 그럼에도 법집행은 '필요하다.' 법집행은 폭력의 복잡한 사회적 원인, 곧 문화 규범, 젠더 편견, 경제적 좌절과 불평등, 교육 부족, 약자의 소외 따위를 중재하는 활동과 반드시 연계해야 효과가 크다. 하지만 이런 활동들은 난폭한 약탈자를 규제하고 처벌하고 방지하는, 알맞게 기능하는 공공 사법제도 없이는 결코 성과를 낼 수 없다. 세계은행 연구자들도 일맥상통하는 결론을 내놓았다.

> 범죄와 폭력에 대한 논쟁은 흔히 예방하자는 편과 규제하자는 편으로 갈리지만 이 둘은 사실 상보적이다. 더욱 효과적이고 전문적인 형사사법제도, 특히 경찰력은 가해자의 면책 수준을 낮추는 데 반드시 필요하다.[11]

앞서 언급했듯이, 기아를 악화시키는 요인은 많지만 그 근본적이고 필수적인 해결책은 식량이다. 이질, 분배 문제, 남아선호사상으로 딸보다 아들의 배를 먼저 채우는 문화적 편애도 해결해야겠지만, 결국 식량이 있어야 한다. 폭력의 경우도 폭력과 빈민의 취약성을 심화하는 사회 요인을 반드시 척결해야 하지만, 결국 가장 중요한 것은 국가가 정당하게 집행하는 공권력이다. 물리적으로 폭력을 규제하고, 자신의 이익을 위해 폭력이라도 불사할 사람들을 확실히 제압하는 공권력이 반드시 필요한 것이다.

자기 아내는 때려도 괜찮다는 생각, 조카딸을 강간하는 것은 '가족 문제'라는 생각, 불가촉천민인 달리트는 신분 높은 사람의 머슴으로 살아야 한다는 신념, 여자는 상속 가능한 재산이라는 견해같이 폭력을 정당화하는 문화 규범과 태도는 반드시 고쳐야 한다. 이런 생각이 만연한 사회에서, 형벌로만 행동을 바꾸는 일은 힘겨운 싸움이 될 것이다.

한편, 법률에 표현된 문화적 열망을 실현하기 위해 사회의 문화 규범이 완전히 변할 때까지 기다릴 필요는 없다. 미국은 헌법에 명시된 공평한 보호를 받을 권리로 촉발된 문화적 열망을 실현하기 위해 인종차별이 만연한 남부 문화가 점진적인 교화로 변화될 때까지 기다리지 않았다. 마틴 루터 킹 주니어는 예의 그다운 말투로 간결하고 명료하게 말했다.

> 법이 마음을 바꿀 수는 없어도 악당을 저지할 수는 있습니다. 법은 상대방이 나를 억지로 사랑하게 만들 수는 없지만 그가 나를 죽이지 못하게 막을 수는 있습니다. 이것은 매우 중요합니다.[12]

실제로, 법집행은 미국의 인종차별, 가정폭력, 음주운전, 흡연에서 보듯이 공공 규제를 통해 문화적 태도의 변화를 힘차게 가속할 수 있다. 법집행이 해로운 문화의 변화에 미치는 이런 효과는 세계은행이 평등과 개발에 대해 작성한 세계개발보고서에서 찾아볼 수 있다. "법은 또한 규범의 변화를 가속화할 수 있고, 사법제도는 불공정한 관행에 철퇴를 가하여 사회적 변화를 혁신하는 역할을 할 수 있다."[13]

단순히 말해 법집행은 필수다

전문가들 중에는 지역사회마다 구성원의 행동을 규제하고 분쟁을 해결하는 자체 규범과 관습, 절차가 있기 때문에 국가의 형사사법제도가 그리 중요하지 않다고 말하는 이들도 있다. 사실 개도국에서, 특히 농촌 빈민들은 다툼은 물론 폭력 사건조차 경찰에 신고하는 일이 드물고(대개 10퍼센트 미만[14]), 잘잘못과 책임자 판단과 보상에 대한 민간 관습과 형사법이 일치하지 않는 경우가 많다. 이를테면 케냐의 건조한 북부에 사는 부족들이 세운 '평화 위원회'는 경찰과 법원(멀리 떨어져 있고, 비용도 많이 들며, 때로 관습 규범과 갈등을 빚기도 한다) 대신 분쟁을 해결하고, 가축 절

도를 규제하고, 방목 허가제를 운영하는 혁신적인 제도로 손꼽힌다.[15]

공식 사법제도와 동일한 기능을 하는 토착 부족의 비공식 사법체계와 절차는 무척 효율적이고 효과적이다. 하지만 이 제도는 빈민과 약자에 대한 폭력에 맞서 여성과 소녀, 소수자를 비롯해 문화적으로 소외된 주민들의 권리가 문화적 태도와 불균형한 권력의 침해를 받지 않도록하는 전문적 법집행의 필요성을 과소평가할 위험도 있다.

예를 들어, 앞서 말한 케냐 북부의 '평화 위원회'는 마을에서 살인 사건이 발생할 경우 가해자에게 형벌을 내리지 않고 가해자 가족에게 벌금형을 준다. 남자를 살해하면 소 100마리, 여자를 살해하면 소 50마리로 변상해야 한다. 이처럼 폭력을 금전으로 변상하는 것은 여러 전통 사회에서는 일반적으로 허용되는 반면, 선진 사회에서는 여러 가지 이유로 받아들이지 않는다. 이것은 재력이 있는 사람에게 폭력을 허용하여 가난한 사람에게 불이익을 주고, 특정 구성원의 존엄성을 훼손하기 때문에 결코 묵과할 수 없다(이를테면 소로 환산한 여자의 가치는 남자의 절반에 불과하다). 실제로도 케냐 북부의 '평화 위원회'는 결국 살인 사건을 경찰과 형사사법제도에 맡기기로 결정했다.[16]

빈민에 대한 폭력에 관한 한, 사회는 약탈적 폭력 행위를 금지하는 법을 '집행하는' 형사사법제도의 고유한 도움을 받아야 한다. 법집행은 반드시 필요하다. 비용이 들고 위험이 따르지만, 개도국 빈민이 법집행 없이 잘 지낼 수 있다고 여기는 것은 비현실적이고 위험한 발상이다.

개도국의 법집행 제도 정립에 따르는 복잡한 불확실성과 위험에 대해 자세히 아는 전문가들은 이렇게 말한다. "개인에게 안정되고 질서 있는 생활 환경을 제공하고 폭력과 착취에서 보호하려면 법집행 제도가 제 구실을 해야 한다."[17] 효과적이고 합법적인 법집행은 "개발과 빈곤퇴치를 가능하게 한다."[18] 가난한 사람들 역시 법집행의 위험과 실패에 익숙하다. 그런데도 경찰과 당국이 폭력에서 자신을 지켜주길 바란다고 말한다.《가난한 사람의 목소리》저자들이 내린 결론처럼 "가난한 사람들에게는 경찰이 필요하고 그들도 경찰을 원한다. 단, 좋은 경찰이어야 한다."[19]

하지만 앞으로 살펴보겠지만, 가난한 사람들이 제 기능을 하는 법집행을 바란다고 해서 그것을 얻을 수 있는 것은 아니다.

5장

임금님은 벌거숭이

그렇다면 가난한 사람들에게 무법이란 실제로 무엇을 뜻할까?

볼리비아 빈민들에게 무법이란 아동 성폭행이 법의 규제를 받지 않는다는 뜻이다. 사실이다. 인구가 1천만 명인 볼리비아에서는 해마다 아동 성폭행이 수만 건 발생하지만,[1] 2000년부터 2007년까지 법정에서 유죄 판결을 받은 아동 성폭행범은 한 해 겨우 세 명 미만이다. 볼리비아의 아동 성폭행범이 감옥에 갈 확률은 그가 목욕탕에서 미끄러져 사망할 확률보다 낮다.

이와 비슷하게, 인도에서 강제노동은 불법이지만 법을 집행하지 않기 때문에 사실상 노예주는 처벌받지 않는다. 불법 강제노동으로 신음하는 인도 빈민은 수백만 명에 달하지만 지난 15년간 이 죄로 투옥되어 제대로 형을 산 가해자는 '다섯' 명 미만으로 확인되었다. 적당한 사람(카스트 신분이 낮은 빈민)을 골라 적절히 손을 쓰면(노예제를 허위 채무로 위장하면)

대가를 지불하지 않고 노동력을 착취할 수 있다. 인도에서 강제노동은 중죄지만 죄인이 감옥에 갈 확률은 벼락에 맞아 급사할 확률보다 낮다.

개도국 빈민들은 자기 나라에 제대로 된 형사사법제도가 없다는 것을 진작에 알고 있다. 그래서 사법제도를 이용할 생각조차 하지 않는다. 유엔 마약범죄사무소의 조사에 따르면, 아프리카에서 경찰에 신고하는 범죄는 소수에 불과하다.[2] 라틴아메리카에서는 "법집행은 무용지물이라고 예상하기" 때문에 성폭행이 발생해도 경찰에 신고하는 경우가 드물다.[3] 이런 나라에서 범죄자들의 행동을 보면, 그들도 법집행이 전혀 위협적이지 않다는 점을 알고 있는 듯하다. 때문에 그들은 범죄를 은폐하려는 시도조차 하지 않는다.

개도국 빈민과 범죄자는 같은 사실을 알고 있다. 자국의 사법제도에 관한 한, 황제의 '새' 의상이 단순히 중고 매장에서 산 헌 옷이 아니라, 기가 막히게도 임금님이 벌거숭이란 사실이다!

사법제도라는 파이프라인

나는 주방에 가서 수도꼭지를 틀고 물을 받을 때, 지하에 매장된 대수층, 펌프장, 정수장, 배수본관, 저수지, 수천 킬로미터에 이르는 수도관을 통해 물이 흐른다는 사실을 인식하지 못한다. 모든 과정이 순조롭게 작동하기 때문에 그에 대해 일일이 생각해 본 적이 없다.

마찬가지로, 우리 눈에 띄지 않고 우리가 의식하지는 않지만 폭력에서 인명과 재산을 보호하는 제도가 있다. 이 제도는 법률이 약속하는 치안을 집행한다.

형사사법제도는 서로 연결된 이 상수도관처럼 작동한다. 폭력범죄 피해자에게 이 수도관의 출발점은 대개 경찰이다. 경찰은 피해자 편에서 최초로 개입하여 폭력에서 피해자를 구출하고 가해자를 체포하고 수사에 착수하고 사건의 물증을 검사에게 제출한다. 검사는 법이 허용하는 범위 내에서 사건의 물증을 토대로 피고인의 범죄 사실을 법정에서 입증한다. 법원은 피고인의 유무죄를 판단하고 알맞은 형량을 선고하여 죄인을 교도소에 수감한다.

개도국에서 수사와 기소, 재판 과정은 종종 몇 년이 걸리고 (교통비, 서류 발급 수수료, 결근에 따른) 비용이 들고 심리적 부담과 두려움이 크다. 따라서 정의가 실현될 때까지 수도관의 다양한 부분에서 피해자를 지원하는 사회복지 사업이 반드시 필요하다. 생존의 끝자락에서 간신히 버티고 있는 피해자를 만나고 보호하고 가해자 처벌을 포기하지 않게 돕는 사회사업가와 사회복지 사업 없이는 피의자를 기소할 수 없다.

이것이 형사사법이라는 '파이프라인'인데,* 이 제도가 잘 돌아가게 만들기란 몹시 어렵다. 어느 한 부분에 파열이나 누수가 생기면 수도관 전체가 무용지물이 되기 때문이다. 더욱이 각 부분은 자율적으로 움직이고 책임 구조도 서로 다르다. 이를테면 캄보디아 법원은 대체로 매음굴 업주를 체포하지 못한 경찰을 징계할 권한이 없다. 필리핀 경찰은 심리에 불참한 판사를 징계할 권한이 없다. 페루 판사는 과중한 업무로 증거를 제대로 처리하지 않는 검사를 징계할 수 없다. 그들이 할 수 있는 일이라고는 망가진 수도관을 두고 서로 비난하면서 힘겨운 변화나 개혁을 피하는 것뿐이다.

그런데 자율성과 상호 의존이라는 이 얄궂은 역동이 전 세계 공공사법제도의 특징이다. 한 발자국만 뒤로 물러나서 보면 공공 사법제도

---

* 물론 이것은 공공 사법제도를 단순화한 것이다. 여기에는 법을 시행하고 갈등을 해소하는 여러 행정이나 규제 기관뿐 아니라 폭력을 해결하는 역할을 하는 민간 기관, 위원회, 전통 규범과 제재까지 모두 포함된다.

의 작동은 기적이나 마찬가지다. 그런데도 이 제도는 작동하고 있고, 부유한 사회에서 이 제도는 대체로 발전을 거듭하고 있으며, 그곳의 시민은 더 안전하다.⁴ 하지만 개도국의 공공 사법제도는 그렇지 못하다. 실제로 부자와 빈민의 사법제도보다 큰 격차와 복잡한 양상을 보이는 것은 없다.

물론 개도국에는 식량 체계, 보건 제도, 교육 제도, 위생, 상수도 등 기능이 마비된 제도가 한두 가지가 아니다. 하지만 가장 기본적이면서 '가장 파탄에 이른' 제도는 공공 사법제도다. 이것이 가장 기본인 이유는 다른 모든 제도를 안정하게 떠받치는 근간이 되기 때문이다. 애석하게도, 개도국의 공공 사법제도는 폭력에서 가난한 사람들을 보호하지 못할 뿐 아니라 오히려 폭력을 행사하고 가해자를 보호하며 빈민을 불안에 떨게 한다. 개도국에는 정비해야 할 다른 제도도 많지만, 교육 제도가 학생들을 더 무식하게 만드는 경우는 없고, 도로 체계가 사람들의 통행과 시장 접근을 방해하는 경우도 없고, 상수도 시설이 물을 더 오염시키고 이용을 제한하는 경우도 없다.

하지만 이 모든 사실이 한낱 막연한 이야기로 들릴 수도 있으니, 이제부터는 개도국 형사사법제도라는 지옥으로 내려가 이 암울한 파이프라인을 구체적으로 하나씩 살펴보기로 하자.

파이프라인의 첫 부분: 경찰

공공 사법 '파이프라인'에서 가장 중요한 부분은 경찰이다. 이유는 두 가지다. 첫째, 경찰은 파이프라인 전체에서 대체로 첫 번째 부분이기 때문이다. 경찰을 통하지 않고서는 아무것도 파이프라인으로 들어갈 수 없다. 둘째, 폭력을 제압하기도 하고 사람들을 해치기도 하는 위력(난폭한 공권력)을 갖춘 '유일한' 부분이기 때문이다.

애석하게도, 매우 중요한 제도에서 맨 처음이자 가장 중요한 이 부분이 가장 말썽인 경우도 많다. 개도국 가난한 사람들이 경험하듯이, 경찰은 범죄에 대처하는 특수 훈련도 부족하고, 시민을 지키는 것보다 시민을 해치는 것으로 돈을 더 많이 번다. 대부분 기초 장비가 부족할 뿐 아니라, 시간이 갈수록 그 존재는 가난한 사람들의 불안을 '한층' 가중한다.

물론, 이것이 개도국의 '모든' 치안 활동과 '모든' 경찰을 정확히 묘사한다고는 할 수 없지만, '가난한' 사람들이 느끼는 경찰과 치안의 수준을 대체로 정확히 묘사하고 있다. 경찰 인력 중에도 제대로 훈련을 받고 뛰어난 장비를 갖추고 의욕이 넘치며 똑똑하고 역량 있는 이들도 있다. 하지만 이렇게 보기 드문 유능한 경찰은 범죄와 폭력에서 가난한 시민을 보호하는 일이 아니라 오로지 다음 세 가지 업무를 전담한다. 첫째, 국가 안보. 둘째, 재계 요인 경호. 셋째, 대테러, 마약 거래, 무기 밀매 따위의 '국제' 법집행 행사 참석.

개도국에서 이 세 가지 일은 모두 중요하고 경찰이 감당해야 할 정당한 역할이며, 어쩌면 수십억 빈민에게 유익한 일인지도 모른다. 하지만 문제는 빈민을 가장 크게 위협하는 일상의 약탈적 폭력에서 그들을 보호하는 일은 누가 하느냐다. 경찰은 그런 면에서 별 도움이 되지 않고, 오히려 위험하기만 하다.

무지와 무능

당신과 내가 경찰에게 기대하는 바와 개도국 빈민이 처한 현실 사이에 가장 명백한 틈을 만드는 것은 '지식'일 것이다. 난폭한 범죄자를 구속하고 유죄를 입증할 증거를 수집하는 일은 여간 어렵지 않다. 그래서 우리는 경찰에게 전문 지식과 훈련, 특히 범죄 수사 능력을 요구한다. 부유한 사회의 현대적이고 전문적인 경찰은 늘 훈련을 받으며, 누가 물어보더라도 경찰학교에서 받은 정교한 훈련과 끊임없이 반복되는 현장 훈련과 직무 개발 과정, 취득 자격증에 대해 술술 말해 줄 것이다. 반대로 개도국 대다수 경찰은 전문 훈련을 거의 받지 못했기 때문에 범죄 수사에 대해서 당신보다 아는 게 없을 것이다. 당신이 TV 수사 드라마를 좋아한다면 개도국의 평범한 경찰보다 범죄 수사에 대해 아는 게 더 많을지도 모른다. 개도국에도 상당한 수사 훈련을 받은 전문 경찰 조직이 분명히 있겠지만, 수십억 세계 빈민이 사는 마을이나 슬럼, 주택가, 대도시의 번잡한 거리에 배치되어 법을 집행하는 일반 경찰들은 훈련이 전무하다시피 하다.

예를 들면, 인도에는 10억이 넘는 국민을 위해 100만 명이 넘는 경찰이 근무하지만 경찰의 85퍼센트는 범죄 수사 훈련을 전혀 받지 못한 순경이다.[5] 이들은 고작 식민지 시대의 간단한 준군사 기초 훈련, 법률과 경찰 직무에 관한 기초 강의를 몇 개월 받은 것이 전부다.[6] 심지어는 간부급 경위와 경사조차 수사 훈련을 거의 받지 못해서, 대부분 기초 형법 지식이 부족하다.[7] 이들 대다수는 앞으로도 실질적인 수사 훈련을 추가로 받는 일이 없을 것이다. 인도의 실리콘밸리 방갈로르의 한 경위는 이렇게 말했다. "경찰은 현대화하는 세계에 적응해야 하는데도, 새로운 기술을 제공받지 못하고 있다."[8] 실제로 인도 전문가들은 상황이 더 악화되었다고 말한다. 인도가 대영제국에서 독립한 직후, 그들이 묘사한 인도 경찰의 상황은 암울했다. "[독립 이후] 수사 기법이나 응용 기술은 전혀 발전하지 않았다. 시골 경찰서에는 제대로 된 시설이 전무했고, 도시 경찰서에도 과학 수사 장비를 갖춘 곳이 드물었다." 이것이 1953년 상황이다. 그런데 놀랍게도 60년이 지난 후에도, 훌륭한 언론인 프라빈 스와미는 "경찰의 범죄 수사 능력이 더욱 떨어진" 것을 발견했다.[9]

10년 전, IJM 동료들이 캄보디아에서 경찰과 일하기 시작했을 때 신입 경찰이 받은 것은 제복과 현장 교육이 전부였다. 기초 치안이나 범죄 수사 같은 정식 훈련은 거의 없었다. 성인신매매 용의자를 체포해야 하는데도, 정보 수집, 정보원 관리, 잠복 근무, 급습 계획과 실행에 대한 훈련은 거의 받지 못했다. 페루 경찰은 아동 강간 사건의 증거를 수집해야 했지만, 강간 사건 수사나 아동 목격자 신문에 대한 전문 훈련을 단 하루도 받은 적이 없었다. 우간다 경찰은 토지 수탈 가해자들을 구속해야 했지만, 안전한 체포 전술과 용의자 통제 훈련을 거의 받지 못했다.

그렇다면 도대체 개도국 경찰들은 어떤 훈련을 받을까?

그들은 비정상적인 훈련을 받는다. 유효하고 전문적이고 현대적인 치안 방법론 대신, 난폭한 구식민지 정권과 낙후된 준군사적 조직, 반동적 방어 본능, 비상식에서 비롯된 태도·가치관·방법·기본 절차·관행 따위가 훈련의 공백을 메운다. 이 같은 '현실 사회 훈련'은 그들이 받는 최소한의 공식 훈련을 압도할 만큼 강력하다. 한 인도 경찰은 이렇게 말했다. "훈련을 마치고 첫 근무지에 출근했을 때 선배들은 모두 웃으면서 그동안 배운 것은 전부 잊으라고 했습니다."[10]

자신감이 부족하고, 하는 일마다 손가락질을 받고, 시민의 존경을 받지 못하고, 난폭한 범죄자들에게 위협을 받는 경찰은 협박과 무례, 비공개를 일삼아 외부인들을 차단하고 자신의 훈련과 지식 부족을 감춘다. 이렇게 약하고 불안한 경찰은 시민들에게 진실을 밝힐 여력이 없다.

훈련과 전문 지식이 부족한 경찰이 무능한 것은 불을 보듯 환하지만, 그 무능함의 정도는 충격을 넘어선다. 이런 형편에 상부의 압박과 무지가 결합하여 치명적인 결과를 불러온다.

경찰은 용의자를 찾지 못하면 가까이에 있는 무고한 사람들을 체포해서 그중 한 사람의 자백을 받아낼 때까지 고문하든지, 용의자의 '친척들'을 대신 잡아들인다(수배자의 소재를 '파악'하더라도 용의자의 가족은 덤으로 가둔다). 코트디부아르 경찰은 살인 혐의가 있는 '남편'을 대신해 16세의 어린 신부를 투옥했다. 신부는 사실이 밝혀질 때까지 아무 혐의도 없이 1년 넘게 감옥에서 썩어야 했다.

성폭행 피해자가 내성적이고 겁에 질려 있어 조사가 난항을 겪으면 경찰은 마치 용의자를 취조하듯 피해자를 때리고 윽박지른다. 동남아시아 IJM 직원들은 아동 성인신매매 피해자들이 '진실을 말하게' 하려고 때리고 협박하고, 식사 시간과 화장실에 갈 휴식 시간조차 주지 않는 경찰에게 항의한 적이 있다. 동아프리카에서는, 수사에 진척이 없자 홧김에 아동 성폭행 피해자 부모에게 폭언을 퍼붓는 경찰을 말리기도 했다. 인내심을 잃은 경찰은 부모를 윽박지르고 '사실대로 말하지' 않으면 아이를 신문하고 폭행하겠다고 협박했다.

경찰은 인신매매범이나 노예주 일제 검거 작전을 할 때 범죄 현장에 형식적으로 출동할 뿐 특별히 하는 일이 없다. 우리는 남아시아와 동남아시아에서 인신매매범 체포 작전에 여러 차례 참여했는데 경찰은 용의자들이 피해자들을 데리고 뒷문으로 빠져나가는 동안 입구에서 기다리기만 했다(뇌물을 받아서가 '아니라' 무엇을 어떻게 해야 할지 몰라서였다). 채석장과 벽돌 공장 주인들이 노예주 검거 작전을 방해하려고 폭력배를 보내면 경찰은 노예들을 폭력배에 맡기고 꽁무니를 뺐다. 겨우 용의자를 체포해 연행하더라도, 경찰은 몇 시간이든 며칠이든 피해자와 가해자를 한 곳에 모아놓고 조사했다. 그러는 사이, 가해자들은 피해자들이 조사에 협조하지 못하게 하려고 온갖 협박과 회유를 일삼았다.

경찰은 피해자 가족이나 피해자에게 직접 범인을 잡아오라고 요구하는 경우가 많다. 우리는 경찰이 성폭행을 당한 아동의 부모나 친척, 집을 빼앗긴 노쇠한 과부에게 가해자를 직접 잡아서 경찰서로 데려오면 조사하겠다고 말하는 것을 보았다. 《가난한 사람의 목소리》에 나오는 아프리카 시민들이 설명한 대로였다. "대개 경찰들은 우리를 돌려보내면서 살인범과 도둑을 직접 잡아서 경찰서로 데려오라고 한다."[11]

경찰이 충분한 훈련을 받지 못하면, 이런 공포와 모순이 생겨난다. 서류와 증거를 분실하고, 위험한 용의자는 유치장에서 탈출하고, 기본법을 잘못 적용하고, 범죄 현장에서 중요한 증거를 놓치고, 허위 보고서로 실수를 은폐하고, 권한을 오남용한다. 직무 수행 능력이 부족한 비참한 경찰은 부당한 행동을 하고, 폭력에서 보호받지 못하는 일반 시민이 느끼는 비참함과 부당함은 수천 배로 증폭한다. 방글라데시 빈민촌 거주자들은 경찰의 직무 능력을 다음과 같이 한마디로 평가했다. "경찰은 늘 범인 대신 무고한 사람을 잡아들인다."[12]

부패와 악습

외부인들은 개도국의 경찰이 '완전히 부패했다'고 가볍게 말한다. 그들은 보편적인 부패를 과장하면서 동시에, 부패한 법집행의 진짜 영향은 과소평가한다. 한편으로, 개도국의 모든 경찰이 부패한 것은 아니다. 나는 개도국에서 약자를 보호하고 부패와 악습이 만연한 문화와 싸우기 위해 큰 위험을 감수하는 정직하고 용감한 경찰을 수없이 만났다. 또 다른 한편으로, 부패와 악습이 실제로 개도국 경찰 문화에 만연해 있고, 그 결과는 사람들이 흔히들 아는 것보다 훨씬 더 나쁘다.

부패는 범죄다. 도둑질이다. 부패가 도둑질인 까닭은 첫째, 갈취하거나("돈을 내지 않으면 때리겠다, 구속하겠다, 벌금을 물리겠다, 괴롭히겠다"), 둘째, 시민의 권리이자 그들이 수행해야 할 공공 서비스를 뇌물을 받고 수행하지 않기 때문이다. 부패 경찰은 범죄 집단으로 변한다. 부패 경찰은 법집행을 '방해한다'.

이렇게 생각해 보자. 돈을 벌려고 사람들을 병들게 만드는 의사는 더이상 '의사'가 아니다. 제3자에게 돈을 받고 학생의 교육을 방해하는 교사는 더 이상 '교사'가 아니다. 돈을 받고 수질을 오염시키는 '수공학자'는 전혀 다른 존재다. 마찬가지로 경찰이 부패하면 가난한 사람들은 자기 마을에서 '법집행'을 기대할 수 없다.

명망 있는 빈곤 전문가 찰스 케니는 개도국에서 경찰의 갈취와 뇌물수수는 '관행'이라고 기록한다.[13]

갈취와 뇌물 수수는 경찰의 '관행'이다. 개도국 경찰에게 정말 이런 관행이 있다면(나는 그렇게 본다), 가난한 사람은 법집행을 기대할 수 없다. 당신과 내가 날마다 의지하고 있는, 폭력에 대한 기본적인 보호를 그들은 받지 못한다. 이것은 큰 문제다.

경찰이 부패했다는 것은, 가난한 사람은 돈을 지불해야 모든 것을 좌지우지하는 폭력에서 보호를 받을 수 있다는 뜻이다. 딸이 강간을 당했는데도 돈이 없다는 이유로 경찰의 도움을 받지 못한 페루의 어머니들은 말할 수 없이 고통스러운 현실을 깨닫고 울분을 삼켜야 했다. 마찬가지로 인도 연구자들에 따르면, 가난한 사람들은 간단한 고발장 접수나 수사 비용으로 경찰이 요구하는 뇌물을 줄 돈이 없다.[14]

가난한 사람들은, 법을 집행하지 않는 대가로 경찰에 뇌물을 주는 가해자들과 입찰 전쟁을 벌이는 셈이다. 나이로비 빈민촌의 성폭행 생존자들이 국제 앰네스티에 설명한 대로, 그들은 "고용주들이 경찰에게 뇌물을 주고 사건을 무마할 것이기 때문에" 고용주의 상습 성폭행을 경찰에 신고하지 않았다(이 성폭행으로, 한 사람은 임신하고 HIV 양성 판정까지 받았다).[15] 부패는 난폭한 약탈자들이 가난한 사람을 사냥하기 위해 사법기관에 돈을 내고 구입하는 사냥 면허나 다름없다.

무지와 무능이 부패와 결합하여(경찰은 자신이 해야 할 일을 하지 '않아야'

돈을 벌 수 있다는 것을 알게 된다) 왜곡된 행동과 결과라는 치명적인 혼란을 낳으니, 그야말로 최악의 상황이다.

돈을 내는 고객들만 법집행이라는 서비스를 받을 수 있다는 기대가 만연한 반면, 법집행에 대한 보상은 거의 없는 실정이다. 내 동료들은 개도국 경찰이 도망치는 용의자를 추적하지 않고, 경찰서를 방문한 피해자를 위해 고발장을 작성하지 않고, 범죄 현장에 가지 않고, 증언하겠다는 목격자를 만나지 않고, 증인으로 참석해야 하는 재판에 불참하고, 용의자 체포를 거부하고 경찰서에 머무는 충격적인 모습을 거듭 목격했다.

게다가, '범죄를 줄이라'는 압박에 시달리면서도 되도록 범죄를 소탕하고 싶지 않은 경찰은 범죄 신고와 접수, 수사를 방해해서 범죄가 줄어든 것처럼 꾸민다.[16] 범죄를 밝히기는커녕 은폐해서 범죄의 '출현'을 줄인다. 경찰 조직에 부패가 만연하면, '법집행'이라는 개념은 돈벌이 사업으로 둔갑한다. 모든 법과 규정은 반사회적 행위를 규제하는 권위가 아니라 시민의 돈을 뜯어내는 기회로 보인다. 경찰은 심지어 '법집행'을 구실로 성인신매매, 마약 밀매, 불법 채굴이나 벌채 같은 범죄 사업을 스스로 벌이기도 한다. 경찰이 범죄 조직을 위해 완력과 협박을 일삼고, 폭력배를 위해 정보를 수집하고, 보호해야 할 시민을 암살하고 협박하는 해결사로 자처하기도 한다.

부패와 역기능 때문에 '법집행'과 법이 단절된 가난한 사회에서 경찰은 더 이상 약자를 보호하지 않는다. 오히려 법집행은 사회적 약자를 더욱 예속하고 학대하고 착취한다. 경찰은 약자를 보호하려는 영웅 정신으로 무장하기는커녕 강자 편에서 약자를 유린하고 괴롭힌다. 이런 현실은 개도국에서 경찰이 여성을 대하는 모습에서 매우 뚜렷하게 드러난다. 연구자들에 따르면, 법집행이 제대로 안 될뿐 아니라 오히려 여성에 대한 폭력을 적극적으로 '용인'하기까지 하는 말도 안 되는 일이 반복된다.[17]

공공 사법 파이프라인의 첫 번째 영역인 경찰은 사법정의의 혜택을 받을 사람과 받지 못할 사람을 결정하는 수문장 역할을 한다.[18] 어느 인도 경사는 폭행을 당했다고 주장하는 여자의 신고 접수를 거절한 후 이렇게 설명했다. "이 지역 여자들은 허구한 날 찾아와 별별 얘기를 다 한다. 우리는 얘기를 들은 후 귀가 조치한다. 그들은 대개 거짓말을 하고 과장이 심하다. 늘 있는 일이다. 우리는 듣기만 해도 진위를 파악할 수 있다."

연구자들에 따르면, 나이로비 빈민촌에서 "대다수 여성 응답자는 여성 피해자들이" 경찰의 "공정한 도움을 받지 못한다고 믿었다."[19] 또한 연구자들은 탄자니아 여성이 토지와 재산을 빼앗길 경우, "경찰은 여성이 관련된 사건을 함부로 취급하고 스스로 재판관을 자임해 조치를 취하지 않는 경우가 다반사"라는 것을 밝혔다.[20] 인도네시아에서 강간 피해자들을 돕는 활동가들은 어린 피해자들이 성폭행 사건을 신고하면 경찰에게 비참하고 굴욕적인 질문을 받아야 하는 괴로운 상황에 처한다고 말한다. "그들은 피해자에게 그 상황을 즐기지는 않았는지, 당시 무슨 옷을 입었는지, 밤늦도록 밖에서 무엇을 했는지 묻는다."[21] 이처럼 피해자를 이해하지 못하는 무신경한 질문은 잔인한 폭행에서 살아남은 생존자들의 트라우마를 심화할 뿐 아니라, 잠재적 피해자들에게 공공 사법 파이프라인의 혜택이나 구조를 받기 위해 굳이 애쓰지 말라는 강력한 경고를 보내기까지 한다.

지난 몇 년 동안, 라틴아메리카와 아프리카의 가난한 사회에서 정신적 충격을 받은 수많은 여성과 소녀들은 큰 위험을 무릅쓰고 경찰에 성폭행 사건을 신고했지만 '가족 문제'이지 범죄가 아니라며 난폭하게 내쫓긴 후 눈물을 흘리며 IJM 사무실 문을 두드렸다. 인도 비정부기구와 경찰에 따르면, 경찰은 상습적으로 심각한 폭행을 당했다는 믿을 만한

근거가 있더라도 흔히 여성 피해자들에게 문제를 일으킨 가족이나 친척과 '합의'하라고 종용한다.[22]

경찰이 폭력을 행사하는 또 다른 방법은 피해자 가족에게 범죄 신고를 하지 말고 가해자 가족이 주는 합의금을 받으라고 부적절한 압력을 가하는(때로는 요구하는) 것이다. 이로써 부자는 빈민에 대한 강간과 폭행의 면책을 돈으로 살 수 있고, 피해자들은 존엄성과 신체적 자유를 팔아넘길 수 있다고 느낀다. 이런 합의가 특히 파괴적인 까닭은 경찰이 제 몫을 챙기기 위해 피해자 가족에게 합의금을 받으라고 윽박지르기 때문이다. 활동가들에 따르면, 강간 피해자의 부모가 합의금을 거절하면 경찰에게 부당하게 체포, 투옥, 구타를 당하기도 한다.

희소성

이렇게 공공사법 파이프라인으로 들어가는 입구는 위험하고 해로울 수 있다. 많은 경우, 그마저도 몹시 좁고 막혀 있어서 아예 아무것도 들어가지 못한다. 곧 법집행은 무능과 역기능, 부패 때문에 '질적인' 면뿐 아니라 '양적인' 면에서도 세계 빈민에게는 없는 것이나 마찬가지다.

법집행은 비용이 많이 드는 희소한 자원이다. 내가 사는 워싱턴 D. C.는 해마다 시민 1인당 경찰 유지에 지출하는 비용이 850달러다. 하루로 치면 약 2.33달러다. 이와 대조적으로, 방글라데시 정부는 법집행을 위해 해마다 국민 1인당 1.5달러 미만을 지출한다. 하루로 치면 1센트의 절반도 안 된다. 경찰 1인당 국민 수는 1,800명이고, 일부 지역에서는 8천 명에 달한다.[23] 필리핀 경찰청장은 경찰 1인당 국민 수가 1,400명에 이른다고 밝히고, "해야 할 일에 비해 경찰 수가 너무 적다"고 인정했다.[24] 인도는 치안을 위해 해마다 시민 1인당 지출하는 비용이 13센트 미만이다.[25] 경찰 1인당 국민 수는 1,037명에 달한다(그나마 경찰의 85퍼센트는 범죄 수사 훈련이나 범죄에 맞서 싸우는 제대로 된 훈련을 받지 못했다).

하지만 케냐 같은 나라는 국민 1인당 경찰 수가 인도에도 못 미친다. 대체로 아프리카는 다른 나라들에 비해 국민 1인당 경찰 비율이 상당히 낮다. 설상가상으로, 폭력 사건도 더 심각해서 범죄 수사에 필요한 경찰 인시人時는 더 많다. 살인 사건에 투입되는 경찰은 전 세계 평균이 188명인 반면, 아프리카 국가는 평균 22명에 불과하다.[26] 우리는 경찰 인력이 일정 수준 이하로 떨어지면 "형사사법제도가 잠재적 범죄를 효과적으로 방지할 수 없다"는 사실을 잘 아는데, 현재 "그 수준 이하로 떨어진 아프리카 국가가 많다"는 것은 분명하다.[27] 라틴아메리카 국가는 아프리카에 비해 경찰 1인당 인구 비율은 더 낮지만, 전문가들에 따르면 폭력에 대응하는 경찰 인력과 장비, 시설이 부족한 나라가 많다.[28]

더군다나, 개도국 정부들은 각자 가장 중요한 것을 보호하기 위해 그나마 부족한 법집행 자원을 '자국 내에서' 분배한다. 그 과정에서, 빈민은 정부에게 중요한 대상이 '아니다'. 이를테면 인도네시아의 관광 메카 발리는 경찰 1인당 주민 수가 300명(미국과 동일한 수치)이지만, 빈민 인구가 많은 칼리만탄은 2,500명이다.[29] 마찬가지로 케냐 나이로비의 키베라 빈민촌 인구는 100만 명이지만 정식 경찰서는 단 한 곳도 없다. 그런데 키베라와 인접한 부촌은 인구가 키베라의 10분의 1에 불과하지만 경찰서가 세 곳이나 된다.[30]

물론 경찰 수는 개도국의 부족한 치안 문제의 시작에 불과하다. 수술 도구가 없는 의사, 약이 없는 약사는 별 도움이 되지 않는다. 마찬가지로 직무에 필요한 기본 장비가 없는 경찰은 쓸모가 없다.

개도국 경찰서는 인건비를 제외한 한 해 예산이 대개 100달러다. 스타벅스 단골인 미국인이 매달 커피에 쓰는 돈이다.[31] 이 말은 개도국에서 가난한 사람을 보호하기 위해 배치된 경찰은 기본 장비도 없이 일한다는 뜻이다. 이들은 경찰차가 없어서 토지를 빼앗긴 과부가 사는 마을에 출동하지 못하고, 노예들이 붙잡혀 있는 오지 채석장에 출동하지 못하고, 매음굴을 습격해서 구출한 소녀들을 데려가지 못하고, 강간 사건 목격자를 방문하지 못하고, 증언하러 법원에도 가지 못한다. 고발장 양식, 증거 서류를 복사할 종이, 문서를 보관할 서류철 같은 사무실 비품과 전문 장비도 없다. 전화가 없으니 조사를 진행하고 수사 관청에 연락하고 피해자나 목격자에게 연락하기도 힘들다. 기록을 보관하고 성과를 관리하고 보고서를 작성할 컴퓨터도 없다. 복사지도 얻기 힘든 판국에, 성폭력 응급 키트, 법의학 장비, 유전자 테스트, 비밀 수사에 쓰는 카메라와 오디오 장비, 간단한 디지털 사진기 등 증거 수집에 사용하는 기본 장비가 없는 것은 당연하다.

부적합한 경찰 인력과 장비 외에, 결정적인 한 방은 개도국 경찰에게 하찮은 부패선을 웃도는 최저 생활 임금을 지급하지 못한다는 것이다. 경찰 대다수가 받는 월급은 스타벅스 단골손님이 매달 라테에 쓰는 돈보다 적다. 《가난한 사람의 목소리》에서 빈민들은 우리가 여기서 이야기하는 무능과 부패에 대해 거듭 말했지만, 그들은 또한 쥐꼬리만 한 경찰 봉급을 감안해 경찰의 잘못을 전부 그들 탓으로만 돌리지는 않는다고 말했다.[32]

사실상 개도국 경찰 대다수는 시민을 보호해야 할 의무를 완전히 저버렸다. 반세기 동안 지속된 일상의 폭력범죄로 수십억 빈민은 무법천지의 빈곤에 갇혀 있을 뿐 아니라, 개선되고 있는 다른 여러 문제와 달리 기본 법집행만은 상황이 점점 더 악화되고 있다. 개도국에서 최소한의 자격을 갖춘 경찰을 공급하지 못하는 핵심적인 제도의 결함으로, 죄를 짓고도 처벌을 받지 않는 부류는 두 배로 늘었다. 난폭한 약탈자는 물론이고, 빈민에게 절실히 필요한 가장 기본적인 치안을 제공할 책임이 있는 정부 지도자들마저 사면을 받는다. 가난한 사람은 경찰의 보호를 받지 못한다. 이것이 현실이다. 브라질 어느 가난한 마을의 여성은 이렇게 말했다. "우리의 공공 안전은 스스로 지켜야 한다. 실내에 숨어서 일하고 절대 밖에 나가지 않는다."

망가진 파이프라인의 두 번째 부분, 검찰

"형사사법제도에서 일하는 사람은 두 부류지만 하나같이 중요하다. 경찰은 범죄를 수사하고 지방 검사는 범인을 기소한다. 이것은 그들의 이야기다."

〈로 앤 오더〉(*Law & Order*, 미국의 장수 TV 드라마로 영국, 남아공, 러시아, 프랑스를 비롯해 여러 나라에서 리메이크되었다)에서, 형사사법 파이프라인과 난폭한 범죄자를 처벌하는 절차가 경찰에서 검찰로 넘어가는 대목을 설명한 내용이다. 20년 넘도록, 드라마 시작을 알리는 특유의 효과음과 함께 '그들의 이야기'가 이어졌다. 이 드라마는 검사를 영웅으로 만들었다. 그들이 하는 일(과 하지 않는 일)이 중요하기 때문이다.

개도국에서도 검사가 하는 일과 하지 않는 일은 중요하다. 하지만 〈로 앤 오더〉 작가들에게, 예를 들어 《뉴욕 타임스》의 마이클 와인스가 밝혀낸 말라위인 렉슨 시카예네라와 이스마엘 와디의 이야기로 채널을 고정시킬 만한 드라마를 만들기란 만만치 않은 작업이 될 것이다. 두 말라위인 남자는 서로 만난 적도 없고 앞으로도 만날 일이 없을 것 같지만, 그들이 처한 비극적 상황은 같다.[33]

렉슨의 이야기는 재미있게 각색하기가 쉽지 않을 것이다. 지난 6년 동안 콘크리트 바닥에서 하루 열네 시간씩 꼼짝도 하지 못했기 때문이다. 그가 갇힌 감방에는 160명이 함께 수감되어 있다. 한 사람이 움직이려면 다 같이 동시에 움직여야 하는 비좁은 감방이다. 렉슨은 6년 동안 하루 열네 시간씩 이런 상태로 지냈다. 매일 죽 한 그릇과 더러운 물로 연명한다. 지난 6년간 수감자 180명이 (시신이 되어) 감옥을 떠났지만 그 인원만큼 새로운 죄수가 들어왔다. 그 사이, 렉슨은 2,100일 동안 가족을 만나지 못했다. 혼자서 식구들을 먹여 살렸던 그는 아내의 재혼 소식을 감옥에서 전해 들었다.

말라위의 1만여 수감자들처럼, 렉슨은 유죄 판결을 받은 적이 없다. 그는 6년째 재판을 기다리고 있다. 하지만 렉슨이 재판을 받을 가능성은 영영 없을 듯하다. 사실 말라위 사법부는 렉슨이 감옥에 있다는 사실조차 모른다. 6년 전, 교도관들은 법원이 소환할 때까지 렉슨을 가두라는 지시를 받았다. 얼마 후 사법부는 그의 서류를 분실했다. 〈로 앤 오더〉 말라위 편은 여기서 난항을 겪는다. 검사는 렉슨을 법원으로 소환할 수 없다. 그의 존재를 모르기 때문이다. 그리고 렉슨은 대다수 말라위 사람들처럼 사건을 맡을 변호사를 선임할 여력이 없다. 그는 국선 변호인도 만나지 못했다. 따라서 우리는 서류를 분실한 탓에 악취를 풍기는 감옥에서 썩고 있는 한 남자의 모습만 한 시간 동안 시청해야 할지도 모른다.

그리고 이스마엘 와디가 있다. 그는 렉슨의 서류를 분실한 장본인이자 드라마의 또 다른 주인공이다. 경찰은 렉슨을 구금한 뒤 그의 서류를 말라위 검찰총장인 이스마엘의 사무실로 송치했지만, 개도국 여느 검찰 사무실처럼 이스마엘의 사무실도 서류가 산더미처럼 쌓여 있다. 그의 사무실 직원은 '전국'의 모든 형사 사건을 처리해야 한다. 〈로 앤 오더〉에 등장하는 뉴욕 지방 검사의 사무실에는 실제로 직원이 약 500명 근무하는 반면, 이스마엘의 사무실은 겨우 검사 10명으로 뉴욕보다 인구는 두 배가 많고 면적은 일곱 배 넓은 지역을 관할한다. 세 배나 더 많은 검사를 채용해야 하지만, 봉급이 너무 적어서 선뜻 일하겠다는 변호사를 구할 수 없다. 전국의 변호사 수도 겨우 300명에 불과하다.[34] 검사 10명은 살인 사건 900건이 포함된 심각한 중죄 1,500건을 처리해야 한다. 게다가 해마다 새로운 살인 사건은 600건씩 추가된다.

이스마엘이 기자에게 말했다. "범죄가 발생하면 서류를 이곳으로 보냅니다. 서류는 계속 들어오고, 그만큼 쌓입니다. 어떻게 합니까? 잘 정리해서 선반에 보관하는 수밖에 없습니다."

하지만 그 중에 한 서류는 제대로 보관하지 못했다. 바로 렉슨의 이름이 적혀 있는 서류다. 말라위는 검사 1인당 국민 수가 150만 명이니 분실된 서류가 더 있으리라는 것은 짐작하고도 남는다. 말라위 못지않게 아프리카의 다른 지역도 판결선고전 구금이 심각한 적체 상태에 이르렀다. 우간다에서 수감자 1만 8천 명 중 3분의 2는 재판을 받지 않았다. 마찬가지로 모잠비크의 수감자는 4분의 3이, 카메룬의 수감자는 5분의 4가 유죄 판결도 없이 참혹한 감옥에 갇혀 있다.[35]

비극의 후반부

사법 행정이 파탄 나 무고한 시민은 잘못된 혐의로 억울하게 감옥에서 고통당하고 있는데, 가난한 사람을 짓밟은 난폭한 가해자는 자유롭게 활보한다. 케냐 사람 댄의 경우처럼, 말라위에서도 법률 교육을 받지 않은 경찰 출신 검사가 기소를 담당하고 있어서 가장 위험하고 영리한 범죄자들은 제지도, 처벌도 받지 않는다. 말라위 고등법원장은 중범죄자를 기소한 사건은 "훈련을 충분히 받지 못한 검사에게는 대단히 복잡한 사건이다. 우리는 무고한 사람에게 유죄 판결을 내리고 석방하지 말아야 할 사람을 석방한다"라고 말한다.[36]

대다수 개도국에서 사법 파이프라인의 검찰 영역이 서서히 붕괴하면서 법을 집행할 수 없을 만큼 막혀 버렸다.[37] 안 그래도 검사 인력은 부족한데, 기존에 해결하지 못한 사건들에 더해 감당하기 힘든 폭력범죄가 계속 발생하면서 상황은 더욱 악화되고 있다. 결국 웃지 못할 크나큰 참극이 일어난다.[38]

숫자를 있는 그대로 이야기해 보자. 미국과 캐나다에는 인구 10만 명당 검사 수가 10.2명이다. 미국 인구는 3억 1천2백만 명이고 검사는 2만 7천 명이다. 검사 1인당 국민 수는 1만 2천 명이다. 개도국 검사 1인당 인구 비율은 아래 표와 같다.[39]

'과부하 장애'라는 복합적인 역학 때문에 이 숫자는 재난의 일부를 보여 주는 데 불과하다. 1950년대를 강타한 TV 시트콤 〈루시를 사랑해 *I Love Lucy*〉에는 과부하 장애를 보여 주는 유명한 장면이 있다. 루시 리카르도와 친구 에셀은 공장 컨베이어 위로 지나가는 초콜릿을 포장하는 작업을 한다. 초콜릿이 지나가면 재빨리 종이로 싸서 다음 포장 단계를

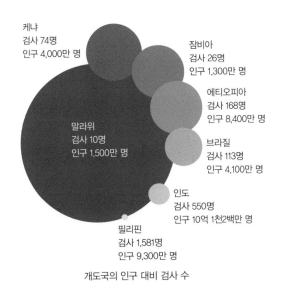

개도국의 인구 대비 검사 수

위해 다시 벨트 위에 얹어야 한다. 처음에는 무난하게 포장을 했지만, 벨트 속도가 점점 빨라지자 우스꽝스러운 행동을 시작한다. 두 사람은 작업량을 따라잡지 못하는 무능을 극복하(고 숨기)기 위해 갖은 방법을 총동원하지만, 한 번 뒤처진 작업량은 도저히 따라잡을 수 없다. 그래서 초콜릿을 입 속, 옷 속, 모자 속에 넣고 바닥에 버리는 등 어디든 손이 닿는 곳이면 미친 듯이 초콜릿을 감춘다. 그러다 결국엔 루시가 불쑥 내뱉는다. "에셀! 이건 도저히 이길 수 없는 싸움이야!" 스튜디오의 방청객은 불가능한 일을 따라잡으려고 애쓰는 두 사람의 우스꽝스러운 몸짓에 배꼽을 잡고 웃는다. 일은 하면 할수록 더 악화될 뿐이다.

형사사법제도는 사회에서 발생한 형사 사건이 쏟아져 들어오는 컨베이어 벨트다. 사건은 끝도 없다. 사건을 처리할 검사 인력이 부족하면 지금 있는 검사들은 차츰 뒤처질 것이고 '갈수록' 한 사건도 제대로 처리하지 못하게 될 것이다.

이를테면 앞의 그림에서 검사 1인당 국민 수가 6만 명인 필리핀은 큰 문제가 없을 것처럼 보인다. 특히 아프리카 여러 국가들에 비하면 상황이 훨씬 낫다. 하지만 미국에 비해 인력은 5분의 1 수준이고 범죄율은 비슷하거나 더 높기 때문에 필리핀 검사가 처리해야 하는 사건은 두 배가 아니라 다섯 배 더 많다. 결국 상황은 해마다 복합적으로 더 악화된다. 전문가들에 따르면, 사건이 과중되면 검사들은 폭력을 "없애는 데 도움은커녕 오히려 큰 장애물로 변한다."[40] 실제로 필리핀의 형사 사건은 재판까지 평균 5-6년이 걸리고, 10년이 걸리는 사건도 수두룩하다.[41]

통계에서 볼 수 있듯이, 필리핀은 대다수 개도국보다 형편이 훨씬 낫다. 그런데도 필리핀 사람들은 검사가 처리할 사건이 너무 많기 때문에 범죄 피해자가 공판 검사를 위해 수사, 탐문, 법리 분석, 논증을 모두 맡아서 처리할 법률가를 따로 구하지 않으면 가해자를 제대로 기소할 수 없다는 사실을 잘 알고 있다. 하지만 스스로 법률가를 구할 수 없는 가난한 사람(약 1달러로 하루를 사는 필리핀인 2천5백만 명[42])에게는 검찰은 없는 것이나 마찬가지다.

유엔 마약범죄사무소 전문가들은 케냐의 몇 안 되는 검사들이 처리해야 하는 막대한 형사 사건 건수를 확인하고는, 사건을 제대로 준비하고 기소하는 케냐 검사가 "있을 것 같지 않다"[43]고 말했다. 인도 대법원 판사들은 "검사의 심각한 인력난"[44]을 개탄하고, 검사들이 재판에서 유죄 입증에 실패하는 범죄 용의자가 91퍼센트에 달하는 마하라슈트라(인구가 천만이 넘는 도시 뭄바이가 있는 곳) 같은 주의 상황을 비난한다.[45] 실제로 인도 검사의 유죄 판결률은 지난 40년간 꾸준히 하락했다. 인도 범죄수사국의 고위 간부는 이것은 "공공 사법제도의 효과가 없다"는 것을 분명히 보여 주는 지표라고 말한다.[46] 그런가 하면, 라틴아메리카 과테말라의 형사사법제도에서는 범죄 용의자의 유죄를 입증하지 못하는 경우가 94퍼센트에 이른다. 1심 재판 전에 철회되는 사건이 대다수다.[47] 볼리비아 검사의 패소율은 86-88퍼센트다.[48] 브라질의 경우, 미국 국무부는 "범죄 유죄 판결이 드물다"라고 간단히 평한다.[49]

물론 검찰의 기본 직무가 파탄에 이른 현실은 거의 주목을 끌지 못하고, 개도국 형사사법제도의 나머지 파이프라인과 더불어 눈에 띄지 않게 묻혀 있다. 하지만 수백만 빈민에게 미치는 결과는 무시무시하다. 수사를 하지 못해서 억울하게 기소된 가난한 사람은 감옥에서 썩어야 하고, 기소되지 않은 잔인한 약탈자가 빈민을 짐승처럼 마음대로 착취하는, 천지가 완전히 뒤집힌 세상에서 살아야 하기 때문이다.

마지막 부분: 법원

법원은 일 처리가 신속하고 공정해야 믿을 수 있다. 적정한 시간을 들여 합리적인 신뢰성을 가지고 피고인의 유무죄를 판단해야 한다. 물론 유무죄 판단은 여간 어려운 일이 아니어서, 지난 수천 년 동안 사회마다 이러한 시스템 개선을 위해 애쓰고 있다. 재판 과정은 수준 높은 '질'을 유지해야 한다. 그렇지 못할 경우 법원은 잘못된 판결을 내리게 되고, 잘못된 판결이 반복되면 법원은 시민에게 도움은커녕 해만 끼치게 된다. 둘째, 법원은 이 쉽지 않은 재판을 합리적인 속도로 처리해야 한다. 사람들은 사건이 해결될 때까지 국가 공권력에 시달려야 하고, 범죄를 억제하는 강제력의 가치는 빈도와 확실성에 비례하며, 사건은 그야말로 계속 발생하기 때문이다.

개도국 빈민에게는 애석한 일이지만, 역기능으로 거의 마비되다시피 한 형사 법원은 잘못된 판결을 내리고 사람들을 함부로 대한다. 간혹 법원이 부자들을 위해서는 일을 제대로 처리하지 않느냐는 점은 중요하지 않을 뿐더러 이 책의 취지에도 벗어난다. 의미 있는 공공 사법제도는 가난한 사람들을 위해 작동해야 한다. 법원이 빈민을 위해 어떻게 일하는지 알고 싶다면, 그들과 더불어 법원 제도의 파이프 속으로 들어가 그들이 무엇을 보고 어떤 대우를 받는지 직접 체험해 보아야 한다.

나는 전 세계 개도국들에서 재판을 지켜보면서, 이상한 나라의 앨리스가 된 느낌을 자주 받았다. 앨리스는 하트 잭이 타르트를 훔친 혐의로 재판을 받는 장면을 지켜본다. 법정이 등장하는 책들을 읽은 적이 있는 앨리스는 "법정에 있는 거의 모든 것의 이름을 알고 있어서 기뻤다. '큰 가발을 쓴 걸 보니 저 사람은 판사야.'" 앨리스는 '배심원석'과 '배심원'을 정확히 구분했다. 그러고는 마침내 "제 나이 또래에 그 모든 뜻을 아는 여자아이는 드물다는 마땅한 생각이 들자 마음이 뿌듯했다." 마찬가지로 나는 동료들과 함께 법정에 앉아서 이렇게 생각했다. "내가 다 공부한 내용이야. 나는 변호사라고. 여기서 일어나는 일은 다 잘 알지."

하지만 재판이 시작되면, 나는 앨리스처럼 혼란과 모순과 역기능의 소용돌이에서 완전히 길을 잃곤 했다. 루이스 캐럴의 이야기에서 앨리스는 하트 여왕과 왕이 주관하는 법정에서 앞뒤가 맞지 않는 말, 열정적이지만 이해할 수 없는 말, 철자가 뒤바뀌어 귀에 거슬리는 말이 빙글빙글 돌아가는 혼돈을 지켜본다. 마침내 앨리스가 증인석에 앉자 여왕은 논리를 굽히지 않는 앨리스의 목을 치겠다고 위협하고, 앨리스는 잠에서 깬다. 마치 캐럴은 세계 빈민이 생사가 걸린 문제를 해결하기 위해 의지할 수밖에 없는 법원의 '논리'를 체험한 이야기를 하고 있는 듯하다. 개도국 법정에서는 앨리스가 본 초현실적 광경과 똑같은 장면이 날마다 펼쳐진다. 인도에서 아동과 성인 남녀 수십 명을 수년 동안 노예로 부린 남자는 '휴정할 때까지' 구금 선고를 받았다. 죄인은 판사가 (화장실에 간다든지) 무슨 이유로든 휴정을 선언할 때까지 구금된다. 즉 곧장 풀려난다는 뜻이다. 우간다의 어느 빈털터리 과부는 날강도에게 빼앗긴 토지를 되찾으려고 막대한 수고와 비용을 들여 재판에 참석하는데도, 치안 판사는 무책임하게 '아홉 번'이나 나타나지 않았다. 볼리비아에서 아동을 강간한 교사에 대한 심리는 80회나 연기되었다. 피고인 변호사가 불참하기도 하고, 피고인이 와병중이라는 거짓말을 대기도 하고, 피고인이 감옥에서 숨기도 하는 등 이해할 수 없는 이유가 수두룩하다. 콜카타 법정에서 피고인 변호사들은 성인신매매 피해자 측 변호인을 얼마든지 구타하고 공격할 수 있으며, 겁에 질린 생존자는 난투극을 지켜볼 수밖에 없다. 필리핀 법정은 성인신매매 사건 재판이 끝나고 3년이 지난 후에야 판결을 내리는 이해할 수 없는 일을 벌이는데도 아무 징계도 받지 않는다. 심각할 정도로 사건이 적체된 아프리카 법정에서는, 재판의 증언과 변론은 판사가 직접…손으로…기록하는 속도로 진행되는데…이는…법원 속기사가…없기 때문이다.

사실 참을 수 없는 총체적 무능과 불의한 실책이 이어지는 상황은 전 세계 어느 곳에서나, 심지어 가장 부유한 국가에서도 일어날 수 있다. 하지만 빈민들 스스로가 강자에게 받는 부당한 처우를 당연하게 여기기 때문에 개도국 사회에서 이런 일이 머리기사로 뜨거나 세간의 주목을 끄는 경우는 없다.

개도국 법률 전문가들과 이런 기관들을 연구하는 소수의 국제 연구자들은 재판 절차를 지연하고 빈민에게 불리한 결과를 낳는 시스템을 손쉽게 확인할 수 있다.

비리의 구멍

형사 법원에 만연한 부정부패(곧 판사가 돈을 받고 잘못된 판결을 내리는 문제)를 차치하고라도, 여러 중요한 영역에 생긴 큰 구멍에서 이런 왜곡된 결과가 비롯된다. 형사 재판은 매우 정교하고 섬세한 과정으로, 전문 지식과 기술이 필요하다. 어느 공공 분야든 지나친 전문화는 위험하지만, 판사의 직무는 무척 어렵고 위험해서 반드시 전문 지식을 갖춰야 한다. 개도국 빈민은 여력이 없기 때문에 범죄의 피해자가 되거나 범죄자로 기소되었을 때 이런 전문 지식의 혜택을 받지 못한다는 것이 문제다.

따라서 형사 법원 판사는 재판 과정에서 변호사를 선임할 여력이 있는 한쪽의 이야기만 일방적으로 듣고 잘못된 판결을 내린다. 가난한 사람이 변호사를 쓰려면 없는 돈을 만들어야 할 뿐 아니라, 개도국 변호사는 수십억 빈민이 평생 한 사람도 만나기 힘들 정도로 수가 적다.[50] 차드에서는 10명이 채 안 되는 변호사들이 600만 명을 위해 일한다.[51] 아프리카 9개국 인구는 모두 합쳐 1억 1400만 명인데도 변호사는 고작 2,550명에 불과하다. 이 숫자는 인구 60만 명인 미국 버몬트 주에서 활동하는 변호사 수와 같다.[52] 아프리카 일반 시민들이 실제로 만날 수 있는 변호사는 이런 통계에 나타난 것보다 훨씬 더 적은데, 아프리카인 대다수는 여전히 시골에 살고 대다수 변호사는 멀리 떨어진 도시에 있기 때문이다. 실제로 인구가 4200만인 탄자니아의 21개 지방 대부분에는 변호사가 한 사람도 없다. 우간다는 전체 56개 주 중에 변호사가 있는 곳은 '9개 주뿐'이다.[53]

미국인들이 이런 사실을 안다면 변호사를 피해서 아프리카 시골로 가야겠다는 농담을 할 테고, 모두 그 말뜻을 알아듣고 웃을 것이다. 하지만 렉슨이 자신의 서류를 찾아 줄 변호사가 없어서 말라위 감옥에서 6년이나 썩었다는 현실을 알면 아무도 웃지 않을 것이다. 이것은 마치 살을 빼기 위해 기아에 허덕이는 남수단으로 가겠다는 농담이나 마찬가지다. 비만과 기아는 둘 다 건강의 위기다. 비만과 기아는 우리 시대의 인간을 부와 빈곤으로 양분하는 세계적 격차를 분명하게 보여 준다.

하지만 문제는 피해자와 피고인을 위한 법정 변호사가 부족한 데서 그치지 않는다. 개도국, 특히 아프리카에는 변호사가 귀하기 때문에 법대에서 정식 교육을 받지 않은 '판사'가 많다. 변호사만 사회 분쟁을 해결하고 갈등을 조정하는 것은 아니지만, 우리 중에 정식 교육도 받지 않고 자격증도 없는 판사가 형사사법제도의 강제력을 행사하는 사회에서 살 수 있는 사람은 없을 것이다. 개도국 법정에 출두하는 가난한 사람(특히 여성)은 무식하고 완고하고 신뢰할 수 없는 판사의 부족한 전문 지식뿐 아니라 비인간적인 광대놀음까지 감내해야 한다.

우리는 개도국 빈민들이 해당 형법을 전혀 모르는 판사와 치안 판사에게 재판을 받는 광경을 보았다. 그들은 재판석에 앉아 법전이 뭐라든지 "상관하지 않는다"고 선언하거나, 특권층 가해자들에게 불리한 판결을 내릴 수 없다고 말하거나, 법적 권리는 법전에 기록되어 있으므로 문맹들을 위해 집행할 수 없다고 설명하거나, 혹은 변덕이 죽 끓듯 하여 '피해자가 극도의 트라우마로 병원에 입원해 있는데도' 피해자가 법정에 출두하지 않으면 아동 강간 사건을 폐기하겠다고 협박하기도 한다. 우리는 개도국 다른 법조인들에게서도 비슷한 이야기를 들었다.

우리가 일하는 한 아프리카 국가의 IJM 동료들이 검찰과 함께 아동 성폭행 사건 기초 실태를 조사했다. 다른 증거가 확실한데도, 용의자가 혐의를 부인하는 경우, 판사가 무죄를 선고할 확률이 89퍼센트나 되는 것을 밝혀냈다. 더군다나, 삽입 증거, 현장 적발, 자세한 목격자 진술에도 불구하고 가해자가 피해자 가족의 증언이 위증이라고 주장하면 판사는 피고인을 100퍼센트 석방했다.

다시 한 번 강조하지만, 정신 나간 판사들은 전 세계 어디에나 있고 개도국 법원에도 훌륭하고 근면하고 용기 있는 법관들이 많다. 하지만 개도국 사법제도에 대한 투자가 부족하다는 것은 수백만 빈민의 사건을 처리하는 법률가들의 질이 형편없이 낮다는 뜻이다. 여러 저소득국과 중소득국에서는 대개 민간 분야에서 일자리를 찾지 못한 변호사가 판사가 된다.

하지만 훌륭한 판사들조차 직무 수행이나 공정한 판결에 필요한 기본 자료나 시설이 부족한 경우가 다반사다. 법관들은 IJM 변호사들에게 자신에게는 자료가 없으므로 사전에 사진 복사본을 제출하지 않은 사건이나 법전은 인용하지 말라고 요구한다. 여러 개도국에는 법학 교재 같은 교육 자료가 부족하기 때문에 과거에 영국 식민지였던 나라의 판사들은 오늘날 자국의 현실과 어긋나는데도 영국 법을 해석한 교과서에 의존하는 일이 빈번하다.[54]

이런 법관들이 판결을 내리는 법원에는 부정할 수 없이 분명하고 결정적인 증거, 곧 영상녹화물을 조사할 수 있는 장비와 절차가 부족한 경우가 태반이다. 판사들은 노예주와 인신매매범이 잔인한 폭력을 자랑스럽게 떠벌리는 영상물을 증거로 채택할 수 없고 채택하지도 않는다. 법정에서 영상물을 시청할 장비도 없고, 그런 증거를 다루어 본 적도 없으며, 진위 여부를 확인할 수 있는 절차도 없기 때문이다. 최빈국의 법원은 이보다 더 기본적이라고 할 수 있는 종이조차 태부족이다. 말라위 법원은 매월 중순이면 종이가 부족해 종이가 도착할 때까지 사건 심리를 중단해야 한다.[55] 영장이나 소환장을 발급받거나 사건 기록을 준비하기 위해서는 피해자가 직접 법원 직원이나 경찰에 돈을 내야 한다. 법원에는 소송 절차를 기록하기 위한 종이나 잉크를 마련할 돈이 부족하기 때문이다.

'공공' 사법제도의 자원이 부족하다는 것은 (뇌물 이외에도) 법원 사무에 필요한 각종 수수료와 비용을 가난한 사람이 지불할 수밖에 없다는 뜻이다. 예를 들어 우간다 IJM 동료들이 작성한 기록에 따르면, 한 가난한 과부는 난폭한 도둑들이 강탈한 500달러의 토지를 되찾으려고 교통비 200달러(수도 방문 16회, 지방 법원과 사무소 방문에 따른 버스 이용 40회 이상)와 추가 비용과 수수료 140달러(물론 과부에게 요구하는 뇌물까지)를 지출해야 했다. 이런 난장판을 스스로 헤쳐 나가는 과부는 언젠가는 자신과 아이들이 집과 텃밭을 되찾을 것이라는 희망을 품고 기도할 수밖에 없다.

공공 사법제도에서 법정과 피해자, 증인의 안전을 위한 기본 자원이 부족한 것 역시 큰 문제다. 기본적인 증인 보호 제도도 없고, 법정 출입전에 피고인 측 무리의 무기를 압수하는 절차도 없다. 개도국 형사 법원에서 증인 보호와 법정 안전의 필요성은 여기서 간단히 언급만 하고 넘어가지만, 부유한 사회의 법원에서 이런 제도적 장치 없이 형사사법제도를 운용한다는 것은 상상할 수도 없는 일이다.

빙하의 속도로 움직이는 사법제도

개도국 법원의 빈한한 상태와 심각한 기능 마비, 막대한 지연과 적체로 수십억 빈민에게 사법제도는 실제로 정지된 것이나 다름없다. 이런 지연과 적체는 부분적으로 판사 부족과 수십 년 동안 계속된 사법제도에 대한 투자 부족에서 비롯된다. 인도에서 판사직 3분의 1은 공석이다. 시민 100만 명당 법관 수가 겨우 11명이라는 뜻이다. 인도에 비해 미국은 판사 수가 10배나 더 많고, 유럽은 12-20배나 더 많다.[56] 인도는 적체된 사건 수가 3,200만 건 이상이다. 판사 한 사람이 처리해야 할 사건이 2천 건이 넘는다. 게다가 날마다 처리해야 할 사무도 따로 있다. 분석가들은 인도 법원이 적체 사건을 모두 처리하려면 350-400년이 걸릴 것으로 예상한다.[57]

아프리카의 상황은 더 암울해서, 아프리카 전체를 한 지역으로 묶으면 전 세계 다른 어떤 지역보다 판사 수가 적다.* 유엔 마약범죄사무소 분석가들은 폭력과 범죄가 아프리카 개발에 미치는 영향에 대해 이렇게 말했다. "판사가 부족하다는 것은 형사 사건 처리가 더디다는 뜻이다. 사건 처리 속도는 승소 가능성과 직접 연관이 있기 때문에 중요하다. 시간이 갈수록 피해자는 의지가 약해지고 목격자는 자취를 감춘다. 특히 처음부터 목격자 소재를 파악하기 힘든 지역에서는 더욱 그렇다."[58]

필리핀 같은 나라는 시민 10만 명당 법관 수가 고작 2.5명이다. 법관

---

* 케냐는 사법부 정원이 4,681명이지만 재직자 수는 겨우 1,456명이다. 사법관으로 범위를 좁히면, 치안 판사 정원은 554명이나 재직자는 277명이다.

집무실의 거의 4분의 1은 비어 있고, 일부 지방에는 현직 판사가 없는 곳도 있다. 전국적으로 적체 사건만 150만 건이고, 최근 형사 사건 처리 기간은 약 6년이다.[59] 브라질은 한 해에 미제 사건 적체 건수가 4배로 증가한다. 설문 조사에 따르면, 법원은 경찰에 이어 두 번째로 신뢰도가 낮은 정부기관이다.[60] 미주인권위원회에 따르면, 볼리비아 법원은 21개월 동안 전체 사건의 단 5퍼센트만을 처리했고 적체되고 연기된 사건의 수가 어마어마했다.

개도국 바깥 사람들은 전혀 상상할 수 없는 제도상의 문제점은 또 있다. 재판은 며칠 안에 끝나지 않고 몇 달, 몇 년에 걸쳐 조금씩 나누어 진행된다. 필리핀과 인도를 비롯한 여러 개도국 법원은 사건 일부에 대한 증거와 변론을 심리하고 재판을 연기한다. 그다음 재판은 몇 달 후에 열린다. 이어서 일부 심리가 끝나면 재판을 다시 몇 달 동안 연기한다. 이런 과정이 무기한 반복된다. 정회와 연기, 지연이 반복되면서, 다음 날 열려야 할 재판이 6개월, 9개월, 12개월 후에 열리는 일이 빈번하다. 나흘이면 끝날 재판을 1년에서 2년을 끈다. 비능률도 이런 비능률이 없다. 피해자, 피고인, 변호사, 증인, 판사 들은 모두 사건을 다시 숙지해야 하고, 몇 년 동안 증인을 관리해야 하고, 피해자와 피고인은 몇 년 동안 괴로운 소송에서 벗어날 수 없고, 수시로 바뀌는 검사와 판사는 사건을 처음부터 다시 파악해야 하기 때문이다.

마리암마의 노예 노동과 윤간 사건도 사건이 해결되기까지 6년 동안 검사가 일곱 번이나 바뀌었다. 사시미타는 그때마다 검사에게 법과 증거를 다시 설명했다. 한번은 사건을 맡은 새로운 판사가 직접 아무런 증거 심리도 하지 않고 피고인을 석방한 적도 있다.

나는 방갈로르에서 사시미타를 대동하고 인도 부장검사와 저녁식사를 함께한 적이 있다. 부장검사는 재판을 조금씩 나누어 하는 이유가 재판을 '하루하루' 처리하기에는 사건이 '너무 많아서'라고 했다.

"그러면 재판을 조금씩 나누어 진행하면 그 많은 사건이 처리가 됩니까?" 놀란 사시미타가 되도록 정중하게 물었다.

진지한 부장검사는 눈썹을 찡그린 채 난처한 표정으로 사시미타를 쳐다보았다.

아무 대답을 듣지 못한 사시미타는 질문을 두세 번 고쳐 말한 후에 다시 물었다. "이를테면 제가 숙제로 책 열 권을 읽어야 해요. 그런데 선생님이 스무 권을 더 주시는 거예요. 그러고는 어느 책이든 한 장章을 읽으면 반드시 다른 책을 읽어야 한다고 한다면, 제가 그 많은 책을 읽는데 무슨 도움이 됩니까?"

검찰청에서 30년도 넘게 일한 부장검사는 대답을 듣지 못하면서도 계속 질문을 던지는 비법조인 친구를 쳐다보았다. 잠시 어색한 분위기가 감돌았지만, 사시미타는 요령 있게 화제를 바꾸었다. 이것은 '전혀 이치에 맞지 않는데도' 변할 조짐이 없는 여러 역기능적 관행에 휘말리고 있는 개도국 법원의 모습을 보여 주는 예다.

방갈로르 곳곳에 있는 IT 회사에서 이런 어리석은 제도상의 문제가 드러났다면 30분 만에 바로잡혔을 것이다.

이것은 비단 인도만의 문제가 아니다. 지난 1980년대에 필리핀 변호사협회는 재판을 조금씩 나누어 하는 관행을 버리고 한 번에 이어서 할 것을 법원에 권고했다. 1990년에는 대법원도 법원에 같은 내용의 명령을 내렸다.[61] 하지만 이것은 아직도 시행되지 않고 있다. 필리핀 IJM 동료들은 이처럼 제도의 숨통을 틀어막고 있는 관행에 대해 증언하면서, 10년 넘게 목격한 수백 건의 재판 중에서 사건을 매일 처리한 경우는 단 한 번도 보지 못했다고 했다.

재판을 조금씩 나누어 한다면 재판일이 무척 중요할 텐데, 변호사도 증인도 피고인도 판사조차도 재판에 출석할 '의무'가 없다는 사실을 알면 사람들은 깜짝 놀랄 것이다. 어느 한쪽이 출석하지 않으면 재판은 다른 날로 연기되는데, 어느 쪽도 제대로 제재를 받지 않는다.

볼리비아에 있는 IJM 동료들의 경우, 공판전준비절차의 85퍼센트가 취소되고, 공판전준비절차의 70퍼센트가 취소 후 일정이 변경된다. 인도에서 IJM이 기소에 성공한 노예제 사건에서 IJM 변호사들은 6년 동안 자동차로 왕복 네 시간이 걸리는 법원을 45회 방문했다. 그중 절반은 취소되는 바람에 헛걸음을 했다. 성범죄 생존 아동들과 트라우마를 앓는 취약한 피해자들은 심리일 변경, 판사 교체, 서류 분실, 변호사 교체 등의 이유로 두서너 번이나 같은 증언을 하고 또 해야 했다. 동아프리카 의사들은 법원에 헛걸음하는 것이 싫어서 피해자 진찰을 거부한다고 한다. 아프리카와 남아시아의 IJM 동료들은 피고인이 감옥에서 숨거나 법원으로 가는 차에 타기를 거부한다는 이유로 형사 재판이 연기되는 경우가 있었다. 볼리비아에서는 시민배심원들이 판사와 함께 형사 사건의 평결을 내려야 한다(미국의 배심원제와 비슷하다). 하지만 법원에서 배심원 고지서를 보내지 않아서 아무도 법원에 나오지 않았다. 고지서를 받은 시민이 법원에 가지 않더라도 법원은 강제력이 없다. 위험한 범죄자와 아동 강간범에 대한 형사 사건에 진척이 없는 것은 단순히 배심원이 모이지 않기 때문이다.

외부 사람들이 깜짝 놀랄 일은 또 있다. 개도국 법원에서는 진실만을 말할 의무가 없다. 그래서 위증죄로 처벌받는 경우는 전례가 없다시피 하다. 법정에서 처벌에 대한 두려움 없이 뻔뻔스럽게 진술하는 수많은 위증 가운데서 진실을 찾느라 법원은 결국 막대한 시간을 허비한다.

예를 들어, 필리핀 IJM이 맡은 전형적인 아동 강간 사건을 한번 보자. 우리의 의뢰인인 용감한 15세 소녀가 증인석에 앉아 열세 살 때 빈민촌 이웃 남자에게 강간당한 사실을 증언했다. 하지만 피고인의 세 친구는, 피해자의 이모에게서 범인은 피해자의 삼촌이라는 말을 들었다고 증언하며 피해자의 증언에 합리적인 의혹을 제시했다. 그러나 피해자의 삼촌은 멀리 떨어진 섬에 살면서 주로 수출 화물선의 요리사로 일했다. 몇 달간 비용을 들여 고생한 끝에 IJM 법무팀은 용의자인 삼촌이 범행 시간에 볼티모어에 정박해 있었다는 증거를 확보했다. 하지만 강간범을 그냥 풀어줄 수도 있는 위증을 한 세 친구는 어떤 처벌도 받지 않았다.

사법 체계의 파이프라인에 잠복해 있는 이런 지루한 역학을 반드시 알아야 하는 것은 재판 연기 자체가 형사사법제도를 거의 무용지물로 만들 수 있기 때문이다. 형사사법제도가 합리적인 속도로 범죄자를 체포하여 처벌하지 않으면, 구속되는 범죄자가 적고 준엄한 처벌은 드물고 불확실하여 억제력의 신뢰성이 떨어지기 때문에 제도는 쓸모없어진다.[62]

더욱이 형사 판결 과정이 너무 길면 가난한 피해자와 증인들은 재판에 계속 참여할 수 없다. 비용도 많이 들고, 하루하루 먹고사는 일이 말할 수 없이 힘겹기 때문이다. 그런데 피해자가 재판에 참여하지 않으면 법원은 범죄자를 처벌할 수 없다.

재판이 지연되는 비효율적인 제도에서 시민들은 고발과 고소에 소극적일 수밖에 없다. 제도의 비효율성은 더욱 심화된다.

인도 대법원의 두 대법관은 직설적으로 말한다. "제도는 이미 썩었다. 일반인이 신속한 재판에서 기대하는 것이 무엇이겠는가? 대법원에서조차 특별청원 최종심은 8년이 걸린다.…'우리는 모두 열심히 훈화한다. 사법연수원에 가면 판사들에게 사건을 빨리 처리하라고 질책한다. 하지만 인프라가 어디에 있나?'"

《인디안 익스프레스》 사설은 그들의 물음에 이렇게 답했다. "요컨대 인프라는 존재하지 않는다."

2012년 12월, 수도 델리에서 버스에 탄 한 여대생이 집단 성폭행으로 사망한 사건이 있었다. 이 섬뜩한 뉴스가 전해지면서 파탄 난 형사사법제도에 대한 인도인들의 분노가 폭발했다. 인도 전역에서 시위대 수천 명이 거리를 점령하고, 여성에 대한 폭력과 부패한 정치 계급과 무능한 사법 기관이 낳은 사면 문화를 규탄했다.[63] 비극적인 사건 이후 세간의 주목 속에 정부가 설치한 베르마 위원회Verma Commission가 내린 결론에는 우리가 지금껏 논의한 내용이 대부분 요약되어 있다. "현재 법치를 좀먹는 불안한 환경의 기저 원인은 필요한 법제가 부족해서가 아니라 훌륭한 거버넌스가 부재하기 때문이다." 보고서는 인도 전문가들이 형사사법제도를 고치는 '방법'을 모르는 것이 아니라고 개탄한다. "정치 참여에 대한 무관심" 때문에 무더기로 쌓여 있는 개혁안들은 "수십 년째 계속 먼지만 쌓이고 있다." 그 결과 성폭력에 관한 한, "경찰의 강간 사건 처리 능력은 근본적으로 무능한 것이 분명하다."[64]

사면에서 보호로

세상이 세계 빈곤퇴치에 대해 배운 유익한 교훈들은, 어떻게 해서든 날마다 일어나 가난이라는 혹독한 현실의 난장을 힘겹게 뚫고 나가는 빈민 한 사람 한 사람과 한결같은 시간을 가까이 동행하면서 얻은 것이다. 뿐만 아니라, 빈민의 곁을 오래 지키고 충분히 가까워지면 빈곤 이면에 숨은 무서운 폭력의 광대한 지하세계를 희미하게나마 볼 수 있다.

전문가들은 이런 폭력 세력을 해결하기 위해서 세계 빈민에게 합리적으로 기능하는 법집행 제도—전문가들 스스로도 자신의 공동체에 필수라고 여기는—가 필요하다는 것을 공공연히 인정하기 시작하고 있다. 하지만 그동안 외부 세계에 잘 드러나지 않았던 사실은, 그처럼 기능하는 형사사법제도가 대다수 세계 빈민에게 '존재하지 않는다'는 것이었다.

풀리처상을 수상한 저널리스트 캐서린 부는 인도 빈민촌 사람들과 3년을 보내고 얼마 전 미국으로 귀국한 후, 자신이 배운 것에 대해 공영 라디오방송국 NPR과 회견을 했다. 그녀가 빈민촌 사람들과 그들의 고통, 꿈에 대해 배운 내용은 그녀의 역작 《안나와디의 아이들》에 잘 나와 있다. 하지만 그날 NPR과의 회견에서, 그녀는 귀국 후 깨달은 고국의 고마운 점에 대해 언급했다.

> 하지만 지금 내가 이전보다 미국에 대해 고맙게 여기는 것은 비교적 제 기능을 하는 형사사법제도이다. 여러 저소득 사회에서 경찰서는 갈 만한 곳이 아니다.…우범지역에서 범죄 피해자가 생기면 [미국인들은] 911에 신고한다. 그들은 경찰과 제도가 자신을 또다시 피해자로 만들 것이라고는 생각하지 않는다.
>
> 제 기능을 전혀 하지 못하는 인도의 형사사법제도는 매우 착취적이고 가난한 사람이 죽어도 관심조차 갖지 않는다. 그래서 신고하는 사람은 도리어 생계가 위험해진다. 아주 나쁜 상황이다. 그래서…이제 나는 우리가 가진 몇몇 제도를 더욱 고맙게 여긴다.[65]

부는 미국의 법집행이 완벽하다거나 인도나 다른 나라들이 미국 법제를 받아들여야 한다고 말하지 않는다. 그저 자신이 알게 된 가난한 사람들에게는 합리적으로 기능하는 법집행이 없었다고 말하는 것뿐이다. 이것은 시급한 현실이다. 우리는 이를 통해 파괴적인 무법 상태의 나쁜 면을 알 수 있을 뿐 아니라, 빈민이 가난에서 안전하게 벗어날 수 있게 보호하는 제 구실을 하는 사법제도의 대단히 '좋은 면'도 알 수 있기 때문이다. 우리는 빈민이 경제적으로 자립할 수 있는 기회를 불법 폭력이 파괴하고 그들을 빈곤에 가두는 현실을 보았다(3장). 파탄 난 사법제도가 문제를 악화시키는 것도 보았다. 하지만 다른 면에서, 세계은행이 대규모로 야심차게 실시했지만 널리 알려지지 않은 조사에 따르면, 사법제도는 국가의 경제적 부의 개발에 기여하는 주요한 요소다. 파탄에 이른 사법제도의 역기능을 해결하는 것이 곧 빈민에게 부를 창출하는 기회를 마련하는 매우 강력한 방법이란 것이다.

세계은행은 《국가의 부는 어디에 있는가 Where Is the Wealth of Nations》라는 연구에서 다양한 자본이 국가의 경제 개발에 어떻게 기여하는지 조사했다. 세계은행의 예리한 회귀분석가들은 국가 자본의 익숙한 자원부터 분석을 시작했다. 첫째, 천연자원(석유, 가스, 광물, 산림, 농경지 등). 둘째, 인공 자원(기계, 장비, 인프라, 도시 개발지 등). 하지만 경제학자들은 유형 자본의 이 두 가지 자원은 국가 재산의 20-40퍼센트만 차지한다고 밝혔다. 국가 재산의 대부분을 차지하는 것은 제도(교육, 거버넌스, 재산권, 사법제도 등)라는 '무형' 자본인데, 이것이 인간의 노동과 천연·인공 자원의

■ 1,000달러

	부유한 나라	가난한 나라
총액	44만 달러	7,216달러
천연	✻✻✻✻✻✻✻✻✻✻	✻✻
인공	(아이콘 반복)	🚗
무형	(아이콘 반복)	(아이콘)

국가의 무형 재산

생산성을 높인다.[66]

앞의 그림을 보면 직관적으로 교육이 중요하다는 생각이 들지 않는가? 천연자원이 풍부하고 설비와 인프라가 충분하지만 사람들이 문맹이고 기술 혁신을 위한 기술자나 전문 지식이 없다면 고학력 노동자들을 배출하는 국가와 같은 속도로 발전할 수 없다. 경제 개발, 빈곤퇴치, 여학생을 위한 교육 확대에 관심 있는 사람들이 교육을 강조하는 이유가 여기에 있다. 교육은 중요하다.

그렇다. 사실 교육 제도는 국가 무형 자본에서 두 번째로 큰(36퍼센트) 요소다. 교육 제도의 가치가 1퍼센트 증가하면 무형 자본은 0.53퍼센트 증가한다. 교육은 마법처럼 부를 창출하고 사람들을 빈곤에서 구한다.

하지만 가장 큰 요소는 무엇일까? 세계은행이 깊이 파헤쳐 밝혀낸 사실에 따르면, 놀랍게도 경제 개발의 가장 중요한 제도는 국가 무형 자본의 57퍼센트를 차지하는 법치 제도(형사사법제도 포함)였다! 교육 제도의 가치가 1퍼센트 증가하면 무형 자본은 0.53퍼센트 증가하는 반면, 법치 제도의 가치가 1퍼센트 증가하면 무형 자본은 0.83퍼센트 증가한다.[67] 보고서가 내린 결론은 다음과 같다. 정책입안자들은 교육과 사법제도에 대한 투자가 "전체 부에서 무형 자본을 증대하는 가장 중요한 수단"이란 점을 믿어도 된다.

이런 회귀분석은 매우 복잡하고, 법치와 경제성장 사이의 직접적 인과 관계를 밝혀 설명하기란 여간 까다롭고 어려운 일이 아니다. 형사사법제도는 법치 제도의 하나에 불과하며, 경제가 성장해야 고질적인 빈곤이 사라질 것이라는 주장은 여전히 논란의 여지가 있다.

그렇기는 해도, 불법 폭력이 빈민의 경제 발전을 허물고 있다는 넘치는 자료, 가난한 사람을 보호하지 못하고 역기능으로 붕괴하는 사법제도에 관한 자료, 복잡다단한 사회에서 사법제도가 해야 할 기본 역할에 대한 보편적 인식을 종합하면, 기본 사법제도의 회복이 경제성장에 기여하는 가치에 대한 실증적 조사 결과가 논란에 종지부를 찍을지도 모른다. 사법이라는 이름에 부끄럽지 않은 제도를 만들어 폭력에서 빈민을 보호하는 힘겨운 싸움의 중요성을 인정하고 우선순위로 삼아야 할 때가 왔다.

《뉴욕 타임스》의 데이비드 브룩스는 특유의 상식과 명료함으로 이렇게 말했다.

> 법치가 없고 엘리트들이 약탈을 일삼는 나라에 온갖 NGO를 아무리 욱여넣어도 헛수고일 뿐이다.…요컨대 부정부패와 뇌물과 무질서에 정면으로 맞설 뜻이 없다면 할 수 있는 일은 많지 않다.[68]

위기감시기구Crisis Group의 이사이자 유엔 보스니아 특사인 패디 애쉬다운 경은 이렇게 말했다. "이제야 하는 말이지만 우리는 법치 제도를 먼저 정립했어야 했다. 제 기능을 하는 경제, 자유롭고 공정한 정치 제도, 시민사회 개발, 정책과 법원에 대한 대중의 신뢰, 모든 것이 거기에 달려 있기 때문이다."[69]

하지만 개도국에서 효과적으로 기능하는 형사사법제도를 반드시 먼저 정립해야 한다는 데 동의하더라도, 앞서 보았듯이 이 일은 무척 어렵고 위험하고 가능성이 낮다. 확신을 품고 힘든 싸움을 하기 위해서는 먼저 알아야 할 것이 있다. 개도국에서 이런 제도를 세우지 못하면 빈곤 퇴치의 꿈만 무너지는 것이 아니라 21세기 인류 번영을 위해 두 번째로 중요한 꿈도 이루지 못한다. 다음은 이 파괴된 두 번째 꿈을 살펴볼 차례다.

6장

산산이
부서진 꿈

불법 폭력의 공포에서 수십억 세계 빈민을 안전하게 보호하는 기본 법집행 제도를 마련하지 못한 크나큰 실패로, 극심한 가난을 퇴치하려는 꿈은 무너지고 말았다. 이와 비슷하게 또 다른 꿈이 지난 세기에 태동하여 지난 50년 동안 놀라운 역사적 진보를 이루어냈지만, 지구촌 빈민들에게는 쓰라린 현실의 절망을 안겼다. 곧 만인에게 기본 인권을 보장하기 위한 현대의 싸움이다. 20세기의 인권 혁명은 지난 천 년의 인류 역사에 가장 중요한 변화 중 하나다. 하지만 지난 세기 유례없는 경제 개발이 그러했듯, 인권 혁명도 일상적 폭력의 혼돈에서 가난한 사람을 보호하는 사법제도를 정립하지 못함으로써 수십억 빈민을 소외시켰다.

미국 민권 운동에서 인권 혁명은 일부 영역과 일부 사람들에게 자유를 선사하는 놀라운 쾌거를 이루었지만 마틴 루터 킹 주니어는 여전히 포로로 남아 있는 사람들이 있다고 설명했다. 킹은 불후의 연설 "나는 꿈이 있습니다"에서, 많은 사람에게 이루어졌지만 모두에게 이루어지지는 못한 미국의 꿈에 대해 말했다.

우리 공화국의 설계자들은 아름다운 언어로 헌법과 독립선언문을 적어 모든 미국인에게 상속될 약속어음에 서명했습니다. 이 어음은 모든 사람, 그렇습니다, 백인뿐 아니라 흑인까지 '생명과 자유, 행복 추구'라는 '양도할 수 없는 권리'를 보장받는다는 약속이었습니다. 오늘 분명한 것은 미국이 피부색이 다른 시민들에게 지급을 거부하고 있다는 것입니다. 미국은 이 신성한 약속을 지키지 않고 흑인에게 '잔고 부족' 도장이 찍힌 부도수표를 주었습니다.[1]

킹은 링컨기념관 계단에 서서 수백만 흑인 미국인에게 "풍성한 자유와 정의의 확보를 요구하는 즉시 받을 수 있는 수표"를 발행한 "중대한 법령"인 노예해방선언으로 얻은 역사적 승리를 기념했다. 하지만 킹은 연설에서 미국이 흑인 시민들에게 약속을 지키지 않았다는 추문을 폭로했다. 감동적인 인권선언을 헌법에 기록하고 노예해방을 선언해 놓고도 미국은 흑인들의 꿈을 실현하지 못했다. 권리를 '집행'하고 "법의 공평한 보호"를 마련하는 일을 하지 않았기 때문이다. 킹은 말했다. '집행하지 않는' 권리의 선언과 입법은 출금할 수 없는 수표처럼 수익자에게 무용지물이라고.

오늘날 전 세계의 유리와 마리암마, 로라 들에게 기회를 준다면 그들도 "나는 꿈이 있습니다"라는 연설을 할 것이다. 그들이 들고 있는 약속어음은 미국의 헌법과 독립선언문이 아니라 세계인권선언이다. 그들이 찾아갈 '정의의 은행'은 공공 사법제도지만 이 제도는 파산한 지 오래다. 그들은 연설을 통해 개도국에 효과적인 공공 사법제도가 정립되지 않아 부도수표를 받았다는 추문을 폭로할 것이다. 현대 인권운동은 큰 승리를 거두었지만, 규제되지 않는 일상의 폭력범죄에서 자유롭지 못한 그들의 가장 절박한 인권 문제는 해결하지 못하고 있다.

현대 인권혁명의 설계자들은 그들의 꿈이 세 단계에 걸쳐 이루어진다는 것을 이해했다. 그들은 먼저 인권 '사상'을 명확히 규정하고 인권을 법으로 제정한 후 법집행을 통해 인권을 '집행'하도록 설계했다.

놀랍게도 현대 인권운동은 첫 두 단계에서는 거대한 저항에 맞서 장렬한 쾌거를 이루었다. 하지만 애석하게도 세 번째 단계는 여태 밟지 못했다. 지금은 우리가 전 세계의 유리와 마리암마, 로라 들을 위해 마지막 필수 단계에 자원과 힘을 집중할 시점이다. 즉 법률에 명시된 기본 인권을 집행하는 공공 사법제도를 세워야 한다.

20세기, 상상할 수 없었던 것이 주류가 되다

제2차 세계대전 직후 현대 인권운동의 초기 개척자들은 세계인권선언이 채택되는 뜻밖의 승리를 거두었다. 불과 몇 년 전까지도 이것을 상상할 수 없었던 이유를 알려면 1940년대 중반, 주권 국가가 자국민을 대하는 방식에 더 높은 권위로 간섭한다는 것을 생각할 수 없었던 시대로 돌아가야 한다. 21세기 독자들은 그 당시 인권 사상이 동시대인에게 "전통 사상과 관습을 버리는 급진적인 시도"였다는 것을 쉽게 이해하지 못할 것이다.[2] 매우 이상적인 인권운동가조차 수백 년 동안 유지된 지정학적 관성을 뒤집는 대역전이 일어나지 않으면 국가들이 보편적 인권을 인정하지 않으리라고 여길 정도였다. "우리는 사실상 국가들에게 전통적인 국가 주권의 특권으로 여겼던 자국민과의 관계를 국제적 감독 아래 두라고 요구하고 있었다."[3]

주권 원칙의 기초가 붕괴하기 시작한 것은 나치가 (대부분 국내법에 따

라) 자행한 대량학살의 전모가 밝혀지면서다. 그러면 주권 원칙 아래 연합국은 어떤 권한으로 그들을 처벌할 수 있었을까?

연합국은 상위 법 위반에 대한 책임을 묻기 위해 독일과 일본의 전범 재판을 주관할 국제형사법인 뉘른베르크 강령을 만들었다. 뉘른베르크 강령은 국경 안에서 자국민을 상대로 국내법을 집행하더라도 어떤 국가도 위반할 수 없는 권리가 있다는 것을 확증하여 처음으로 주권 원칙에 일격을 가했다.

뉘른베르크 재판에서 나치는 인류 공동체 구성원의 '양도할 수 없는 권리'에 반하는 기괴한 만행을 저지른 것으로 판명되었다.[4] '최종 해결'의 끔찍한 사진들은 인골 무덤과 안경과 금니 더미, 가스실로 끌려가던 사람들이 콘크리트 바닥에 길게 남긴 손톱 자국을 보여 준다.[5] 축 처진 알몸으로 쌓여 있는 어른과 아이들을 불도저로 파서 공동묘지에 넣는 모습을 보여 주는 뉴스영화를 보면 모골이 송연하다.[6]

피고인들은 이런 만행에 대한 책임이 없다고 항변했다. 히틀러의 보좌관이자 게슈타포를 창설한 헤르만 괴링은 권리를 침해받은 사람은 나치 피고인들이라고 불만을 토로하기까지 했다. 한번은 검사가 제시한 나치 만행의 수많은 증거를 반박하기는커녕 만행 자체를 변론했다. "하지만 그것은 우리의 권리였다! 우리는 주권 국가였고 이것은 엄밀히 국가가 결정할 일이었다."[7]

괴링의 답변은 도덕적으로는 거슬리지만 절대적 국가 주권은 동시대 국제 변호사들의 지배적 견해였다. 하지만 전 세계에 도덕적 타격을 준 뉘른베르크에서 드러난 공포로, 손상된 주권 원칙은 이제 돌이킬 수 없게 되었다. 전시가 아닌 평시의 인권 침해에는 영향을 주지 못한다는 문제를 남겼지만[8] 뉘른베르크는 주권 원칙에 더 깊은 균열을 내는 길을 열었다.

세계인권선언

이 단계까지 현대 인권운동은 심각한 철학 담론의 변두리에 머무는 데 만족했던 외교관들을 중심으로 발달했다. 그들은 치열하고 정확하게 개인의 '인권'과 '기본 자유'를 규정하라는 요구도, 세계적 차원에서 도덕적 다양성을 두고 씨름하라는 요구도, 세계인의 인권과 자유의 의의에 대해 고심하라는 요구도 받지 않았다.[9] 이런 분위기가 극적으로 바뀐 것은 유엔이 인권위원회에 보편적 가치를 담은 국제인권장전 초안을 지시하면서다. 이 막중한 임무로 인해, 계속 끓어오르는 도덕적·정치적 철학의 난제들을 피하기란 불가능하다는 것이 분명해졌다.

여러 정부도 달변을 자랑하는 외교관 대신 특출한 학식과 정치적 판단력을 갖춘 훌륭한 인물로 구성된 지식인 드림팀을 구성했다. 그들은 특유의 분별력과 논리력, 지성을 무기로 정치적·철학적 난제들을 풀어야 했다.[10] 1947년 1월 인권위원회의 첫 모임 장소에는 도덕과 철학 문제들에 대한 극적이고 열띤 논쟁을 예상한 사람들이 흥미진진하고 역사적인 대화를 보기 위해 방청석을 가득 메웠다.[11]

하지만 전 세계 폭력 피해자들에게 인권위원회 활동은 지적 호기심의 문제가 아니었다. 요구한 적이 없는데도 첫 공식 모임이 열리기 전부터 인권 피해자들의 진정서가 위원회에 쇄도했다. 직접 손으로 쓴 편지가 대부분이었다.[12] 말 그대로 전 세계에서 답지한 수천 통에 달하는 편지에는 정부가 묵과한 폭력, 공무원들이 자행한 폭력을 시급히 해결해달라는 탄원이 넘쳤다.[13] 전 세계 폭력 피해자들의 고통과 절망이 선명하게 나타난 진정서들은 인권위원회의 성공에 자신의 목숨과 자유가 달려 있다고 믿는 사람들이 절박한 시선으로 지켜보고 있다는 사실을 준엄하게 상기시켰다.

하지만 성공은 쉽게 찾아오지 않았다. 인권위원회가 숨통을 트고 목소리를 내기도 전에 공권력의 무서운 실체들은 즉시 약자의 절규를 잠재우고 프로젝트를 박살내겠다고 위협했다. 인권위원회 회원들은 인권선언의 권리가 전 세계 폭력 희생자들에게 의미가 있으려면 집행이 가능해야 한다는 것을 깨달았지만, 법적 구속력이 있는 조약을 만들자는 쪽과 새로운 법적 책임을 만드는 대신 인권의 분명한 기준을 세우는 선언으로 남겨두자는 쪽이 격돌했다.

선언안에 찬성하는 강대국과 조약안에 찬성하는 약소국이 맞섰다. 이를테면 구소련 대표는 법적 구속력이 있는 조약을 만들면 "국제법과 국내법을 나누는 경계, 정부가 상호 관계하는 영역과 국가의 주권을 지켜야 하는 영역을 나누는 경계를 침범하는 항해"가 시작될 것이라고 경고했다.[14] 인도 대표는 미사여구 하나 없이 단호하고 날카롭게 소련 대표에게 선언했다. "유엔 회원국을 구속할 수 없다면 아무 의미가 없다."[15] 결국 구속력이 없는 선언안을 지지하는 강대국이 이겼다.

하지만 인권위원회는 인권 선언이 있더라도 이행 장치가 없으면 전 세계 인권 피해자들에게 현실적인 변화를 줄 수 없다는 신념을 굽히지 않았다. 그러나 정치적 판단력이 있는 노련한 회원들은 법적 구속력이 있는 국제권리장전을 마련하는 것은 시기상조임을 실감했다. 그들은 실패할 수밖에 없는 강경한 자세를 고집하여 현실성이 떨어져 버리는 실수를 범하는 대신, 현대 인권운동을 다음 단계로 이끌었다. 정치 지형의 변화를 내다본 인권위원회는 1947년 후반에 열린 2차 회기에서 국제권리장전을 차례대로 세 부분으로 나누었다. 인권에 대한 명료한 선언, 법적 구속력이 있는 조약, 이어서 구체적 이행 장치를 마련했다.[16] 이 3단계 과정은 현대 인권운동의 비공식 청사진이 되었고 거의 65년이 지난 후에도 인권운동의 과거와 현재, 미래를 이해하는 데 유익한 골자가 되었다.

폭력 피해자들에게 세계인권선언은 동터 오는 새날을 약속했다. 국가의 주권 앞에 침묵해야 했던 사람들을 대신할 목소리가 마침내 생겨난 것이다. 세계인권선언은 국제적 권위를 가지고 전 세계 수십억 유리와 마리암마를 대신해, 압제자들이 보잘것없는 존재로 여겼던 사람들에게 생명과 개인의 안전에 대한 권리가 있음을 확증했다. 유리의 사건에서처럼 남이 지은 죄를 '자백'할 때까지 갇혀서 경찰의 고문을 당한 헤라르도와 호세 같은 이들에게, 세계인권선언은 누구도 고문이나 임의 체포를 받아서는 안 되며 범죄 혐의가 있는 사람은 누구나 공평한 법정에서 공정한 재판을 통해 유죄가 입증될 때까지 무죄로 추정받을 권리가 있다고 확증했다. 마리암마 같은 노예들을 위해서 세계인권선언은 "어느 누구도 노예가 되거나 타인에게 예속된 상태에 놓여서는 안 된다"고, 모든 사람은 자유롭게 이동하고 직업을 선택할 권리가 있다고 선언했다. 난폭한 이웃에게 토지를 빼앗기고 하루아침에 노숙자 신세가 된 우간다 할머니 수전을 위해서 세계인권선언은 여성에게 재산을 소유할 권리가 있고 누구도 그것을 임의로 빼앗을 수 없다고 확증했다. 인권은 인류의 상속권과 같다고 인정함으로써, 전 세계는 국가든 사집단이든 개인이든 어느 누구도 인권을 박탈할 수 없다고 확언했다.

세계인권선언의 영향력은 1948년에만 국한되지 않았다. 하버드 법대 메리 앤 글렌던 교수의 말처럼, 세계인권선언은 수십 년에 걸친 정치 운동과 식민 제국의 몰락에 영향을 주었을 뿐 아니라 오랫동안 침묵했던 약자의 목소리를 전 세계에 알리고 "오늘날 전 세계 인권단체를 움직이는 영감의 원천"이 되었다.[17]

전 세계는 세계인권선언을 통해 인류의 모든 구성원은 약탈적 폭력에서 안전하게 보호받을 권리가 있다는 것을 빈민과 약자를 향해 한목소리로 확실하게 말하였다.

투쟁: 2단계

세계인권선언이 반대표 하나 없이 채택되자 인권운동가들 사이에서 거대한 희열의 물결이 일었고, 그것은 물밑 저항을 감지하기 힘들게 했다. 구속력이 없는 선언안을 원했던 강대국은 주권을 지키고 자신들의 잘못이 드러나지 않도록 인권선언이 법적 구속력을 갖지 못하게 단단히 선을 그었다. 더욱이 세계인권선언은 제2차 세계대전이 끝나고 냉전이 시작되어 정치적 실행 가능성이 매우 낮은 시기에 채택되었다. 유엔과 인권 논의는 곧바로 동서양 간 대규모 선전에 동원되었다.

그 결과 거의 20년이 지나서야 세계인권선언의 권리는 법적 구속력이 있는 체제로 나아갈 기틀을 마련했다. 1966년, 신생 독립국들과 날로 증가하는 인권 NGO의 지지에 힘입어 유엔 총회는 역사적인 시민 및 정치적 권리에 관한 국제 규약(ICCPR, 이하 자유권 규약)과 경제적·사회적·문화적 권리에 관한 국제 규약(ICESCR, 이하 사회권 규약)을 채택하고 회원국의 서명을 받았다. 세계인권선언과 이 두 규약으로 국제권리장전이 마침내 완성되었다.

세계인권선언의 권리는 더 이상 국가가 법적 책임 없이 기계적으로 장담할 수 있는 추상적 개념이 아니었다. 만성 불안에 시달려 온 빈민들을 위해 자유권 규약은 생명을 지킬 권리, 고문과 예속에서 자유로울 권리를 포함한 신체적 안전을 지킬 권리, 임의 구속을 받지 않고 자신의 안전과 자유를 지킬 권리, 공정하고 공평한 재판을 받을 권리를 보장하는 법률 제정을 정당에 요구했다. 국가 정당은 인권을 지지하는 법을 제정할 뿐 아니라 인권 침해에 대한 법적 배상을 규정해야 했다.

자유권 규약과 사회권 규약은 인권운동의 두 번째 단계에 새로운 활력을 더했다. 이 두 규약에 뒤이어 전쟁 범죄, 아파르트헤이트, 성차별,

고문, 이주 노동자 보호, 아동 권리를 비롯한 여러 문제에 관한 새로운 인권규약이 대거 생겨났다. 그토록 많은 인권규약이 이렇게 빨리 만들어지기는 역사상 처음 있는 일이었다. 하지만 어느 외교사절이 지적했듯이 문제는 이런 성취를 인정하는 동시에 "허풍과 기만적인 약속"을 피하고 "새로운 조약들을 모든 곳에서 엄정하게 집행"하는 것이었다.[18]

적어도 국내법으로 인권을 보호하자는 뜻이었다. 조약은 정해진 수의 국가가 이행하기로 합의해야 법적 효력을 갖는다.[19] 국제인권규약이 체결되자 인권운동의 초점은 유엔 복도에서 개도국의 입법부로 넘어갔고 미래를 만들어 갈 새로운 주역을 위한 길이 열렸다.

인권 표준의 입법을 위한 시민운동

지금까지 현대 인권운동의 중심 역할은 유엔 산하 정부 엘리트들이 도맡았다. 하지만 국제권리장전이 정립되자 개도국에서 시민운동을 일으켜 국내법을 국제 인권법에 맞추라고 압박하는 새로운 활동가들이 무대 중앙에 등장했다.

많은 개도국은 기본 인권 침해를 처벌하는 식민 제국의 법을 물려받았다. 그러나 1960년대부터 현재까지 식민 지배에서 막 벗어난 여러 개도국에서는 전통이나 식민지 시대의 기준을 정치 권리, 민권, 정당한 법 절차, 노동자 권리, 여성 권리, 아동 권리 등 새로운 국제적 기준으로 교체하는 사법 개혁을 위한 진보적 정치 운동이 일어났다. 대부분 자국의 정치 운동에 집중했던 세계 인권운동은 국제법에 맞는 국내법을 마련하는 데 대체로 성공했다.[20]

이를테면 남아시아 국가들은 국제법에 따라 담보 노예를 금지하는 법을 통과시켰다.[21] 아프리카 국가들은 수세기에 걸친 전통 관습을 버리

고 여성에게 재산권과 상속권을 부여하고 여성 할례를 금지했다.[22] 동남
아시아 국가들은 성착취와 인신매매를 금지하는 법을 정해 여성과 소녀
의 지위를 격상했다.[23] 라틴아메리카 국가들은 독재 정권을 교체하고 국
제법에 맞는 체포와 구금 절차를 채택하고[24] 농지개혁을 성문화했다.[25]
마찬가지로 코스타리카, 엘살바도르, 아이티, 인도네시아, 요르단 같은
국가는 세계인권선언의 구체적인 문구와 원칙을 새로운 법률과 헌법에
포함시켰다.[26]

서양의 인권운동가, 변호사, 학자, 정치인들은 정치적 격변을 겪는 나
라의 지도자들을 뒤에서 돕고 국제 인권 규범을 국내법에 도입한 현지
활동가들의 성공을 함께 기뻐했다.[27] 그 결과 수많은 약자와 피해자들이
국내법으로 국제 수준의 정의와 평등을 누리게 되었다.

마지막 단계: 법집행

완전히 끝내지 않으면 아무 의미가 없는 일이 있다. 이를테면 전국에 수
천 킬로미터의 케이블을 가설한 통신 회사가 내 집 마당에서 단 1미터
가 모자라 텔레비전이나 컴퓨터에 케이블을 연결하지 못한다면 나에게
는 전국에 깔린 케이블이 아무 의미가 없다. 온갖 기술과 노력으로 사
람을 살리는 항생제를 개발해도 죽어 가는 사람에게 투여할 수 없다면
아무 의미가 없는 것과 마찬가지다.

인권운동의 첫 두 단계에서 인권 챔피언들이 거둔 놀라운 승리는 확
실히 칭송할 만하다. 이행하지 않는 인권법은 폭력 피해자들에게 의미
가 없다는 것을 처음부터 간파한 초기 인권운동 설계자들은, 오늘날 확
고히 자리잡은 국제 인권제도와 인권법을 이행하겠다는 전 세계의 의지
를 알면 몹시 놀라며 기뻐할 것이다. 지구촌 NGO와 국제기구들은 인권

법 이행을 감시하고 보고한다. 유엔 평화유지군은 전 세계에서 대량살육을 저지하는 임무를 수행한다. 국제사법재판소는 학살이나 전쟁 범죄 같은 대규모 인권 말살을 자행한 국가 지도자들을 심판한다. 2015년 말까지 국제 사회가 국제 사법체제에 투자하는 돈은 약 63억 달러에 이를 전망이다.[28] 우리는 이런 노력을 성실히 수행한 사람들에게 큰 빚을 졌다. 법집행의 효력은 앞으로도 계속 향상될 테지만, 국제 인권제도는 이미 착실히 세워져 있다.

인권법 확산과 세계 인권 제도를 위한 국제적 투자의 성과가 놀랍도록 눈부시기에, 집행 부재로 양산된 무수한 인권 피해자들은 간과하기 쉽다. 그러나 인권 혁명이라는 약속어음을 현금으로 바꿀 수 없는 사람은 수십억에 이른다.

국제적 집행 제도는 일상적 폭력범죄에 희생되는 가난한 개도국 사람들을 거의 보호하지 못하고 있다. 사실 국제적 집행 제도에는 그런 목적이나 기능이 없다. 따라서 현대 인권운동이 총력을 기울여야 할 다음 목표는 개도국에 효과적인 공공 사법제도를 세워서 만성적 일상 폭력에 신음하는 빈민들에게 인권의 의미를 되찾아 주는 것이다.

폭넓은 인권 사회가 각국의 공공 사법제도보다 국제 집행 기구에 집중하는 데는 그럴 만한 이유가 있다. 오늘날 대표적 인권단체들은 좌우의 억압적 정권들이 반체제 인사들을 짓밟던 냉전의 절정기에 성장했다. 그 결과 인권단체들은 자연스럽게 불법 감금, 고문, '실종', 비밀 숙청을 포함한, 정치적 권리 억압을 위한 인권 탄압에 집중하기 시작했다.

억압적 정부에 대한 권력 견제를 사명으로 삼은 인권단체들은 자연스럽게 국가에 의한 인권 탄압에 관심을 쏟았다. 냉전 시대의 선전은 외교 관계를 지배하는 질서였기 때문에 초강대국과 그 우방들은 상대국의 인권 탄압을 비난하면서도 동맹국의 인권 탄압은 묵인하거나 호도

했다. 따라서 인권 탄압에 대한 철저하고 객관적인 사실 수집과 보고가 반드시 필요했고 '감시와 보고'라는 전략은 대표적 인권단체들의 특유한 전술이 되었다. 성장하는 인권단체들은 국가가 부정하지 못할 인권 탄압 증거를 신중하게 준비해서 정부의 교묘한 부정, 사실에 대한 진위가 밝혀지지 않아 진척이 없다는 핑계 따위에 반박할 수 있었다. 목표는 가해자를 '지명하고 망신을 주어' 여론 압박으로 관행을 바꾸도록 하는 것이다. 차츰 인권 사회는 무력 분쟁에서 발생하는 인권 탄압을 감시하고 보고하는 전술을 택했다.

인권단체들이 일찍이 냉전 기간에 국가의 정치적 폭력과 인권 탄압에 집중한 데서 우리는 그들이 개도국의 공공 사법제도 개선에 힘쓰지 않은 이유를 알 수 있다. 국가 폭력에 가장 잘 대처할 수 있는 처방은 공공 사법제도일 리 없었다. 무력 분쟁 상황에서 폭력을 멈추기 위해서는 다른 국가와 국제 사회의 개입이 필요했다. 폭력의 주체가 국익과 안보를 위해 일하는 국가 요원이었기에 공공 사법제도로는 국가의 정치적 폭력을 효과적으로 막을 수 없었다. 이런 폭력에 대한 책임자 처벌은 공공 사법제도보다 국제 사법체제나 진실과 화해 프로세스를 통해 이루어지는 경우가 많았다.

냉전이 끝난 후 인권 사회는 비국가 주체가 자행하는 인권 탄압에 초점을 맞추었다.[29] 1990년대에 여성 인권을 강조하는 추세가 힘을 얻자 인권 지도자들은 유리나 마리암마의 경우와 같은 문제 해결에 감시와 보고 전술을 활용했다. 하지만 현대 인권운동은 여전히 일상적 폭력범죄에서 빈민들을 보호하는 데 서툴렀다. 평화유지군이나 국제 사법기관이 아닌 국가 기관이 주로 그 일을 전담했고 훌륭한 국내법이 있어도 국가의 효과적인 집행을 보장하지 못했다. 광범위한 인권 규범과 국제 인권제도의 확립은 전 세계 인권 피해자를 위해 중요한 공헌을 했지만, 아얄라 가족에게서 유리를, 노예주에게서 마리암마를 보호하는 데는 전혀 기여하지 못했다.

기능하지 않는 제도라는 재앙

일상의 폭력범죄로 신음하는 전 세계 피해자들에게 비극적인 문제는 국내법이 정한 그들의 권리를 보호할 책임이 제대로 기능하지 않는 사법기관의 손에 있었다는 점이다. 곧 기본 인권을 보호할 책임이 법집행을 하지 않는 경찰, 검사, 치안 판사, 사회복지사, 위원회, 법원에게 있었다. 법의 보호를 받지 못하는 전 세계 수억 빈민이 폭력에 신음하게 된 주원인은 좋은 법이 없어서가 아니라 법을 집행하는 공공 사법제도가 작동하지 않아서다.[30]

국제 인권운동은 정부를 압박하여 법을 개정하는 데는 성공했지만 정작 법을 집행하는 공공 사법제도에는 관심을 두지 않았다. 그 결과 60년 후 개도국의 폭력범죄 피해자들은 인권운동의 첫 두 단계에서 거둔 승리의 혜택을 누리지 못했다. 수억에 달하는 빈민이 억제력의 부재라는 믿을 수 없는 현실 앞에서 폭행, 강간, 투옥, 갈취, 속박, 강도, 약탈, 퇴거에 잔인하게 짓밟혔다.

세계인권선언 작성자들은 청사진의 두 번째와 세 번째 단계를 미리 암시하면서 "모든 사람은 헌법과 법률이 보장하는 기본권을 침해당했을 때 해당 국가 법원에 의해 효과적으로 구제받을 권리가 있다"라는 조항을 적었다.[31]

두 세대에 걸친 국제 인권 활동은 의식적으로나 무의식적으로 개도국의 공공 사법제도가 기능한다는 전제하에 이루어졌다. 그것이 아니라면 일상적 폭력범죄의 피해자들에게 백해무익한 일을 한 셈이기 때문이다.

효과적인 집행 장치를 마련하지 않으면 현대 인권운동의 첫 두 세대가 이룩한 업적은 가난한 세계 시민들에게 공수표만 남길 것이다.

현대 인권 시대의 기념비적 성취는 100년 전 인류는 상상치도 못할 방식으로 세계를 재편했다. 인간의 존엄과 자유의 행진은 큰 발전을 이루었으며 존경과 박수를 받아 마땅하다. 하지만 아직 중요한 싸움이 끝나지 않았음을 솔직하게 인정한다고 해서 결코 선대의 업적이 퇴색하는 것은 아니다. 가령 과학자들이 두 세대 동안 혼신의 힘을 기울여 개도국의 수억 명 환자에게 꼭 필요한 기적의 백신을 개발했지만 전달할 방법을 몰라 창고에 가득 쌓여 있다고 하자. 과학자들이 이룬 의학 발전 자체가 보급 체계 부재로 퇴보하는 것은 아니지만 세계 공공 보건사회는 새롭게 발생한 긴급한 문제를 해결할 길을 찾아야 한다. 마찬가지로 개도국의 공공 사법제도가 파탄에 이르러 전 세계 일상적 폭력범죄의 피해자들이 인권을 보호받지 못한다고 말하는 것은 현대 인권운동의 역사적 중요성을 조금도 부정하는 것이 아니다. 21세기 인권 활동 의제의 본질을 긴급하게 변경해야 한다는 점을 말할 뿐이다. 우리는 65년이 넘도록 피해자들에게 투여하지 못한 백신을 개발하고 개량했다. 이제부터라도 죽어 가는 사람들에게 백신을 전달하는 데 자원을 집중해야 한다.

세계인권선언의 기적 이후 반세기가 지났지만 수십억 세계 빈민은 사실상 무법 상태에 있다. 인권 혁명은 모두의 안전을 약속했지만 혜택을 받는 사람은 소수에 불과하다. 개도국에 효과적인 공공 사법제도를 바로 세우지 못했다는 것은 세상의 유리와 마리암마, 로라 들이 보호받을 수 있는 제도가 없다는 뜻이다. 용맹하고 치열한 싸움 끝에 기본 인권이 국내법으로 보장되었지만 공공 사법제도의 보호를 받지 못하는 모든 사람에게는 큰 희생을 치르고 얻은 결과가 무용지물이 되고 말았다.

미국사에서 무척 감동적인 한 장면은 소외 계층에게도 자유와 존엄과 기회의 약속을 지키려고 국가가 미완성의 과업을 완성하기 위해 힘썼다는 것이다. 킹은 그 중요한 역사적 순간에 미국 헌법과 권리장전의 약속을 어기고 미국 흑인들에게 독립 전쟁과 "풍성한 자유와 정의의 확보"라는 상속권을 부인하는 현실을 국가의 면전에 들이댔다. 마찬가지로 우리는 빈민들에게 기본 법집행을 제공하지 못하여 빈곤에서 벗어나려는 그들의 노력을 훼방했고 인권 혁명의 기본 약속조차 실현하지 못했다는 것을 용기 있게 직시해야 한다.

하지만 실패를 직시하기 위해서는 먼저 우리가 어떻게 여기에 이르게 되었는지 알아야 한다. 개도국의 사법제도는 어쩌다가 제 기능을 못하여 무너지고 빈민에게 무용지물이 되었을까? 세 가지 놀라운 설명이 다음 장에서 이어진다. 이 내용은 역설적으로 상당한 희망을 선사하며 타파해야 할 어려움을 밝힐 것이다.

7장

식민지 유산과 이유 있는 실패

기능하지 못하는 제도의 실패는 제대로 기능하는 제도의 성공만큼이나 합리적인 면이 있다. 그래서 경영 전문가들은 혼란에 빠진 조직에 이런 진단을 내린다. "이 조직은 현재의 결과를 낳도록 최적화되어 있다." 역기능은 무작위로 일어나지 않는다. 역기능은 제도권에서 일하는 사람들의 고의적이고 합리적인 가정, 동기 부여, 두려움, 계산에 의해 일어난다. 사실 기능하지 않는 제도의 모순과 실패가 클수록 제도를 움직이는 내부의 논리와 인과 관계는 역설적으로 더 견고해진다.

이것은 내가 동료들과 해마다 개도국 형사사법제도의 처참한 실패와 비상식 행위를 지켜보면서 얻은 직관이다.

- 경찰은 왜 범죄 수사 훈련을 받지 않는가?
- 법원은 왜 외국어를 사용하는가?

- 검사의 수는 왜 이렇게 터무니없이 적은가?
- 경찰은 왜 범인을 잡는 데 관심이 없는가?
- 법원은 왜 재판 기록을 남기지 않는가?
- 경찰은 왜 마땅히 봉사해야 할 시민들에게 쓸데없이 무례하고 폭력을 행사하며 무능한가?
- 경찰은 왜 기본 장비와 적정한 월급을 받지 못하는가?

사람을 보호해야 할 제도가 사람을 해치는 데는 틀림없이 이유가 있었지만 나는 외부인이기 때문에 역기능의 진짜 원인을 알 수 없었다. 하지만 시간이 흐르자 개도국에서 만난 훌륭한 사람들과 자료를 통해 안개가 걷히는 듯한 통찰을 얻었다. 이제는 그 모순의 많은 부분을 이해하고 있다.

역기능을 수출하다

처음이자 가장 중요한 통찰은 인도 중부 지방에 사는 친절한 학자가 가르쳐 주었다. 나는 보팔 교외의 조용한 주택 뒷마당에 앉아 부부가 대접하는 차를 마셨다. 제대로 기능하지 않는 제도가 있다면, 그 기원을 알아야 한다. 개도국 사법제도의 기원에 대해서라면 그가 적임자였다.

여든 살의 역사학자이자 사회과학자인 키르팔 딜론은 자신이 체험한 이야기를 들려준다. 그가 통과한 인생의 길이와 비교하면 현대 세계는 아직 젊은 축이다. 1930년대 딜론이 펀자브에서 태어날 당시 인도는 영국 식민지였다. 인도 바깥에서 변호사 모한다스 간디를 아는 사람은 거의 없었다. 파키스탄, 인도, 방글라데시는 모두 광활하고 단일한 영국령 인도에 속했다. 마침내 1947년 인도가 독립하는 대격변기를 맞아 이슬람교도, 힌두교도, 시크교도 사이에 대규모 종교 분쟁이 일어나고 르완다 대학살과 맞먹는 수의 사람들이 목숨을 잃었다. 고향을 떠날 수밖에 없었던 천만 시민은 어느 런던 변호사가 인도 힌두교도들에게서 파키스탄 이슬람교도를 떼어 놓기 위해 그은 가상의 국경 너머 안전한 곳으로 앞다투어 피신했다.

딜론과 스네 부부는 서로 다른 세계에서 1947년을 맞은 청년들이었다. 두 사람은 각기 다른 이유로 유혈 분단 국경의 원치 않는 편에 있었다. 스네의 아버지는 뛰어난 변호사이자, 국민회의파 지도자, 독립운동가였지만 1947년 그가 살던 아보타바드는 하루아침에 비회교도 이웃을 반기지 않는 독립 국가 파키스탄의 도시가 되었다. 살육의 혼돈이 도시를 강타하자 열한 살 스네는 여섯 동기와 함께 국경 너머 난민촌으로 떠날 수밖에 없었다. 그녀는 승객 수천 명이 탄 델리행 열차에 필사적으로 몸을 실었다. 하지만 모든 열차가 목적지에 안전하게 도착한 것은 아니었다.

이제 우아한 70대 할머니가 된 스네는 푸른색과 흰색의 사리와 어울리는 찻잔 세트를 햇빛이 가득한 툇마루에 놓고 차를 따르면서 옛 악몽을 떠올렸다. "기차에 탄 승객을 전부 죽였어. 우리 앞에 떠난 열차가 그랬고 우리 뒤에 떠난 열차도 그랬어. 우리가 탄 열차만 유일하게 탈출에 성공했어. 국경을 사이에 두고 양쪽에서 그런 일이 많았어."

반대로 딜론은 1947년 안전한 인도 지역에서 갓 고등학교를 졸업한 학생이었다. 하지만 그가 가고 싶었던 의대는 국경 너머 라호르에 있었다. 펀자브의 문화와 교육 중심지는 이제 파키스탄 도시가 되었다. "라호르는 갈 수 없는 곳이었어. 1947년에 살인이 많이 일어났지. 그래서 펀자브에 있는 정부 대학에 입학했어."

영특한 학생이었던 딜론은 초엘리트가 되는 시험에 합격해 인도 고위 공무원단AIS에 합류했다. AIS는 행정부와 경찰청으로 구성된 중앙 관료 조직이다.[1] 영국 식민행정부는 이 조직을 통해 선발한 공무원을 제국에 배치해 인도의 광활한 대륙을 통치했다. 독립 이후, 새로운 중앙정부는 이 조직을 그대로 유지했다. 1952년, 딜론은 인도 전역에서 선발된 경찰 후보생 중 하나였다. 인도 전역에 배치될 엘리트 집단인 경찰 관료 후보생은 그를 포함해 겨우 37명이었다.

60년이 지나도 여전히 마당에서 함께 차를 마시는 딜론과 스네에게 인도의 분단은 다행히도 러브스토리의 시작이었다. 신생 독립국 인도의 소수 정치 엘리트였던 스네의 아버지는 결국 영국 식민행정부가 버리고 떠난 자리에 임명되었고 보팔에서 식민행정관이 머물던 대궐 같은 저택을 차지했다. 고위직 공무원은 경찰의 경호를 받을 수 있었다. 그 지역의 젊은 신임 경찰서장이었던 딜론은 배치된 요원을 정기적으로 순시했다. 어쩌면 알하바드대에서 영문학 석사 학위를 취득한 후 집으로 돌아온 아리따운 아가씨 스네의 안전을 확인하고 싶었는지도 모른다.

"나는 훌륭한 신랑감이었어." 키가 크고 홀쭉한 딜론이 덧붙였다.

"혼자 생각이지. 지금은 어찌나 수다스러운지 몰라." 스네가 놀리듯 거들었다. "강의도 하고 책도 많이 써. 옛날에는 참 과묵했지."

"지금도 과묵해." 딜론이 나직이 말했다.

딜론은 반세기 넘게 인도 경찰청 고위직을 묵묵히 수행했다. 또한 인도 중앙수사국 공동국장, 고향 마디야 프라데시 주와 펀자브 주 경찰국장, 보팔대학교 부총장을 지냈다. 인도 경찰 출신의 세계 최고 역사학자로서 딜론은 중세부터 현재에 이르는 인도 경찰에 관한 방대한 2부작 논문을 완성했다. 나는 이 논문을 읽고 현실의 모순을 이해할 수 있었다.

"개도국의 형사사법제도가 폭력에서 빈민을 보호하지 못하는 이유는 무엇인가?"라는 물음에 딜론은 직설적으로 대답했다. "그 제도의 목적은 폭력에서 일반 시민을 보호하는 것이 아니다. 일반 시민에게서 식민 통치자들을 보호하는 것이다." 오늘날 우리는 그 제도가 폭력에서 일반 시민을 보호하지 않는다고 놀랄 필요가 없다. 그 제도는 시민을 보호하도록 개정된 적이 없기 때문이다. 즉 개도국의 형사사법제도는 현재의 결과를 낳도록 최적화되어 있다. 엘리트들은 철통같이 보호하되 빈민은 보호하지 않는다. 식민 제국의 제도를 그대로 답습했기 때문이다.

딜론을 비롯한 몇몇 학자가 밝혀낸 오랜 역사에는 19세기 중반에 등장해 지금까지 세계 대부분을 지배하고 있지만 전혀 다른 결과를 낳은 두 가지 법집행 모형에 관한 놀라운 이야기가 펼쳐진다.

우선, 현대 문민 경찰은 의외로 역사가 길지 않다. 1800년대 중반 영국은 산업혁명이 낳은 도시화와 사회적으로 가속화하는 민주화로 사회적 공공안전이 차츰 중요한 문제로 부각되자 문민 경찰을 조직했다. 1829년 내무장관 로버트(바비) 필은 전통적으로 치안을 담당했던 군인과 사설 야경꾼들을 '평화 유지'뿐 아니라 적극적으로 범죄를 척결하는 전문적인 비무장 정복 문민 경찰(바비)로 대체하는 제도를 도입했다.[2] 처음에 영국 사회는 정복 경찰을 자유를 위협하고 탄압하는 잠재적 위험으로 보아 의심하고 적대시했다. 수십 년 동안 영국 경찰은 폭행과 착취, 무능을 용인하지 않을 민주 시민의 신뢰를 얻어 내야 했다.

영국을 비롯한 여러 서구 열강은 본국에서는 참정권을 획득한 시민 사회에 걸맞은 경찰과 형사사법제도를 도입하면서도 세계 곳곳의 불확실한 통치 아래 있는 광대한 제국에는 전혀 다른 경찰 제도를 수출했다. 당연히 식민 경찰제도의 목적과 우선순위는 일반 시민을 폭력과 범죄에서 보호하는 것이 아니라 '일반 시민에게서' 식민 제국과 제국의 제한된 이익과 수혜자를 보호하는 것이었다.

1857년에 일어난 인도 항쟁을 잔인하게 진압한 영국 정부는 동인도 회사를 해체하고 왕권으로 다스리는 제국을 세워 인도에 대한 지배력을 강화했다. 당시 경쟁적으로 등장한 비교적 새로운 두 가지 경찰제도가 있었다. 1829년 지역사회의 신뢰를 꾸준히 얻고 있던 런던의 전문적인 문민 경찰과 왕립 아일랜드 경찰이었다. 왕립 아일랜드 경찰은 중앙집중적 준군사조직으로 아일랜드의 영국 지배층에 대한 봉기와 저항을 진압하는 데 큰 성공을 거두었다.

1857년 인도 항쟁을 생각하면 영국령 인도제국이 인도를 비롯한 전 세계 비백인 식민지에 아일랜드 경찰제도를 도입한 것은 당연한 결정이었다. 딜론이 말했듯이 인도를 비롯한 제국 전체에 도입한 아일랜드 식민경찰 모형은 런던 수도경찰 모형과는 목적부터 전혀 달랐다.

> 보통 군사 장교의 지휘를 받고 뚜렷한 군사적 특징을 지닌 [아일랜드 식민] 경찰은 본국에서는 중요한 의무로 여겼던 지역사회 보호와 범죄 해결에 큰 관심이 없었다···"불안하고 왕왕 폭력이 발생하는 시골에서 다양한 '서비스로 식민 권력과 지배 엘리트를 보호하고' 문민 통제를 받는 군대로 전환할 수 있는 중앙집중적인 아일랜드 경찰은, 런던 경찰보다 인도의 '식민지 요구에 알맞은' 모형이었다."[3]

영국 지도자들은 인도에 경찰법(1861)을 제정하고 본국에서 범죄를 줄이기 위해 도입한 제도 대신 아일랜드 식민경찰을 창설했다.[4] 딜론이 명쾌하게 설명하듯이 경찰법은 인도 경찰을 "불안과 범죄, 무질서에서 시민을 보호하는" 조직이 아니라 "권력과 권위에 대한 모든 위협에서 지배자를 보호하고 지키는" 조직으로 규정했다.[5]

사실 경찰법에는 신문이나 구금 대상이 된다는 것 외에 시민에 대한 조항이 없다. 새로운 경찰은 종속 관계를 다지는 성실한 동맹자이자 의지할 수 있는 수단이었다.[6]

딜론이 말하듯이 경찰법은 "19세기 후반 아시아, 아프리카, 카리브 해 여러 국가의 식민 체제에 모범과 선례"가 되었기에 재편된 인도 경찰은 역사적 영향력이 막대했다.[7] 그런 인도 경찰의 전 고위 공무원이었던 딜론은 얼굴을 찌푸리며 덧붙인다. "그걸 자랑으로 여길 사람도 있겠지!"

여기까지는 인도 경찰 역사에서 그리 충격적인 부분은 없다. 식민주의는 억압적이고 악하며 시민에게 봉사할 뜻이 없는 억압적인 경찰을 사용했다. 애스모글루와 로빈슨의 표현대로 식민 열강은 '포용적'이기보다 '착취적' 사법제도를 구축했다.

내가 오늘날 인도를 비롯한 여러 개도국에서 형사사법제도가 작동하지 않는 이유를 깨닫고 놀란 부분은 이것이다. 곧 식민 열강이 돌아간 뒤에도 식민 시대의 경찰과 법집행 제도는 '새로운 목적에 맞게 개혁되지 않았다'는 점이다. 헌법을 개정하고 수십 년에 걸쳐 법률도 개정했지만 실제로 법을 '집행'하는 제도는 대개 독립 이후 일반(몹시 가난한) 시민을 위해 개정된 적이 한 번도 없다. 식민 이후 개도국의 권력을 차지한 독재 정권과 정치 엘리트들은 제국 열강과 마찬가지로 식민국의 법집행 제도를 자신의 목적에 부합하는 것으로 보았다.

딜론의 명쾌한 설명대로, 인도는 반세기 전 식민 통치가 끝난 개도국에서 변하지 '않은' 것을 보여 주는 생생한 예에 불과했다.

150년 동안 사회, 정치, 과학, 경제, 문화에서 일어난 광범위한 변화는 차치하고 영국이 떠난 지 55년이 넘었는데도 인도 경찰의 조직, 계통, 철학의 작동 방식을 여전히 지배하고 있는 것은 140년 묵은 경찰법이다. 주요 형법, 증거법, 사법제도 전체가 과거에 머물러 있고, 범죄 통제, 질서 유지, 법집행에 대한 현대 이론과는 몹시 동떨어져 있다.···경찰법(1861)에 기초한 남아시아의 경찰제도는 사회를 지원하고 시민의 신뢰를 얻는 것을 중요하게 여기지 않았다.[8]

경찰법이 제정되고 인도 경찰이 창설된 빅토리아 여왕 치세 '초기'(자동차와 전화는 없었고 미국의 노예제와 러시아의 농노제가 건재했으며 연필의 대량생산이 불가능했을 때) 이후 세상은 급격하게 변했는데도 150년도 넘게 정부의 중요한 제도가 조금도 변하지 않았다는 것은 놀랍기만 하다. 인도경찰을 연구한 다른 학자의 말마따나 "독립 이후 정부의 정치 구조는 혁명적으로 변했지만 경찰의 행정 구조는 조금도 변하지 않았다.···현대 경찰 구조에서 특별히 충격적인 점은 영속성이다. 조직의 기본 원칙은 100년도 넘게 변함이 없다."[9]

불현듯 나는 남아시아의 경찰 조직이 기능하지 않는 이유를 이해했다. '당연히도' 경찰 대부분은 시민에 대한 일반 범죄 수사 훈련을 받지 못했다. 그것은 식민지 경찰의 임무가 아니다. 그들은 폭동을 진압한다. 주요 인사와 시설을 보호한다. 정권 반대 세력을 진압한다. '당연히도' 경찰은 범인 검거에 관심이 없다. 식민지 경찰은 범인 검거를 위해 세운 조직이 아니라서 수사 훈련도 받지 않고 거기에 따른 보상도 없다. 뒷줄이 든든한 범인을 검거했다가는 상관의 불호령이 떨어질지도 모른다. '당연히도' 경찰은 마땅히 봉사해야 할 시민들에게 쓸데없이 무례하고 폭력을 행사하며 무능하다. 식민지 경찰은 시민에게 봉사할 의무가 없다. "[식민지 경찰은] 자발적으로 시민을 돕는 법이 없었다. 비협조적이며 종종 적대적인 시민들의 협조를 구하고 증거를 수집하기 위해 가혹하고 고압적이고 잔인한 방법을 쓸 뿐이었다."[10] '당연히도' 보통 경찰은 전문 범죄 수사에 필요한 기본 장비가 없고 적정한 월급을 받지 못한다. "식민 시대에서 넘어온 하급직 [경찰] 부하들의 특유한 기질을 생각하면 당연하다. 경찰 조직의 90퍼센트를 차지하는 하급직 부하들은 일반 시민이 가장 먼저 만날 수 있는 유일한 법집행 기관이다.…경찰법으로 창설된 조직의 지배적 특징은 사회와 동떨어져 있고 군복 같은 제복을 착용하며, 조직 대다수를 차지하는 순경은 반문맹에 거칠고 부패했고, 낮은 봉급과 손가락질을 받으며 고압적이다."[11]

마찬가지로 남아시아 법정에서 벌어지는 광대놀음도 완벽하게 이치에 맞아떨어진다. '당연히' 재판은 식민 열강(과 지금은 정치·경제 엘리트)의 언어인 외국어를 사용한다. '당연히' 검사들 수는 터무니없이 적다. 식민 형사사법제도에서 값비싼 자원을 들여 시민에게 훌륭한 형사사법 재판을 제공하는 것은 낭비다. '당연히' 법원 재판은 기록을 남기지 않는다. 식민지 행정부는 식민국의 이익을 보호하는 치안 판사가 공공의 감시를 받거나 공공에 노출되어 제국의 결정권이 제한받는 것을 원하지 않았다.

소수 학자와 연구자는 개도국이 식민 시대에서 물려받은 권위적 형사사법제도를 개혁하지 못한 결과가 남긴 충격적인 영향력을 알아 가고 있다. 인도의 정책을 폭넓게 연구한 휴먼라이츠워치 연구자들은 다음과 같이 분석한다. "영국 식민 통치하에 설립된 경찰이 권력의 시녀 노릇을 하는 억압적 조직에서 벗어나지 못한 것은 위험한 시대착오다. 60년 후 인도는 급격한 현대화를 거치고 있는 반면, 경찰은 옛날 방식을 고집하고 있다."[12]

같은 모자, 다른 얼굴

개도국은 대부분 법집행 수단이 발달하지 못했다. 권력을 잡은 독재 정권과 정치 엘리트들이 식민 정책을 사익을 추구하는 편리한 수단으로 이용했기 때문이다. 정치·경제 엘리트들은 사회와 시민에 대한 책임을 강조하는 현대 법집행 제도를 위협적으로 여겼다.

식민 열강이 아무 준비 없이 황급히 개도국을 떠나는 바람에 사법 행정 개혁은 여간 어렵지 않았다. 상상해 보라. 1947년 어느 날 변호사이자 독립운동가인 스네의 아버지는 폭력적 분립을 피해 도망가는 신세였으나, 다음 날에는 영국인 행정관이 버리고 떠난 대궐 같은 저택을 차지했다. 나는 케냐 경찰청에서 계단을 따라 벽에 걸린 전임자들의 먼지 쌓인 초상화를 구경한 적이 있다. 식민 시대 초대 경찰청장부터 백인의 얼굴이 이어졌다. 모자를 쓴 얼굴들은 하나같이 엄숙하고 결연했는데 갑자기 검은 얼굴이 나타났다. 모자와 표정은 똑같았다. 변화는 순식간이었다. 같은 모자를 썼지만 다른 얼굴이었다. 사실 공식 웹사이트에 게재된 케냐 경찰 '역사'는 뜻하지 않게 그 변화의 성격을 꽤나 완벽하게 설명해 준다.

> 1963년 12월 12일, 케냐가 영국에서 독립한 후 경찰 행정은 급진적인 변화가 필요했다. 그리하여 고위급 간부를 아프리카인으로 대체했다.[13]

"고위급 간부를 아프리카인으로 대체했다." 이것이 전부다. 급진적인 변화는 이것으로 끝이었다. 아무리 급진적이라도 지배자에게 봉사하는 식민국 경찰에서 일반 시민에게 책임 있게 봉사하는 독립국 경찰로 변하지 않으면 고위급 간부 교체만으로는 케냐 시민을 폭력과 범죄에서 보호하지 못할 것이다.

딜론의 설명에 따르면 영국인의 권력이 인도 엘리트들에게로 이동하자 인도 정치 계급은 단지 "영국 전임자들의 신발로 바꿔 신었을" 뿐 실제 법집행은 "19세기의 법령, 조례, 법규에 그대로 머물러 있었다."[14]

인도를 사랑하는 경찰이자 학자인 딜론은 오늘날 이것이 인도를 비롯한 신생 독립 개도국에 어떤 영향을 끼치는지 분명히 알고 있다.

당연히 인도 경찰은 시민 친화적인 조직으로 발전하지 못했다. 경찰은 인도에서 가장 손가락질 받는 정부기관이다. 평범한 인도인들은 경찰의 특징으로 잔인성과 부패를 꼽는다. 독립 이후 정치와 헌법에 상당한 변화가 있었지만 경찰은 여전히 무례하고 폭력적이고 종종 법을 어기며 비리를 저지르고 공짜로 먹고 마시는 권위적이고 고압적인 식민지 경찰의 이미지를 그대로 지니고 있다.[15]

개도국의 이런 역사는 외부인은 이해할 수 없는 제도적 역기능과 잔인한 모순을 잘 보여 주는 훌륭한 관점을 제공한다. 몇몇 역사학자는 식민 열강이 개도국에 유산으로 남긴 경찰과 형사사법제도의 핵심 목적과, 식민 열강의 본국에서 발전한 사회와 시민에 대한 봉사를 점차 강조하는 법집행 제도의 핵심 목적을 명확하게 구분한다.

이를테면 프랑스와 대영 제국의 아프리카 식민지 '경찰'의 실제 역할은 "유럽인의 재산과 인명, 미래 가치와 유럽인에 의존해서 사는 현지인"을 보호하고 "인두세 같은 비우호적인 법을 집행하고" "민족주의 발흥을 억누르고" "반체제 인사를 처리"하는 것이었다.[16]

따라서 한 학자의 친절한 설명대로 "식민 통치에서 독립한 직후 여러 아프리카 국가의 경찰은 늘 완전히 중립적인 역할을 한 것은 아니었다."

독립 이후 경찰의 '필수' 활동이란 여당(과 부유한 지주와 산업체)의 권력을 유지하기 위해 우월한 정적을 구금하고, 선거에 나가지 못하게 위협하고, 시위나 연설 허가를 쉽게 얻지 못하게 손쓰고, 선거 결과를 조작하고, 사회악에 저항하는 시민을 공권력으로 제압하는 것이었다.[17]

개도국의 식민 체험을 구체적으로 조사한 연구들은 서구 본국의 '치안 활동'과 그들이 무력으로 지배했던 식민지의 치안 활동 사이에 100년에 걸친 격차가 있음을 강조한다.

이를테면 나이지리아의 식민지 경찰은 일반 아프리카인을 위해서가 아니라 식민지 이익을 보호하기 위해 도입되었다. 하지만 "영국 경찰제도의 근간인 친절, 능률, 준법 전통"[18]은 도입되지 않았다. 그 대신 경찰은 시민에게 큰 혜택이 없는(적잖이 해를 끼치는) 국가 안보와 폭동 진압을 강조했다.[19] 독립 이후에도 이런 역기능은 남았고 잇따른 권력 투쟁에서 현지 권력자들이 적을 위협하고 시민을 짓밟는 데 사용되었다.[20]

개도국의 '경찰' '검사' '법원' 같은 이름을 달고 있는 조직들이 해야 할 일을 정당한 방법으로 하지 않는 데는 이유가 있다. 이런 조직들은 대부분 식민국이나 독재 정권이 세웠고, 같은 시기에 본국에서 발달한 조직의 목적, 권한, 임무, 구조, 절차, 문화는 식민지와는 완전히 달랐다.

언어 장벽

결과적으로 개도국 형사사법제도의 여러 충격적인 역기능은 이런 제도를 마련하고 제정한 식민지의 특성에서 유래하였고 수십 년 후에는 그 유산을 떨쳐 버리지 못한 엄청난 실패로 인해 더욱 고착되었다.

잔존하는 여러 식민지적 역기능은 놀랄 만큼 명백하게 드러난다. 이는 빈민을 파괴하고 있으며 거의 묵인된다. 이런 분명한 역기능은 사법

절차의 기본 요소인 언어에도 나타난다. 법전은 말로 쓰여 있고, 말로 증거를 수집해서 제시하며, 말로 변론하고 논증하고, 말로 사실을 묘사하고, 말로 판결을 내린다. 하지만 많은 개도국에서 거의 모든 사법 절차는 빈민들이 말하지 못하거나 알아듣지 못하는 외국어로 진행된다.

이를테면 미국 식민 지배자들은 태프트 위원회(1902)를 통해 필리핀 사법제도와 법원의 공용어를 영어로 지정했다. 오늘날 가난한 필리핀인 대다수는 영어를 말하지 못하며, 필리핀 대법원조차 약자들이 영어 때문에 사법제도의 혜택을 누리지 못한다는 것을 인정할 수밖에 없었다.

> 특히 소외 계층은 법원을 가까이할 수 없는 곳으로 여긴다.···일반 계층과 소통을 차단하는 다른 문제는 언어다. 필리핀 '일반인'은 법률과 법원 절차를 완전하게 이해하지 못한다. 법원 절차가 영어로 쓰여 있고 진행도 영어로 하기 때문이다. 대다수 심리가 소송 당사자에게 생소한 언어로 진행된다. 따라서 질의응답은 통역을 거쳐야 한다. 소송 당사자는 법원에서 변호인이 모든 사실을 정확하게 설명하지 못하더라도 그가 하는 말을 믿을 수밖에 없다.[21]

2003년 시민단체 및 지역사회가 필리핀에서 실시한 연속 지역 회담에서는 "법원 재판에서 현지어 대신 영어를 쓰는 것은 빈민과 소외 계층이 사법제도에 접근하는 것을 막는 주요 장벽"이라고 확인해 주었다.[22]

마찬가지로 라틴아메리카의 여러 국가는 인구 대다수(특히 빈민들)가 스페인 제국 지배자들이 남긴 공용어보다 모국어를 사용하는데도(과테말라인의 40퍼센트) 법원과 형사사법재판에서 오랫동안 스페인어를 사용했다. 회견과 증언, 법원 절차에 필요한 통번역으로 시간은 상당히 지체되었고 가난한 일반인들은 재판 과정을 직접 이해하지도, 의견을 말하지도, 권리를 주장하지도 못했다. 그들은 재판이 어떻게 진행되는지, 무슨 선택을 할 수 있는지, 각 과정의 의미가 무엇인지 이해하지 못했고 변호인과 통역사, 서기를 비롯한 낯선 사람들이 말하는 내용을 믿을 수밖에 없었다.[23]

우간다는 아프리카의 모든 영국 식민지처럼 영어가 법집행과 사법제도의 공용어다. 하지만 빈민들의 모국어는 영어가 아니다. 한 우간다 법학자는 사법제도에 접근할 수 없는 빈민에 대해 이렇게 설명했다. "언어는 장벽이 되어 있다. 영어는 사법제도의 공용어이고 영어에 능통한 우간다인은 소수에 불과하다. 모든 절차에 통번역이 필요한 막대한 부담이 있을 뿐 아니라 영어가 유창하지 못해 일을 제대로 처리하지 못하는 판사들도 있다."[24] 국민 대다수가 문맹이거나 문맹에 가까운 파키스탄의 법은 매우 전문적이고 복잡한 영어로 쓰여 있다.[25]

모잠비크는 인구의 약 60퍼센트가 포르투갈어를 모르고(시골 지역은 75퍼센트) 겨우 7퍼센트만이 포르투갈어를 자신의 모국어로 여기는데도 법원 공용어는 포르투갈어다. 남아프리카를 위한 열린사회 이니셔티브가 알아낸 것처럼 "일반적으로 법원은 요청에 따라 통번역을 제공하지만 통역사의 자질은 낮다. 특히 지방법원의 통역사는 전문성이 부족하고 대개 당일에 임시직으로 선발된다."[26] 아프리카 빈민들의 자유, 재산, 생계, 목숨이 달린 재판 과정을 돕기 위해 거리에서 선발된 임시직 통역사는 말만 통역하는 것이 아니라 용어의 뜻도 설명해야 한다. 하지만 그들은 법률 교육을 받지 않은 탓에 고객에게나 법정에서 법률 용어를 정확하게 통역하지 못한다. 더욱이 체포와 구금 단계에는 대개 통역을 전혀 쓰지 않으므로 용의자는 경찰이 포르투갈어로 설명하는 범죄 혐의나 절차를 전혀 이해하지 못한다.[27]

말라위의 사법제도는 인구의 1퍼센트만이 이해하는 언어, 즉 영어를 사용한다. 판사와 치안 판사, 법원 직원들조차 일터에서 쓰는 언어를 완전히 이해하지 못한다는 뜻이다. 남아프리카를 위한 열린사회 이니셔티브는 말라위에 대해 이렇게 말한다. "2002년에 실시한 조사에 따르면 치안 법정에서 영어를 사용하기 때문에 치안 판사와 소송 당사자의 소통이 원활하지 못하고(특히 통역은 전문 용어를 정확하게 전달하지 못한다) 치안 판사는 증거를 충분히 분석한 분명한 판결문을 쓰지 못한다."[28]

이 같은 상황에서 사법제도가 이용하는 제국의 언어에 능통한 부류가 있다. 경제, 정치, 사회 엘리트들을 구성하는 소수 계층과 그들에게 봉사하는 소수의 값비싼 법률 전문가들이다. 식민 시대에도 식민지 문화와 제도에 줄을 대고 권력을 얻은 현지 엘리트들은 늘 존재했다. 그들은 독립 이후 식민 사법제도를 유지하고 배타적 혜택을 독점했다. 식민지 이후 아프리카에서는 한 학자의 말마따나 "국가 엘리트들은 보통법과 민간 지배구조를 능숙하게 다룰 줄 알게 되었고 결국 그것을 유지하여 기득권을 획득했다."[29]

개도국의 빈민과 약자들에게 식민지 이후 사법제도의 외국어는 그들을 괴롭히는 폭력 세력으로부터 보호받지 못하는 또 다른 불리한 조건이 되었다. 형사사법제도라는 무대에서 첫 마디가 들리는 순간부터 빈민들은 듣지 못하고 말 못하는 신세가 된다. 마이클 앤더슨의 정확한 말마따나 "법이 외국어로 집행된다는 것과 그 언어가 종종 식민지의 불의한 통치와 연관된다는 점은 법의 혜택을 받지 못하는 사람을 두 번 죽인다."[30]

일어나지 않은 혁명

우리는 인도네시아에서 세네갈에 이르기까지 여러 나라에서 큰 고통과 비용을 치르게 하는 식민지 잔해의 역기능을 살펴보았다. 강자의 이익을 위해 봉사하고 빈민을 보호하지 않는 사법제도에 이런 잔해가 남아 있다. 인도네시아에서 가난한 동네 출신 운동가들은 식민 정권이 토지를 몰수할 때 만든 농지법을 정부가 마음대로 주무르는 바람에 땅을 빼앗겨도(또는 정당한 보상을 받지 못해도) 속수무책으로 당한 경험이 있다. 영국과 네덜란드 식민 열강은 국가가 토지를 소유하는 토지 정책을 세우고 몰수한 토지는 벌목과 채굴, 농장 업주에게 임대하여 착취를 일삼았다. 독립 이후 수십 년 동안 가난한 사회의 운동가들은 인도네시아 정부가 토지를 국가가 소유했던 옛 식민 시대부터 이어져 온 법을 이용해 완전한 법적 배상 없이 지주를 강제로 내쫓거나 실거래가보다 낮은 보상금을 지급한다는 것을 발견했다.[31]

2007년, 세네갈 콜더 중앙경찰서에 구금된 25세 청년 도미니크 로피가 사망한 유명한 사건은 식민 역사가 남긴 부패 권력의 면죄를 보여 주는 서글픈 실상이다.

도미니크 로피의 가족은 소송을 제기했고 수사가 시작되었지만 3년이 지나도록 여전히 판결을 기다리고 있다. 2010년 5월, 도미니크 로피의 어머니는 국제앰네스티에 이렇게 말했다. "우리는 소송을 제기했고 판사들이 가족을 한 사람씩 만났지만 그날 이후 변한 것은 아무것도 없다. 우리 아들이 어떻게 죽었는지 모르는 사람이 없지만 아무도 그의 사망 원인을 밝히려고 하지 않는다. 다들 아들의 시신과 함께 사건을 묻으려고 한다. 국가는 이 사건에 대해 말하고 싶어 하지 않는다."[32]

세네갈의 인권운동가들은 전 프랑스 행정부가 형사사법제도를 이원화하여 가난한 사람들이 식민지 정권(과 현지 엘리트들)에 폭력의 책임을 요구하는 것을 거의 원천봉쇄하는 동시에 식민지 정권과 엘리트들에게는 빈민을 강제로 지배할 수 있는 무한 권력을 부여했다고 설명한다. 독립 이후 프랑스의 권력은 이 엘리트들에게 넘어갔고, 빈민에게 봉사하기보다 그들을 지배하기 위한 식민 시대의 법은 고스란히 남았다. 오늘날 군법은 "사실상 군인에 대한 모든 사법 처리에 대해 행정부에 거부권을 행사할 수 있고…사법부를 무력하게 만들며 피해자와 가족의 구제 희망을 깡그리 앗아간다."[33]

개도국 형사사법제도의 역기능과 약탈적 속성은 식민지 법집행 체계를 버리고 시민을 위해 봉사하는 제도로 교체하지 못한 역사적 실패에서 비롯되었다.

물론 개도국 사법제도 파탄의 원인을 식민주의 탓만으로 돌릴 수는 없다. 에티오피아나 태국처럼 식민지가 아니었던 개도국도 있지만 가난한 사람을 보호하는 법집행은 여전히 기능하지 않아서, 개도국의 식민 이전 사법제도가 폭력에서 빈민과 약자를 제대로 보호했다고 보기는 어렵다(대체로 보호하지 못했다). 하지만 식민 역사는 현재 나타난 여러 역기능이 어디서 유래했는지 이해하는 데 도움을 준다. 국가 개혁자들은 파탄에 이른 사법제도를 정직하게 비판하고 철저한 개혁을 추구하는 일이 비애국적 행동이 아님을 알아야 한다.

하지만 애석하게도 식민주의의 저주를 받은 파괴적 사법제도에 대해 사람들은, 심지어 목청을 높여야 할 사람들조차 침묵의 함성으로 부정(하거나 적극적으로 변호)한다. 그 결과 몇몇 개도국 예언자들의 목소리에는 아무도 귀 기울이지 않는다. 이를테면 노쇠한 학자이자 애국자인 딜론은 남아시아 광대한 대륙의 형사사법제도에 대해 "붕괴 직전에 있다"라고 평가한다.[34] 그는 그것이 무슨 뜻인지 신중하게 설명한다.

쇠퇴하고 부패한 인도의 사법제도는 서서히 모든 통치 영역을 삼키고 국가의 모든 시도를 무위로 돌리고 시민사회 근간을 파괴할 것이다.[35]

세계 빈민을 괴롭히는 거대한 폭력을 해결해야 할 제도가 파탄과 역기능으로 포악하게 변해 버린 사실을 생각하면 등골이 오싹하다.

우리가 던질 질문은 왜 이렇게까지 악화되었느냐, 왜 변하지 않느냐다. 식민 사법제도가 이와 같다면 국가 발전을 위해 힘쓰는 세력은 어째서 빈민의 숨통을 틀어막고 있는 제국의 제도를 폐기하지 않는 것일까? 특히 역동적인 경제 발전으로 혁신과 성장을 이루고 있는 인도를 비롯한 신흥시장국가들은 왜 공공 사법 같은 기본 제도가 국가의 치욕이 되고, 빈민의 목에 달린 맷돌이 되는 지경까지 이르도록 방치했을까?

다음 장에서는 여러 분야에서 발전하고 있는 개도국이 어떻게 기본 사회 제도의 부패를 방치했는지 살펴보고 그 답을 찾아보자.

8장

사법 민영화와
공공 사법의 파탄

5년 전 NGO 지도자 자격으로 다보스 세계경제포럼에 처음 참석했을 때 참석자들을 철저히 보호하는 주최 측의 모습에 놀랐다. 무장경찰이 거리를 통제하고 검문소를 겹겹이 설치하고 경찰이 꽉 찬 차들이 길목마다 대기해 있었으며 옥상에서는 저격수가 감시하고 헬기가 날아다녔다. 언론 보도에 따르면 연례 포럼 참석자 '한 사람'당 배치된 경호원은 약 열 명이었다. 경찰은 없는 곳이 없었다.

일부 참석자들의 재산과 지위를 생각하면 경찰을 열 명씩 배치할 법도 했다. 하지만 참석자들이 개도국 빈민에 대한 폭력을 논하는 회의장에 발을 들이는 순간, 기본 법집행의 명백한 중요성이 실종되는 것은 이해할 수 없었다. 젠더 폭력과 성폭력, 인신매매에 관한 회의에서 교육, 인권 교육, 문화 변혁, 빈곤퇴치 분야 전문가들이 유익한 토의를 펼쳤지만, 권력과 재력을 가진 사람들이 모인 이 스위스 작은 산골 마을에 차고 넘치는 것이 법집행인데도 정작 법집행이 필요한 빈민에 대한 언급은 '전혀' 없었다.

나는 다보스 포럼 중 개발도상국에 막대한 투자를 하는 세계 일류기업 중역들이 모였던 회의를 생생하게 기억한다. 신흥시장국가에서 기업을 경영하는 그들은 책임 있는 기업시민정신에 깊은 관심이 있었고 지속가능한 경제성장의 필요성을 이해하는 듯했다. 개발도상국 형사사법 제도의 완전한 파탄과 역기능에 대해 알고 있던 나는 그들에게 직설적이고 실제적인 질문을 던졌다. "폭력이 난무하는 개발도상국에서 회사와 직원의 경호는 어떻게 하십니까?"

그들은 서로를 보면서 이구동성으로 말했다. 역시 직설적이고 실제적인 대답이었다. "돈으로 삽니다."

과연 그들의 대답에는 지난 30년 동안 개도국에서 거의 눈에 띄지 않게 일어난 중요하고도 파괴적인 사회 변화가 잘 나타나 있다. 곧 '공공' 사법제도를 거의 대체해 버린 개도국 엘리트들을 위한 '사설' 사법체계다. 개도국에서 돈과 힘이 있는 사람들은, 눈에 띄지 않게 조용히 파탄에 이른 '공공' 사법제도를 완전히 버리고 그 대신 '사설' 사법체계를 세웠다. 그러고는 전통적으로 경찰과 법원의 임무였던 치안과 분쟁해결을 위해 사설 경호조직과 대체적 분쟁해결 시스템을 이용한다.

개발도상국의 엘리트들에 의한 철저한 사법 민영화는 공공 사법제도가 쓸모없고 제 기능을 못하는 제도로 전락한 이유와 그동안 외부인들이 실체를 정확히 파악하지 못했던 이유를 설명해 준다. 개도국의 공공 사법제도가 기능하지 않는다면 인도와 브라질에서 사하라 사막 이남 아프리카에 이르는 여러 나라는 어떻게 폭발적인 경제성장률을 보이는 것일까? 공공사법 제도가 완전히 기능을 상실했는데도 이런 사회들은 어떻게 여러 부유한 나라들의 경제성장률을 앞지르는 것일까?

밑바닥에서 경제 발전을 시작한 나라들의 경우, 성장률이 비교적 높게 나타나는 경우가 있다. 하지만 공공 사법제도가 기능하지 않는 나라들에서 상당한 경제성장이 가능하다는 것은 쉽게 이해가 가지 않았다. 특히 우리는 지금껏 폭력이 경제성장을 파괴한다는 것을 살펴보았기 때문이다. 하지만 경제 엘리트들은 사설 사법체계로 회사와 직원을 폭력에서 보호하고 분쟁을 해결하며, 따라서 자신의 영역에서 기업 운영과 경제성장에 필요한 조건을 갖출 수 있었다. 반면 치안을 돈으로 살 수 없는 수십억 빈민은 스스로 자신을 지킬 수밖에 없다.

지난 20년 동안 아시아, 라틴아메리카, 사하라 사막 이남 아프리카의 몇몇 개도국은 눈부신 '총' 경제성장을 이룬 반면,[1] 성장은 사설 경호에 돈을 지불할 수 있는 사람들의 영역에 불균형하게 치중된 경향을 보였다.[2] 사실 같은 시기에 개도국은 소득 불균형이 심화되었다.[3] 극빈층은 '저소득' 국가보다 '중소득' 국가에 더 많다.[4] 경제학자들은 소득 불균형 자체를 폭넓고 지속가능한 경제성장의 장애물로 여기고 우려한다.[5] 가장 분명한 문제는, 안전한 부자와 무방비 상태인 빈민의 격차로 극심한 가난에 허덕이는 사람이 수십억에 달한다는 점이다. 이를테면 사하라 사막 이남 아프리카의 안전한 부자들은 성장하고 있지만, 인구 '절반'은 여전히 불안에 떨며 하루 1.25달러 이하로 살아간다. 근년에 가장 급격한 총 경제성장을 이룩한 인도는 실제로 같은 기간에 빈곤감소율이 하락했다. "빈민은 인도 경제성장의 혜택을 받지 못했다는 표지다."[6] 라틴아메리카는 고무적으로 빈곤이 크게 줄었지만 빈곤감소율은 둔화되고 있어 빈민은 전체 인구의 30퍼센트에 달하고 2011년과 마찬가지로 2012년에도 극빈층은 6600만 명에 이른다.[7] 이런 나라들에서 경제적으로 최하위 계층을 차지하는 전 세계 수억 빈민은 무용지물이 된 '공공' 사법제도 탓에 무방비 상태이며 예전과 다름없는 극심한 가난에 머물러 있다.

우리는 사회 유력자들이 공교육과 대중교통을 버리고 나서 두 제도가 어떻게 변했는지 잘 알고 있다. 그들이 대중교통을 이용하지 않고 사립학교와 자가용에 돈을 지불하자 예상대로 공교육은 곤두박질쳤고 대중교통은 노후하고 신뢰를 잃었다. 하지만 돈과 힘이 있는 사람들이 '법질서'를 위한 공공제도를 이용하지 않고 대안적 사설 사법체계를 만들면 어떻게 될지 예상할 수 있는 사람은 많지 않다. 민간 기업과 부자들은 치안을 경찰에 맡기지 않고 사설 경호업체를 고용한다. 기업 분쟁을 적체와 부패로 얼룩진 법원에 맡기지 않고 대체적 분쟁 해결책을 마련한다. 법 문제를 변호사에게 맡겨 제도로 해결하지 않고 부와 인맥으로 정치적 영향력을 발휘해 분쟁을 유리하게 해결하는 특권을 확보한다. 개도국의 기업과 부자들은 공공 사법제도가 작동하지 않는다는 것을 알고는 공공제도를 이용하지 않는다.

그 결과, 사회 유력자들의 압박을 받지 않는 엘리트들은 제대로 기능하는 공공 형사사법제도를 만드는 데 관심도 없고 동기부여도 되지 않는다.

사실은 기존 제도를 확실히 더 '선호'하는 엘리트들이 있다. 제대로 기능하는 사법제도는 그들의 권력을 제한하고 인적·물적 자원을 상당히 많이 요구한다. 어떤 부류에게는 '기능하는' 공공 사법제도가 사실 골칫거리가 될지 모른다.

사설 경호

비참하게도, 개도국 공공 사법제도의 파탄으로 가난한 사람은 언제나 폭력에 취약한 세상으로 내몰린다. 토머스 홉스의 '자연 상태'에서 약자의 삶은 "고독하고 가난하고 불결하고 잔인하고 짧다." 반대로 엘리트들은 사설 경호업체에 돈을 지불하고 인력과 재산을 보호할 수 있다. 이것은 새로운 사실이 아니다. 다른 시대에도 엘리트들은 공공 안전제도를 세우는 지원과 투자에 소극적이었다. 그들에게는 다른 보호 장치가 있었기 때문이다. 이를테면 18세기 런던에는 끔찍한 폭력이 난무했는데도 "귀족들은 경찰 개혁을 서두르지 않았다. 그들은 폭력에서 충분히 보호받고 있었고 그렇지 않더라도 자력으로 자신과 재산을 보호할 수 있었다."[8]

우리 시대는 몇몇 전문가가 최근에서야 개도국 기초 치안의 근간이 공공기관에서 사설 경호체제로 재편되고 있다고 경종을 울리기 시작했다.

아시아의 법집행 전문가들은 "전 지역에 걸쳐 고객의 인명과 재산을 보호하는 사설 경호업체의 경이로운 성장은 국민총생산GNP 수치를 끌어올리겠지만, 공익의 핵심인 공공 안전이 상품으로 전환되는 불안한 추세이기도 하다"[9]라고 경고한다. 마찬가지로 아프리카 전문가들은 일상 치안이 국가에서 수천 개 사설업체로 넘어갔으며, 정복 경비원이 곳곳에서 눈에 띄지만 이런 중요한 변화는 대개 눈에 띄지 않게 일어났다고 말한다.[10]

라틴아메리카 전문가들도 비슷한 변화에 주목하고, 그것이 공공 사법제도에 대한 신뢰가 바닥으로 추락한 직접적인 결과라고 말한다. 따라서 분석가들은 민주주의 제도를 갖추고 비교적 안정된 개도국이 될 법한데도 기능하지 못하는 사법제도로 폭력과 혼돈에 빠진 국가들을 '야만적 민주주의'라고 부른다. 엘리트들은 폭력에서 보호받기 위해 돈을 지불해야 하고, 그 결과 노예주, 강간범, 토지 약탈자, 인신매매범에게서 보호받는 "시민의 권리는 불공평하고 변칙적으로 분배된다."[11]

'가장 기본적인' 공공 서비스(공공 안전과 법질서)가 공공 영역과 정치 활동에서 격리되자 약자는 폭력에 취약해졌을 뿐 아니라 기본 안전은

상품으로 바뀌어 빈부 격차가 더 커지고 굳어졌다.[12]

개도국 전역에서 보유 인력과 무력 모두 경찰을 능가하는 사설 경호 업체의 호황으로 공공 사법제도는 조용히 파괴되고 있다.[13] 인도 사설 보안산업의 가치는 20억 달러 이상으로 추산되며, 고용 인원은 550만 명 이상이다.[14] 규모는 인도 경찰의 4배에 이르고 중앙 예비군의 5배에 달한다.[15] 브라질에는 사설 경호원 비율이 더 높다. 경찰보다 5배나 많은 사설 경호원은 200만 명에 육박하고 보안업체는 3,000개 이상이다.[16] 상파울루 도시 하나에 등록된 사설 경호원은 50만 명에 이르고(주 경찰의 4배) '미등록' 경비원도 50만 명이 넘는다(이 중 다수는 '청원 경찰'로 일하는 현직 경찰인데 고객을 보호하는 치안 활동에 공공 장비를 유용한다).[17] 과테말라는 기본 시민 안전의 민영화가 더 만연해 있다. 사설 경호원과 경찰의 비율은 거의 7대 1이다.[18] 온두라스는 사설 경호원이 경찰보다 4배 많다. 마찬가지로 케냐의 사설 경호원과 경찰의 비율은 4대 1이다.[19] 케냐에 있는 기업의 80퍼센트 이상이 사설 경호업체를 고용해야 한다고 느낀다.[20] 말라위에 있는 기업은 90퍼센트 이상이 같은 필요성을 느낀다.[21] 아프리카 대륙 최대 기업은 보안 요원 11만 5천 명이 아프리카 대륙 전역의 고객 안전을 보호하는 사설 보안업체 그룹4시큐리티다.[22]

물론 개도국의 기업과 부자들이 폭력과 절도에서 인명과 재산을 보호하기 위해 돈을 쓰는 것은 합리적이고 적절한 조치다. 부유한 나라에서도 사설 보안 산업은 호황을 누린다. 특정한 상황에서는 재력가가 일반 납세자의 세금으로 자신의 안전을 유지하는 것보다 추가 비용을 전액 부담하는 것이 이치에 맞다.

하지만 국민에게 법질서를 제공할 수 있는 합리적으로 기능하는 공공 사법제도가 '없는' 상황에서 부자가 그 '대체물'로서 사설 경호를 이용한다면 사회는 무법의 소용돌이로 추락하고 공공 법집행제도는 파괴되어 기능할 수 없게 되고 약자는 무방비 상태가 된다.

근년에 개도국에서는 엘리트들이 사설 경호로도 통제하지 못한 극적인 폭력 사건들이 발생했다. 이런 사건들에서 공공 법집행의 파괴적인 역기능이 만천하에 충격적인 모습을 드러냈다. 수십 년 동안 멕시코의 엘리트들은 사설 업체의 보호를 받고 있었기 때문에, 만연한 부패와 비참할 정도로 무능한 법집행을 해결하기 위해 힘쓰지 않았다. 전국에 마약 관련 폭력이 들끓기 시작하자 정부는 공권력으로 폭력을 제압하려 했지만 공권력의 부재가 극명하게 드러났고 군대를 투입해야 했다. 엘리트들조차 합법적인 치안과 형사사법의 부재 가운데서 빈민에게는 일상이었던 무법의 공포를 느꼈다.[23]

마찬가지로 인도 빈민촌에서 3년을 보낸 기자이자 작가인 캐서린 부는 2008년 뭄바이의 고급 호텔에서 일어난 테러로 빈민이 의지할 수밖에 없는 공공 법집행이 빈껍데기에 불과하다는 것을 인도 엘리트들이 인식하는 장면을 묘사한다.

기차역의 경찰들은 무기를 사용할 줄 몰랐고 두 테러리스트가 여행자를 50명도 넘게 살해하는 사이에 달아나 몸을 숨기는 데 급급했다. 테러 공격을 받는 병원 분만실에 있는 사람들을 구출하라는 지시를 받은 다른 경찰들은 네 블럭 떨어진 경찰청에서 꼼짝도 하지 않았다.…기업인과 유명인들이 사망한 타지마할 호텔과 오베로이 호텔에 대한 공격은 뼈아픈 벌이었다. 부자들은 사설 경호가 만능이 아님을 깨달았다. 그들도 빈민을 보호하지 않는 공공 안전제도에 똑같이 의존하고 있었던 것이다.[24]

대체적 분쟁해결

개도국의 엘리트와 부자들은 인명과 재산을 지키는 일을 경찰보다 사설 경호에 맡길 뿐 아니라 차츰 대체적 분쟁해결(Alternative Dispute Resolution, 이하 ADR)에 기대어 법원을 우회하여 문제를 해결하기까지 한다.[25] ADR은 개도국에서 폭발적으로 성장하고 있다. 이런 현상에 정통한 소수 전문가들은 엘리트들이 ADR에 끌리는 이유를 정확히 알고 있다. 부패하고 무능한 자국의 사법제도가 전혀 '매력적이지 않기' 때문이다. 뇌물수수와 부패가 만연하고 몹시 비효율적이고 지지부진하며 정략에 따라 불리한 결과가 나오고 복잡한 사건을 효과적으로 처리하지 못하는 무능한 제도를 좋아하는 사람은 없다.[26]

망가진 사법제도가 사업 개발에 악영향을 미치자 세계은행 같은 개발 기관의 지도자들은 기업과 엘리트들이 공공제도를 배제하고 "법원이 제 기능을 못 하는 곳에서 ADR 서비스"를 구매하는 것을 지지했다.[27] 가진 자들은 전혀 기능하지 못하는 공공 사법제도를 "상업 분쟁을 적절히 해결하는 대안으로 고려하지도 않는다."[28]

하지만 개도국의 빈민과 약자들은 사설 경호를 이용하지 못하는 것과 마찬가지로 강자들에게서 빈민의 권리를 믿음직하게 지켜 주는 의미 있는 '대체적 분쟁해결' 제도를 이용할 수 없다. 치안을 유지하는 믿을 만한 경찰도 제대로 분쟁을 해결하는 법원도 없는 상황에서, 가난한 시민은 차츰 군중 재판 혹은 사회적 약자(여성, 아동, 인종적·종교적 소수자, 극빈자)를 위한 정당한 절차나 보호를 무시하기 일쑤인 공동체의 관습에 기댐으로써 자구책을 마련한다. 합리적으로 기능하는 법질서를 위한 공공제도가 없어 "호황을 누리는 사설 경호를 이용하거나 돈이 없어 자력 구제를 하는 사람들이 여러 나라에서 증가하고 있다."[29]

공공 서비스의 몰락

부자들이 공공재와 공공 서비스 대신 사설 대체재를 이용하면 유력한 엘리트들은 공공 서비스에 투자하지 않는다. 그런 시스템이 점차 악화되리란 점은 불을 보듯 빤하다.[30] 더욱이 부자들이 공공 서비스에 관심을 두지 않자 양질의 공공 서비스를 제공할 책임이 있는 정책 입안자들도 관심을 돌린다.[31] 공공 서비스 투자 확대에 찬성하는 사람들은 주로 저소득층으로, 이들은 정치적 영향력이 미미한 탓에 공공 서비스는 서서히 악화된다.[32] 다른 학자들에 따르면 이런 현상은 인구의 대다수를 차지하지만 정치적으로 소외된 빈민이 많은 개도국에서 현저하게 나타난다.[33]

공공 서비스 일부는 민영화하는 것이 더 이롭다는 것을 아는 부유한 국가의 전문가들은 개도국에서 사설 경호제도와 분쟁해결 체제의 성장을 촉진하는 것이 더 이롭다는 반대 의견을 대수롭지 않게 개진하기도 한다. 하지만 현장에서 이런 문제를 오랫동안 조사한 연구자들은 개발 기관에 경고한다. 엘리트들이 공공 제도 대신 사설 체계를 이용하더라도 빈민에게 남은 망가진 사법제도는 개선되지 않았다.[34] 도리어 공공 안전제도는 부패와 방치의 소용돌이로 추락하고 사회 빈민층은 파괴적인 폭력에 무방비로 노출되었다. 엘리트들을 위한 효율적인 사설 대체재를 만든다는 것은, 공공 제도는 투자 가치가 없다는 뜻이다. 한 전문가가 경고했듯이 "개혁을 자극하기는커녕 개혁의 동력을 잃을 것이다."[35]

변화의 가장 큰 장애, 무법의 수혜자들

엘리트들은 공공 사법제도에 기대지 않고도 사설 경호를 받을 수 있기 때문에 대개 사법제도의 파탄에 '무관심'하다. 그들은 곤경을 피해 갈

수 있기 때문에 굳이 사법제도 개혁에 투자나 지원을 할 뜻이 없다.

하지만 곤경을 피해 가는 엘리트들은 공공 사법제도의 파탄에 단순히 무관심한 데 그치지 않는다. 문제는 더 심각한데, 애석하게도 공공 사법제도를 망가진 채로 두어야 이득을 얻는 엘리트들이 많기 때문이다. 엘리트들은 타인으로부터 피해를 받지 않게 보호해 주는 '효과적인' 공공 사법제도가 필요한 것이 아니라, 그들이 타인에게 입힌 피해의 책임을 면하게 해주는 망가진 공공 사법제도가 '필요'하다. 파탄에 이른 공공 사법제도는 최고 입찰자에게 면죄부를 판다. 피해자들이 사설 대체재를 살 수 없을 만큼 가난하면 면책 가격은 떨어진다.

이를테면 1장에서 본 아얄라 부자는 페루 공공 사법제도의 파탄에 그저 '무관심'하지 않았다. 그들은 망가진 제도를 '선호'했다. 사실 그들은 망가진 제도에 철저히 '의지'했다. 유리를 강간하고 살해한 그들은 감옥에서 형을 살지 않고 뇌물을 써서 결정적인 증거를 인멸하고, 증언을 막기 위해 목격자를 고문하고, 불운한 희생양에게 죄를 뒤집어씌워 가혹하고 위험한 페루 감옥에서 30년 동안 억울한 옥고를 치르게 했다. 그들의 변호사는 사건을 은폐한 대가를 두둑하게 챙겼다. 이런 상황에서 공공 사법제도의 경찰과 여러 관계자는 자신의 일을 하지 '않는' 대가로 뒷돈을 받았다. 그들은 공공 사법제도의 파탄을 문제로 여기지 않았다. 그들이 정확히 알았듯이 문제는 공정하고 효과적인 사법제도였다.

이름과 내용은 다르겠지만 똑같은 이야기가 개도국 전역에서 날마다 반복된다. 효과적인 형사사법제도는 시장에서 팔리는 면죄부를 뿌리 뽑는다. 헐값에 옥살이를 면할 수 있는 길을 막으면 아얄라 부부 같은 가해자들은 막대한 비용을 치러야 한다. 망가진 제도에서는 뇌물 몇 푼으로 형을 면하겠지만, 제대로 기능하는 형사사법제도는 그들에게 종신형을 선고할 것이다. 많은 엘리트들에게, 효과적인 공공 사법제도는 망가진 제도보다 비용이 훨씬 더 든다.

개도국에 효과적인 공공 사법제도를 세우는 데 가장 큰 장애는 옛 식민 사법제도의 관행이나 빈곤퇴치 기관들의 부주의, 엘리트들의 사설 사법 대체재가 아니다. 오히려 법을 실제로 집행하는 형사사법제도가 정착되면 빈민을 지배하고 착취할 수 없음을 정확히 인식한 개도국의 사회적·정치적·경제적 세력에서 변화에 대한 거센 저항이 나올 것이다. 차차 다루겠지만 역행하는 권력의 핵을 이기려면 이들 사회에서 힘을 규합하여 급진적인 변화의 주도권을 잡아 모든 시민을 폭력에서 보호하는 법집행 제도를 세워야 한다.

파탄에 이른 공공 사법제도는 단순히 식민 시대가 남긴 비합리적인 유물이 아니다. 제도를 바꿀 힘이 있는 많은 엘리트가 그럴 필요를 느끼지 못하고, 다른 약탈적인 엘리트들은 빈민을 착취하고 지배하기 위해 망가진 채로 둘 필요를 느끼기에 개도국 형사사법제도는 파탄에 이른 채 있다. 결국 선의의 세력이 아무 대처도 하지 않거나 지금껏 해오던 방식을 지속한다면 공공 사법제도의 변화는 기대할 수 없다. 빈민을 위해 작동하는 공공 사법제도를 만들기 위해서는 사설 대체재로 공공제도를 대체하거나 망가진 제도의 면책을 통해 지배력을 확보하려는 엘리트들에게 전략적으로 맞서야 한다. 어떤 식으로든 개도국에서 소수 엘리트를 위한 안전은 다수 빈민을 위한 안전을 파괴하고 있다.

9장

법치 투자의
현실

개도국 수십억 빈민은 극심한 가난에서 벗어나려고 몸부림친다. 하지만 법집행 제도가 기능하지 않는 상황에서, 마음껏 빈민을 공격하는 불법 폭력으로 그들의 노력은 헛수고가 된다. 가해자를 보호하고 폭력을 부추기는 역기능적 형사사법제도는 빈민에게 폭력이나 다름없다.

우리는 지금 그 원인을 살펴보고 있다. 첫째, 개도국의 법집행 제도는 대부분 식민 유산이다. 그 목적은 폭력에서 빈민을 보호하는 것이 아니라 빈민에게서 정권을 보호하는 것이었다. 비극적이게도 민중을 위한 근본적 제도 개혁은 없었다.

둘째, 권력과 재력을 지닌 개도국 엘리트들은 이렇게 제 기능을 못하는 '공공' 사법제도를 버리고 폭력에서 자신을 보호할 '사설' 경호 체계를 세웠다. 그들은 공공 치안에 의지할 필요가 없는 거대한 사설 보안 체제의 성장에 돈을 투자했다. 그들은 자신에게 유리한 쪽으로 분쟁을 해결할 수 있는 사적 자원이 있기 때문에 법제도가 적체와 부패로 기능을 멈추고 파괴되도록 내버려 두었다.

이 장에서는 세 번째 이유를 살펴볼 텐데, 개도국의 기본 법집행 제도가 빈민에게 무용지물로 변하고 위험할 정도로 부패하게 된 것은 지난 반세기 동안 개도국에서 가난을 퇴치하는 국제 운동이 문제 해결을 위한 의미 있는 노력을 기울이지 않았기 때문이다.

그런데 '의미 있는 노력'이란 무슨 말일까?

이를테면 내가 십대 아들에게 수학 기말고사 공부를 했느냐고 물으면 아들은 시험 당일 아침 졸린 눈으로 수학책을 몇 분만 읽고도 "예, 했어요"라고 대답할 수 있다. 하지만 나는 아들에게 첫째, 시험 범위(한 학기 동안 배운 복잡한 문제들이 출제된다), 둘째, 전체 성적에 미치는 영향(기말고사를 망치면 종합적으로 좋은 성적을 거둘 수 없다), 셋째, 다른 과목에 대한 상대적인 노력과 투자(아들은 여자친구와 함께 공부하는 시간을 자기가 좋아하는 역사 과목에만 할애했다)에 대해 '의미 있는' 노력을 했는지 묻는 것이다.

마찬가지로 우리가 40년 넘게 3조 달러 넘는 돈을[1] 들여 가난한 나라들의 개발을 위해 노력한 것을 돌아보고 파탄에 이른 법집행 제도를 해결하는 데 '의미 있는' 노력을 했는지 묻는다면 우리는 첫째, '문제의 범위'(개도국 수십억 빈민에게 제도의 파탄과 역기능은 심각하고 보편적이다), 둘째, 다른 모든 분야에 미치는 '영향'(폭력은 인간의 다른 모든 발전을 파괴할 수 있다), 셋째, '다른 필요'를 해결하는 데 들인 노력과 투자(가난한 국가들의 보건, 식량, 주택, 교육 등을 돕는 국제 사회의 의미 있는 노력)에 상응하는 수준의 노력과 투자를 찾아야 한다.

차차 보겠지만 내 아들이 수학 시험 준비를 '어느 정도' 했다고 말할 수 있듯이 국제 사회도 문제 해결을 위해 '어느 정도' 노력했다고 말할 수 있다. 하지만 개도국 빈민을 위한 다른 사업 투자와 비교하여, 폭력에서 빈민을 보호하는 형사사법제도를 가장 먼저 세우는 데 국제 사회가 얼마나 노력하고 투자했는지를 검토해 보면 우리가 중요한 노력을 하지 않고 있다는 충격적인 사실이 드러난다.

내 아들이 수학 시험에서 낙제할 수 있는 것처럼, 국제 사회가 파탄에 이른 개도국의 형사사법제도를 고칠 수 '없다'는 것이 사실로 드러날지 모른다. 하지만 지금까지 우리가 들인 노력을 근거로 그런 결론을 이끌어 낼 수는 없다(그 반대로, 지금까지의 빈약한 노력으로 미루어 보면 실패는 거의 기정사실이다). 다음 장에서 보겠지만 고장난 형사사법제도라도 빈민을 폭력에서 보호하는 제도로 개혁할 수 있다고 할 만한 이유가 충분하다.

하지만 빈곤퇴치에 헌신한 운동과 기관들은 지난 반세기 동안 개도국에 제대로 기능하는 형사사법제도를 세우는 일에는 부끄러울 정도로 관심도 투자도 도움도 주지 않았다. 이것이 부끄러운 까닭은 부유한 나라에 사는 우리가 자국 사회에서 반드시 필요하고 가장 중요한 제도가 법집행이라고 여기며 이 제도가 빈민에게도 반드시 필요하다는 것을 알기 때문이다. 또한 개도국에서 법집행 제도가 가장 파탄에 이른(그리고 몹시 위험한) 공공 제도라는 것을 알기 때문이다. 하지만 우리는 이 모든 것을 알면서도 망가진 형사사법제도를 고치는 일에 집중하지도, 투자하지도, 그것을 우선순위에 넣지도 않았다.

분명히 해 두지만, 그렇다고 해서 우리가 빈민을 위한 다른 사업(보건, 교육, 식량, 식수, 소액대출, 주택)에 돈과 노력을 지나치게 많이 투자했다는 말은 '아니다'. 지난 반세기 동안 투자한 3조 달러를 전 세계 수십억 빈민에게 나누면 1인당 투자 원조액은 틀림없이 미미하다.[2]

하지만 미미하든 아니든 우리가 직시해야 할 현실이 있다. 기본 법집행을 통한 합리적인 수준의 안전을 빈민에게 제공하는 의미 있는 노력을 하지 않는 가운데 이런 투자가 이루어졌다는 것, 그 결과 벌어진 혼돈으로 다른 원조 활동도 기대한 만큼 성공을 거두지 못했다는 것이다.

안개를 걷어 내고

하지만 엄연히 지난 수십 년 동안 '법치' '좋은 거버넌스' '부패 근절' '사법 접근성' '젠더 평등' '권리에 기초한 개발' 등을 장려하는 프로그램에 대한 투자가 이루어지지 않았는가? 미국 정부를 비롯한 여러 기관은 국제적인 법집행을 위해 전 세계에 수십억 달러를 쓰지 않았는가? 국제사회는 개도국 빈민의 취약한 권리를 보호할 사법제도와 법치를 위해 상당히 노력하지 않았는가?

이 물음에 답하려면 짙은 안개와 수많은 혼란을 걷어 내야 한다. 국제 사회는 개도국 정부의 다양한 제도를 일반적으로 지도하는 데는 상당한 노력을 기울였지만, 폭력에서 빈민을 합리적으로 보호하는 형사사법제도를 세우는 데 의미 있는 활동은 거의 하지 않았다.

문제를 명확하게 톺아보기 위해 가장 큰 혼란을 일으키는 것부터 이야기하자. 바로 인기가 많고 매력적인 개념인 '법치'다. 극단적으로 간단히 말하면 '법치'란, 정의로운 사회를 지배하는 것은 궁극적으로 사람, 돈, 권력, 또는 다른 임의적 요소가 아니라 공평하고 공정한 법이란 뜻이다. 사람들은 법치라는 개념에서 폭압적이고 불의한 폭력을 억제하는 기본적인 힘을 연상한다. 폭력은 '불법'이고 '법보다 높은' 사람은 아무도 없기에 아무도(부자와 강자조차) 폭력을 사용해 다른 사람(약자나 빈자라도)을 해치고 훔치고 노예로 만들고 겁박하고 짓밟을 수 없다는 것이다. 그런 사람이 있다면 '법'으로 구속한다. 따라서 생명과 자유를 누리고 행복을 좇는 즐거움은 전적으로 약자에게 폭력을 휘두르는 강자의 힘을 억제하는 효과적인 법치에 달려 있다고 쉽게 생각할 수 있다.

따라서 사람들은 '법치'를 지지하는 프로그램에 대해 들으면 법집행을 통해 폭력으로부터 빈민과 약자를 보호한다는 기본적이고 핵심적인 개념을 떠올린다. 마찬가지로 사람들은 백신으로 전염병을 치료하는 공중보건 프로그램에 대해 들으면 되도록 많은 취약 계층에게 백신을 투여하는 것이 프로그램의 핵심이라고 생각한다. 하지만 이 법치와 보건의 예에서 사람들의 예상은 완전히 빗나갈 공산이 크다. 전문가들 사이에서 '법치'와 '공중보건'의 개념은 상당히 광범위하고 사람들이 생각하는 핵심 개념과 동떨어진 프로그램이 실시되기 때문이다. 이를테면 전염병을 퇴치하는 공중보건 계획에는 직접적인 백신 투여나 치료가 아니더라도 캠페인, 청소, 전염 요인 제거, 식단 개선이나 건강한 생활습관 장려, 취약성 완화 등 다른 것들이 많다. 하지만 정작 백신 보급을 빠뜨린다면 우리는 이 계획을 비극적인 광대놀음으로 여길 것이다. 마찬가지로 백신의 80퍼센트가 전염병에 걸린 인구가 매우 적은(게다가 가격이 지나치게 비싸고 원활한 보급이 힘든) 고립된 두세 국가에 집중적으로 공급된다면, 혹은 부유한 나라로 병을 확산시킬 위험이 큰 몇몇 빈국에만 제한적으로 공급된다면 사람들은 분통을 터뜨릴 것이다.

불행하게도, 이 터무니없는 이야기는 개도국에서 전염병처럼 번지는 빈민에 대한 불법 폭력에 국제사회가 '법치'로 어떻게 대응하는지를 매우 정확하게 묘사한다. 그 이유를 알려면 현재 선진국에서 '법치'의 개념을 얼마나 광범위한 의미로 사용하는지 알아야 한다. 강자의 폭력에서 약자를 보호하는 것이 법치의 가장 기본이자 핵심 개념이라 여길 사람이 많겠지만 실제로 그것은 더 넓고 깊은 개념의 일부에 불과하다. 미국 변호사협회가 세계 사법정의 프로젝트에서 설명하는 법치는 아홉 가지 요소 혹은 차원으로 구성된다.

1. 정부 권한 제한

2. 부패 척결

3. 질서와 치안

4. 기본권

5. 열린 정부

6. 효과적인 규제집행

7. 민사사법 접근성

8. 효과적인 형사사법

9. 비공식 사법

폭력에서 시민을 보호하는 효과적인 형사사법제도는 아홉 요소 중 하나에 불과하고 이 아홉 요소는 다시 52가지 요소로 분화한다.[3] 그 결과 선거 감시에서 언론의 자유, 불법 소프트웨어 단속, 운전면허 발급 비리 단속, 명확한 지적재산권 규제, 국회 방송에 이르는 거의 모든 활동이 개도국의 법치를 강화하는 계획에 포함된다. 효과적인 형사사법집행으로 폭력에서 빈민을 보호하지 않더라도 법치의 깃발 아래 수많은 계획이 정당하게 진행된다.

다시 분명히 말하지만 아홉 요소 모두 법치에서 중요한 역할을 하며, 국제사회는 (더욱 힘 있고 헌신적으로) 모든 분야에 투자하는 것이 옳다. 더욱이 형사사법제도가 궁극적으로 폭력에서 빈민을 보호하려는 정치적 의지와 실행 역량을 위해 결합한 시민·문화 기관들의 복잡한 그물망의 일부라면, 아홉 요소는 결국 빈민이 가난에서 벗어날 수 있는 안전하고 평화로운 사회를 이루는 데 나름의 역할을 할 수 있다.

그렇지만 두 가지 중요한 요점을 놓치면 안 된다. 첫째, 국제적인 법치 프로그램이 '효과적인 형사사법' 제도에 투자를 충분히 하지 않는다면 빈민은 폭력에서 보호받지 못할 것이고, 3장에서 보았듯이 빈민은 삶을 헤쳐 나갈 수 없다. 그래서 효과적인 형사사법제도는 '필수'다. 둘째, 개도국의 형사사법 프로그램에 대한 국제적인 투자 수준을 정할 때 우리는 빈민을 폭력에서 효과적으로 보호하는 형사사법제도를 마련하는 일과 무관한 수많은 훌륭하고 가치 있는 '법치' 투자를 분리해야 한다.

'법치' 투자를 둘러싼 짙은 안개를 깨끗이 제거하면 무엇이 보일까? 개도국 경제 개발과 빈곤퇴치의 현대 역사에서 법치 투자는 전체 활동에서 비교적 낮은 비율을 차지하며, 그 중에서도 효과적인 형사사법에 대한 투자는 찾아보기 힘들 만큼 미미하다. 주로 세계은행과 미국국제개발청(USAID, 미국 정부의 대표적 해외원조기관) 같은 중요한 개발 기관들이 개도국의 법집행 제도 투자를 '내부 방침으로 막고 있기' 때문이다. 국제적인 후원자와 기관들이 법치나 법집행 제도에 투자하더라도, 폭력에서 빈민을 보호하는 일과 무관한 세 가지 의제에 밀려 무위로 돌아갔다. 첫째, 내전이 종결된 소수 국가의 재건(이를테면 이라크와 아프가니스탄), 둘째, 테러와 마약, 불법무기 밀매의 다국적 범죄 해결, 셋째, 비즈니스, 상업 활동, 자본 투자를 위한 매력적이고 안정된 환경 건설이 그것이다.

이처럼 제도적이고 의미론적인 안개가 말끔히 걷히고 마지막 분석으로 드러난 투자의 실상은 충격적으로 낮다. USAID나 세계은행 같은 기관 원조에서 개도국 빈민을 폭력에서 보호하는 사법제도 개선에 투자되었다고 말할 수 있는 규모는 1퍼센트에 불과하다.

내부 방침에 막힌 형사사법제도 투자

여러모로 개도국의 형사사법제도에 대한 투자가 낮다고 놀랄 이유는 없다. 국제구호기관이 '내부 방침'에 막혀 투자할 수 '없는' 활동은 그것 말고도 많기 때문이다. 국제구호기관이 개도국의 식량 체계나 교육 제도, 보건 제도, 식수 체계에 투자를 금하는 것은 상상하기 힘들지만 가난한 국가의 형사사법제도만은 예외였다. 해외원조금을 이 분야에 선뜻 쓰지 못하는 데는 충분히 이해할 수 있는 이유들이 있지만, 이는 결국 형사사법제도를 등한시하게 되는 유례없는 참극으로 이어졌다.

지난 50년 동안 국제 사회의 훌륭한 구호 기관들은 개도국의 식량 체계와 보건 제도, 교육 제도를 비롯하여 인간 복지를 위한 여러 제도를 개선하는 일이 어렵고 복잡하다는 것을 발견했다. 그런데 법집행 제도를 개선하는 일은 유난히 위험하다는 점도 발견했다. 다른 제도들은 빈민에게 실망을 안겨 줄지언정 그들을 위험에 빠뜨리는 일은 없다. 그런 점에서 이런 제도는 해롭지 않다. 하지만 법집행 제도는 다르다. 이 제도의 억제력은 공익을 위하기도 하고 해치기도 한다. 형사사법제도에 수준 높은 훈련과 자원이 투입되고, 효율이 높아지고 권한이 강해지면 폭력에서 시민을 보호할 뿐 아니라 폭력으로 시민을 억압하는 일이 생기기도 한다. 더욱이 그런 제도는 지배 정권이 국가를 통치하는 강제 수단이다. 정부는 외부인들이 병원과 학교, 농업 기술에 도움을 주는 것은 매우 환영하는 반면, 사법, 치안, 법적 책임이 따르는 제도에 손대는 것은 선뜻 허락하지 않는다.

일찍부터 이런 일을 겪은 선진 구호기관들은 복잡하고 위험한 일을 피하기 위해 개도국의 형사사법 분야 투자를 금지해 버렸다.

미국 정부

최대 해외 원조국인 미국은 처음부터 개도국의 형사사법제도를 개선하는 일에 상당한 투자를 했다. 제2차 세계대전 이후 미국 정부는 국제개발청 산하 공공안전국OPS을 통해 해외 경찰의 교육과 정비에 투자를 아끼지 않았다.[4] OPS는 CIA를 위해 정보를 수집하는 기능도 했다. 1968년까지 "미국은 34개국 경찰을 훈련하기 위해 한 해 6천만 달러를 지출했다. 교육 분야는 범죄수사, 순찰, 신문과 게릴라 대응 기술, 시위 통제, 무기 사용, 폭탄 해체를 망라했다."[5] 시민에게 봉사하고 법을 준수하는 문민 경찰의 교육 모델을 지지하는 국무부와 OPS 인사들의 노력에도 불구하고 실제로 OPS의 교육은 게릴라 소탕과 정보 활동에 상당히 치중하는 준군사 모델을 따랐다. 당연히 그런 모델은 독재 정권 국가에 끔찍한 희생을 남겼다. 1970년대, 극악한 고문과 폭행 사건이 이어지는 가운데 신문을 할 때 OPS가 구매한 군용 휴대전화를 전기 충격기로 사용한다는 사실과 OPS가 일부 자금을 대는 베트남 피닉스 작전으로 '호랑이 우리'로 악명 높은 베트남 콘손 감옥에서 베트콩 용의자 수천 명이 고문과 살해를 당했다는 사실이 드러났다.[6] 그 밖에도 여러 인권 침해 추문이 폭로되자 OPS는 해체되고 1974년, 의회는 대외원조법(1961) 660조를 개정하여 국제 마약 단속을 예외로 두되 원조금으로 외국 경찰이나 감옥, 법집행 기관에 교육이나 조언, 재정을 지원하지 못하게 금지했다.

1985년부터 의회는 사안별로 경찰 원조에 대한 자금 지원을 승인했고, 마약 소탕 작전과 불법 이민을 막는 데 외국 경찰과 협력할 수 있는 예외 조항을 신설했다.[7] 1996년에는 내전이 끝난 국가에서 문민 경찰의 권한과 역량 재건을 위해 예외 조항을 추가했다. 끝으로 2005년, 개도국의 법집행 원조를 광범위하게 금지하고 나서 30년이 지난 후, 의회는 564(a)조를 통해 "인권·법치·전략 기획 분야의 교육과 기술 지원·갈등 예방·재난 대응·성폭력 대처·경찰과 시민 관계 개선 프로그램 등 민주적 거버넌스를 지원하는 문민 경찰을 육성하여 경찰의 능률과 책임을 높이는" 원조를 승인했다.[8]

개도국의 경찰을 원조할 수 있는 새로운 권한에도 불구하고 의회 예산, 회계감사원 보고서, 정부의 여러 문서에 따르면 거버넌스와 민주주의, 법치, 경찰 원조 프로그램 대다수가 대테러 활동, 대마약 활동, 미국이 전략적으로 막대한 투자를 쏟아 내전이 끝난 소수의 국가에 압도적으로 집중되어 있다. 미국의 한 경찰 교육 전문가는 외국 경찰에 대한 원조는 미국 국경을 침투하는 테러와 마약 같은 범죄를 척결하는 데 거의 집중되어 있다고 말했다. 미국의 원조를 받는 국가의 시민에 대한 안전, 나아가 폭력범죄나 착취에 취약한 가난한 사회의 치안은 대체로 관심 밖에 있다.

세계은행

형사사법 원조를 오랫동안 금지한 미국보다 국제원조 정책에서 더 중요하게 주목할 부분은 세계은행이 형사사법 원조를 금지하고 있다는 것이다. 이 조치는 지금도 변함이 없다. 국제 경제 개발을 위한 최고 금융기관인 세계은행은 매우 중요한 자원을 운용할 뿐 아니라 개도국에 대한 국제원조의 전략과 방법을 주도한다.

조직 역사에 비해 사법 부문에 대한 일반 원조를 뒤늦게 시작한 세계은행은 처음부터 신중한 자세를 견지했고, 개도국 시민을 폭력에서 보호하는 주요 제도, 곧 법집행에 대한 투자를 한결같이 거부했다. 세계은행의 모든 사업은 경제와 직결된 성과를 내야 하고, 정치 간섭을 금하는 헌장에 의해 기본적으로 형사사법 개혁에 관여할 수 없었다. 세계은행은 형사사법제도에 대한 투자를 금한다는 것이 헌장의 전통적 해석이었다. 그 결과 세계은행의 여러 법치 프로젝트의 목적은 빈민과 약자를 돕는 것이지만 빈민에 대한 폭력범죄와 싸우는 법집행 기관과 협력하는 사업은 매우 드물다. 그 대신 상업과 비즈니스 환경을 개선하는 부패 척결 활동에 대부분 치중하고 있다.[9]

근래에 사법개혁 실행모임Justice Reform Practice Group을 위시한 세계은행 내부의 혁신 세력은 경찰을 포함한 사법 부문에 투자할 수 있는 여지를 넓혔다. 사법개혁 실행모임의 하이케 그램코우와 크리스티나 바이베사이머는 여러 직원과 함께 세계은행의 거버넌스 활동을 발판으로 〈2011년 세계개발보고서: 분쟁과 안보, 개발〉에서 폭력범죄와 저개발의 연관성을 밝히고[10] 세계은행이 폭력범죄 문제를 곧장 해결할 수 있는 튼튼한 기초를 놓았다.

2012년 2월 세계은행 수석부총재이자 법률고문인 앤 머리 르로이는 세계은행의 형사사법 부문에 관한 법률 지침을 전달했다.[11] 세계은행은 경제적 기준에 따라 투자를 결정해야 한다는 완고하고 편협한 요건이 완화되어 지금은 합리적인 '경제적 근거'가 있는 사업에 투자가 가능하다. 세계은행은 "공정하게 기능하는 사법제도는 개발을 촉진하고 빈곤을 줄이는 중요한 요소라는 폭넓은 합의"가 있다는 결론을 내렸다.[12] 실제로 세계은행 총재 로버트 졸릭은 임기 말에 "지속가능한 개발의 '가장' 기본적인 전제 요건은 효과적인 법치"라고 말했다.[13] 마찬가지로 효과적인 법치에서 가장 기본적인 전제 요건은 사회에서 일어나는 폭력을 효과적인 법집행으로 억제하는 것이 틀림없다. 다시 말하지만 크리스토퍼 스톤이 세계은행에 조언한 대로 "사회·경제 개발의 관점에서, 범죄와 폭력이 난무하면 가난을 퇴치하고, 거버넌스를 개선하고, 인간의 고통을 줄이려는 최선의 계획이 물거품으로 돌아간다."[14]

세계은행이 자신의 권한을 새롭게 해석하여 제 역할을 하지 못하는 사법제도(특히 경찰)에 직접 신속하게 관여한다면 개도국에서 제대로 기능하는 형사사법을 세우기 위한 싸움에 더없이 귀중한 공헌을 할 수 있다. 세계은행은 정부기관과 제도의 결함을 다루는 특별한 전문성이 있으며 세계적 위상을 지니고 있어, 파탄에 이른 경찰과 사법제도를 해결하는 매우 귀중한 협력자가 될 수 있다.

개도국의 법집행 제도에 관여하는 일은 상당히 위험하고 현실적인 난관이 있으며 세계 최고 개발기관의 용감한 리더십이 없다면 의미 있는 관여는 훨씬 어려워질 것이다. 세계은행을 따르는 다른 기관과 후원자들도 이 문제를 국제적인 차원에서 의미 있게 해결하지 못하고 있다. 세계은행의 분명한 목표가 개도국의 빈곤퇴치라면, 이제 그 목표를 이루는 데 필수적인 사회 제도에서 손을 뗀다는 것은 이치에 어긋난다.

내전 종결, 국제 범죄, 비즈니스

원조기관들(특히 미국)은 정책적으로 사법제도와 법집행 개선에 투자를 금했지만 역설적으로 정책입안자들에게 더 중요한 의제, 곧 내전이 끝난 소수 국가들(이를테면 이라크와 아프가니스탄 등 치안 공백이 생긴 나라들)의 재건, 부유한 국가에 영향을 미치는 국제 범죄 근절, 개도국의 비즈니스, 상업 활동, 자본 투자 촉진에 대한 투자는 막지 않았다.

다시 말하지만 모두 좋은 일이다. 하지만 개도국 빈민이 직면한 중요한 문제에서는 모두 벗어나 있다. 이런 프로그램들에서 분명하게 드러나는 것이 있다. 부유한 국가는 자국의 이익이 걸린 문제라면 효과적인 법집행이 국가 안보와 경제성장에 필수라는 사실을 의심하지 않는다는 점이다.

치안 공백

지난 20년 동안 법치와 사법개혁에 가장 적극적으로 투자한 후원자는 영국 국제개발부DFID, 미국 정부, 미주개발은행, 세계은행, 유엔마약범죄사무소 들이다. 이들은 법치를 위한 프로그램에 수십억 달러를 투자했다. 하지만 거의 모든 자원은 내전 후 치안 공백으로 후원 국가들의 전략적 관심을 받는 소수 국가에 집중되었다.

개도국 형사사법제도의 발전에는 후원자들의 투자가 상대적으로 적었다. 세계 빈민 대다수가 불법 폭력의 위협 아래 살고 있는 개도국은, 적은 자원으로도 사회를 안정시키고 형사사법제도의 항구적인 변화를 쉽게 이룰 수 있다.[15]

국제 범죄

부유한 국가들이 위험을 무릅쓰고 개도국의 법집행에 선뜻 투자하는 두 번째 경우는 폭력범죄가 자국 사회를 위협할 때다. 부유한 국가들이 개도국의 법치와 형사사법제도에 투자하는 목적은 주로 테러와 마약 범죄와 싸우기 위해서였다.

지난 10년 동안 개도국의 법치 프로그램에 가장 큰 자금을 지원한 미국은, 자국을 위협하는 테러범들을 보호한다고 판단한 두세 국가, 곧 이라크, 아프가니스탄, 파키스탄에 거의 모든 자금을 집중했다. 이를테면 2004년에서 2007년까지 미 국무부의 민주주의·인권·노동 부서(전 세계의 민주주의와 인권 증진을 위해 일한다)는 해외 원조금의 53퍼센트(약 3억 9천5백만 달러)를 이라크에 투입했다.[16] 2011년, 아프가니스탄과 파키스탄은 '정의롭고 민주적인 통치'라는 단체를 위한 기금의 거의 절반을 받았다. 서반구, 아프리카, 동아시아, 유럽, 유라시아에 투입된 자금 총액보다 많은 액수다.[17]

미국은 마약 범죄를 소탕하기 위해 경찰과 여러 법집행 기관에 해외 원조금을 집중적으로 투자했고, 라틴아메리카와 카리브 해 국가들의 경찰 훈련에 가장 많은 자금을 지출했다. 최근 의회는 멕시코와 아이티, 도미니카공화국을 비롯한 여러 중미 정부와 협력해서 경찰 훈련과 법치에 자금을 지원하는 메리다 이니셔티브를 승인했다. 이 자금은 전문적인 법집행을 통해 조직범죄와 무기 밀매, 마약 거래를 척결하는 데 책정되었다. 2008년에서 2010년까지 멕시코에는 연평균 3억 8천만 달러 이상, 여러 중미 국가들에는 연평균 9500만 달러 이상이 투입되었다.[18]

폭력범죄는 중미 마약 밀매 조직과 관련이 있는데 이 분야의 투자에서도 빈민은 혜택을 받지 못했다. 미국 외교협회CFR의 마이클 쉬프터는 이런 국가들에 대한 미국의 원조가 '현대적이고 전문적인' 법집행의 항구 기능보다 주요 범죄자를 체포하고 마약 거래를 봉쇄하는 '단기 성과'에 집중되어 있다고 지적한다.[19]*

미국 국토안보부는 2001년과 2011년 사이에 방콕, 부다페스트, 가보로네, 산살바도르에 있는 국제 법집행 아카데미ILEA에 1억 6689만 달러를 투자했다.[20] 이 네 곳에서는 마약, 테러, 돈세탁(과 아울러 현지 빈민들이 취약한 인신매매) 같은 다국적 범죄에 대한 훈련과 지원을 집중적으로 제공한다.

다시 말하지만 국제 범죄 척결은 개도국의 법치와 법집행에 자금을 지원하는 합리적인 근거로 손색이 없지만, 분명히 그 목적과 성과가 개도국 빈민을 폭력에서 보호해 주지는 않는다. 이런 투자의 목적과 결과는 부유한 국가의 국민을 폭력과 약탈에서 보호하는 것이다. 이 자금을 분석한 한 전문가의 말마따나 "경찰 개혁과 반테러법을 통한 국제 안보 개선 같은 목표들은 법치 기관 개혁을 통해 이루어진다. 하지만 특정 국가 '내'의 법치 개선이 목표가 아니라 '다른' 국가들의 안보가 목표다."[21]

---

* 이런 추세에도 과테말라, 엘살바도르, 온두라스의 악질 폭력범죄를 효과적으로 억제하는 미국 국무부/국제 마약법집행국INL의 소규모(2010년 투자액은 2040만 달러) 모범구역(Model Precinct) 프로그램은 예외적으로 고무적이다.

비즈니스와 상업 투자 유치

셋째, 안전하고 효율적이고 매력적인 비즈니스와 상업 환경을 만들기 위해 개도국의 법치와 사법제도 개혁에 상당한 투자가 이루어진다. 이것은 가치 있는 목표다. 이에 성공하여 신흥시장국가의 경제가 호황을 이루면 빈민에게도 새로운 번영을 약속할 수 있다. 하지만 이런 투자는 불법 폭력 척결이 목표가 아닐 뿐더러 의미 있는 해결책도 아니다. 앞서 보았듯이 불법 폭력은 경제성장 환경에서 빈민의 혜택을 빼앗는다.

이를테면 세계은행의 법치 분야 활동 대부분은 '거버넌스와 반부패' 계획하에 경제성장을 촉진하는 공정하고 투명한 비즈니스 환경을 만드는 데 집중되어 있다. 2009년 세계은행의 사법 개혁 사업을 들여다보면 몇 가지 주제가 두드러지는데, 금융시장 개혁, 비즈니스 분쟁해결, 부패 방지, 행정규제 개혁을 포함한 매력적인 비즈니스 환경 개발과 관련이 있다. 사법 접근성을 높이는 사업조차 극빈층의 필요에 거의 초점을 맞추지 않는다. 세계은행 전문가 비벡 마루는 라틴아메리카, 중동, 동유럽, 아시아에서 세계은행의 투자로 완료된 주요 사법 개혁 사업 16개를 분석한 후 빈민에게 필요한 사업은 단 세 개뿐임을 발견했다.[22] 다시 말하지만 개도국의 매력적인 비즈니스 문화는 가치 있는 목표이고 빈민에게 이로운 면도 있지만, 성과의 혜택이 반드시 빈민에게 간다는 보장이 없고(처음부터 그들은 직접 수혜자가 아니다) 빈민을 불법 폭력에서 보호하지 않는다.

수학적 진실

주요 해외구호기관의 전체 기금과 개도국의 사법제도와 법치 개선에 쓴다고 알려진 모든 기금에서, 가치는 있어도 주제와 무관한 내전 후 치안 공백, 국제 범죄, 비즈니스 투자를 위한 기금을 빼면 얼마가 남을까? 개도국의 불법 폭력에서 빈민을 보호하는 형사사법제도의 부재를 바로잡는 막대한 지구적 문제에 쓰이는 기금은 얼마나 될까? 거의 없다.

세계은행은 20년 동안 사법 개혁 활동을 하고 있지만 스스로 인정하듯 "사법 개혁 투자 목록은 비교적 적은 편이다."[23]* '법과 정의와 공공행정'은 세계은행의 중요한 투자 분야이지만 그 이름에도 불구하고 세계은행이 지정한 '법과 정의'에 해당하는 사업에 투자된 돈은 거의 한 푼도 없다. 지난 5년 동안 법과 정의는 전체 대출금의 평균 2퍼센트를 차지했고 2009년에는 0.03퍼센트로 최저치를 기록했다.

마찬가지로 미국의 해외 원조금도 파탄에 이른 개도국의 형사사법제도를 정립하는 데 쓰인 경우는 거의 찾아볼 수 없다. 우리는 개도국의 망가진 형사사법제도에 얼마나 투입되었는지는 차치하고 '법치' 기금이 어디에 쓰이는지 미국 정부조차 알지 못한다는 난처한 사실을 직면해야 한다.

첫째, 법치 분야에서 일하는 여러 정부기관은 '법치 활동'을 구성하는 것에 대한 정의가 제각각이고 내부적으로 통일된 용어를 쓰지 않는 기관들도 있다.[24] 그 결과 경찰 및 법치 지원 기금 보고는 임시변통에 그치고 예산을 정하기가 쉽지 않다.[25] 둘째, 미국 정부가 지원하는 경찰 원조는 체계가 부족하다. 2009년 회계감사원 보고서에 따르면 7개 연방기관과 24개 하위 기관이 경찰 훈련 프로그램을 지원 또는 실시했는데

---

* 2004년에서 2008년까지 '법치' 대출금은 평균 4억 6천만 달러였다. 이것이 2009년에는 1600만 달러로 97퍼센트 감소했는데 법치 대출금 4억 5천만 달러가 삭감된 결과다. 그 가운데 법과 정의 사업에 책정된 돈은 1억 9천만 달러였다. 그 후 법치 사업 기금은 조금 증가했지만 여전히 2004년에서 2008년까지 지출한 금액 평균의 절반(2010-2012년에는 64퍼센트 감소했다)에도 못 미친다.

분화된 업무 방식 탓에 미국 정부가 경찰 훈련에 지출한 정확한 금액을 산정하기 어렵다.[26]

하지만 자금을 면밀히 추적하면 분명한 결론에 다다른다. 곧 빈민을 폭력에서 보호하는 형사사법제도에 대한 투자는 형체를 찾아볼 수 없을 만큼 적다. 지출 내역이 불투명하기 때문에 정확하게 말할 수는 없지만, 보수적으로 추산하면 해외 원조금의 1-2퍼센트 정도가 폭력범죄에서 빈민을 보호하는 것과 직접 관련된 프로그램에 쓰인다(부록 참고).

국무부의 인신매매감시대책사무국TIP이 지원하는 경찰 훈련은 가뭄에 단비 같은 예외다. 사무국은 적은 예산(연간 약 2천만 달러)에서도 반인신매매 경찰 교육에 매우 많은 기금을 지원한다. 이 지원금으로 훈련을 받은 캄보디아와 필리핀을 비롯한 여러 나라의 반인신매매 전담반은 수사 전문화, 피해자 구출, 범죄자 체포, 성인신매매 억제에서 놀라운 성과를 냈다.

반인신매매 기금을 제외하면, 미국과 세계은행은 기금의 1-2퍼센트 정도를 개도국 빈민에게 구체적으로 필요한 사법제도에 지원하는 듯하다. 빈민을 보호하는 형사사법제도의 파이프라인에서 가장 중요한 영역을 지원하는 일에 관한 한, TIP 사무국이 반인신매매 활동에 지원하는 눈곱만한 기금 말고는 경찰이 세계은행에서 받는 지원은 '전무'하고 미국에서 받는 지원은 거의 없다.

냉철한 평가와 희망

지난 수십 년 동안 개도국의 망가진 형사사법제도를 바로잡기 위해 노력한 국제구호기관들이 있었지만 그조차도 진지함이 부족했다. 잠비아 법원은 속기 기계가 금방 고장 나기 일쑤이고 수리하지 않은 채 방치한다. 유엔에서 캄보디아 법원에 배속된 단 한 사람의 감시인은 그야말로 법원의 무능력을 성실하게 '감시'하고 있다. 이곳의 경찰과 검찰들은 선진국의 경찰이나 검찰을 초빙해 4박 5일 동안 쉐라톤 호텔에서 성대한 교육을 받고 거리로 돌아가도 실질적인 행동 변화는 일어나지 않는다.

국제구호기관은 파탄에 이른 개도국의 형사사법제도를 해결하기 위해 노력했다고 말하겠지만 수십억 빈민이 끊임없이 폭력에 신음하며 살았던 지난 반세기 동안 그들은 진지한 활동을 펼치지 않았다. 도움은 다른 곳에서 오지 않는다. 규모와 영향력이 큰 빈민구호 NGO(국제원조구호기구, 세이브더칠드런, 옥스팜, 월드비전 등)들은 지난 반세기 동안 식량, 식수, 보건, 교육, 위생, 문화 변혁, 정치 권한 강화를 비롯한 여러 성과를 통해 수백만 생명을 살렸지만 폭력에서 빈민을 보호하는 형사사법제도를 개혁하기 위해서는 그만큼 노력하지 않았고 노력했다고 말하지도 않는다.

NGO들은 빈민(특히 여성과 아동)을 괴롭히는 불법 폭력을 서서히 인식하게 되었지만, 폭력 문제에 대한 실제 활동은 대체로 '폭력의 기저 원인' 곧 절박한 빈곤, 교육 부족, 권리 의식 부족, 문화적 태도, 정치적 권한 부족, 젠더 불평등 같은 문제에 초점을 두었다. 따라서 인식, 교육, 운동 캠페인, 피해자 심리치료, 폭력에 취약한 집단을 위한 경제 원조, 사회적 태도 변화와 차별적 법률 개정, 법적 구제 후원 프로그램이 주를 이룬다. 이런 프로그램은 피해자의 취약성을 줄이는 데 도움을 주기도 하지만, 실제로 법을 집행하여 폭력을 억제하는 형사사법제도 없이는 의미 있게 또는 지속 가능하게 빈민을 보호할 길이 없다. 게다가 가장 중요한 것은 빈민에 대한 폭력을 줄이는 형사사법제도 개선을 목표로 하는 프로그램이 하나도 없다는 점이다.

형사사법제도를 효과적으로 개혁하는 프로그램이 전혀 없다는 말은 아니다. 사실 앞으로 우리는, 부패하고 실패한 법집행 제도를 개도국의 빈민을 폭력에서 보호하는 제도로 바꿀 수 있다는 것을 보여 주는 국제 원조기관과 NGO의 무척 유망한 사업을 여럿 살펴볼 것이다.

하지만 지금 우리의 목표는 개도국의 빈민을 폭력에서 보호하는 기본 법집행에 큰 관심을 두지 않았고 의미 있는 자원을 투입하지도 않았다는 사실을 냉철하게 평가하는 것이다. 솔직한 평가는 역설적으로 희망의 가능성을 보여 준다. 우리가 가진 것을 모두 쏟았지만 문제는 조금도 나아지지 않았다는 무력한 냉소가 실은 사실이 아니기 때문이다. 빈민을 보호하는 형사사법제도를 세우려는 진지한 노력은 아직 없었고 불가능한 일로 판명나지도 않았다. 우리가 아는 것은 이 일이 어렵고 아직 시도해 보지 않았다는 것이다. 따라서 이제는 국제구호기관들이 투자 우선순위를 재조정하여 빈민을 돕는 수많은 노력을 물거품으로 만드는 불법을 해결해야 할 때임이 분명하다.

10장

이것은 가능한 싸움이다

간단한 퀴즈를 한번 풀어 보자. 다음은 형사사법제도가 마비된 여러 도시의 다섯 가지 일화다. 모두 우리가 아직 논의하지 않은 도시다. 그 파탄과 불의에 경악을 금할 수 없지만, 모두 사실이고 전문가들도 인정하는 내용이다. 어느 도시에서 일어난 일인지 맞춰 보자.

1. 이 도시의 경찰은 위로는 엘리트 범죄자들 뒤를 봐주고 수백만 달러를 챙기는 경찰청장부터, 아래로는 범죄자들에게 빌린 수십만 달러로 뇌물이 횡행하는 구역의 한 자리를 차지하고 불법 사업으로 막대한 수익을 챙기는 서장까지 조직 전체가 부패해 있다. 한 유명한 기자에 따르면 이곳 경찰은 "하도 오랫동안 부정행위를 해와서 이제는 부패가 좋은 것이라고 믿는다. 그렇다. 그들에게 부패는 좋은 것이다.…이득이 있기 때문이다." 경찰은 자신의 임무가 시

민에게 봉사하는 것이 아니라 임명권을 가진 정치 세력에게 봉사하는 것이라고 여긴다. 전문가들은 경찰이 선거 조작과 협박에 총체적으로 관여했음을 밝혔다. 연구에 따르면 난폭한 경찰은 아무 견제를 받지 않았다. 사실 경찰청장은 공공연하게 떠벌렸다. "법은 판사의 판사봉이 아니라 경찰의 몽둥이에서 나온다." 수사위원회는 이런 결론을 내렸다. "모든 이권, 모든 직업, 거의 모든 시민이 경찰의 전권적이고 무서운 손아귀에 있다." 도시의 치안 법원도 "부패하고 비효율적이고 무능했다." 한 전문가는 "[이 도시의 치안] 법원은 법과 정의를 우습게 만드는 장본인으로, 공정하지 않다"라고 말했다. 법원으로 끌려오는 사람은 대부분 빈민이고, 95퍼센트는 "아무 절차 없이 즉석 체포되었다." 전문가들에 따르면 부자는 "체포되면 돈을 써서 재판을 받지 않았고 불의로 고통받는 것은 빈민이다."

2. 이 도시는 강제 매매춘과 아동 성매매가 만연해 있다는 발표가 있었다. 전문가들은 또한 매음굴 운영자와 성인신매매범들이 정기적으로 판사와 경찰에게 뇌물을 주고 허위 체포영장을 받아 도망친 인신매매 피해자들을 붙잡아 왔다는 것을 밝혔다. 경기 호황을 맞은 이 도시에는 특정 소수인종에 대한 사회적 폭력이 극심했다. 어느 날 밤 시장과 경찰청장은 폭도를 시켜 소수인종 동네에서 시민 19명을 살해하는 집단 학살을 저질렀다. 17명은 교수대에 매달았고 2명은 칼로 도륙했다(그 중에는 의사, 여자, 14세 소년도 포함되어 있었다). 경찰청장과 시장이 보는 앞에서 폭도는 이 동네를 약탈하고 값진 물건은 남김없이 빼앗았다. 폭도 수백 명 중에 8명이 체포되었지만 대법원은 유죄 판결을 무죄로 뒤집었다. 이 집단 학살로 처벌된 사람은 아무도 없었다. 이 도시가 있는 나라에서는 사흘에 한 번 꼴로 폭도에 의한 린치가 일어난다.

3. 이 나라의 거대 탄광회사 소유주들은 법집행 관료의 허가를 받아 경찰 대신 사설 용역을 고용해 노동 쟁의를 해결할 수 있다. 탄광 산업은 지역 경제의 효자 노릇을 톡톡히 하기 때문에 회사 경호원들은 노동자의 권리 따위는 안중에 없다. 그들은 광부들이 회사에서 쫓겨나면 생계를 유지할 수 없는 계약노동자나 다름없다는 것을 알고 있다…. "[사설경호원은] 거의 초법적인 권한으로 회사의 치안을 유지한다." 파업 중인 비무장 광부 19명이 살해되는 사건이 발생했는데, 부검 결과에 따르면 그들은 도망치다가 등 뒤에서 경찰과 회사 경호원들이 쏜 총탄에 맞아 사망했다. 집행관과 경호원들은 살인죄로 체포되었지만 모두 석방되었다.

4. 이 거대도시에서 빈민은 경찰의 먹잇감이다. 정치, 경제의 불안으로 민심이 동요하자 경찰은 소외 계층에 불필요한 공권력을 행사했다. 한때 '국민의 경찰'이었던 경찰 조직은 정권을 보호하는 치안 조직으로 변질했다. 경찰은 공포의 대상이었고 법은 정권에 대항하는 거의 모든 행동을 사형으로 처벌했다. 특별고등경찰은 '불온사상'을 통제하는 임무까지 맡았다. 지금 이들은 고문, 난폭한 구금, 거주지 무단 침입, 불법 검열로 악명이 자자하다.

5. 이 대도시의 정복경찰은 주로 군대에 징집되어 4년 복무를 막 마친 까막눈이들 가운데서 선발된다. 전문가들에 따르면 그들은 훈련이 부족하고 장비가 부실하며 사기는 낮고 근무 환경이 열악하다. 시민들이 경찰을 경멸하고 불신하는 것은 당연하다. 경찰은 오만하고 무능하고 난폭한 술꾼들이며 여자에게 폭력도 휘두른다. 뛰어난 경제학자이기도 한 어느 기자는 경찰을 가리켜 "야비하고 허풍이 심하고 비겁하고 폭력적이고…모든 사람이 싫어하고 혐오한다"라고 썼다.

＊　＊　＊

이 사건들이 현재 어느 개도국 도시에서 일어난 일인지 맞추기가 어렵다 해도 실망할 것 없다. 사실 경찰과 검사, 법원에 관한 이 다섯 일화는 지난 150년에 걸쳐 미국, 프랑스, 일본에서 일어난 사건이다. 오늘날 개도국에 버금가는 부패, 역기능, 무능, 폭력, 불법이다.

1번은 1890년대 뉴욕 시 풍경이다. 경찰은 공공연한 부패와 폭력, 무능으로 악명이 높았고 부정 축재를 일삼는 정치인과 범죄자들의 하수인 노릇을 했다. 제도 개혁에 힘쓴 시어도어 루스벨트 같은 십자군들의 노력도 통하지 않았다. 마찬가지로 이른바 '즉결 재판소'는 빈민을 피해자로 만들고 부자와 권력자에게 (돈을 받고) 면죄부를 주는 부패와 무능, 비효율, 모순의 서커스장이었다.[1]

2번은 1870년대 로스앤젤레스의 중국인들에 대한 성인신매매와 잔인한 집단 학살에 법집행 당국이 연루되었다는 무서운 이야기다. 연방법은 그런 잔학 행위를 금지했겠지만 법을 집행하는 부패한 인종차별주의자들은 취약한 소수인종을 보호하기는커녕 폭력을 행사하고도 처벌받지 않았다.[2] 그 시대는 평균적으로 사흘에 한 사람씩 린치를 당하는 무법천지였다.

19세기 후반 악랄했던 시절, 미국 서부, 특히 북서부에서는 200개 이상의 중국인 마을에서 잔인한 집단 학살과 강제 추방이 잇달아 발생했다.[3] 1885년 시애틀과 타코마 시장은 스스로 경찰청장 자리에 올라 백여 명의 조직원을 데리고 인종 청소, 살인, 약탈, 강제 추방, 중국인 마을 방화를 저질렀다.[4]

3번은 펜실베이니아 주 북동부의 위험한 광산에서 노동자 수만 명이 사망한 사건과 주요 탄광 회사의 사설 경호원들에게 경찰력을 대행할 권한을 승인한 석탄철강경찰법(1865)에 관한 이야기다. 이후 산업 노동자들을 극도로 착취하고 폭행한 65년 동안 이 법은 자경단에 비협조적인 노동자와 가족들에 대한 무력 사용을 승인했다. 이런 사태는 아동 노동 조건에 대한 파업으로 시작해 광부 19명이 죽고 50명 이상이 부상당한 '라티머 대학살'로 최고조에 이르렀다.

4번은 20세기 초 일본 도쿄의 모습이다. 일본 경찰은 제국을 위해 탄압을 일삼는 조직으로 악명이 높았다. 하지만 놀랍게도 1980년대까지 일본은 선진국 중에서 범죄율이 가장 낮았고 일본 경찰은 (좋든 싫든) 범죄를 예방하고 시민의 신뢰를 받는 경찰 조직의 모범으로 널리 평가받았다. 하지만 퀴즈에 등장한 잔인한 경찰은 사무라이가 법을 집행했던 시절, 고문이 불법이 아니었고 범죄는 대부분 무서운 처형으로 다스렸던 에도 시대의 '치안'이 100년 동안 이어진 결과였다. 뒤이은 메이지 시대 '유신 통치' 기간에 문호를 개방한 일본 지도자들은 유럽의 현대 경찰 조직에 대한 광범위한 연구를 시작하여 중앙집중적이고 전문적인 경찰 체제를 채택했다. 견제 받지 않는 쇼군의 폭력에 대해서는 두드러진 효과를 거두었지만 경찰이 소외 계층과 빈민을 억압하고 괴롭힌다는 평가는 여전했다. 1920년대 일본이 제국의 군사 독재 세력의 손에 들어가자 경찰은 또다시 4번 일화에서처럼 일반인에게 큰 두려움을 주는 대상이 되었다.[5]

5번은 빅토르 위고 시대의 파리 경찰 모습이다. 혼란했던 19세기 파리는 극심한 가난과 사회 격변, 정치 불안으로 요동쳤다. 이 시대의 '치안'은 대개 정권 존립, 고위 인사 보호, '귀족 계급'에 대한 '위험한 계급'의 위협을 억누르는 일에 치중했다. 이 시대 파리의 일반 경찰은 분노가 치밀 정도로 무능한 까막눈이 술꾼이란 (매우 정확한) 평가를 받았다. 19세기 파리 경찰은 지배 계급과 부유한 계급에게는 '무질서'로부터 지켜 주는 허술한 보호막은 되었지만 일상 범죄에서 파리 시민은 보호하는 둥 마는 둥 했고 가난한 하층민은 보호는커녕 싸움을 걸기까지 했다.[6] 하지만 19세기 후반 프랑스의 모든 남성에게 참정권이 확대되자 파리 시민은 경찰에게 더 많은 것을 요구하게 되었다.[7] 1893년 이름난 파리 경찰청장 루이 레핀은 프랑스 경찰을 현대적이고 전문적인 경찰로 바꾸는 극적인 개혁을 시작했고 1914년이 되자 프랑스 경찰은 시민의 큰 존경과 신뢰를 받는 조직으로 거듭났다. 정확히 같은 시기에 프랑스는 시민권을 박탈당한 식민지 국민을 극도로 억압하는 치안 체계를 해외 식민지로 수출했다.

역기능은 정상이다

물론 이 퀴즈의 목적은 우리가 오늘날 개도국에서 본 공공 사법의 파탄과 역기능을 더 큰 역사 속에서 찾아보는 것이다. 사실 오늘날 역사상 가장 안전하고 범죄가 적은 뉴욕, 시애틀, 로스앤젤레스, 펜실베이니아 북서부, 일본, 파리에 사는 시민들은 한때 자기 도시의 공공 사법제도가 얼마나 부패하고 무능하고 폭력적이고 불법적이었는지 거의 알지 못한다.

물론 오늘날 이 나라들의 형사사법제도가 완전무결하다는 말은 아니다. 우리 두 사람은 미국 법무부에서 공공 사법제도에 기생하는 부패, 악습, 불법, 범죄 행위를 척결하는 팀에서 일했다. 하지만 부정할 수 없는 사실 두 가지가 있다. 첫째, 뭄바이 빈민들과 함께 생활한 후 미국으로 돌아온 기자이자 작가인 캐서린 부가 느꼈듯이, 개도국의 시민들에 비해 부유한 국가의 시민들은(빈민조차) 범죄와 폭력에서 보호해 주는 상당한 수준의 형사사법제도의 혜택을 누린다. 둘째, 현대적이고 전문적인 형사사법제도를 갖춘 도시들이라도 100년 전에는 오늘날 파탄에 이른 개도국의 형사사법제도가 훨씬 더 익숙했을 것이라는 점이다. 즉 1895년 뉴욕 시 경찰청장 시어도어 루스벨트는 완전하지는 않더라도 전문적이고 잘 훈련되었으며 합리적으로 신뢰할 만한 오늘날 뉴욕 시의 법집행 제도보다, 2012년 인도 뭄바이의 경찰과 법원이 훨씬 더 익숙할 것이다.[8]

형사사법제도의 역기능은 '정상'이다. 효율, 공정, 정직, 기능을 갖춘 합리적으로 작동하는 법집행 제도는 하늘에서 뚝 떨어지지 않는다. 오히려 법집행 제도는 부패, 모순, 역기능, 만행, 무능과 싸우면서 세우는 것이다. 역사가 전하는 이야기도 한결같다. 어느 나라든 현재 폭력에서 시민을 보호하며 합리적으로 작동하는 형사사법제도는 과거 그 자리에서 부패, 악습, 무능에 물들고 정계나 재계의 엘리트에게 충성하고 빈민과 약자를 폭력에서 보호하지 않았던 역사가 있다.

현재 개도국 형사사법제도가 직면한 난제와 역기능은 역사상 다른 국가의 형사사법제도가 직면하고 극복했던 난제와 역기능과 거의 일치한다.

이를테면 오늘날 미국의 치안은 고도로 정교한 과학이자 전문 분야인 반면, 19세기 미국 도시의 경찰직은 정식 교육을 '전혀' 받지 않은 미숙한 임시직 노동자의 몫이었다. 경찰은 직업도 경력도 공공 서비스도 아니라 지난 지방 선거에서처럼 정당 선거 유세에 동원되는 임시직에 불과했다.[9] 경찰은 아무나 할 수 있는 일로 특별한 훈련이나 지식이 필요 없었다. 정치적 충성심만이 유일한 자격이었다.[10]

당연히 오늘날 개도국 경찰처럼, 훈련을 받지 않은 미국 서부의 경찰은 범죄 소탕과 수사에 관한 한 무능하기로 소문이 자자했다. 20세기 초 미국 경찰 개혁론자 레이먼드 B. 포스딕은, 경찰은 "불행한 도시 역사에서 아마도 가장 참담한 실패"라고 주장했다.[11] 그들이 실제로 한 일은

"경찰의 공식 임무와는 관련이 적었고" 정치인들의 주먹 역할을 하거나 부당 이득을 위해 조직된 세력의 비공식적인 관행과 절차대로 일하는 것이었다.[12] 따라서 역사가들은 그 시대의 경찰이 범죄 감소나 예방에 의미 있는 영향을 끼쳤는지는 '불확실하다'고 말한다.[13]

경찰의 심각한 무능은 그 시대의 두 가지 현상을 설명해 준다. 곧 시민들은 경찰을 존경하지 않았고 경찰은 폭력을 일삼았다. 무식하고 야만적인 경찰은 시민의 존경을 얻지 못했다. 사실 그 시대에 무능으로 손가락질 받은 대표적인 얼간이가 펜실베이니아 경찰이다.[14] 공권력을 지닌 무능한 바보라는 이미지는 좋지 않은 조합이었다. "관할 구역을 순찰하는 경찰은 멸시를 받고 노골적인 욕설을 들었다. 경찰은 허울뿐인 존경이라도 받아 내겠다고 자주 폭력을 휘둘렀다. 몽둥이로 존경을 강요한 셈이다. 그렇게 멸시와 만행의 악순환이 시작되었다."[15]

마찬가지로 우리 시대 개도국 경찰의 부패는 혀를 내두를 수준이지만 19세기 미국의 대도시 경찰을 따라잡기에는 역부족일 것이다. 역사가 새뮤얼 워커는 이렇게 말했다.

처음부터 경찰은 복잡한 갈취 사슬과 시정市政 부패에 핵심 역할을 했다. 요컨대 미국 경찰은 전문성을 조금도 찾아볼 수 없었다.…부패는 형사사법 전반에 만연해 있었다.[16]

이를테면 1890년대의 유명한 렉소 위원회Lexow Commission는 뉴욕 시 경찰의 엄청난 부패 사슬을 폭로했다. 경찰청장은 수백만 달러를 벌어들였고 지휘 계통의 모든 사람이 불법 사업, 갈취, 부유한 시민과 방문객들을 위한 고액 특별 경호로 이득을 얻었다. 비슷한 위원회와 수사 기관들이 미국 모든 대도시에서 경찰의 똑같은 행태를 밝혀냈다.

경찰은 조직적인 갈취 체계나 다름없는 더 큰 형사사법제도의 일부였다. 경찰직의 매력은 주로 돈벌이 기회를 준다는 데 있었다.[17]

미국 경찰이 가장 큰돈을 번 사업은 19세기 후반 미국 도시에서 유례없는 호황을 누린 거대한 성매매 산업을 보호하는 일이었다.[18] 사실 뉴욕시(와 샌프란시스코 같은 다른 도시들)에서 성매매 구역을 흔히 '쇠고기 안심'이라고 부른 것은 부패하고 잔인하기로 악명 높은 한 경감이 해안 우범 지대에서 브로드웨이 홍등가로 발령이 났으니 뇌물 수입이 크게 늘겠다고 한 말에서 유래했다. 지서장 알렉산더 S. 윌리엄스('방망이'라는 별명이 있었다)는 이렇게 말했다. "경찰이 되고 나서는 홍두깨살 스테이크만 먹었다. 앞으로는 쇠고기 안심을 좀 먹어 볼까."[19]

공공연한 부패에 더하여 19세기와 20세기 초반 미국 '경찰'의 주 임무가 무엇인지 알면 깜짝 놀랄 것이다. 경찰은 정당 조직에 필요한 무력과 병참에 동원되었다. 한 전문가의 말마따나 "경찰은 최소한의 법집행만 했다. 그들은 자신을 후원하는 정치인들의 성공에 관심이 더 많았다."[20] 경찰의 주 임무는 부정투표, 개표 조작, 유권자 협박 같은 노동 집약적 활동이었다.

경찰에 만연한 폭력과 만행도 충격적이다. 정치인들의 하수인이자 주먹 노릇을 하는 경찰은 거리에서 정당성을 가질 수 없었고, 폭력으로 자신의 정당성을 얻었다. 악명 높은 경감 '방망이' 윌리엄스의 별명이 어디서 유래했는지는 빤하다. 미국 기자 링컨 스테펜즈는 자서전에서 이렇게 썼다. "달리 할 일 없는 아침이면 나는 경찰이 죄수들을 데리고 들어갔다 붕대를 감고 피투성이가 된 채로 내쫓는 것을 자주 보았다."[21]

그 시절 경찰은 소외 계층과 노동자들을 짓밟고 이민자 출신 폭력배는 보호하며 소수인종을 잔인하게 차별했다. 앞서 보았듯이 19세기와

20세기 초반 미국의 형사사법제도는 허다한 공개 처형과 화형부터 서부의 중국인 등 소수인종에 대한 수많은 집단 학살까지 충격적이고 잔인한 인종차별 폭력에 깊이 연루되어 있었다.

한 역사가가 미국 경찰을 묘사한 말은 오늘날 가난한 개도국 사회의 판박이다. "경찰의 만행이 너무나 만연하여 시민들은 대부분 부패를 현실로 받아들였다. 그들은 불편부당한 공공 서비스에 항의할 만한 기준이 없었다."[22] 오늘날 개도국처럼, 150년 전 미국과 여러 부유한 국가의 형사사법제도는 잔인했을 뿐 아니라 엉성했고, 업무는 과중했으며 인구에 비해 인력이 부족했다. 옛 자원봉사 체제를 대체할 경찰이 정식으로 발족되더라도 순찰 인력이 증원되는 경우는 드물었다. 19세기 미국 도시 대다수에서 경찰 인력은 너무나 부족하여, 순찰 경찰로 범죄를 '예방'하겠다는 새롭고 혁신적인 방안을 내놓더라도 범죄가 폭등하는 상황에서 부질없는 일이었다.[23]

뉴욕 시는 순찰 경찰 1인당 시민 수가 1,300명이었다. 인구 대비 경찰 수가 오늘날 인도보다 적고 필리핀과는 비슷한 수준이다.[24] 1880년대 시카고 경찰 한 사람이 걸어서 순찰해야 할 구역은 7킬로미터가 넘었다.[25] 역사가들에 따르면 도시 경찰이 시민들과 가깝게 지낸다는 것은 현실과 동떨어진 '낭만적인 생각'이었다. "경찰 대 인구 비율로 미루어 보아 경찰을 접할 수 있는 시민은 극소수에 불과했다."[26] 미니애폴리스 경찰도 인력이 몹시 부족해 도시의 4분의 3은 순찰 경찰이 아예 없었다.

폭발하는 도시 인구에 비해 적은 인력으로 넓은 지역을 관할했던 그 시절의 경찰은 (오늘날 여러 개도국의 경찰들처럼) 근무 시간이 매우 길었다. 경찰은 대부분 소대를 둘로 나누어 12시간 교대로 일하고 나머지 시간은 경찰서에서 대기했다. 현대적인 통신 장비가 없었기 때문에 이들은 경찰서 전화로만 연락할 수 있었고, 일주일에 110시간 이상 근무했다.

1890년대 뉴욕 경찰은 악취가 풍기는 비좁은 경찰서 막사에서 동료들과 같이 잠을 잤다. 전자 통신 장비도 없던 시절이므로 경찰은 혼자 먼 거리를 순찰하는 동안 거의 누구의 감독도 받지 않았다.[27]

경찰은 범죄 수사와 대응에 필요한 기본 기술이 거의 없었다. 19세기 말까지도 '경찰학' 같은 것은 없었다. 지금은 흔히 볼 수 있는 범죄 예방과 수사에 필요한 기본 장비가 당시 경찰에게는 없었다. 낡고 비좁은 경찰서 건물에는 경찰들에게 활력을 주고 지원하는 장비나 시설, 휴게실이 전혀 없었다. 20세기 초 뉴욕 시 경찰청장은 경찰서를 가리켜 "창피해서 고개를 들 수 없다.…비위생적이고 환기도 안 되고 현대적인 장비도 없다.…겨울에는 유독 가스가 나오는 난로를 피워야 한다. 축축하고 답답하고 불쾌하다"라고 말했다.[28]

물론 100년 전 경찰의 온갖 부패, 정치화, 무능, 역기능으로 인한 결과는 오늘날 개도국의 파탄 난 법집행에서 볼 수 있는 두 가지 면책이었다. 우선 범죄자(특히 빈민과 소외층을 괴롭히는 자)들은 형사사법제도의 제재를 받지 않았고, 법집행 기관 역시 법을 집행하지 못한 부패, 악습, 실패에 (아주 오랫동안) 책임지지 않았다. 역사가들은 19세기와 20세기 초 미국 역사에서 '불법'이 판치는 도시들이 위기를 맞은 원인은 단지 범죄율 증가가 아니라 "경찰이 현행법을 집행하지 않았기" 때문이라고 평가했다.[29] 경찰이 법을 집행하더라도 번번이 하급 법원의 방해를 받았다.[30] 19세기 미국에서는 형사사법제도보다 자경단원(엘리트들이 사적으로 운영하거나 지역 주민 사이에서 자연스럽게 생겨난 조직)의 힘이 사회 규범과 행동을 강제적으로 집행하는 데 훨씬 더 중요한 역할을 했다.[31] 수습할 수 없는 사태가 일어나면 군중이나 엘리트가 조직한 자경단은 스스로 법을 집행하여 '질서'를 '회복'했다.

사법 개혁은 가능하다

지금까지 이야기한 내용을 염두에 두고 긴 안목에서 역사를 보면 중요한 교훈을 배울 수 있다. 곧 지금은 없거나 있을 가능성이 없어 보이더라도 합리적으로 기능하는 사법제도는 '가능하다'는 것이다. 역사적으로 빈민과 약자를 보호하는 형사사법제도는 '어디에도' 없었고 동시대인들에게 그런 제도는 늘 불가능해 보였다. 지금은 여러 곳에서 수십억 명이 그런 제도의 혜택을 받고 있다. 하지만 어떤 경우든 사리사욕을 위한 남용, 정치적 오용, 태만으로 비롯된 역기능, 진부하고 미숙하고 비효율적인 관행의 족쇄에서 공공 사법제도를 구하기 위한 대격전이 있었다.

역사적인 관점에서 볼 때 오늘날 개도국 형사사법제도의 역기능은 '정상'이다. 뜻밖의 결과가 아니란 뜻이다. 식민 열강이 철저히 역기능적인 형사사법제도를 신생 독립국에 남겼기 때문이기도 하지만, '모든' 사회가 매우 의식적으로, 열성적으로 역기능과 악습에서 형사사법제도를 구해야 함을 알기 때문이다.

오늘날 개도국에서 제대로 기능하는 형사사법제도를 세우는 일에 깊은 회의를 느끼는 사람이 많은데, 이런 역사적 교훈은 그들에게 절망을 극복하는 중요한 출발점을 보여 준다. 제도를 잘 세우는 일은 비용이 들고 힘들고 위험하고 가능성이 낮다. 역사는 더 쉽고 값싸고 안전한 싸움을 보여 주지 않지만 '가능하다'는 것은 보여 준다.

개도국의 형사사법제도 개혁을 위험한 시간 낭비로 여기는 사람이 많다. 비평가들은 오늘날 개도국 정부는 역기능이 심하고 부패하며, 건강한 형사사법제도가 발전하기에는 정치 문화가 몹시 협소하고 억압적인 이권(망가진 제도에서 혜택을 받는)에 묶여 있다고 말할 것이다. 그 나라들은 너무나 가난하고 개발이 미미하고 자원이 부족하고, 현대적이고 전문적이며 효율적인 형사사법제도를 앞세우고 지원하기에는 문화적으로 너무 억압되어 있다고 말할 것이다. 오늘날 폭력, 불결함, 지독한 불의에 물든 개도국의 가난한 사회 한복판에 서면 이런 암울한 평가가 통렬한 사실로 다가올 수 있다. 하지만 그들이 그렇게 말하는 것은 피에 굶주린 폭도가 스스로 심판자가 되어 용의자를 즉결 처형하고, 이웃의 소수인종을 폭행, 억압, 약탈하고도 사법적 처벌은커녕 승인을 받고, 훈련과 장비가 부족한 경찰은 정치 지배세력에 놀아나는 폭력배나 다름없고, 부패하고 우스울 정도로 무능한 판사들이 날마다 법원에서 어이없이 잔인한 광대짓을 벌이던 100년 전 '선진국'의 현실을 생생하게 느끼지 못하기 때문이다.

지난 역사의 개혁자들은 오늘날 개도국의 개혁자들이 직면한 난관에 쉽게 공감할 것이다. 하지만 변화가 불가능하다거나 극단적인 희생은 가치가 없다는 주장에는 동감하지 않을 것이다.

슬프게도 옛 개혁자들의 매혹적이고 기이하고 감동적인 이야기는 오늘날 온데간데없이 사라졌다. 건전한 법집행 제도가 제공하는 합리적인 수준의 안전, 자유, 존엄, 보호를 누리는 수십억 시민 중에 그런 제도가 어디서 왔는지, 그런 제도가 생기기 전의 끔찍한 혼란과 불법 폭력을 상상할 수 있는 사람은 매우 드물다.

미국에서는 19세기 중반 정식 경찰의 초기 형태가 처음 등장했다. 도시에서 분규가 생길 때마다 거리에 폭동이 일어나 골치를 썩던 시기였다. 모든 카운티에서 경찰이 등장한 배경과 이유는 그 사회 전반의 특유한 이야기와 유기적으로 맞물려 있다. 역사가들에 따르면 미국 경찰은 미국 사회가 다른 서구 사회보다 '더 폭력적'이었기 때문에 등장했다.[32] 더 자세히 말하면 19세기 중반 미국인들은 정치적 대립에서 폭력배의 구역 다툼, 인종 갈등, 노동 쟁의, 개혁 운동, 교단의 신학 불일치까지 거의 모든 일마다 버릇처럼 폭동을 일으켰다. 미국 사회에서 길거리 싸움으로 번지지 않는 갈등의 불씨는 거의 없었다. 1830년대 앤드루 잭슨과 에이브러햄 링컨 같은 고매한 미국인들은 '폭도의 법'과 '나라에 만연한 법 경시'에 물든 젊은 공화국의 앞날을 걱정했다.[33]

1850년대 말엽 미국 시민 대다수, 특히 사업가와 지주들은 재물 파손 청구서에 신물이 났다. 1854년 세인트루이스의 실업가들은 최초로 자원봉사자로 구성된 자경단을 주도적으로 만들고 선거일 폭동을 막았다. 이듬해 그들은 자경단을 상설 조직으로 변경하고 미국 대도시 최초의 현대적 상비 경찰을 창설했다. 1850년과 1880년 사이에 볼티모어, 필라델피아, 뉴욕, 보스턴, 신시내티를 비롯한 전국 대도시 57곳에서 경찰이 창립되었다.[34]

하지만 새롭게 탄생한 조직은 큰 난관을 만났다. 우선 경찰이 완전히 새로운 조직이기 때문이었다. 1800년대 중반 '새로운 치안 조직'이 등장하기 전 미국과 유럽 도시에는 대부분 중세 시대부터 변함없이 이어져 온 자원봉사 체제가 있었다. 순경이나 보안관은 교대를 서면서 신고를 받으면 돈을 받고 가해자를 체포했고, 야경꾼은 술에 취해 있거나 졸고 있지 않으면 도움을 요청하는 사람에게 달려갔다. 미국은 폭발적인 산업화와 도시화를 거치면서 취약한 빈민, 새로운 이민자, 이주자들로 붐비는 대도시들이 탄생했고, 변동하는 크고 복잡한 사회 문제가 끊이지 않았다. 1800년대 초기 보스턴, 뉴욕, 필라델피아는 인구가 십만에 미치지 못했지만 1890년에는 백만 명이 넘었다. 미국의 도시 인구 비율은 5퍼센트에서 1910년 45퍼센트로 폭발적으로 성장했다.[35] 야경꾼과 민병대로는 치안 유지가 불가능했다.[36]

하지만 미국 대부분의 도시들은 증가하는 범죄와 폭력에도 불구하고 통합, 전임, 정복, 무장, 상비 경찰이라는 새로운 개념을 반기지 않았다.

미국인은 (영국인과 마찬가지로) 억압적인 국가 권력을 미심쩍게 여기는 것으로 유명했다. 과연 경찰은 창설 후 미국 도시 대부분에서 정치 세력, 강성 인종차별주의자, 부패한 재계에 사로잡혀 서두에 소개한 퀴즈에 생생히 묘사된 역기능을 일으켰다. 그들은 미숙하고 난폭하고 잔인하고 무능했다. 오늘날 파탄에 이른 개도국의 형사사법제도에서 보이는 온갖 역기능 증상이 나타났다.

다른 나라들에서도 이야기는 조금씩 달라도 역기능의 결과는 똑같았다. 이를테면 프랑스는 왕이 경찰의 토대를 놓았다. 1667년 루이 14세는 경찰국을 창설하고 가로등, 걸인 구조, 식량 공급, 공중 보건, 성장하는 대도시의 범죄 대응 등 파리의 질서를 어지럽히는 모든 문제를 해결하는 임무를 맡겼다.[37] 도시 범죄를 처리하는 중앙집중적 정부기관 설립은(미국과 영국보다 거의 200년이 앞선다) 한편으로는 선구적인 치안 혁신(예방적 순찰, 경찰서, 감시 방법과 수단)을 이루었다.[38] 하지만 프랑스 경찰은 또한 '앙시앙 레짐'의 폭압에 이용되었고, 1789년 프랑스 혁명으로 파리에 불어닥친 자유 세력에 의해 경찰 조직은 사실상 폐지되었다.[39] 그 후 황제 나폴레옹이 파리를 비롯한 프랑스 전역에서 '국가 안보'를 위한 중앙집중적 경찰 조직을 부활시킨 것은 유명하다. 19세기 후반까지 프랑스 경찰은 정권의 생존과 '귀족 계급' 보호에는 매우 유용했지만 수많은 도시 빈민에게는 해롭고 쓸모없는 조직이었다.[40]

앞서 보았듯이 1870년대 급진적인 현대화를 이룬 일본의 상황은 전혀 달랐다. 일본은 중세를 지배했던 가혹한 사무라이를 대체할 경찰을 창설할 기회를 맞았다. 1874년 일본은 유럽에서 몇 달 동안 현대 문물을 접한 소수 관리들의 조언으로 새로운 경찰을 조직했다.[41] 메이지 시대의 개혁 지도자들은 질서를 중시하는 가부장적 정부에 매력적인 체제인 중앙집중적 프랑스 경찰의 폭넓은 행정 기능과 강한 감시 역할에 자극을 받았다. 1890년이 되자 그들은 프로이센을 따라 중앙 통제하에 사회 전역에 파출소를 설치했다.[42] 경찰 수는 급증했고 훈련 학교, 표준법, 전문협회가 설립되었다.[43] 러일전쟁(1904-1905)이 끝날 무렵 일본 경찰은 중앙집중적이고 전문적인 조직으로 운영되었다.[44] 하지만 19세기 중반 프랑스 경찰과 마찬가지로 일본의 현대적 경찰력은 사회 소외 계층을 희생시켜 엘리트 계급의 이익을 위한 질서 유지와 정권 안정에 이용되었다. 1930년대가 되자 일본 경찰은 중앙집권적이고 제국주의적인 군사독재 체제에 완전히 포획되어 난폭하고 억압적인 전체주의 세력으로 둔갑했다.

하지만 지난 100년, 일본과 프랑스, 미국의 형사사법은 제도를 좀먹는 부패, 정치적 억압, 빈민과 약자에 대한 고질적인 폭력에만 머물지 않았다. 각국의 제도는 마침내 일반 시민이 폭력과 폐단에서, 그리고 가난한 사람이 빈곤에서 벗어날 실질적인 기회를 가질 수 있도록 인명과 재산을 합리적으로 보호하는 형사사법제도로 거듭났다. 다시 말하지만 세 나라의 형사사법제도는 완벽하지 않고 제 나름의 역기능과 폐해가 있다. 하지만 요점은 그것이 아니다. 중요한 것은, 형사사법제도가 악법에서 꽤 좋은 제도로 변할 수 있다는 것이다. 사실 오늘날 개도국의 난폭한 혼돈 속에서 살고 있는 가난한 사람들도, 그런 변화가 일어난다면 혜택을 받을 것이다.

그렇다면 변화는 어떻게 일어나는가?

우리가 확실히 아는 한 가지는 획일적인 답은 없다는 것이다. 각국의 변화에는 역사적 요소, 고유한 사회 조건, 제도적 역학 관계, 개입하는 사건들, 문화적 대응, 의도적 노력, 뜻밖의 결과 들이 매우 복잡하게 얽혀 있다. 오늘날 매우 다양하고 복잡한 개도국들의 상황에서 형사사법제도 변화를 위한 묘책은 역사에서 찾을 수 없다.

하지만 역사는 '가능하다'고 말한다. 법집행 제도는 퇴행하고 망가져 빈민을 위협할 수도 있고, 노력을 기울인다면 일반 시민에게 필요한 기본적인 보호와 존엄을 제공하는 제도로 변할 수도 있다. 나는 산 정상을 향해 힘겹게 오르면서 내가 옳은 길로 가고 있는지, 정상에 이르는 길이 정말 있는지, 있더라도 사람이 접근할 수 있는지 의심할 수 있다. 하지만 '정상에서' 하산하는 다른 등산객들을 만나면 모든 의심은 사라진다. 그들은 나에게 정상에 오를 수 있다, 길이 있다, 가능한 길이다, 라고 말한다. 그 길로 정상에 오를 수 있을지, 또한 수월하게 오를 수 있을지는 여전히 불투명하지만, 나는 열심히 길을 찾아서 오르리라 다짐한다.

마찬가지로 케냐, 과테말라, 인도, 필리핀, 캄보디아, 인도네시아, 잠비아, 페루, 에티오피아처럼 망가진 형사사법제도가 아니었다면 안정되게 발전했을지도 모를 나라들을 역사로 조망해 보면, 변화를 막는 난관과 장애는 특별하거나 압도적으로 보이지 않는다. 사실 더 많은 시민에게 기회와 번영과 자유를 주고자 길을 열어 가는 사회는 예측 가능한 난관에 부딪히기 마련이다.

일곱 가지 공통 주제

이제 역사적 맥락에서 이런 길이 어떻게 열렸는지 역사가 가르쳐 주는 교훈과 통찰, 주의할 점을 배울 때다. 지난 10년 동안 우리는 역사를 연구하고 개도국에서 형사사법제도가 제대로 기능하도록 날마다 현장에서 씨름하는 동안, 용기를 주는 동시에 주의를 요구하는 일곱 가지 주제를 발견했다.

1. 모든 형사사법 개혁 운동에는 사법제도의 변화를 위해 끈질기게 노력하는 현지인들의 주인정신과 리더십이 필요하다.

이것은 역사에서 배우는 엄연한 사실이다. 형사사법제도는 공정하고 책임 있고 효과적이고 차별 없는 공공 서비스로 저절로 변하지 않는다. 변화를 원하지 않는 막강한 권력자와 부자, 조직이 있기 때문이다. 게다가 그들은 최선을 다해 변화를 막는다. 엄청난 의지와 희생적 헌신이 필요한 형사사법 개혁은 바로 이 점에서 개도국 빈민을 위한 여러 개발 사업과 다르다. 이 나라들에서 매일 아침 눈뜨자마자 빈민들이 보건 제도의 혜택을 받지 못하도록 노력하는 권력자는 드물다. 또는 극빈층이 식량, 위생, 교육의 혜택을 받지 못하게 막는 사람도 드물다. 사실 이런 분야에서 공공 제도의 개선과 효율을 추구하는 전문적이고 문화적인 활동은 활발하게 일어난다. 이런 제도는 개도국에서 자체적으로 운영하기 쉽지 않으며, 만일 빈민을 더 병들게 만들고 교육 기회를 박탈하고 식수를 더 럽히는 사람들이 있다면 제도 운영은 한층 더 힘들어질 것이다. 그러나 다행히 그런 경우는 별로 없다.

반대로 모든 사회에는 의도적으로 사법제도를 망가뜨리고 빈민과 약자를 더 약하게 만들고 폭력에 더 취약하게 만드는 세력과 조직이 있다. 그들은 폭력과 공포를 이용해 개인적·경제적·정치적·착취적 이권을 추구한다. 그들은 자신의 강제력을 제재하는 형사사법제도를 위협으로 여긴다. 그들은 개혁에 강하게 저항한다. 19세기 미국은 폭력으로 자신의 이권을 지키려는 정치 실세, 경찰, 농장주, 성인신매매범, 기업가, 부동산 소유주, 인종차별주의자, 여성혐오자, 범죄조직, 갈취자들이, 정치적으로 독립적이고 전문적이고 부패하지 않고 시민에게 책임을 다하는 사법제도를 세우려는 진보 시대의 개혁에 강하게 반대했다.

따라서 부패와 금권에서 형사사법제도를 구하기 위해서는 수 년, 때로 수십 년 동안 의지적으로, 전략적으로, 희생을 치러 가며 강하게 싸워야 했다. 오랜 시간이 걸리는 이 힘든 싸움은 지역민들의 주인정신이 중요했다. 뉴욕, 시애틀, 신시내티가 변한 것은 공공 사법제도의 작동을 방해하는 세력에 맞서 '자신의 도시'를 위해 싸운 현지 시민과 지도자들이 충분했기 때문이다. 외부 세력도 역할을 했지만(이것은 잠시 후에 논의할 것이다), 반대 세력 못지않게 성과를 위해 투자한 현지 리더와 시민들의 헌신이 있었기에 지난하고 오랜 싸움에서 이길 수 있었다.

마찬가지로 개도국에서 잘 기능하는 사법제도를 세우기 위한 싸움은 현지 리더와 시민들이 헌신적이고 희생적이며 지속적으로 싸워야 승산이 있다. 부패와 불법, 폭력의 극렬한 반대에 맞서 '싸울' 뚜렷한 명분을 가지고 열정적으로 헌신할 현지 리더와 시민 세력을 찾아서 지원하고 독려하고 단련하는 일을 먼저 해야 한다. 공공 사법이라는 파이프라인을 혁신하는 싸움은 세상의 레이더 화면에 거의 잡히지 않으므로(세계 빈곤 문제에 관심이 있는 사람들에게조차) 현지 리더와 시민들의 싸움과 요구는 알려지지 않고, 지지를 받지 못하고, 자금이 부족하고, 보호받지 못하는 경향이 있다. 이것을 바꾸어야 한다.

2. 지역마다 공공 사법제도의 고유한 문제, 역기능 증상, 개혁의 방해물이 각각 다르기 때문에 상황에 맞는 해결책이 필요하다.

폭력과 혼란에 빠진 전 세계 여러 도시에서 형사사법제도를 세우는 싸움은 대략 살펴보기만 해도 제가끔 독특한 도전과 공략점을 발견할 수 있다. 사무라이 윤리를 계승한 도쿄와 달리 뉴욕과 시카고는 경찰의 조직적인 부정부패를 척결해야 했다.[45] 반면에 도쿄의 법집행 제도는 뉴욕과 시카고에서는 상상할 수 없는 '위험한 사상' 검열과 군사독재 잔재를 해결해야 했다. 시애틀이나 텍사스와 달리 파리 경찰은 나폴레옹이 남긴 중앙집중적 권위주의와 싸웠다. 하지만 당시 프랑스 경찰은 미국처럼 인종주의나 소수민족 문제를 다룰 일은 별로 없었다. 런던 경찰과 달리 미국 도시 대부분의 형사사법제도는 경찰이 정당의 하수인 노릇을 하고 있는 상황을 극복해야 했다.

형사사법제도가 부패하고 왜곡되고 무능해지는 이유는 다양하다. 모두 같은 적과 싸우거나 같은 해결책을 쓰는 것이 아니다. 물론 이따금씩 흥미로운 공통점을 찾을 수 있고, 정보를 공유하고 교훈을 배우며 여러 도시(심지어 외국)의 좋은 관습을 차용해 개혁에 박차를 가할 수 있었던(어떤 경우는 개혁이 급속도로 진전한) 증거도 많다. 그럼에도 각 도시와 국가는 고유한 방법으로 문제를 진단하고 현지에 알맞은 해결책을 찾아야 했다. 시간이 흐르면서 각 도시의 상황 또한 각기 특유한 방식으로 변했다.

마찬가지로 개도국에서 작동하는 공공사법 제도를 세우는 싸움은 주인 의식과 리더십을 갖춘 현지인들이 필요할 뿐 아니라 현지 상황에 맞게 문제를 진단하고 해결책을 찾아야 한다. 통찰, 인식, 모멘텀, 혁신, 기술, 자원을 공유하여 싸움에 박차를 가할 수 있지만 역사(와 현재의 경험)가 주는 교훈은 개도국 사법제도의 부패와 역기능, 폐단을 일거에 쓸어버리는 기적처럼 반복할 수 있는 만병통치약을 찾아서는 안 된다는 것이다. 기적의 백신, 고수확 종자, 물 펌프 대량생산, 모기장, 효과적인 광고로는 의미 있는 변화를 기대할 수 없다. 그 지역의 사법제도가 빈민에게 무용지물이 된 정확한 이유를 철저하게 밝히고, 개혁에 저항하는 세력과 폐단을 정조준하는 지역 운동을 지원하는 데서 의미 있는 변화가 비롯된다.

3. 헌신적인 지역 리더와 개혁 성향 엘리트들이 중요한 역할을 했다.

19세기와 20세기 초반 전 세계 형사사법 개혁을 위한 싸움에서 무척 중요한 역할을 한 뛰어난 리더들을 보면 놀라울 따름이다. 역사상 중요한 영향력을 발휘한 위인들의 이야기는 과장되기 마련이라는 사실을 감안하더라도, 용기, 혁신, 열정, 명료한 생각을 갖춘 리더들이 부패와 파탄, 폐해에 물든 사법제도를 바꾸어 놓은 것을 보면 감탄을 금할 수 없다.

이런 개혁 운동은 어둠 속에 숨어 있던 것을 갑자기 만천하에 드러낸 비범한 기자, 설교자, 개혁자, 학자, 수사관, 변호사, 정치인, 선동가들 덕분에 초기에 중요한 추진력을 얻었다. 대부분의 경우, 그들은 모든 사람이 아는 사실(부패와 무능, 악습)을 누구도 무시할 수 없는 사실로 만들었다.

시간이 흘러 세기가 바뀔 무렵, 침묵을 모르는 기자, 설교자, 인권 지도자(시민도시연맹, 연합개혁연맹, 법질서회 같은 단체 출신)들이 추문을 극적으로 폭로하여 개혁을 추진하는 일이 자주 있었다(찰스 파크허스트 목사는 태머니홀과 뉴욕 시 경찰의 명백한 부패를 혼자서 파헤쳐 폭로했고, 링컨 스테펀즈 기자는 필라델피아 부정선거에 경찰이 연루되었다는 사실을 밝혔다). 또는 충격적인 폭동, 조직범죄, 공공 횡령 따위가 여론의 주목을 받았다.[46] 그러면 특별위원회나 수사대가 발족되고 부패, 뇌물수수, 폭력, 폐단의 전모가 밝혀져 가해자와 범행의 지독한 면면이 낱낱이 드러나고 시민들의 개혁 의지가 빗발치곤 했다.

추문, 폭로, 종교 지도자와 중상류층 기업가들의 개혁 요구의 순환은 미국 전역으로 번졌고, 경찰 개혁은 진보 시대의 폭넓은 개혁 운동과 맞물려 진행되었다.[47]

흥미롭게도 미국에서는 노동자 계급과 가난한 시민들의 관심보다 엘리트와 중산층 리더들의 열정으로 경찰 개혁이 시작되었다. 새로운 이민자, 도시 노동자 계급, 떠도는 하층민 등 가난한 주민들의 실질적인 지지를 등에 업은 정치 파벌이 미국 도시들을 지배하자 경찰은 이런 정치 세력에 이용되는 부패한 조직이 되었다. 따라서 정치적 반대 세력(대개 공화당), 기업가들(정치화된 경찰을 불신했다), 중산층, 진보적이거나 도덕적인 엘리트 개혁론자들이 경찰 개혁을 요구했다(또한 노동자 계급 정당 실세들의 손아귀에서 떼어놓기 위한 싸움이기도 했다).[48]

시간이 흐르자 새로운 계층으로 등장한 '전문' 경찰들도 경찰 개혁을 요구했다. 주로 경찰청장들이 앞장선 이 그룹은 경찰 전문화라는 기치를 내걸고 우수한 경영, '과학' 경찰, 효율적 관료, 시민 서비스 개혁, 정치적 자율에 집중했다.[49] 이 분야의 몇몇 지도자를 꼽자면 국제경찰국장협회 IACP 설립자 리처드 실베스터, 형사사법학과 도입에 힘쓴 캘리포니아 주 버클리 경찰청장 어거스트 볼머, 프랑스 경찰을 현대화하고 법과학, 범죄학, 지문 채취, 범죄심리학 분야를 개척한 파리 경시청장 루이 레핀 등이 있다.

기업가들도 개혁에 매우 중요한 역할을 했다. 그들은 부패를 밝히는 주요 수사위원회(시어도어 루스벨트를 뉴욕 경찰청장으로 이끈 렉소 위원회, 뛰어난 법학자 펠릭스 프랭크퍼터와 로스코 파운드가 주도한 클리블랜드 연구, 뉴욕 법원을 혁신한 페이지 위원회 등), 개혁을 지지하는 정치 운동, 경찰의 현대화·전문화·합리화를 위한 연구에 자금을 지원했다. 당시 자원봉사단체(또는 오늘날의 비영리단체) 역시 특화된 경찰 부서(이를테면 여성과 청소년 전담부서)의 개발과 지원에 힘을 보탰고, 이는 후에 현대 경찰의 고정 부서로 자리 잡았다.

오늘날 개도국의 형사사법 개혁을 위한 싸움을 생각하면서 리더와 엘리트들이 지난 역사에서 어떤 역할을 했는지에 대한 명확한 교훈을 뽑아내기란 어렵지만 우리는 역사적 개혁을 성취한 이야기들에서 이정 표가 될 만한 몇 가지 공통점을 발견했다.

개도국 공공사법의 부패와 역기능을 구체적으로 정확하고 생생하게 밝히는 일에서 자국 사회의 기자, 언론계 리더와 매체, 옹호 단체, 지역사회 리더, 사상 지도자 들의 역할은 필수적이다. 형사사법제도에 '몸담고' 있는 지역 리더들의 목소리는 특별히 중요하다. 그들은 변화의 촉매와 동력이 될 수 있다. 전문성과 신뢰성, 공식 지위와 권위를 십분 발휘해 내부 부패를 밝히고 개혁을 추진하고 새롭고 실험적인 프로그램을 실시하며 변화를 요구하는 목소리를 지원(보호)하고 기존 제도 내부에서 조직 문화와 관행이 바뀌도록 일할 수 있다. 이런 정황에서 민간기업과 재계는 역사적으로 뚜렷한 선택의 기회를 눈앞에 두고 있다. 그들은 폭력과 불안, 범죄 문제를 순전히 사적으로 해결하는 데 투자하여 공공 사법제도를 계속 무너뜨리겠는가? 아니면 다른 시대와 마찬가지로 신흥시장국가에서 투명하고 효과적인 '공공' 사법제도를 정립하는 일을 최우선 과제로 삼아 중요한 역할을 감당하겠는가?

외부 원조 세력도 변화의 방향과 속도에 지대한 영향을 끼칠 수 있다. 이 사실은 개혁 역사 전반에서 드러난다. 1829년 영국의 개혁은 미국 뉴욕을 비롯한 여러 도시에 막대한 영향을 미쳤고, 프랑스와 프로이센의 경찰 제도는 19세기 후반 일본에 영향을 끼쳤으며, 제2차 세계대전 후 미국 점령군은 일본 경찰의 제도 혁신에 촉매 역할을 했다.

이 같은 사실은 해외의 여러 활동 세력에게도 개도국 형사사법 개혁을 위한 싸움을 지원하고 촉진할 기회가 확실히 있다는 점을 보여 준다.

4. 효과적인 형사사법제도는 내부 종사자들의 근무 조건을 개선했다.

지난날 형사사법의 개혁자들은 이 제도가 시민을 학대하고 무시하고 모욕하는 무용지물이라는 점뿐 아니라 제도 '안에서 일하는' 사람들을 혹사하는 문제도 놓치지 않았다. 개혁자들은 경찰, 변호사, 판사, 사회사업가, 공공사법을 지원하는 공무원들의 요구를 해결하는 데 힘을 쏟았다.

앞서 보았듯이 개도국의 사법 공무원들은 대체로 박봉과 과로에 시달리고, 미비한 훈련과 관리를 받으며, 자원이 부족하고, 변덕스럽고 제멋대로인 상사들을 모셔야 하고, 혹사, 이유 없는 모욕, 폭력, 착복 문화에 길들어 있다. 역사적으로 볼 때 종사자들에 대한 제도 '내적' 기능을 바로잡지 못하면 형사사법제도의 '외적' 기능을 의미 있게 개선하는 일은 기대할 수 없다.

지난날 유능한 개혁자들은 초기에 세 가지를 시도했다. 첫째, 방만한 근무 시간과 업무를 줄였다. 둘째, 적정한 임금과 복지 혜택을 시행하고 유가족을 지원했다. 셋째, 사법 '파이프라인'에 속한 모든 사람에게 직무에 알맞은 전문 교육과 훈련을 제공하여 시민에게 효과적으로 봉사하고 사회적 인정을 받게 했다. 최근 MIT의 압둘 라티프 자밀 빈곤퇴치연구소가 인도 라자스탄 경찰과 진행한 획기적인 연구가 밝힌 증거에 따르면, 경찰의 훈련과 처우를 개선하면 경찰에 대한 시민의 평가도 한결 높아진다.[50]

5. 폭력과 범죄를 예방하고 시민의 신뢰를 쌓는 형사사법제도가 효과적인 개혁의 우선순위였다.

개혁자들은 시민에게 중요한 두 가지 일, 곧 범죄를 '예방'하고 시민의 '신뢰'를 회복하는 것을 목표로 삼고, 기능하지 않는 형사사법제도를 의미 있게 개혁하고자 전력투구했다. 개혁 초기에 시민들은 경찰이 (야경꾼처럼) 위험이 닥쳐야 나타나 돕거나 (돈을 받고 활동하는 보안관이나 순경처럼) 가해자 처벌만 하는 수동적인 대응이 아니라 범죄를 적극적으로 '예방'

하는 새로운 법집행 제도를 열망했다.[51]

갈수록 개혁자들은 부패, 역기능, 악습, 미비한 훈련, 자원 부족 등이 효과적인 범죄 예방을 방해한다는 것을 발견하고 이런 문제들을 근절하지 않을 수 없었다. 범죄 예방을 목표로 세우자 범죄의 온갖 복잡한 원인과 (단순한 수사와 체포, 처벌을 떠나) 범죄를 줄일 수 있는 복합적인 개입에 대한 논의가 시작되었다. 개혁자들은 '현대 경찰의 아버지' 어거스트 볼머가 일찍이 1918년에 강조했듯이, 범죄의 근원으로 '거슬러 올라가' 취약한 개인이 범죄자가 되지 않도록 방지하는 개입과 전략을 검토하기 시작했다. 이런 생각으로부터 가석방, 보호 관찰, 소년 법원, 여성 경찰, 아동부 같은 혁신이 탄생했다.

미국 법집행의 '범죄 소탕' 기법이 부각되자 결국 여러 가지 '갱생'에 대한 주제는 뒤로 밀려났다. 하지만 1980년대 들어 '지역사회 치안'과 '문제 해결'이라는 주제가 대두되자 지역사회 범죄의 근원으로 거슬러 올라가야 한다는 개념이 다시 등장했고 이는 효과적인 치안의 선진 기법으로 간주되었다.

마찬가지로 개도국에서 시도하는 형사사법 개혁은 서로 상승 작용이 있는 두 가지 결과, 곧 첫째, 가난한 사회의 폭력범죄를 실제로 예방하는 데, 둘째, 제도에 의존할 수밖에 없는 시민들의 신뢰와 확신을 높이는 데 가장 효과적인 사용 가능한 모든 전략과 프로그램, 방법(무엇이 되었든)에 집중하는 것이 좋다.

6. 효과적이고 전문적이며 자원이 풍부한 법집행력을 구축하는 일은 위험했다.

경찰의 현대화를 처음 주창한 이들은 막강하고 효과적인 법집행 제도의 위험을 잘 아는 사람들의 거센 반대에 부딪혔다. 실제로 역사가 이런 심각한 위험을 증명한다. 앞서 보았듯이 미국 경찰은 창설되기가 무섭게 지역 정치 파벌의 포로, 갈취를 일삼는 조직이 되었다. 미국 경찰은 부패, 뇌물수수, 선거 조작, 갈취, 인종차별 테러, 불법 범죄 사업, 노동 운동 탄압에 앞장서는 난폭한 주먹 노릇을 했다. 법집행 전문화의 세계적 혁신과 발전을 이룬 FBI는 부적절한 정치적 목적과 반체제 인사 탄압에 악용되었다. 마찬가지로 나폴레옹의 중앙집중식 파리 경찰은 프랑스 혁명으로 혼란했던 사회의 질서를 회복했지만, 그 후 19세기 내내 정적, 사회 불안, 하층민을 잔인하게 탄압하는 수단으로 변질되었다. 메이지 시대에 현대화된 일본 경찰은 1920년대에 등장한 군사독재 제국의 잔인한 정치적·사회적 탄압 수단이 되었다.[52]

더욱이 미국 형사사법을 개혁한 엘리트주의자들에게는 "강경 군국주의, 원대하고 독선적인 이상주의, 인류에 대한 드러나지 않은 뿌리 깊은 경멸"[53]이 있어서 개혁 목표를 이루고 유지하는 데 스스로 걸림돌이 되었다. 급기야 1960년에 이르자 미국의 경찰 문화는 위험천만하게도 외부 피드백에 귀를 닫고 사회 변화에 능숙하게 적응하지 못했다.[54]

하지만 훌륭한 리더들은 두 눈을 부릅뜨고 이런 위험들을 경계하면서도 '나쁜' 법집행 제도가 위험하지만 필수 제도 없이는(또는 사설 경호로는) 더 위험하다는 것을 이해한 듯했다. 따라서 그들은 '좋은' 제도를 세우겠다는 일념으로 제도가 본래 취지대로 시민에게 봉사하는 기능을 다하도록 계속 싸웠고, 언제든 제도를 파괴할 수 있는 '자연스러운' 역기능에 맞서 열성적으로 제도를 보호했다.

7. 공공 형사사법제도 개혁은 기대 이상으로 빠르게 일어날 수 있지만 대체로 이보 전진 일보 후퇴의 반복이다.

역사를 망원렌즈로 들여다보면 놀랍게도 몇몇 형사사법제도 개혁은 굉장히 신속하게 진행되었다. 지금은 상상하기 어렵지만 1800년대 초반 사람들은 런던을 이렇게 묘사했다. "도시는 도둑과 약탈자의 수중에 있는 것이나 다름없었다. 평화의 수호자들은 그들의 적수가 아니었다." 런던은 "대체로…그 어느 시대보다 어두운 범죄의 시대를 지나고 있다."[55] 이런 상황에서 내무장관 로버트 필은 1829년에 경찰을 창설했다. 새로운 경찰이 시민의 신뢰를 얻기까지는 여러 해가 걸렸고, 그 사이 수십 년 동안 영국은 여전히 폭동이 들끓었지만 동시대인들은 런던경찰청의 빠른 성공을 인정했다. 한 작가는 이렇게 말했다. "범죄 예방이 주목표인 경찰 조직은 기대한 성과를 즉시 이루었다. 악당들이 더 이상 처벌을 피할 수 없다는 것을 알게 되자 폭력범죄 유죄 판결은 감소했다."[56] 1903년 경찰 실태를 조사한 한 저자는 런던 시민들이 "세계에서 가장 안전한 도시 런던에서 인명과 재산의 보호를 받고 있다"라고 썼다.[57]

오하이오 주 신시내티의 형사사법 개혁은 아무도 예상하지 못한 뜻밖의 실험 사례다. 1885년 선거 조작 추문으로 도시의 부패 척결을 위한 초당파 100인 위원회가 발족했지만 부패 경찰은 위원회가 지목한 부패 관리의 체포를 거부했다. 격분한 위원회는 신시내티 경찰을 (정치 실세보다) 주지사가 임명한 위원회의 감독을 받도록 주 의회에 요청했다. 공정한 인사로 구성된 위원회는 경찰의 80퍼센트를 해고하고 새로운 경찰청장을 임명했다. 신임 경찰청장은 공공 감사, 신체 단련 요건, 군사 훈련, 3교대 근무, (지속적인 훈련과 교육을 위한) 미국 최초의 경찰학교, 신입 경찰의 정신적·신체적 직무수행 능력을 평가하는 수습 기간 등 저돌적으로 개혁을 추진했다. 그 결과 신시내티 경찰은 단기간에 다른 도시의 경찰보다 수십 년 앞서가는 발전을 이루었다.

하지만 이토록 빠르고 효과적인 개혁은 비교적 드물다. 일반적인 개혁의 모습은 이렇다. 쉽게 잡히지 않는 부패와 정치와 갈취에 깊이 좌절한 재계, 민간, 정계 리더, 전문 경찰들이 연대하여 수사 집단, 감독 집단, 직업적 열정을 지닌 경찰 지도자들을 후원하며 힘겹게 돌파구를 마련한다. 몇 년 정도 개혁에 성공하면 다시 퇴보하고 다시 심기일전했다가 또 후퇴하고 다시 발전하는 식으로 10-20년 이어진다. 그러는 동안 완전히 만족스럽지는 않더라도 시민들이 지난날 사회의 혼란, 부패, 악습, 역기능에 대한 기억을 떠올리지 못할 정도로 개혁의 기대와 성과는 상당히 높아진다.

수십 년에 걸쳐 일어난 기대의 혁명은 유명한 클리블랜드 보고서에 잘 나타나 있다. 1922년 클리블랜드 경찰의 실태를 조사한 보고서의 결론은 다음과 같다. "클리블랜드 경찰은 대체로 추문과 악독한 부패를 찾아볼 수 없지만, 지성이나 건설적인 방침과는 거리가 멀고 판에 박힌 듯 기계적으로 일한다는 인상을 준다."[58] 워커가 강조하듯 "뻔뻔스러운 잘못을 하지 않는 것으로는 더 이상 충분하지 않다. 경찰은 이제 창의적이고 혁신적으로 범죄를 통제해야 한다."[59]

개도국의 대도시 경찰이 "추문과 악독한 부패를 찾아볼 수 없지만 판에 박힌 듯" 창조적으로 범죄를 통제한다고 말할 수 있다면 굉장한 혁명일 것이다. 1930년 어거스트 볼머는 이렇게 말했다. "지난 25년 동안 경찰만큼 조직과 행정에서 놀라운 변화가 일어난 정부기관은 없다.… 이토록 짧은 기간에 이만큼 놀라운 성과를 거두었다는 것이 믿기지 않는다."[60] 다시 말하지만 앞으로 25년 동안 폭력의 공포에서 빈민을 보호하는 제도가 "이만큼 놀라운 성과"를 거둘 수 있다면 세계에서 가장 가난한 개도국 빈민에게는 엄청난 선물이 될 것이다.

11장

희망의
프로젝트

우리는 지금까지 형사사법제도가 가난한 이들에게 반드시 필요하며, 그런 제도를 만드는 일이 가능하다는 것을 역사에서 배웠다. 하지만 이 일은 여간 어렵지 않고 비용이 많이 들며 위험한 데다 가능성이 높지 않다는 것도 알게 되었다. 따라서 우리에게 필요한 것은 대담한 희망의 프로젝트다. 진정한 변화를 일으키고, 가르침을 주며, 희망을 고취하는 변화의 프로젝트. 힘없는 빈민에게는 이 세 가지가 모두 필요하다.

개도국의 망가진 형사사법제도는 너무나 크고 심각한 문제라 단번에 모든 것을 바꿀 수는 없다. 게다가 정확히 무엇을 해야 할지 막막하다. 따라서 사법제도 개혁을 끝까지 밀어붙일 수 있는 실험 프로젝트가 가능한 목표 지역을 선별하는 것이 현명하다. 실험을 통해 우리는 간과했던 문제점, 유익한 점, 무익한 점을 구별할 수 있다. 또한 이 시대의 변화와 희망을 가로막는 큰 장애물, 곧 개도국의 법집행 제도는 빈민을 폭력에서 보호할 수 있는 방향으로 개혁될 수 없다는 깊은 절망을 몰아낼 수 있다.

브라질, 콩고민주공화국, 시에라리온, 캄보디아의 정부기관과 NGO들이 하는 일에서 필리핀 IJM이 시민단체와 정부기관과 함께 하는 일까지, 이미 전 세계에서 다양한 프로젝트가 진행 중이다. 이 프로젝트들은 빈민을 폭력에서 보호하는 형사사법제도 개혁을 놀랍게 이루어가고 있으며 전 세계가 주목할 만한 교훈적인 성과를 내고 있다. 가난한 사람을 위한 형사사법제도는 없다는 미신을 각자 특유한 방식으로 타파하고 있다.

IJM과 구조 변혁 프로젝트

국제앰네스티가 초기에 했던 것처럼, 1997년 나는 개도국 현지인들과 함께 인권 피해자들을 작게나마 돕기 위해 몇몇 친구들과 IJM을 세웠다. 앰네스티는 전 세계 양심수들을 중심으로 일을 시작했지만 우리는 개도국의 가난한 사회에서 일상 폭력에 신음하는 피해자들을 중심으로 일을 시작했다. 우리는 노예살이를 하고, 성폭력을 당하고, 땅을 빼앗기고, 경찰에 짓밟히고, 불법 구금되는 가난한 사람들에게 관심이 있었다. 우리는 의미 있고 지속 가능한 일을 위해 억울한 개인의 사건을 맡아 전임으로 일할 수 있는 현지인 변호사, 수사관, 사회사업가, 지역 활동가로 팀을 꾸렸다. 그들은 현지 사법기관과 공조하여 첫째, 폭력에서 피해자들을 구출하고, 둘째, 범죄자들을 처벌하고, 셋째, 의미 있는 자활 프로그램을 제공하여 생존자들이 안전과 활력을 회복할 수 있게 돕는다.

국제앰네스티 설립자 피터 베넨슨처럼 우리는 신앙 양심에 따라 인권을 위한 싸움을 시작하게 되었다. 기독교계는 당시 인권 문제에 전반적으로 관여하지 않고 있었기에, 우리는 교회가 인권 피해자들을 위해 활발하게 일할 수 있도록 돕겠다는 구체적인 열망을 가졌다. 우리는 신앙의 힘으로 난관을 이기고 인권을 위해 싸우자고 지속적으로 교회들을 설득하고, 개도국 현지의 IJM팀은 15년이 넘도록 수천 명의 인권 피해자를 종교적 차별 없이 도우며, 신앙이 다르더라도 가난한 사람들을 폭력에서 보호하겠다는 일념으로 지역단체, 정부기관, NGO, 시민단체와 연대하고 있다.

현재 IJM은 아프리카, 라틴아메리카, 남아시아, 동남아시아에 20개에 달하는 현장 지부가 있고, 워싱턴 D. C에 지원 본부가 있으며, 캐나다, 영국, 네덜란드, 독일, 호주에 협력 지부가 있다. 10년 이상 형사사법제도가 망가진 개도국에서 수많은 사건을 다루어 온 현지 IJM팀들은 경험을 바탕으로, 빈민을 폭력에서 보호해야 할 제도가 정확히 어느 부분에서 기능하지 않는지 파악하고 있다. 그들은 자신의 특별한 지식을 활용하여 우선적으로 약자들을 폭력에서 보호하기 위해 현지 세력을 규합하고 제도의 폐단을 고쳐 나간다. 우리는 이런 과정을 '구조 변혁'이라고 부른다.

예를 들면, 필리핀 IJM 지부의 현지인 변호사, 수사관, 사회사업가로 구성된 팀은 몇 년째 사법 기관과 협력해서 성매매로 내몰린 빈곤층 아동들을 구출하고, 가해자들을 처벌하며, 장기 회복과 자활 기간에 아이들을 돕고 있다. 다년간의 현장 경험이 있었던 우리는 폭력을 원천적으로 봉쇄하고 싶었다. 국제적인 지원을 받는 필리핀 IJM팀을 통해 지역사회 세력을 규합하고 경찰, 검사, 법원, 사회사업가들을 도와서 부패하고 망가진 현지 법집행 제도를 변화시키고 싶었다. 가난한 아동들을 성인 신매매로부터 효과적으로 보호하고 싶었다. 현지의 역기능적 법집행 제도가 바뀌어 실제로 법이 집행되는 것을 보고 싶었다. 무엇보다 '잠재적 인신매매범을 억제하여 성매매에 희생되는 가난한 아동의 수를 실제로 줄일 수 있을지' 알고 싶었다. 마지막으로 우리는 외부 감사를 통해 피해자가 얼마나 감소했는지 객관적인 평가를 받고 싶었다.

우리가 아는 한, 개도국 도시의 법집행을 개선하는 프로젝트가 그 도시의 성인신매매 피해 아동을 확실히 줄일 수 있는지 객관적으로 평가하는 일은 세계 역사상 처음이었다. 성공한다면 이 프로젝트는 두 가지 강력한 증거를 보여 줄 수 있을 것이다. 첫째, 개도국의 역기능적 사법제도를 의미 있게 바꾸는 일이 가능하다는 것. 둘째, 사법제도 개혁은 가난한 사람을 괴롭히는 폭력을 의미 있게 줄일 수 있다는 것.

앞서 말했듯이 형사사법제도를 개혁하는 일은 어렵고 비용이 들며 위험하고 가능성이 낮다. 하지만 이 시대 세계 빈민을 위해 획기적인 혁신을 일으키고 있는 빌&멜린다 게이츠 재단에서 선뜻 이 실험을 지원하겠다고 나섰다. 2006년 IJM은 게이츠 재단의 기금으로 필리핀인으로 구성된 팀을 결성하고, 필리핀에서 두 번째로 큰 대도시 세부에서 프로젝트를 시작했다. 이곳은 아직 IJM이 활동한 적이 없었다. 우리는 4년 동안 두 가지 일을 해야 했다. 첫째, 현지 법집행을 개혁하여 미성년자 성인신매매를 퇴치한다. 둘째, 외부 감사들에게 성인신매매 피해 아동이 20퍼센트 감소했음을 증명한다.

4년 후 우리는 깜짝 놀랐다. 팀은 기대 이상의 성과를 거두었다. 법집행으로 구출된 성인신매매 피해자는 1,000퍼센트나 증가했고(확인된 인신매매 피해자가 250명 넘게 풀려났다), 높은 기소율을 보이며 성인신매매 용의자 100명 이상을 처벌했다. 무엇보다 외부 감사들은 성인신매매 피해 아동이 79퍼센트 감소했다는 놀라운 결과를 승인했다. 처음 세운 도전 목표보다 네 배 웃도는 성과다. 필리핀 법무장관 레일라 드 리마의 말대로 "정부와 IJM의 협력은 법집행의 새로운 모범을 보여 주었고, 정부와 시민사회는 강력한 동맹을 맺어 인신매매 가해자들을 처벌하고 피해자의 자활을 이끌었다."

이 이야기에는 세 가지 특징이 있다. 첫째, NGO가 정부와 직접 협력할 때 사건별로 폭력에 대응하는 것이 아니라 망가진 형사사법제도를 개혁해서 폭력을 예방할 수 있다. 둘째, 구체적인 시범 프로젝트는 개선된 프로젝트를 모색할 수 있는 유익한 출발점이 된다. 셋째, 이런 프로젝트는 혁신을 주도하고 무익한 미신을 타파하며 방법론을 지속적으로 개선해 나가도록 희망을 준다.

"큰일이 일어날 겁니다"

새 프로젝트에 처음 채용된 사람은 마닐라 IJM 지부의 필리핀인 변호사 샘 이노센시오였다. 그는 세부 프로젝트의 법무팀을 지휘하기로 했다. 2007년, 갓 결혼한 샘은 아내와 함께 새로운 도시로 이주해서 새 프로젝트를 시작하고 전혀 새로운 팀을 조직해 추악한 폭력과 부패, 절망의 문제를 맡았다. 샘은 초기 시절에 대해 이렇게 말했다. "장애물이 많았다. 하지만 할 수 있겠다는 느낌이 강하게 들었다. 큰일이 일어나리라는 느낌, 필리핀이 변할 수 있다는 희망을 느꼈다."

희망을 품은 샘과 팀원들은 용기를 냈다. 문제는 거대했지만, 실행 가능한 작은 단위로 쪼개어 하나씩 공략했다. 그들은 도시의 한 구역을 정해서(세부 시 인구는 약 200만 명이고, 40퍼센트가 빈곤층이다[1]) 한 가지 폭력에 집중했다(아동 성매매). 이 프로젝트는 미국에서 노예 탈출 시 이용한 지하 철도를 밝히던 랜턴에서 착안하여 '랜턴 프로젝트'라고 명명했다.

변화를 증명하려면 차이를 확인할 기준선이 필요한데 범죄의 기준선을 정하여 법집행을 통해 범죄가 감소했다는 것을 증명하기란 매우 어렵고 복잡하다. 사회과학자들은 최대한 명확한 지표를 끌어내 어떤 추세와 특성을 보이는지 최대한 증거를 도출해 내고 이 자료들을 면밀히 검토하며 개선한다. 몹시 복잡하고 고도의 전문 지식이 필요한 일이기 때문에 게이츠 재단은 사회학자들의 외부 컨설팅 회사인 범죄와 정의 연구소Crime & Justice Analysts에 세부 아동 성매매에 대한 기준선 연구를 의뢰하고 기준선과 변화 추이에 대한 평가를 2차 전문가 집단에 의뢰하도록 기금을 지원했다. 마지막으로 프로젝트 평가를 마치고 전문가와 관계자들로 구성된 3차 논의에서 추가 분석과 평가, 교훈을 얻었다.[*]

외부 감사기관의 기준선을 받아든 샘과 팀원들은 세부의 세력을 규합하고 개혁을 이루어 기준선을 낮출 수 있기만을 희망했다. 랜턴 프로젝트는 법집행 성과를 개선하고 세부의 성인신매매 피해 아동들의 취약성을 낮추는 데 다양한 역할을 하게 될 관계자들을 조사하는 일부터 진행되었다.

- IJM의 구조 변혁 프로젝트의 중심에는 폭력범죄 '피해자와 취약층'이 있다. 궁극적인 물음은 제도가 그들을 폭력에서 구조하고 있는가, 그들을 정당하게 대우하고 있는가, 가해자들을 처벌하고 있는가, 폭력 억제 효과를 창출하고 강화하여 그들을 확실히 보호하는가다.
- '공공 사법제도 활동가'들은 구조 변혁 프로젝트의 주요 파트너이자 프로젝트 자원을 직접 다루게 될 사람들이다. 그들은 직무 역

---

[*] 이즈음에서 독자는 크게 두 부류로 양분될 것 같다. '추세'와 '특성'이란 말에 드디어 흥미를 느끼기 시작하는 독자와 정확히 이런 말 때문에 책을 덮는 독자다. 우리는 어느 독자도 잃고 싶지 않아서 자세한 기준선 연구와 컨설턴트Crime & Justice Analysts의 조사 내용, 기준선 연구와 프로젝트 전반에 대해 122쪽에 달하는 전문가 평가 보고서를 IJM 홈페이지에 올려놓았다(www.ijm.org/projectlantern). 요점은 우리가 구조 변혁 프로젝트를 통해 '변화를 증명하기' 위해 철저히 노력했다는 점이다(처음에는 전문가 기준선으로, 그 다음은 관찰과 평가로). 우리는 최선을 다해 자신과 남들에게 변화를 '증명하지' 못한다면 '변화를 성취했다'고 만족할 수 없었다.

량을 지원하고 기술을 함양하고 스태프의 태도와 행동에 영향을 줄 수 있다.

- '현지* 정치인과 기관'은 직무, 목표, 역량, 실무, 여론, 형사사법제도에 궁극적으로 영향을 미치는 정책과 예산 결정에 관여한다.

- '현지 사회문화 관계자'(시민사회단체, 언론인, 기업가, 종교 지도자, 사상 지도자, 연예인)들은 정치인과 기관의 우선순위와 행동에 영향을 주고 여론을 움직여 형사사법제도 개선을 요구할 수 있다.

- '해외 관계자'(해외원조기관, 국제기구, 지역단체 등)들은 정치인과 기관의 우선순위와 행동에 영향을 주고 형사사법제도와 직접 협력할 수 있다.

공동 사례 활동

샘과 세부팀은 전방위 협력을 위한 기회를 모색하면서 현지 당국과 관계자들과의 '공동 사례 활동'Collaborative Casework에 착수했다. 이것은 구조 변혁 프로젝트의 방침이며 IJM의 가장 특징적인 활동이다. 충분한 수의 '개별 사건'을 형사 당국과 ('특정' 피해자와 가해자들에 대해 몇 년에 걸쳐 처음부터 끝까지) 함께 해결하는 것이 형사사법제도를 정확하게 진단하고, 피해자와 가해자들이 제도에서 경험하는 바가 무엇인지 정확하게 이해하는 가장 효과적인 방법이었다. 우리가 이런 식으로 형사제도 관련자들과 친분을 쌓으면 (그들의 동기, 장점, 약점, 관점, 태도, 염려, 야망, 관계 등을 알 수 있고) 그들도 우리를 믿고 투명하고 진실한 직무 활동을 수행하며 필요한 훈련을 받는다. 또한 다양한 분야에서 동일한 문제를 해결

---

* 현지 관계자들은 전국 단위, 지역 단위, 풀뿌리 단위를 포함한다.

하기 위해 일하고 있는 파트너들이 얼마나 있는지 정확하게 파악할 수 있다. 무엇보다 우리는 승소하는 사건이 많지 않아도 가난한 사람을 위한 사법정의가 가능하다는 것을 증명할 수 있고, 관계자들에게 광범위한 개혁이 가능하다는 희망을 줄 수 있었다.

공동 사례 활동을 통해 사법제도상에서 사건을 처리한다는 것은 자전거 타이어에 난 구멍을 찾기 위해 타이어를 물에 넣고 모든 부분을 일일이 눌러 보는 일과 비슷하다. 그러면 문제의 구멍에서 물거품이 나오는 것을 볼 수 있다. 마찬가지로 가난한 피해자들과 함께 형사사법제도를 처음부터 끝까지 반복해서 겪어 보면 제도의 누수, 막힘, 폐단, 파탄이 어디에서 발생하는지 알 수 있다.

샘의 팀에는 세부 공동 사례 활동에서 중요한 역할을 할 동료들이 있었다. 세부 자활지도팀장 메이 삼파니는 필리핀 출신이지만 다년간 북부 캘리포니아에서 사회사업가로 일했다. 메이는 페루 우아누코의 성폭력 피해자들을 돕는 사회사업가들을 교육하면서 IJM과 개도국의 고장 난 사법제도에 대해 처음 알았다. 메이는 유리의 사건과 그 지역에 만연한 아동 성폭력과 싸우는 호세와 리처드를 도왔다. 그 후 메이는 IJM이 갱생보호 책임자를 구한다는 소식을 듣고 지원하여 고향으로 돌아갔다.

메이는 샘의 팀에 곧장 합류해서 자활 시설 관계자들을 만나 세부에 팔려온 가난한 소녀들을 위한 자활 계획을 세웠다. 프로젝트가 성공하여 성착취를 당하는 세부의 아동 일부만 구하더라도, 이 구조 활동이 헛되지 않으려면 양질의 장기 자활보호가 절대적으로 필요했다.

마찬가지로 프로젝트가 성공을 거두면 형사 법원에서 싸워야 할 공판이 물밀 듯 밀려들 것이다. 메이는 샘과 함께 사건을 맡을 유능한 변호사 마크 델 먼도를 채용했다. 마크는 세부 출신 젊은 변호사로 법률회사에서 성공가도를 달리고 있었지만 더 의미 있는 일을 하고 싶었다. 대도시 세부에서 아동 성인신매매 산업과 싸우는 것은 마크가 바라던 일이었다. 마크는 세부의 IJM 동료들과 의기투합하고 검사들과 긴밀히 협조하여 자금력 있는 잔인한 범죄자들을 기소하는 다수의 사건을 맡았다. 그리고 (성인신매매 피해자 수백 명의 관점에서) 사법제도 중 어느 부분이 작동하고 어느 부분이 작동하지 않는지 직접 확인했으며, 급기야 살해 위협까지 겪은 후 하루 24시간 철통 경호를 받게 되었다. 마크가 생생하게 느꼈듯이 구조 변혁 프로젝트의 본질은 이내 분명해졌다. 이것은 법치를 위한 생사를 건 싸움이다.

세부 IJM팀은 공동 사례 활동을 위해 성매매 산업에 대한 자세한 정보를 수집하고 아동들이 어디서 어떻게 착취를 당하는지 확인했다. 이렇게 확인된 곳만 수백 군데에 달했다. 그들은 아동들이 어디에 감금되어 있고 누가 어떻게 감시하고 있는지 자세한 정보를 당국에 알렸다. 샘과 메이, 마크를 비롯한 세부팀은 사법 당국과 협력하여 구출에서 기소, 자활까지 모든 사건을 단계대로 처리했다.

시간이 흐르면서 당국 및 관계자와 손잡고 진행하는 공동 사례 활동은 놀라운 성과를 거두었다. 제도의 우선순위 혼란과 역기능, 실패가 드러났고 세부의 성인신매매범들이 처벌을 두려워하지 않는 이유가 명확해졌다. 또한 피해 아동들이 사람들을(인신매매범, 경찰, 사회사업가, '제도' 안의 모든 사람) 두려워하는 이유도 밝혀졌다. 공동 사례 활동을 통해 밝혀진 몇 가지 파탄은 아래와 같다.

용의자와 피해자를 같은 곳에 둔다

구출 작전 후 경찰서에서 수사를 진행하는 동안 피해 아동과 용의자들은 '작은 방에 같이' 대기한다. 겁에 질린 아이들은 자신이 위험에 빠진 것인지 도움을 받는 것인지 종잡을 수 없고, 제대로 쉬지도 못하며 용의자에게 협박과 위협, 괴롭힘을 당한다. 결국 피해자들은 공포와 혼란에 빠져 피해 사실을 부정하고 도움을 거부한다.

법집행을 위한 자원, 훈련, 지시 부족

경찰은 훈련이 부족했다. 반인신매매법, 절차, 수사 방법에 대해 분명히 알지 못했다. 효과적인 소탕 작전을 배우지 못했고, 사건이 거듭되어도 유죄를 입증하는 결정적인 증거를 수집하는 법을 몰랐다. 위험한 반인신매매를 수사하라는 상부의 명확한 지시가 내려오지 않으니 경찰들은 간부들이 지원을 허락하지 않을까 봐 꺼렸다.

법을 모르는 판사와 검사

사건을 처리하는 검사들이 사건에 대한 결정을 내리거나 법정에서 논쟁할 때 법을 오해하거나 틀리게 말하는 경우가 있다. 이를테면 보석이 불가능한 인신매매로 피고인을 기소해야 하는데 아동 학대(보석으로 풀려난 용의자는 도망친다)로 기소하는 등 검사들이 중요한 법 적용을 그르친다.

자활 프로그램의 준비와 훈련 부족

샘의 팀이 주도하는 구출 작전은 세부의 사회복지 시스템이 인신매매 아동 생존자들을 보살필 능력이 있는지 확인하는 스트레스 테스트이기도 했다. 메이와 팀원들은 구출 후 자활 시스템에 큰 구멍이 나 있음을 금세 발견했다. 아동 생존자들은 자활 기회가 거의 없고, 재판을 끝까지 감당할 힘이 없었다.

메이와 팀원들이 보니 세부의 자활 시설은 인신매매 생존자들을 어떻게 보살펴야 하는지 모르고 훈련도 부족한 상태였다. 메이는 이렇게 회상한다. "그들은 사실 그렇게 힘든 일을 맡기 꺼렸다. 가장 간단한 방법은 소녀들을 가정으로 보내는 것이었다." 그들은 '가정'이 얼마나 불안한 곳일 수 있는지는 개의치 않았다. 심지어 인신매매범에게 다시 돌아가는 소녀들도 있었다.

"세부에서 인신매매는 범죄가 아니다"

샘과 팀원들이 만난 많은 당국자들은, 세부에서는 성인신매매를 범죄로 여기지 않거나 아예 문제가 아니라고 말했다. 샘은 이렇게 설명한다. "세부의 여러 경찰 간부와 관계자들은 성인신매매를 폭력범죄가 아니라 단순한 사회 문제로 본다. 그들은 '더 중요한' 범죄, 이를테면 마약과 살인 사건에 자원을 집중해야 한다고 말한다." 자신의 관할지에는 인신매매 피해가 전혀 없다거나 이 분야의 훈련이 필요 없다는 말을 대놓고 하는 이들도 있었다.

부패

샘의 팀은 노골적인 부패가 세부의 아동 성인신매매에 대한 법집행을 방해하고 있는 현실을 발견했다. 그는 "문제를 척결해야 할 사람들이 오히려 문제를 일으키고 있다"고 말한다. IJM은 엘리트 경찰국과 합동으로 실시한 중요한 구출 작전에서 인신매매 피해자 15명을 구조하고 유력한 매음굴 포주와 운영자들을 체포하는 성과를 올렸다. 하지만 경찰서에서 잔챙이 운영자들을 조사하는 틈을 타서 간부들은 포주를 몰래 풀어주었다. IJM은 경찰국에 이런 비리를 항의했지만 관계만 나빠지고 말았다.

＊　　＊　　＊

이런 사례들을 일일이 나열하는 이유는 형사사법 종사자들을 공개적으로 비난하기 위해서가 아니다. 무엇이 고장 났는지 정확히 진단하고 신뢰 관계를 형성하여 IJM 같은 NGO가 실질적인 해결책을 함께 모색하는 진실한 파트너가 되기를 바라기 때문이다. 문제 해결을 꺼리는 리더들은 분명히 있다. 하지만 개혁을 위해 싸우고 제도를 고치고 싶어 하는 리더들은 이런 자료를 활용할 것이다. 극적이고 확실한 폭로보다 시간은 더디겠지만, 내부에서 싸우는 개혁자들 없이 역기능적 형사사법제도가 의미 있게 변화하리라고 기대하는 것은 순진한 믿음이다.

희망과 진짜 해결책을 찾아서

형사사법 파이프라인에서 심각하게 고장 난 부분을 정확히 진단한 샘과 세부팀은 지역, 국내, 국제 단위로 세력을 규합하여 세부 당국과 문제 해결에 나섰다. 메이의 말처럼 "우리를 가로막은 것은 절망이었다. 사람들은 부정적인 사고를 버리지 못했다. 우리가 발견한 해결책은 대부분 획기적인 것과는 거리가 멀다. 명백한 제도적 문제를 고치는 것뿐이다. 문제를 해결하는 데 필요한 사람은 대단한 사람이 아니다. 해결하겠다는 꿈이 있는 사람이면 된다. 수십억 달러가 드는 일도 아니다. 약간의 자원과 '큰' 희망이 있으면 된다."

메이와 팀원들은 세부의 사회복지 서비스 공급자들이 희망으로 단결할 수 있도록 피해자 중심의 서비스에 대한 상당한 투자와 교육을 제공하는 데 힘썼다. "우리는 해외에서 효과를 보았다는 여러 프로그램을 자활 담당자들에게 적극 추천했다. 대부분 정보와 기술에 굶주렸기 때문에 다들 배우고 싶어 했다. 상황은 서서히 나아졌다. 쓸데없는 미신도 많이 사라졌다."

IJM은 자활 담당자들과 함께 경제적 자립과 회복 프로젝트를 시작하고 인신매매 생존자들을 위해 현실적으로 지속가능한 취업 기회를 확

구출된 소녀와 젊은 여성들은
세부 정부의 허스페이스 보호소에서
자유의 첫날을 맞는다.

대하고 전인적 자활을 도왔다. 생존자들은 이 프로그램을 통해 성공적
으로 사회로 복귀했고 지금은 다른 현지 비영리단체가 생존자들에게
취업 훈련을 제공하는 프로그램을 운영하고 있다.

또한 메이와 팀원들은 사회복지개발부DSWD와 협력해서 구출된 피
해자들을 위한 센터를 따로 마련하여 피해자들을 경찰서로 보내지 않
고 전 과정에서 가해자들로부터 안전하게 격리 조치했다. 허스페이스
HerSpace라고 부르는 이 안전한 센터에서 생존자들은 폭력으로 얼룩진
가슴 아픈 사연을 자유롭게 쏟아냈고 인신매매범들을 감옥으로 보냈
다. 샘은 이렇게 말한다. "메이와 DSWD가 혼신을 다해 일하여 허스페
이스는 훌륭한 모범 사례가 되었다." 현재 필리핀 정부는 이런 시설을
하나 더 세우고 있다. 허스페이스가 시작되자 마크와 샘을 비롯한 여러
변호사들은 피해 목격자들이 신문과 재판 과정 내내 매우 불안한 상황

에 처해 있다는 것을 깨달았다. 허스페이스의 성공에 용기를 얻은 그들은 검찰청과 협력하여 취약한 목격자들이 안전하게 머물 곳을 법원 내에 만들었다. 이제 검사들은 정부가 관리하는 새로운 대기실에서 목격자들을 만난다.

팀원들은 법집행이 정말로 잠재적 인신매매범과 가해자를 막아 내고 피해자를 구출할 수 '있다'는 데서 큰 희망을 보았다. 샘과 팀원들은 경찰의 부패를 모든 곳에서 일거에 해결할 필요가 없다는 것을 배웠다. 우수한 정예요원들이 반인신매매 수사에 투입되자 성인신매매범들이 순찰대에 바치는 상납금은 무용지물이 되었다. 이어서 샘과 팀원들은 필리핀국립경찰 지도부와 양해각서를 체결하고 새로운 반인신매매특별단속팀(Regional Anti-Human Trafficking Task Force, 그들은 자신을 RAT팀이라고 부른다)을 신설하고 훈련과 지원을 약속했다. IJM은 집중 훈련과 장비, 업무 공간, 운영 지원, 컨설팅도 제공했지만, 몇 달에 걸쳐 '함께 사건을 해결'하는 동안 든든한 신뢰와 효과가 형성되었다. 사흘 동안 쉐라톤 호텔에 모여 교육을 받고 뷔페를 즐긴 후 전문가들은 비행기를 타고 집으로 돌아가는 일회성 행사로는 그런 신뢰와 효과를 얻을 수 없다. 이들은 강력한 법집행으로 수많은 피해자를 구출하고 수십 명에 이르는 인신매매범을 체포, 기소, 구금했다.

신속한 사건 처리를 위해 마크와 IJM 소속팀은 미국 정부와 함께 필리핀 대법원을 접촉하여 교섭을 성사했다. 필리핀의 모든 판사는 인신매매 사건을 우선적으로 처리해야 한다는 것이 골자였다. 그 결과 법원은 인신매매 사건을 더욱 효율적으로 처리하게 되었고, 유죄 판결이 크게 늘어 대법원의 지시가 있기 전 '7년' 동안 42건을 처리했던 것이 이 조치 후 2년 동안 61건으로 늘었다. 아울러 세부팀은 세부 시의 세 관할구역 모두에서 인신매매방지법 통과를 위해 지역 시민 세력과 긴밀하게 협조했다.

필리핀 세부의 한 법원에서 재판을 기다리고 있는 용의자들

IJM팀은 사회적 인식을 높이기 위해 믿을 만한 언론의 반인신매매 작전에 대한 보도를 스크랩하고, 기자들에게는 대중에게 문제를 알리는 법과 생존자의 인권을 보호하면서 사건을 보도하는 방법을 교육했다. 사회적 인식이 높아지자 시민들은 반인신매매 활동을 요구하였고, 유죄 판결 사례들은 법집행 활동의 억제력을 극대화했다.

시간이 흐르면서 성공 사례들은 미신과 부정을 무너뜨렸다. 마이동 풍으로 일관하던 정부 관리들이 조력자로 변하기 시작했다. 샘은 이렇게 말한다. "우리는 조력자들을 붙잡고 수없이 이야기했습니다. 그들은 더 이상 인신매매를 추상적인 사회 문제로 다루지 않습니다. 흉악한 폭력 범죄로 여기고 맨 먼저 처리합니다."

상향식 공동 사례 활동이 계속 진행되자 기관 및 관계자들 사이에 신뢰하는 환경이 생겨났다. 작지만 의미 있는 돌파구로 희망의 줄기가 자라 마침내 변화의 열매가 열렸다. 변화의 변곡점은 거의 감지할 수 없게 나타난다. 그러나 이것은 끝까지 싸울 개혁 투사들이 등장하는 순간이기도 하다.

'15-70-15 규칙'

개도국 공무원이 모두 부패하고 무관심하고 불합리한 것은 아니다. 우리가 성공한 사례들은 용기 있고 유능한 공무원들 덕분이다. 하지만 그들은 정치적 지원, 훈련, 자원이 부족해 성공을 주도하기 어렵고 고군분투하기가 다반사다. 이런 리더들에게 권한을 주면 빈민에 대한 폭력범죄는 더 이상 마약 밀매와 테러 같은 '진짜' 범죄 때문에 뒷전으로 밀려나지 않고, 관심, 특별 훈련, 국제 원조, 전문적 대응을 요구하는 범죄 수사로 분류된다. 이렇게 하여 경찰과 검사, 판사가 성공을 경험하면, 형사사법 종사자들은 예전에는 몰랐던 자신의 본분을 새롭게 깨닫고 열심히 배우며 성실히 임무를 수행한다.

우리는 차츰 '15-70-15 규칙'이란 이름을 붙인 일정한 흐름을 발견했다. 정확한 과학적 통계는 아니지만 개도국 형사사법 종사자의 15퍼센트는 아침에 눈을 뜨면서부터 제 잇속을 챙길 생각만 한다. 다른 15퍼센트는 공익을 위해 시민에게 봉사하겠다는 마음으로 아침을 맞이한다. 나머지 70퍼센트는 둘 중 어느 쪽이 조직 문화와 보상 체계를 장악하는지 지켜보고 있다. 잔인하고 부패한 15퍼센트가 우세한 위치에 있다면 이 70퍼센트는 역기능과 악습에 가담할 것이다. 그래야 이득이 생기고, 지배적 문화를 거스르는 것은 위험하기 때문이다. 이런 상황에서는 법을 집행하는 사람들의 85퍼센트가 어떻게 손쓸 도리가 없이 적극적으로 부당 이득과 폭력에 가담하는 것처럼 보인다.

그러나 상황은 언제든 역전될 가능성이 있다. 덕망 있는 15퍼센트가 우위를 차지하여 보상과 처벌 체계(직업 유지, 승진, 복지, 배치, 징계, 해고 등), 조직 문화를 주도하는 것처럼 보인다면 중간의 70퍼센트도 각성하여 잘 못된 행동을 청산하고 문제를 일으키지 않게 된다. 사기꾼과 짐승이 85퍼 센트를 차지하는 것처럼 보였던 조직은 어느새 품위를 갖춘 공무원 조 직으로 탈바꿈한다. 진취적인 국가 리더들, 부패에 넌더리가 난 중간 계 층, 법치를 갖춘 개발경제, 이 세 가지가 경쟁 우위에 있다는 깨달음에 의해, 합리적으로 기능하는 형사사법제도를 지지하는 정치적 의지를 지 닌 사람들이 일어나게 된다.

합리적인 위험 요소?

형사사법제도가 강화되면 시민들이 피해를 입거나 제도의 보호를 받아 야 할 빈곤층이 도리어 억압과 불이익을 당하지 않을까 우려하는 독자 가 많을 것이다.[2] 이런 위험은 매우 현실적이고 방치할 수 없는 문제이 지만 우리가 알아야 할 것이 있다. 첫째, 원조국과 다자 기구들은 스스 로를 테러 폭력과 마약 밀매로부터 보호하고 이라크와 아프가니스탄의 전쟁이 남긴 혼란을 수습하고 기업과 통상 안보를 강화하기 위해 그처 럼 큰 위험에도 불구하고 개도국 경찰을 지원하고 있다는 점을 기억해 야 한다. 그렇다면 빈민을 위해서는 그런 위험을 감수하지 못할 이유가 무엇인가? 합리적으로 기능하는 형사사법제도가 (우리가 믿듯이) 빈민에 게 '필수'라면 심사숙고하고 주의 깊게 준비해서 위험을 줄일 방법을 찾 아야지 그런 위험 때문에 원조 자체를 포기한다는 것은 말이 되지 않 는다. 불행히도 세계 최대 국제개발기관인 세계은행은 개도국의 형사사 법제도 개혁 프로그램에 적극적으로 참여하지 않기로 결정했다. 그것 이 빈민에게 필수적인 제도가 아니라고 판단해서가 아니라 위험이 너무 크기 때문에 내린 결정이었다.[3] 다시 말하지만 이런 위험은 실제로 존재하기에 각별히 주의해야 한다. 하지만 전 세계 수십억 빈민에게 걸린 문제는 너무나 커서 전문가들은 이를 위해 신중하고 책임 있게 진전할 수 있는 방법을 모색해 왔다.[4]

공동 사례 활동은 경찰 지원 프로그램에 따르는 위험을 점진적이고 상황에 맞는 방식으로 접근하고 관리할 수 있는 방법을 제공한다. 후원 기관들은 자신이 돕는 조직과 리더들의 신뢰와 정직을 정기적으로 심사할 수 있고 지역과 국내, 해외에서 든든한 지지층을 확보할 수 있다.

구조 변혁 프로젝트의 '주요 목표'는 마약과 테러 퇴치, 경제 안정 같은 중요한 목표를 앞세워 피해를 막는 것보다 늘 약자에 대한 폭력을 해결하는 것이다. 이로써 우리는 빈민을 해치는 법집행의 폐단이나 의도적으로 일어나는 '2차' 위해의 위험을 낮추고, 다른 중요한 목표를 희생했다고 느끼지 않고도 활동과 투자를 해나갈 수 있다. 이를테면 샘이 이끄는 세부팀은 성매매 산업에서 경찰의 법집행으로 영향을 받는 사람들에 대한 폐단의 위험을 줄이기 위해 몇 가지 방침을 정했다. 그들은 성매매를 하는 약자들을 함부로 대하지 않도록 경찰을 교육하고 적극적으로 감시하고, 옹호 단체와 더불어 경찰의 습격 사후 보고를 듣고 피드백을 하는 자리를 마련하고, 법집행으로 영향을 받는 지역의 사람들을 위한 경제 지원과 취업 알선 프로그램을 진행했다.

해외 원조의 역할

세부에서 거둔 성공은 현지인들의 자발성과 리더십 덕분이었다. 하지만 해외 원조도 중요한 역할을 했다. 그런데 좋은 목적의 해외 원조도 해를 끼칠 수 있기 때문에 정기적인 심사와 혁신, 현지 리더십과 지속 가능한 제휴를 위한 장기 투자에 집중하는 것이 바람직하다.

세부를 비롯한 여러 구조개혁 프로젝트에서 해외 원조는 현지 NGO

팀과 파트너들, NGO 직원·사회복지 서비스 공급자·사법 기관을 위한 교육·역량 강화·프로그램 지원, 정치적 의지를 높이기 위한 양자·다자적 지원, 서비스 감시와 평가 등이 만드는 힘을 일으키는 데 중요한 역할을 한다. IJM 필리핀팀과 현지 파트너들이 세부에서 협력하는 동안 미국 정부는 연간 인신매매보고서를 이용해 전국적으로 반인신매매 정신을 고취하였고, 신임 주필리핀 미국 대사 해리 K. 토머스는 이 문제를 특별히 강조했다. 호주와 캐나다 정부, 유럽 연합, 유엔 역시 인신매매를 심각하게 다루는 필리핀에서 정치적 의지를 고취하는 데 힘을 보탰다.

앞으로 원조국과 기관들은 (원조국의 투자로 강화된 역량으로) 법집행을 개혁하여 빈민을 보호하겠다는 개도국 당국의 의지를 확인한 후 개발 원조를 결정해야 할 것이다. 후원자 기부, 경제 원조, 무역 혜택, 개도국 외교 관계의 기본 원칙은 빈민을 보호하는 형사사법 제도를 정립하겠다는 상대국의 투철한 의지를 확인해야 한다. 이런 의지가 없다면 21세기에도 개도국 원조 대부분은 지난 세기와 마찬가지로 무법의 혼돈 속으로 증발할 것이다.[5]

더 많은 희망 프로젝트

내 동료들만 이런 일을 위해 고군분투하는 것은 아니다. 또다른 중요한 희망 프로젝트들이 폭력에서 빈민을 보호해야 한다는 중요한 교훈을 일깨우고, 가난한 사람들을 위한 효과적인 형사사법 제도를 만드는 일은 불가능하다는 절망의 미신을 타파하며, 개도국 곳곳에서 형사사법제도를 실제로 변화시키고 있다.

콩고민주공화국의 이동 법원

2011년 새해 첫날 저녁 7시쯤, 100명이 넘는 콩고 군인들이 콩고민주공화국DRC 동부 지방의 작은 마을 피지를 잔인하게 유린했다. 지휘관인 키비비 무트웨어 중령이 지시한 특별 임무였다. 중령은 부하의 죽음에 대한 보복으로 무방비 상태인 피지 마을에 겁탈과 약탈을 명령했다. 16-60세의 소녀와 여성들이 집단 강간을 당했다.[6] 강간을 당했다고 신고한 여성만 최소 50명이었다.[7]

근년에 DRC에서 이런 만행은 처벌받지 않았다. 피해자들은 믿고 처벌을 요구할 데가 없었다. 이런 문제를 해결하기 위해 뜻있는 파트너들이 모여 이동 법원이라는 혁신적인 제도를 마련했다. 현지 판사에 따르면 이 제도는 "효과가 크다. 성폭력은 심각하다. 이동 법원의 영향으로 성폭력 범죄가 크게 줄었다."[8] 열린사회정의 이니셔티브OSJI가 남아프리카를 위한 열린사회 이니셔티브OSISA의 기금을 받아 고안한 이동 법원 프로젝트는, 2009년 말 미국 변호사협회 법치 이니셔티브ABA ROLI에 의해 시작되었다. 전 세계에서 가장 척박한 지역에서 희망의 불길이 일어났다.

이동 법원은 공식 재판이나 공정한 절차가 없는 시골 마을을 다니며 공정하고 신속한 판결을 내리는 공식 법원이다. 콩고의 검사, 판사, 치안 판사, 여러 전문가가 참여하는 이동 법원은 기존 사법제도로는 해결할 수 없는 성범죄와 다수에 대한 조직적 공격을 심판하기 위해 OSJI와 OSISA가 만든 것이다. DRC의 이동 법원은 시골 마을에 두어 달 머물면서 되도록 많은 사건을 심리한다.

이를테면 피지 사건의 경우, 이동 법원이 오지까지 찾아오자 강간 피해자 49명은 사건에 대해 용감하게 증언했다. 무서운 폭력에서 살아남은 소녀와 여성들의 증언으로 폭력이 일어난 지 몇 주 만에 키비비와 장교 세 명, 군인 다섯 명은 유죄 판결을 받았다.[9]

DRC에서 그들의 유죄 판결은 놀라운 사건이었다. 유엔 사무총장의 분쟁지역성폭력 담당 특사 마곳 월스트롬은 이렇게 말했다. "그들의 징역형은 DRC뿐 아니라 국경 바깥의 모든 가해자에게 분쟁 관련 성폭력은 용납되지 않는다는 강력한 신호다."[10] 성폭행 피해자를 돕는 NGO에서 일하는 타베나이시마 미콩고는 유죄 판결은 "지금까지 있었던 일 중 최고"라고 말했다. 수백 킬로미터 밖에서도 "군인들은 [성폭력을 저지르길] 꺼린다. 키비비가 징역형을 받은 후 사람들은 정부가 중령도 처벌할 수 있다는 것을 보았"기 때문이다.

2009년 10월부터 2011년 8월까지 처음 22개월 동안 이동 법원은 사건 248건을 심리하고, 강간 140건, 기타 범죄 49건에 유죄 판결을 내렸다.[11] 전문가들은 또한 현지 관계자들이 직접 참여하여 "현지인들이 자발적으로 주인 의식을 가지고 기존 조직 내에서 기존 인력으로" 실행하는 프로그램을 높이 평가한다.[12] 현지인들의 참여에 대한 투자로 이동 법원의 존재를 널리 알리고 성폭력을 단죄하는 규범을 확산하는 훈련·법률 상담소·사회 교육을 통해 사법 부문에 대한 사회적 요구는 높아지고 강해진다.[13] DRC의 이동 법원은 공식 기구와 현지인의 참여를 결합한 새로운 방법이자 사법정의를 요구하는 사회에 필요한 문화적·규범적 변화에 대한 전인적 방법이다.[14]

노예제에서 빈민을 보호하는 브라질

수천만 빈민이 노예살이를 하고 있는 세상에서 브라질의 뜻 있는 세력들은 적극적이고 효과적으로 해묵은 강제노동 체제를 공격하기 시작했다.

그들의 이야기는 문제를 뚜렷이 인식하고 법집행으로 면책 문화를 척결할 때 국가 리더십이 신속한 변화를 이룰 수 있음을 보여 준다.

브라질은 강제노동이라는 거대한 문제에 다면적이고, 총체적으로 대응했다. 노예노동척결국가위원회CONATRAE는 강제노동 노예제를 방지하고 척결하는 국가 계획을 시행하고 감시하고, 고용노동부는 강제노동 혐의가 있는 농장을 불시 검문하는 특별기동수사단GEFM을 운영하기도 하고, 가해자를 공개하여 수치를 주기 위해 '더티 리스트'를 공시한다.

> 2005년 노예 노동 척결을 위한 국민 협정에 따라 브라질 국내 총생산의 20퍼센트를 차지하는 약 200개 기업은 자발적으로 인신매매 감시를 약속했다. 브라질은 문제 척결을 위한 국민의 인식을 높이고 사회적 요구를 형성하기 위해 "전 세계에서 가장 효과적인 미디어 캠페인을 벌였다."[15]

호세 페레이라 사건은 강제노동 문제가 전면에 불거지는 계기가 되었다. 1989년 열일곱 살 호세는 60여 명이 노예로 붙잡혀 강제노동을 하는 농장에서 친구와 함께 도망쳤다. 친구는 총탄에 숨지고 호세는 부상을 당했다. 간신히 빠져나온 호세는 노예살이를 시켰던 지주를 정식으로 고소했다. 브라질 정부는 농장에 갇혀 있던 노동자들을 모두 풀어주었지만 그 일로 처벌받은 사람은 아무도 없었다.

이 사건은 노예제에서 가난한 시민들을 보호하지 못하는 브라질 정부의 실패를 여러모로 보여 주었다. 라틴아메리카와 카리브 해에만 강제노동 피해자가 180만 명에 이른다.[16] 브라질 북부 아마존 유역의 파라, 마토그로소, 토카틴스에는 수많은 노예들이 목축, 벌채, 산림 파괴, 숯 생산, 간장, 사탕수수 생산에 착취당한다.[17] 빈민들은 '가토'라고 부르는 모집인에게 자주 속는다. 그들은 절박한 노동자들에게 접근해 다른 곳에 가면 고임금과 숙식을 제공받을 수 있다고 꼬드긴다.[18] 하지만 막상 그곳에 가면 지주에게 차비와 식비를 빚진 노예 신세가 되고 만다. 그들은 늘어만 가는 채무의 덫에 빠져든다. 빚은 결코 갚을 수 없고 무력으로 자유를 박탈당한다.[19] "폭력이라는 최종 권위에 의해"[20] 자발적 노동자는 노예로 전락한다.

빈민의 토지 소유권 보호와 노예제 철폐에 힘쓰는 가톨릭 토지 사목 위원회, 정의와 국제법 센터, 휴먼라이츠워치의 지원 활동 덕분에 2003년 브라질 정부는 결국 호세 페레이라 사건의 책임을 지고 원만한 합의를 받아들였으며, 인권 보호를 위한 몇 가지 약속도 덧붙였다. 이 같은 일련의 약속은 이후에 CONATRAE의 기틀이 되었다. 이후 CONATRAE는 최전선에서 강제노동 척결을 위해 싸우고 있다.[21] 브라질 대통령 이나시우 룰라 다 시우바는 2002년 노예제 폐지를 공약했고[22] 2003년에는 노예 노동 척결을 위한 국민 협정을 처음 실시했다. 이 협정은 현대 노예제와 싸우는 여러 나라로 건너갔다.[23]

브라질에서 노예제와 싸우는 중심 기관은 강제노동 혐의가 있는 지주와 고용주를 불시 검문하는 고용노동부MTE 산하의 GEFM이다.[24] GEFM은 익명의 제보를 받아 노예제 사건을 처리하고, 고발 대상을 수사하고, 피해자를 구출하고, 벌금을 부과하고, 가해자를 체포한다. 1995년에서 2010년까지 GEFM이 구출한 노동자는 38,031명에 달하며[25] 이 활동은 전국으로 확대되었다. GEFM은 강제노동 문제를 부각했고 "공권력에 대한 신뢰를 높인 결과…전국의 노동자와 고용주의 태도가 변화되었다."[26] GEFM이 사회에 끼친 영향은 MTE가 시민사회 단체와 다른 정부 부서와 함께 벌이는 인식 제고 캠페인뿐 아니라[27] 토지사목위원회 같은 단체가 노예에서 풀려난 사람들을 위해 펼치는 법률 상담, 보건 활동, 학교 교육으로 한층 더 강해졌다.

그동안 GEFM은 수많은 강제노동자들을 찾아서 풀어주었지만 브라질 정부는 가해자 기소에는 미온적이었다. 언론 보도에 따르면 2011년 노예 노동 유죄 판결은 7건에 불과했다. 그 중 한 사람은 전 국회의원이었다.[28] 유죄 판결이 낮은 것은 (민사 처벌만 가능한) 노동 검사와 (연방형사 사건을 처리할 수 있는) 연방 검사의 협조가 부족하기 때문일 공산이 크다.

브라질의 강제노동 척결은 소득 증가를 위해 노예를 부린 고용주의 이름을 공개하여 수치를 주는 MTE의 '더티 리스트'의 효과를 톡톡히 보았다. 명단은 2년 동안 공시되는데 노예 고용주들은 범행을 반복하지 않고 벌금을 완납하고 일정한 기준을 지켜야 명단에서 이름을 내릴 수 있다. 브라질이 거둔 가장 중요한 성공은 강제노동 지역에서 "국가 규제로 고용주를 보호하는 면책 문화가 더디지만 확실히 약화되고 있다"는 점과 노동자를 보호하는 "국가 제도에 대한 노동자의 신뢰를 회복한 점"일 것이다.[29] 두말할 것 없이 "다양한 사회 세력이 보여 준 막강한 조직 능력"[30]과 브라질 정부, 시민사회 단체, 민간 기업, 금융기관, 대학 들의 협력이 있었기에 가능한 성공이었다.[31]

조지아의 경찰 부패 척결

개도국 형사사법제도 개혁의 최대 방해물은 부패다. 앞서 보았듯이 개도국의 여러 형사사법제도는 가난한 사람들을 상대로 부정한 범죄를 거침없이 반복해서 자행하기 때문에 제도 자체가 형법의 대상이다. 그들은 빈민을 허위로 체포하거나 혐의를 뒤집어씌워 돈을 갈취하고, 죄를 지은 부자들에게는 뇌물을 받고 법을 집행하지 않는다. 더욱이 법집행 제도의 부패는 다른 공공 부문의 부패와 다르다. 법집행 제도는 모든 제도에서 일어나는 부패와 싸워야 하기 때문이다. 따라서 부패와 싸워야 하는 제도가 부패하면 돌파구가 전혀 보이지 않는 범죄의 악순환에 갇히게 된다. 사람들이 파탄에 이른 개도국의 공공사법제도 개혁을 포기하는 주된 이유는 아마도 그런 부패 때문일 것이다.

이런 절망 가운데서 놀랍고 도발적인 변화와 희망의 이야기가 있다. 세계 빈곤과 개발을 말할 때 모두가 파괴적인 부패를 거론하지만, 놀랍게도 경찰의 부패를 성공적으로 척결한 조지아에 대해서는 말하지 '않는다.'

다행히도 최근 세계은행은 조지아의 부패 척결에 관한 특유의 상세한 보고서를 발표했다. 이것은 전 세계가 기뻐할 일이다. 보고서의 서문에서 말하듯이 조지아의 사례는 개도국도 죽음과 같은 부패의 악순환에서 돌파구를 만들 수 있다는 것을 여실히 보여 준다.[32]

종종 행정부의 부패는 고질병과 같은 전통 문화의 산물로 불가피하게 여기기 십상이다. 정치 지도자들은 이러한 시민들의 체념을 이용해 부패를 척결하지 않는 핑계로 삼는다. 전 세계에는 실패한 개혁과 무너진 기대에 관한 이야기가 넘치지만 부패를 성공적으로 척결한 사례는 비교적 드물다. 조지아의 사례는 고질병 같은 부패의 악순환을 끊어낼 수 있다는 것과 알맞은 제도 개혁을 지속한다면 악순환을 선순환으로 바꿀 수 있다는 것을 보여 준다.[33]

2003년 이전까지 구소련의 공화국이었고 그 후 독립국이 된 조지아는 전 세계에서 가장 부패한 나라였다. 국제투명성기구에 따르면 조지아의 부패 순위는 세계 124위였고(케냐, 인도, 볼리비아, 콩고보다 아래다) 경찰 부패와 폐해에 관한 한 순위는 더 하락했다.[34] 조사에 따르면 조지아 경찰은 다른 어떤 국가의 경찰보다 뇌물을 요구하는 경우가 더 많았다(10명 중 7명). 미국 국무부는 연간 인권보고서에서 조지아 경찰이 시민에게 자행하는 폭력에 대해 거듭 발표했다. 세계은행의 한 보고서는 "조지아는 거의 모든 분야에 부패가 만연해 있다"[35]라고 했지만 가장 눈에 띄고 미움을 받는 것은 경찰의 부패였다. 조지아 경찰은 "나무 곤봉을 흔들어 운이 없는 오토바이 운전자를 붙잡아 대개 날조된 범칙을 구실로 돈을 갈취했다."[36]

하지만 2010년이 되자 국제투명성기구는 전 세계에서 부패가 가장 많이 줄어든 나라로 조지아를 '으뜸'으로 꼽았고, 부패 척결에 대한 정부의 효율성은 세계 2위였다.[37] 놀랍게도 2010년, 경찰 부패에 대한 국민의 인식은 유럽에서 가장 존경받는 독일, 프랑스, 영국보다 더 나은 것으로 드러났다.[38]

조지아의 경찰 부패 문제가 우리가 살펴본 인도나 케냐, 페루 같은 나라의 부패만큼 심각하지 않았을 것이라고 생각하면 오산이다. 세계은행의 연구가 밝힌 것처럼 조지아의 경찰 부패는 여느 나라만큼 심각했다.

조지아 경찰 조직은 중앙에서부터 썩어 있었다. 쥐꼬리만 한 월급을 받는 경찰은 생활이 불가능했다. 그나마 월급을 받으면 다행이었다(월급이 몇 달이나 체불된 적도 있다). 목구멍이 포도청이기에 범죄 조직을 위해 일하거나 마약을 파는 경찰도 많았고, 교통 경찰들은 (사실이든 허위든) 시민들을 단속해서 받은 벌금을 자기 호주머니에 챙겼다.[39]

경찰이 되고 싶은 사람은 2,000달러에서 20,000달러에 달하는 뇌물을 바쳐야 하고, 경찰이 된 후에는 불법 자금이 들어오는 내부 피라미드 구조를 통해 뒷돈을 챙겼다. 이를테면 매주 순찰대는 다양한 '범칙'을 구실로 시민들에게 갈취한 뇌물의 일정 금액을 직속 상관에게 바쳤고, 상관은 그 돈의 일부를 또 윗선에게 바쳤다. [⋯] 국고는 비고 월급은 체불되고 경찰은 범죄로 돈을 버는 부패의 악순환이 시작되었다. 이것은 공공연한 비밀이었다.[40]

경찰에 대한 불신이 깊어서 시민들은 범죄를 신고하지 않았다. 반항하는 십대들이 창문을 깨뜨려도 경미한 사고로 범인들이 유치장에서 고문을 받을까 봐 시민들은 경찰을 부르지 않았다. 근거 없는 두려움이 아니었다. "경찰과 간수들은 죄수들을 고문하고, 잔인하고 비인간적으로 처우하거나 처벌하는 행태가 광범위하게 이어지고 있다"는 것이 2002년 유엔 인권위원회 보고서에서 밝혀졌다.

경찰은 또한 범죄 해결 능력이 없는 조직이었다. 집에 도둑이 들면 시민들은 범인을 아는 사람에게 부탁해서 사례금을 주고 물건을 되찾는다. 설상가상으로 경찰들이 납치, 마약 거래, 공갈 같은 범행을 직접 저지르기도 한다.[41]

조지아는 세계 최악의 경찰과 형사사법제도를 어떻게 서구 경찰들보다 더 청렴한 조직으로 변화시켰을까?

사회적 요구가 높아지다

변화의 필수 기반은 시민들의 사회적 요구였다. 조지아의 평범한 시민들은 국가의 구석구석에 만연한 부패에 대한 절망이 한계에 이르렀고, 이 절망은 변화를 요구하는 거대한 사회적 열망으로 표출되었다. 2003년 대선에서 90퍼센트가 넘는 압도적인 국민이 '부패 없는 조지아'라는 분명한 슬로건을 내건 통합국민운동당의 미하일 사카슈빌리를 새 대통령으로 선출했다. 새 정부에서 에너지부 장관으로 취임했다가 후에 수상이 된 니카 길라우리가 분명하게 말했듯이 근본적인 변화를 요구한 조지아 국민의 압도적인 지지가 아니었더라면 개혁은 실패했을 것이다.[42]

제도권에서 단호하고 용기 있는 개혁자를 찾는다

권력을 잡은 새 행정부는 부패 척결을 위해 과감하고 단호하며 논쟁적인 개혁에 나섰지만, 개혁을 실천한 리더들은 앞선 정부에서 일했던 관료들이었다. 대통령 사카슈빌리는 이전 정부에서 법무장관이었고, 최초의 수상 주랍 즈바니아는 국회의장이었으며, 새 에너지부 장관 니카 길라우리(뒤에 수상이 된다)는 조지아 전력공사의 재무책임자였다. 이전 정부의 모든 조직은 '부패한 것처럼 보였지만' 조직 내의 모든 사람이 '부패한 것'은 아니었다. 개혁 정신이 투철한 많은 리더가 '제도 안에 있었지만 소외되어 있고 권한이 없었던 것이다.

형사사법제도의 부패부터 척결한다

조지아 개혁자들이 부패한 모든 공공 제도 가운데 형사사법제도의 부패를 먼저 척결한 것은 교훈적이다. 다른 공공 제도의 부정부패와 싸우기 위해서는 범죄와 맞서 싸워야 할 형사사법제도가 부패하지 않아야 한다는 것을 그들은 이해한 듯하다. 시민들이 법집행의 공정성을 믿지 못하면 부패와의 싸움에 따르는 위험을 시민들이 알아주지 않으리라는 것을 그들은 알았다. "새 정부는 절박한 심정으로 간단한 전략을 채택하여 개혁에 착수했다. 정부는 처음부터 세금 징수와 **범죄자와 부패 관료들의 기소에 총력을 기울여 국가에 대한 국민의 신뢰를 회복하는** 데 주력했다."[강조는 저자의 것][43]

경찰 조직 혁신과 부패 청산

조지아 지도자들은 교통경찰 대다수가 부패에 물들어 있다는 것을 알고는 교통경찰을 전부 해고했다! 그들은 경찰 조직이 위에서 아래까지 몹시 부패해서 새로운 인력을 충원하더라도 곧 부패한 환경에 쉽게 물들 것이라고 생각했다. 패기에 찬 새 정부는 단 하루 만에 경찰 16,000명을 해고하고 거리에서 몰아냈다. 충격을 완화하기 위한 조치로 두 달 치 월급을 주고 과거의 범죄를 사면했다. 군말 없이 물러난 경찰들도 있고 거부한 이들도 있었다. 경찰 부재로 인한 혼란은 없었다. 언제나 곤봉을 휘두르며 오토바이 운전자들을 단속하던 경찰들이 사라지자 도로가 더 안전해졌다고 믿는 시민이 많았다. 곧 새로운 순찰대가 창설되었다.

부패 척결 의지는 교통경찰을 해고하고 새로운 인력을 충원하는 데서 그치지 않았다. 경찰의 부패를 감시하는 비밀 수사관들이 투입되었다. 뇌물을 받은 경찰은 해고되었다. 새로운 경찰들에게 업무수행 준칙과 윤리 지침을 결코 가볍게 여기지 않는다는 정부의 의지를 강하게 전달하는 조치였다. 현장에서 벌금을 받는 관행도 은행에서 납부하는 방식으로 개정하여 착복 기회를 차단했다.

새로운 경찰을 정중하게 대한다

개혁자들은 새로운 조지아 경찰을 정중하게 대했다. 월급을 열 배 인상했다. 최신 제복과 장비를 지급하고 교육훈련 기관을 보수했다. 경찰서 60개를 신축하거나 수리하여 경찰과 시민들이 편안하게 이용하는 공간으로 개방했다.[44] 부패로 비대해진 경찰 조직을 대폭 축소하여 재원을 마련했다. 2003년 63,000명이었던 법집행 조직은 2011년 27,000명으로 감소했다. 터무니없게도 개혁 전 조지아는 경찰 1인당 국민 수가 21명이었다. "오늘날 경찰 1인당 국민 수는 89명이다"[45](여전히 경찰이 너무 많다. 이를테면 미국은 경찰 1인당 국민 수가 450명이다).

효과적인 범죄 소탕과 시민 봉사로 신뢰를 회복한다

마침내 정부는 경찰 권한을 강화하고 범죄에서 국민을 효과적으로 보호하여 새로운 경찰에 대한 국민의 신뢰를 얻었다. 전체적으로 범죄는 절반으로 줄었고 무장 강도는 80퍼센트나 감소했다. 더욱이 조지아의 수도 트빌리시 거주자 95퍼센트는 "항상 안전하다고 느낀다"라고 응답했다.[46] 또한 경찰 지도자들은 범죄와 싸우는 친근한 경찰 이미지를 조성하기 위해 여론 캠페인을 벌였다.

7년이라는 짧은 기간에 조지아가 거둔 개혁 성과는 경찰의 부패로 망연자실하고 절망에 빠진 세상을 깜짝 놀라게 했다. 세계은행 보고서는 다음과 같이 전한다.

> 범죄율이 감소하고 순찰대의 부패는 줄었다. 시민에게 봉사하는 문화가 발전하고 신뢰를 회복하고 순찰대의 책임 의식이 고취되었다. 가장 중요한 것은 조지아에서 가장 눈에 띄었던 부패의 상징이 사라졌다는 것이다.[47]

《이코노미스트》가 보도한 기사처럼 조지아가 부패와 싸워서 거둔 훌륭한 성과는 부패란 "문화 현상"이라는 생각을 타파한 "정신 혁명"이다.[48] 전 수상 길라우리의 말처럼 "부패는 문화가 아니라 선택이다."[49]

국제정의연대

폭력이라는 질병이 지구촌을 뒤덮고 빈민들은 '자국 형사사법제도의 손'에 (부당한 구금과 고문에) 신음하고 있다. 이를 해결하기 위해 혁신적인 NGO인 국제정의연대IBJ·International Bridge to Justice는 시민들이 유능한 법률 대리인을 가질 권리, 고문을 비롯한 잔인하고 부당한 처벌에서 보호받을 권리, 공정한 재판을 받을 권리를 보장받을 수 있도록 힘쓴다. IBJ 대표이자 최고경영자인 카렌 체는, 1994년에 자전거를 훔쳤다는 혐의로 오랜 판결선고전구금 동안 고문을 받은 열두 살 캄보디아 소년을 만난 후 뜻을 품고 IBJ를 설립했다. 체는 감옥에 갇힌 정치인이나 유명인들의 인권을 위해 활동하는 단체는 많지만 일상 범죄로 체포되는 일반 시민의 인권을 보호하는 단체는 많지 않다는 것을 알았다.

　IBJ는 형사사법제도를 개선하려는 국가와 협력하면서, 개혁의 불꽃을 일으킬 수 있는 지도자들을 찾아내고, 변화를 이루겠다는 일념을 품은 정부 관료들과 협력하고, 지역과 국제 협력 관계를 통해 핵심 지원을 제공하고, 온라인 지원 포털에서 이 모든 것을 아우르는 활동을 펼치고 있다.

변호사 훈련

IBJ는 적절한 훈련과 지원을 갖춘 노련한 피고 측 변호사가 형사사법을 전면적으로 개혁하는 열쇠라고 믿는다. IBJ의 주목적은 새내기 변호사와 노련한 변호사에게 훈련을 지원하여 피고 측 변호사의 역량을 높여 사건을 맡는 변호사의 수를 늘리고 피고인을 대리할 수 있는 능력을 기르는 것이다. IBJ는 또한 경찰과 간수, 법관처럼 사법제도 종사자들에게도 피고인의 권리를 보호하기 위해 필요한 훈련을 제공한다.

법조계 원탁회의

IBJ는 법조계 전체가 협력해야 더욱 인도적인 형사사법이 가능하다고 믿고 피의자 측 변호인, 판사, 검사, 경찰, 간수 들이 함께 모여 공동 관심사를 찾는 원탁회의를 주재한다.

권리 증진 캠페인

IBJ는 또한 개도국 시민들에게 체포 시 자신의 권리를 주장할 수 있도록 법적 권리에 대해 알리는 데 힘쓴다. IBJ는 불법 구금과 고문에서 피고인을 보호하는 변호사의 역할에 대해 알리고, 피고인에게는 법정대리인 요구를 독려하며, 피고 측 변호인의 중요성을 일깨우면서 시민의 지지를 모은다. IBJ는 포스터에서 라디오 방송에 이르기까지 다양한 언론 매체를 이용해 시민들의 인식을 높인다.

피고자원센터와 법률 서비스 제공

IBJ는 현재 대학살을 겪은 세 나라를 포함한 여섯 나라, 곧 캄보디아, 중국, 인도, 브루나이, 르완다, 짐바브웨에서 심층 프로그램을 진행하고 있다. 피고자원센터DRC: Defender Resource Centers는 여섯 나라의 변화를 주도하고 있는 IBJ의 대표 기관이다. IBJ 활동의 중심 역할을 하는 DRC 덕분에 IBJ는 멘토링, 일대일 상담, 네트워킹과 재능 공유 기회, 피고 측 변호사를 위한 기술 지원을 통해 법률 교육을 제공한다. DRC는 또한 법정대리인이 필요한 사람들이 가장 먼저 찾는 지역사회 법률 센터이기도 하다. IBJ에서 훈련을 받은 변호사들은 DRC를 통해 연간 수백 건의 사건을 처리하고 가난한 피고인들의 사법 접근권을 높이고 사회적 약자를 위한 공익 활동인 프로보노pro-bono 문화 확산에 힘쓴다. 그들은 제대로 작동하는 법률 구제 제도의 모범을 보여 주는 셈이다.

IBJ는 캄보디아에서 최고의 성과를 거두었다. 캄보디아에서 유일하게 형사전문 법률 구제 활동에만 집중하는 NGO인 IBJ는 현재 24개 중 18개 주에서 가난한 피고인들을 대리하는데, IBJ가 가장 오래 활동한 주에서는 고문이 줄었다고 말한다. 더욱이 IBJ 변호사들이 맡은 사건에서 석방이나 감형을 받는 비율은 꾸준히 증가하고 있다.

앞으로 IBJ는 수사 고문이 과거의 유물이 되고 적법절차 원칙이 새로운 세계적 규범이 되는 날을 앞당기기 위해 노력할 것이다.[50]

시에라리온의 획기적인 프로젝트

시에라리온에서는 사뭇 다른 두 기관의 획기적인 형사사법 프로젝트가 진행되고 있다. 하나는 열정적인 지도자 비벡 마루가 이끄는 작고 젊은 단체인 '정의를 위한 티맙'(Timap for Justice: 티맙은 크리오어로 '일어서다'라는 뜻—역주)이고 다른 하나는 세계적인 개발기관인 영국 국제개발부 DFID다.

개도국 법집행을 위한 대부분의 양자간 국제 원조 프로그램과 달리 DFID는 사법 부문 전체를 견지하며 가난하고 소외된 사회의 구체적인 필요에 알맞은 프로그램을 설계한다. DFID가 시에라리온에서 진행하는 다양한 사법 개혁은 치안부문 개혁SSR과 안전·치안·사법 접근SSAJ인데 이 둘은 서로 분리된 듯 일치하는 프로그램으로 DFID의 전 부문 구조개혁에 대한 훌륭한 사례 연구다. 이 두 전략은 모두 경찰 조직 개혁이라는 공통점이 있지만 SSR은 경찰과 정보, 군대에 치중하는 반면, SSAJ는 법원, 형벌, 민사, 분쟁 해결법을 강화하여 사법 부문 전반의 개혁을 위해 노력한다.[51]

1999년 DFID는 공동체 안전 치안 프로젝트로 알려진 매우 체계적인 사법 개혁을 처음 시작했다. 이 프로젝트는 시에라리온 경찰 개혁을 위해 평화를 유지하고 경찰과 시민 사이의 신뢰를 다지며 리더십 교육에 필요한 훈련과 장비를 제공했다.

경찰 개혁의 두 가지 특징적인 측면은 지역경찰협의회와 가족지원부의 등장이었다. 모두 경찰과 시민의 신뢰 관계를 증진하는 데 주력하고 시민의 적극적인 치안 활동을 장려했다. 가족지원부는 가정폭력 사건에 주력하고 성폭행 퇴치에 힘쓰는 다양한 NGO들의 지원과 협력을 이끌어 내는 데 성공했다.[52] 지역경찰협의회와 가족지원부의 가장 좋은 특징은 빈민을 보호하는 사법제도에 대한 사회적 요구를 높일 수 있다는 점이다. DFID가 강조했듯이 "개혁에 대한 사회적 요구 없이 전통적인 공급 중심의 조직 개입으로는 유효한 성과를 낼 수 없기"[53] 때문이다.

2002년 1월 시에라리온 유혈 내전이 끝나자 DFID는 치안과 사법 부문 전반의 개혁을 아우르는 개발에 나섰다.[54] 오늘날 시에라리온의 빈민들은 국가 경찰 개혁으로 향상된 치안, 더욱 효과적인 사법제도, 적당한 안정을 유지하는 군대의 혜택을 받고 있다. 누적된 성과의 결과는 주목할 만하고 "시에라리온 국민들의 인식…에 따르면 치안 수준에 상당히 긍정적인 변화가 일어났다."[55]

열정과 활력이 넘치는 비벡 마루는 잔인한 폭력에서 빈민을 보호하는 흔한 문제에 사뭇 다르게 접근한다. 그는 빈민의 법적 권리 증진을 위해 힘쓰는 국제기관인 나마티의 최고경영자다.[56] 마루는 나마티, 시에라리온 정부, 세계은행, DFID를 비롯한 여러 시민사회 단체와 협력하는 비영리 독립법무사 지원 단체인 '정의를 위한 티맵'의 공동설립자다.

마루는 법적 권리 증진이 장기적인 제도 개혁을 이루는 동시에 파탄에 이른 사법제도의 피해자들을 즉시 구제한다고 본다.[57] 그는 불의의 피해자들이 제대로 기능하는 사법제도에 대한 사회적 요구를 주도적으로 이끄는 역할을 할 수 있도록 힘쓴다. 마루는 "항구적인 제도 변화는 국민의 권한에 달려 있다"라고 말한다. 피해자의 권리 증진은 힘 있는 국민을 만드는 데 꼭 필요한 일이다.[58]

인권 교육은 권리 증진에 중요한 부분이지만 자격을 갖춘 변호사가 부족하고 변호사 선임 비용이 만만치 않아 개도국에서 사법제도를 바로 세우는 데 큰 장애물이 되고 있다고 마루는 강조한다. 그는 이런 문제를 해결하기 위해 강도 높은 훈련을 받은 법무사들이 전략의 중심이 되는 프로그램을 창설했다. 마루의 설명에 의하면 "법무사는 법률 교육과 법적 대리의 중간에서 법적 권한을 증진하는 유망한 방법이다. 시민들의 사법 문제를 구체적으로 해결하면서 소송뿐 아니라 더욱 유연하고 창의적인 사회 운동을 일으키는 수단도 된다."[59]

티맙 법무사들이 사용하는 중재를 포함한 창의적 수단의 목표는 궁극적으로 정의에 대한 사회적 요구를 높이고 유지하는 것이다. 세계은행은 "중재로 개인 간 소송을 자주 해결하여 고되고 값비싼 소송 과정을 거치지 않게 하는"[60] 티맙을 높이 평가했다. 하지만 티맙은 정식 형사사법제도가 반드시 필요하다는 것도 알았다. 티맙은 성폭력과 인신매매를 비롯해 처벌받지 않는 폭력을 발견하면 그런 의뢰인들을 변호사에게 연결해 주었다.[61]

티맙은 소규모 구조 변화를 대규모로 확대하는 데 유익한 모형도 제시한다. 마루는 "나는 가난한 사람들을 위해 차선이나 차차선의 해결책을 쓰고 싶지 않다. 불의가 큰 만큼 정의도 거기에 상응해야 한다"라고 말한다. 티맙은 단체 운영 방법을 찾고 다듬기 위해 처음에는 소규모로 시작했지만[62] 지금은 충분히 발전하여 시에라리온의 40퍼센트에는 지역 법무사가 활동하고 있다고 한다.[63] 합리적 비용으로 쉽게 만날 수 있는 법무사들이 중심에서 활동하고, 중재와 전통법 같은 파격적인 수단뿐 아니라 비폭력 갈등의 경우 종교적 신앙도 선뜻 활용하고, 피해자도 변화를 주도할 수 있다는 발상의 전환을 모색하고, 제도 개혁에 대한 사회적 요구를 높이기 위해 지역사회 문제를 겨냥하는 등 구체적인 방법을 통해 티맙은 활동 폭을 넓히고 있다. 한 의뢰인의 말을 빌리면 티맙의 활동은 처음 계획대로 "목소리를 낼 수 없는 사람들의 목소리"가 되었다.

페루 우아누코의 공정한 재판

형사사법 개혁의 매우 희망찬 모범은 페루 우아누코의 안데스 지역에서 강간 살해를 당한 유리의 참혹한 사건에서 나타났다. 유리 이야기는 개도국 공공 사법제도의 잔혹한 역기능을 보여 주는 상징적인 사건이지만 파시에스페란사와 우아누코 지역 리더들의 노력 덕분에 유리 이야기는 또한 개도국의 지역 활동을 통해 다양한 관계자들이 연합하고 국제적 지원이 모이고 형사사법제도가 개혁되어 빈민들이 보호를 받는 고무적인 사례가 되었다.

실제로 IJM의 구조 변혁 프로젝트는 우아누코에서 파시에스페란사와 오랫동안 일하면서 배운 것에 영감을 받고 다져진 부분이 많다. 지역사회의 세력을 규합하는 촉매 역할을 하고, 구조적 역기능을 진단하고 해결책을 모색하는 공동 사례 활동을 이용하는 쌍둥이 전략은 파시에스페란사가 힘차게 선도한 일이다.

앞서 유리의 이야기에서 보았듯이 파시에스페란사가 우아누코에서 활동을 시작할 때 그곳에는 여성과 소녀들에 대한 성폭력이 만연했고, 가해자 기소에 성공한 전례는 전무했다. 하지만 지난 10년 동안 호세와 리처드, 파시에스페란사 팀은 성폭력에 희생된 수많은 여성과 소녀들을 돕고, 수많은 성폭행 사건을 통해 우아누코 지방 당국 및 사회복지기관과 협력하면서 무서운 범죄의 가해자들을 처벌하기 위해 힘썼다. 그들은 인식과 참여를 높이는 캠페인을 벌여 문제 해결을 촉구하는 지역사회의 요구를 폭넓게 일으켰다. 사회적 요구를 고장 난 형사사법제도를 바로잡는 정치적 의지로 전환했다. 또한 뜻 있는 세력과 힘을 모아 당국에 훈련을 제공하고 성폭력 퇴치에 필요한 지식과 자원을 지원했다.

그 결과 안데스 오지에서 파시에스페란사는 2003년부터 성폭력 가해자의 '유죄 판결을 152건 이상' 이끌어 내는 데 성공했다. 그리고 수많은 피해자들과 그 가족에게 수준 높은 자활 서비스를 제공했다. 파시에스페란사는 IJM의 구조 개혁 프로젝트를 통해 우선 우아누코 지방의 세력을 결집하여 인지도와 참여도를 높이는 운동을 주도하고, 이를 바탕으로 범죄를 해결하고자 하는 정치적 의지를 이끌어 냄으로써 이런 성과를 거두었다. 파시에스페란사는 옹호 단체, 학교, 병원, 교회, 지방 정부, 국제 인도주의 기관 들과 협력해서 문제의 인지도를 높이고 문제를 해결하라는 사회적 요구를 일으켰다. 그들은 구체적으로 다음과 같은 일을 했다.

- 많은 학교에서 성폭력에 관한 교육과 인지도를 높이는 프로그램과 행사를 진행했다.
- 우아누코 지방의 13개 지구에서 여성권리네트워크를 만들고 지원했다.
- 대학, 교육기관, 사회복지 조직, 지방 정부에서 성폭력 워크숍과 전시회를 열었다.
- 교사, 교장, 보건 종사자, 사법제도 종사자를 대상으로 성폭력 교육을 실시했다.
- 시장, 시민사회 리더, 정부 관리들과 함께 지역사회 자경단을 설립했다.
- 성폭력 사건을 알리는 지속적인 미디어 캠페인을 통해 질병과도 같은 성폭력을 공론화하고 효과적이고 책임 있는 자세로 문제를 보도할 수 있도록 미디어 교육을 실시했다.
- 유리의 기일 같은 비극적인 날을 널리 알리고, 기억하고 시위하는 상징적인 날로 제정했다(12월 18일 아동성폭력금지사면일, 11월 19일 세계아동성폭력반대일, 4월 11일 페루 어린이날).

어느 가난한 마을에서 온 여자는 워크숍이 끝난 후 파시에스페란사 리더들에게 이렇게 말했다. "내 권리에 대해 처음 듣는다. 성폭행을 당한 동생을 보호하는 것이 내 권리였다는 것을 이제 알았다."

파시에스페란사는 동맹 세력과 더불어 성폭력을 해결하기 위한 정치적 의지를 높이는 캠페인을 벌이면서 성폭력 가해자들을 반드시 처벌해야 하는 공공 사법 파이프라인의 역량을 강화하려는 노력을 멈추지 않았다. 파시에스페란사는 성폭행 사건을 자신 있고 능숙하게 처리할 수 있도록 경찰과 검사, 판사들에게 실무 교육과 공동 사례 활동을 제공했다. 교육과 개선된 소송 준비 덕분에 파시에스페란사 리더들은 사법적 성과가 월등히 향상되었다고 말한다.

파시에스페란사가 동맹 세력과 함께 전례 없는 캠페인을 벌여 성폭력 재판을 일관하게 처리하지 않은 법관 네 사람을 우아누코 법원에서 물러나게 만든 일은 굉장한 사건이었다. 그중에는 법원장과 유리 사건에서 과오를 범한 판사도 포함되었다. 2012년 파시에스페란사 리더들은 "그들의 사임은 파시에스페란사와 NGO들이 분노한 시민들과 연대하여 그들을 물러나게 하기 위해 수개월 동안 압박하여 얻은 직접적인 결과"라고 발표했다.

마지막으로 파시에스페란사와 파트너들은 가난한 아동이 형사사법 제도의 힘겨운 재판 과정을 통과하고 폭행의 상처를 회복하는 데 반드시 필요한 사회복지 사업을 개선하는 중요한 노력도 게을리하지 않았다. 파시에스페란사는 250명이 넘는 폭행 피해 여성과 소녀들을 직접 지원하고, 사회복지 공급자들에게 훈련과 지원을 제공하고, 지역 및 국제기관들과 협력해서 성폭력 피해 아동들이 머물면서 전인적인 도움을 받을 수 있는 시설을 설립했다.

지역사회가 주도하고 파시에스페란사와 파트너들이 이끈 이런 활동은 유리처럼 가난한 페루 어린이들이 잔혹과 불법이 판치는 혼란 속에서 성폭력을 당해야 했던 우아누코의 절망스러운 지형을 뒤바꿨다. 이제는 우리 아이들을 폭력에서 보호할 수 있는 (너무도 당연한) 사법제도를 위한 구체적인 희망이 보이고 있다.[64]

빈민의 법적 권리 증진

시에라리온의 티맙이 벌이는 활동은 빈민의 법적 권리 증진을 위해 노력하는 유망한 개발 트렌드를 보여 준다. IJM이 형사사법제도 개혁을 목표로 활동하듯이 빈민의 법적 권리를 증진하는 새로운 활동은 광범위한 법률 문제가 빈민에게 직접 영향을 주는 방식을 조사하고 빈민이 자립할 수 있는 일은 자립하도록, 스스로 처리할 수 있는 일은 스스로 하도록 돕는다. 차츰 주요 개발기관들은 법적 권리를 증진하여 가난한 사람들이 자신의 권리를 주장할 수 있게 돕는 다양한 방법의 진가를 알게 되었다. 이 분야의 발전을 연구한 개발 전문가 스티븐 골럽이 설명하는 법적 권리 증진을 위한 활동들은 다음과 같다. 농민들의 연합체를 조직해 농민의 토지 사용 권한을 증진한다. 지역 여성 모임을 결성하고 지원 활동을 펼쳐 신체의 안전과 가정 내 부인의 독립적 권리를 증진한다. 부모들에게 아이의 출생신고 방법을 알려주어 교육의 기회를 받을 수 있게 한다. 정부 보건 프로그램의 혜택을 받는 빈민에게 기초 보건 진료를 받을 수 있는 권리를 알리고 주장하게 돕는다. 시민단체들은 가난한 시골 사람들이 유일하게 알고 이용하는 전통 사법제도의 성차별을 없앤다.

빈민들이 법적 권리 증진의 혜택을 받는 구체적인 방법에 대한 연구가 늘자 유엔 사무총장, 세계은행, 유엔 개발 프로그램, 미국 국제개발청, 영국 국제개발부, 열린사회재단, 국제개발법기구, 여러 국제기관의 지지가 잇달았다. 매우 고무적인 진보다. 하지만 수십억 극빈층 이웃을 위협하는 일상의 폭력을 뿌리뽑기 위해서는 폭넓은 '법적 권리 증진' 운동도 이 장에서 소개한 여러 프로젝트처럼 망가진 형사사법제도를 개혁하는 노력을 기울여야 한다.[65]

우리는 시대의 중요한 물음을 앞에 두고 있다. 극심한 빈곤과 싸우는 역사적 변곡점을 맞아 우리는 새로운 일을 시작할 준비가 되었는가? 개도국의 형사사법제도를 방치한 것은 재앙이었다는 사실을 정직하게 인정할 수 있는가? 폭력에서 빈민을 보호하는 일은 반드시 필요하고 또 가능한 일이다. 역사가 그렇게 증언한다. 드디어 우리는 폭력에서 빈민을 보호하는 일을 시작할 준비가 되었는가?

결론

이제 남은 일은 무엇인가? 우리는 무엇을 해야 하는가?

우리는 세계 빈민을 말없이 위협하는, 잠행하는 질병 같은 폭력과 무법을 찬찬히 들여다보았다.

세계 빈곤 문제의 진전을 위해서는 가장 기본적인 요소, 즉 개인의 안전이 부족하다는 사실을 세상은 모르고 있었다. 우리가 지금까지 보지 못했던 현실, 곧 세계 빈민은 기본 법집행의 보호를 받지 못하고, 폭력이라는 이름의 메뚜기 떼가 언제든 습격해 모든 선한 노력을 깡그리 앗아가도 완전히 당할 수밖에 없다는 현실에 우리는 비로소 눈을 떴다.

이제 우리는 폭력을 어렴풋이 직시하게 되었다. 더욱 중요한 것은 우리가 폭력이 어떤 재앙을 뜻할 수 있는지 이해하기 시작했다는 점이다. 폭력의 메뚜기 떼에 가까이 다가가 보면 그 먹잇감이란 것이 인간의 말할 수 없는 고통임을 깨닫게 된다. 뒤로 물러나 큰 그림을 보면, 더 나은 삶을 위해 애쓰는 빈민들에게 폭력이 어떤 파괴적 힘을 휘두르는지, 빈민을 도우려는 선량한 노력을 어떻게 좀먹는지가 드러난다. 벽돌 공장에 갇힌 노예, 땅을 빼앗긴 과부와 고아들, 학교에서 강간을 당하고 HIV에 감염된 소녀, 감옥에서 썩고 있는 한 집안의 가장. 당신이 안전하지 않다면 다른 것은 중요하지 않다.

우리는 또한 우리 안전이 기본적인 법집행 제도에 의존하고 있음을 좀더 분명하게 볼 수 있었다. 또한 개도국 빈민들에게는 그런 제도가 아예 존재하지 않는다는 충격적인 사실을 알게 되었다. 그들에게 '공공 안전' 제도는 공공 위해危害 제도나 다름없다.

우리는 이런 역기능 제도가 애초에 어디서부터 시작되었는지 자세히 살펴보았다(청산하지 못한 식민 사법제도의 뒤틀린 잔재). 무엇이 이런 제도를 악화했는지(부와 힘을 가진 사람들이 공공 제도를 버리고 사설 대체재를 이용하는 현실), 개선되지 못한 이유는 무엇인지 살펴보았다(전통적 인권운동과 빈곤퇴치에서 공공 사법제도의 '파이프라인' 정비를 등한시했기에, 가장 중요하게는 불법적인 성공의 길을 발견한 지역 정치, 경제 엘리트들이 법치에 위협을 느꼈기에).

우리는 또한 놀라운 희망을 발견했다. 첫째, 우리는 역사를 통해 현재 합리적으로 기능하는 신뢰할 만한 모든 형사사법제도들 뒤에는 끔찍한 부패와 악습과 역기능에 물든 과거가 있다는 뜻밖의 이야기를 들었다. 개도국 지역사회의 형사사법 개혁 운동은 급진적인 변화를 성취할 수 있다는 점을 역사는 분명히 가르쳐 준다. 좌절해 있는 등산객에게는 정상에서 내려오는 등산객이 '산에 오를 수 있다'는 말을 해주는 것보다 더 용기를 주는 일은 없다. 둘째, 세상은 내전 이후의 혼란을 바로잡기 위해 소수의 국가에서 최소한으로, 엉망으로, 허둥지둥 시도한 것을 제외하고는 최고의 재능과 자원으로 이런 운동을 지원해 본 적이 없다는 사실에 역설적인 희망이 있다.

우리는 이제 어느 방향으로 나아가야 하는가? 우리가 해야 할 일은 무엇인가?

폭력에 대해 말해야 한다

첫째, 우리는 대화 내용을 바꾸어야 한다. 세계 빈곤을 말할 때, 빈곤 뒤에 숨어 있는 폭력에 대해 말해야 한다. 임금님은 벌거숭이라는 창피한 사실, 곧 개도국에는 폭력에서 빈민을 보호하는 유의미한 법집행 제도가 존재하지 않는다는 사실을 말해야 한다. 세계 빈곤을 주제로 한 포럼, 대회, 강의, 정책 토론, 싱크탱크, 블로그, 저녁 식탁 대화에서 기아, 더러운 식수, 질병, 문맹, 실업, 성차별, 주택, 위생 문제 못지않게 폭력 문제도 언급해야 한다. 빈민에게 폭력은 가장 파괴적인 위협이며 숨어 있는 폭력 세력은 다른 모든 구호 활동을 수포로 만들기 때문이다.

폭력의 메뚜기 떼가 빈민들을 습격하고 있지만, 그들은 아무런 도움도 받지 못하고 있다. 질병에는 효과적인 방어책이 필요하다. 당신과 나는 이 혜택을 받고 있기 때문에 안다. 바로 법집행이라는 방어책이다. 하지만 개도국 빈민은 이런 기본 서비스에 접근할 수 없고 결국 고통으로 신음하며 죽어 간다.

에이즈가 창궐하자 해마다 수백만 빈민의 목숨을 앗아가는 에이즈에 관한 언급 없이 개도국의 경제 개발과 빈곤퇴치를 논하기가 부끄러운 시절이 있었다. 지구를 파괴하는 에이즈에 대해 모르면 현실 감각이 없는 사람이라는 취급을 받았다. 마찬가지로 폭력이 창궐하여 모든 것을 잔혹하게 일그러뜨리는 긴급하고 본질적인 현실에 대해 말하지 않는다면 세계 빈곤에 대한 담론은 뜬구름 잡는 소리가 되고 만다. 세상은 마침내 항레트로바이러스 약물이 HIV에서 아기를 안전하게 보호하고, HIV 감염자를 살릴 수 있다는 사실을 발견했다. 그에 더하여 세상은 치료법이 있더라도 개도국의 빈민은 보호를 받지 못한다는 것을 알게 되었다. 세상은 수백만 빈민들이 불필요하게 목숨을 잃는 현실을 보고 상황을 바꾸었다.

우리는 모두 법집행 제도가 있어서 자신과 사랑하는 사람들이 안전하게 보호받고 있다는 것을 알지만, 개도국 수많은 빈민들은 이런 보호를 받지 못해서 공포에 떨고 있다는 사실에 대해 거의 말하지 않는다. 하지만 이제는 알기 때문에 말해야 한다. 대화 내용을 바꾸어야 한다.

형사사법에 대해 말해야 한다

우리는 세계 빈곤에 대한 대화에 폭력을 넣어야 할 뿐 아니라 폭력과 관련된 전문 지식, 특히 형사사법에 대해서도 말해야 한다.

지난 반세기에 걸쳐 빈곤에 대한 무수한 대회와 자문이 있었지만 빈민을 괴롭히는 일상의 불법 폭력은 다른 문제에 비해 거의 언급조차 되지 않았다. 다행히도 이것은 변하기 시작했고 지난 몇 년 동안 세계 빈곤에 관한 포럼들에서 폭력(특히 여성과 소녀들에 대한 폭력)에 대한 주제가 간혹 들리기 시작했다. 그런데 놀라운 점은 그곳에 법집행 전문 지식을 갖춘 사람이 거의 없었다는 것이다. 마치 의사와 공중보건 전문가 없이 에이즈에 대해 논하는 격이다. 에이즈처럼 폭력은 복합적인 사회 현상이고 폭넓은 분야의 전문가들이 기여할 부분이 굉장히 많다. 하지만 형사 범죄를 논하는 자리에 법집행과 형사사법 전문가가 없다는 것은 매우 이상한 일이다. 부유한 국가에서는 이런 주제를 이렇게 논하지 않기 때문에 더욱 그렇다. 부유한 사회에서는 법집행 전문가가 없는 자리에서 강간, 가정폭력, 무장 강도, 폭행, 폭력배에 대해 논하는 포럼은 없다. 법집행 전문가들은 이런 자리에 자주 초대받아 대화를 주도한다.

마찬가지로 개도국의 경제 개발과 빈곤퇴치, 인권 문제를 해결하는 주요 기관들은 법집행과 형사사법에 관한 전문 지식을 갖추어야 한다. 앞서 보았듯이 형사사법 제도가 작동하지 않는 가난한 국가들에서는 폭력이 번성하여 이 세 가지 목표가 심각한 타격을 받는데도 형사 폭력을 해결하는 사회 핵심 수단인 법집행과 형사사법에 관한 전문 지식을 내부적으로 갖춘 기관은 드물다.

사실 인권과 개발 분야는 형사사법 제도와 껄끄러운 관계를 유지했다. 그 이유는 이해할 만하다. 개발기관은 개도국의 고장 난 형사사법제도를 기발하게 다루는 데 선수가 되었다. 그들은 수십 년 동안 제대로 된 사법 '파이프라인'이 '없이도' 생존할 수 있는 혁신적인 방법으로 빈민들을 도와 왔고, 그런 탓에 파이프라인을 '고치는' 노력을 하지 않게 되었다. 개발기관들은 경제, 식량, 보건, 교육, 주택, 위생 등 사회의 기본 공공안전 제도를 '제외한' 거의 모든 분야에서는 광범위한 전문 지식을 갖추고 있다. 이 부분은 바뀔 필요가 있다.

마찬가지로 인권단체는 형사사법제도와 불편한 관계를 유지했고, 전통적으로 일반 시민을 대신해 경찰과 법원을 통해 정의를 실현하는 법적인 일에 깊이 관여하거나 그에 대한 전문 지식을 갖추지 못했다. 국제 인권 사회를 주도하는 이들은 국제법에 따른 개발과 평가에는 정통하지만 빈민의 권리를 지키는 법집행 절차를 바로잡고 지원하는 실무에는 문외한인 연구자, 학자, 법률 이론가, 미디어 활동가, 외교관, 정책 전문가들인 경향이 있다. 법집행과 사법제도가 전통적으로 인권을 유린하는 주요 '가해자들'의 수중에 있다는 사실은 문제를 더욱 어렵게 만든다. 국제인권법의 국내 '집행'은 실제로 현지에서 법을 집행하는 자들의 수중에 있고 궁극적으로 그들을 바로잡을 수 있는 대안이 없다는 것이 불편한 진실이다.

희망의 프로젝트

하지만 그다음은 어떻게 되는가? 세상 사람들이 유례없이 만연한 폭력이라는 질병에 눈을 뜨고 그들의 대화가 달라졌다고 하자. 불법 폭력 문제가 개도국 개발의 선결 과제가 되고 형사사법과 관련된 새로운 전문지식을 쌓기 위한 폭넓은 투자가 이루어졌다고 하자. 나아가 세계가 문제 해결에 필요한 막대한 자원을 투자할 준비가 되었다고 하자. 우리는 그 자원을 어디에 써야 하는지 알고 있는가?

우리가 아는 것은 다음과 같다. 우선 나쁜 소식부터 말하자. 문제는 거대하다. 전 세계에는 수천 가지 상황에서 폭력과 역기능으로 얼룩진 형사사법제도 아래 신음하는 수십억 빈민이 있다. 둘째, 우리는 그 자원으로 무엇을 해야 할지 모른다. 우리는 역사를 통해 사회 운동으로 제도를 극적으로 개혁할 수 있고 외부 세력이 유효한 역할을 할 수 있다는 것은 알지만, 오늘날 거대하고도 다양한 사회 제도를 개혁할 수 있는 방법이 무엇인지, 외부 세력의 정확한 역할이 무엇인지 실제로 알지는 못한다. 앞서 말했듯이 우리는 형사사법제도가 빈민에게 꼭 필요하다는 것과 제도 개혁이 가능하다는 것은 안다. 하지만 제도를 개혁하기란 어렵고 비용이 들며 위험하고 가능성이 낮다는 것도 안다.

이런 현실에서 가장 필요하고 가능한 일은 실질적 변화를 일으키고 교훈과 희망을 줄 수 있는 실험적인 개혁 프로젝트다. 힘없는 빈민에게는 이 세 가지가 모두 필요하기 때문이다. 하지만 이런 프로젝트에는 현실적인 어려움이 따르기 때문에 행정부 기능이 마비되었거나 내전이나 자연재해를 당한 국가처럼 실패할 공산이 큰 지역보다는 성공 가능성이 높은 지역에서 실험하는 것이 바람직하다. 실패 확률이 높은 국가라도 제대로 된 형사사법제도가 절실히 필요하다. 그러나 비교적 안정적인 국가임에도 빈민 인구가 아주 많고 그들을 폭력에서 보호해야 할 형사사법제도가 마비된 곳에서 강력하고 교훈적인 성공을 거둘 기회를 걷어차고, 상황이 '굉장히' 어려운 지역에 제한된 자원을 쏟아붓는다면 안타까운 일이 될 것이다. 이러한 정황을 고려한다면, 앞 장에서 본 바와 같이 대담하고 엄격한 실험을 즉시 시작할 수 있는 지역에 투자할 필요가 있다.

특히 우리는 공동 사례 활동을 이용한 프로젝트를 적극 추천한다. 형사사법제도를 이용하는 가장 취약한 최종 사용자, 곧 폭력에 희생된 빈민이 직접 겪는 제도의 허점을 면밀히 진단하고, 제도 내부에서 제도를 움직이는 사람들과 협력하여 문제를 해결하는 구체적인 방법론을 찾는 일이 매우 시급하다.

우리는 새로운 상황에도 적용할 수 있는 지속적인 방법론을 찾아내고, 빈민을 안전하게 보호하고 그들을 위해 싸우는, 그들이 진정으로 바라는 사법제도를 실현할 수 있는 지역사회의 개혁자들을 찾아 지원해야 한다. 더욱이 개혁 가능성이 높은 일부 지역에는 기회가 큰 만큼 정치적 의지를 높이고 자원 투자를 확대할 필요도 절실하다. 지금은 우리가 외면했던 먼 길을 향해 과감하게 돌이킬 때다. 그 효력을 확인한 방법론에는 공격적인 투자를 아끼지 말고, 장단기 실험을 통해 형사사법 개혁을 지속하고, 우리가 늘 자신을 위해 소중하게 여겼던 것과 같이, 세계 빈민도 마침내 폭력과 두려움에서 해방되어 번영과 성공의 기회를 찾을 수 있도록 온정으로 헌신해야 한다.

부록1

미국 정부의 법치 이니셔티브 원조 규모

불투명한 보고와 복잡한 용어 사용 때문에, 미국 정부가 빈민을 위한 법치 지원에 쓰는 돈의 규모를 정확히 알아내기란 쉽지 않다. 하지만 자세히 들여다보면 분명히 드러나는 사실들이 있다.

국무부와 국제개발청, 공법 480호는 2010년 예산으로 323억 달러를 신청했다(2009년 대비 4퍼센트 인상). 그중 127억 달러(해외 원조액의 39.4퍼센트)는 '광의'의 법치 원조로 분류된다(127억 달러는 '평화와 안보' 목적, '공정하고 민주적인 통치' 목적과 아울러 '경제성장' 기금 목적에 속하는 '민간부문 경쟁력' 프로그램에 분배된다). '광의'의 지출을 다시 다섯 항목으로 나누면 어디에 돈을 썼는지 조금 더 정확하게 알 수 있다.

		미국 해외원조 총액 백분율
국제 안보	7,172(백만 달러)	
대량살상무기	314	1%
안정화 및 안보부문개혁(아프가니스탄)	6,345	19.60%
갈등 해소와 화해	513	1.60%
국제 범죄	2,000	
대테러	403	1.20%
대마약	1,538	4.80%
기타 다국적 범죄*	60	0.20%
경기 부양	698	
민간부문 경쟁력	698	2.20%
민주주의	2,060	
좋은 거버넌스	1,074	3.3%
정치적 경쟁과 컨센서스 증진	377	1.20%
시민사회	609	1.90%
협의의 법치	786	
법치와 인권	754	2.30%
다국적 인신매매 범죄	31	0.10%
총액	12,716	39.40%

* 금융범죄, 돈세탁, 인신매매 제외

'광의'의 법치 일반 지출 항목

　　2010년 예산 중에 7억 8천6백만 달러는 '협의'의 법치에 쓰였다. 해외 원조 총액의 2.4퍼센트, 또는 '광의'의 법치 예산의 6퍼센트에 불과한 규모다. 하지만 중요한 것은 이 돈이 전부 빈민을 위한 형사사법 개혁에 쓰인 것은 아니란 점이다. 극빈층에 직접적인 영향을 끼친다고 볼 수 없는 다국적 인신매매 퇴치 프로그램, 심지어 오존층 보호와 항공 안전 문제의 다국적 협력을 촉진하는 프로그램에도 예산이 배정되어 있다.

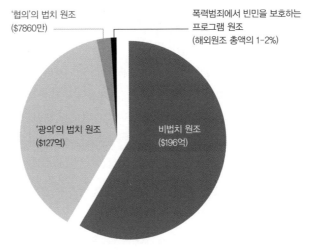

미국 해외원조 지출 총액 323억 달러

'협의'의 법치 원조
($7860만)

폭력범죄에서 빈민을 보호하는
프로그램 원조
(해외원조 총액의 1-2%)

'광의'의 법치 원조
($127억)

비법치 원조
($196억)

미국 해외원조 지출 세목

불투명한 지출 정보 탓에 정확히 말할 수는 없지만 공정하고 보수적인 추산에 따르면 일반 폭력범죄에서 빈민을 보호하는 프로그램에 지출하는 돈은 해외원조액의 1-2퍼센트에 불과하다.

범죄 억제 이론과 IJM의 변화 이론

* 이 내용은 독자의 이해를 돕기 위해 IJM이 제공한 것으로, 본서의 저자 게리 하우겐이 이끄는 IJM의 활동 방향과 그 이론적 배경을 간추린 것이다.

IJM이 지지하는 '변화 이론(Theory of Change)'의 핵심은 '억제의 원칙'이다. 간단히 말하면, 폭력을 휘두르는 이들을 저지해야 폭력을 멈출 수 있다는 의미다. 형사사법제도가 가해자들에게 책임을 물을 때, 그들을 비롯한 잠재적 범죄자들은 더 이상의 폭력 행위를 시도하는 것을 단념한다. 다시 말해서, 범죄자들은 자신이 붙잡혀서 처벌받을 수 있다고 생각하고 그 결과를 두려워할 때 범죄를 그만두기로 선택한다는 것이다.

사람들이 범죄를 멈추면, 그 범죄의 발생 빈도는 줄어든다. 이것은 해당 범죄의 희생자가 줄어들고 지역사회가 범죄로부터 보호된다는 의미다.

억제 이론: 연구와 증거

'억제의 원칙'은 한 세기 이상 오랜 기간의 연구로 잘 뒷받침되고 있다. 형사사법제도가 전반적인 범죄 억제 효과에서 매우 유의미한 역할을 한다는 데는 폭넓은 공감대가 형성되어 있다. 억제에 관한 학술 논문 대부분은 이미 상당한 수준의 법 집행을 시행하고 있는 상위 소득 국가의 연구에서 나온 것으로, 새로운 개입으로 인한 변화는 때때로 (항상 그렇지는 않지만) 경미하다. IJM이 여러 저소득 국가에서 경험한 바에 따르면, IJM이 처음 프로젝트를 착수하는 시점에는 범법자에 대한 법집행과 책임이 제대로 이행된 사례는 거의 0건(사실상 무혐의)에 가깝다. 이러한 환경에서는 수사와 기소가 약간만 증가해도 범죄 발생률이 훨씬 큰 비율로 떨어질 수 있다. 이러한 사회에서 범죄 행위자들은 체포와 수사가 중간/높은 수준인 환경에 대비하여 처벌 위험 증가에 매우 민감하다.

억제를 위한 최적 조건

억제 이론에 대한 연구는 그 범위와 깊이의 차이가 매우 크지만, 범죄 확산을 줄이기 위한 억제 조건에 대해 명확한 그림을 보여 주는 일관된 발견들이 있다.

1. 억제는 전체적이고 긴밀한 '집중적 다층 개입'을 통할 때 가장 효과적이다.

연구에 따르면, 형사사법제도 기관이 범죄를 해결하기 위해 사회서비스 기관, 규제기관, 피해자 옹호자 및 생존자 단체, 지역사회 지도자들과 협력할 때 비로소 효과적인 행동 변화를 가져올 수 있는 모든 '지렛대'가 당겨지고 범죄율이 현저히 감소하는 것으로 나타났다. 학자들은 이것을

'집중 억제'(focused deterrence)라고 부른다.

또한 이 연구는 이런 다층적 개입이 특정 지리적 위치나 '핵심 지점'에 집중될 때 억제 효과가 훨씬 더 효과적이라는 것을 보여준다. 어떤 이들은 이렇게 하면 단지 범죄를 다른 곳으로 '옮기는' 셈이라며 반대할 수도 있지만, 사례 연구들은 오히려 그 반대를 입증한다. 즉, 핵심 지점의 치안 유지는 인근 지역의 범죄율 감소로 이어진다.

항상 그렇지는 않지만 IJM는 종종 특정 위치나 핵심 지점에 초점을 맞추는 것이 전략적 접근임을 경험하였고, 여러 해 동안 자연스럽게 그 전략을 사용해 왔다. 이것은 IJM이 필리핀과 캄보디아에서 목격한 급속한 착취발생율 감소를 설명해 준다.

2. 가시적이고 효과적인 법 집행은 인식, 기대, 규범의 힘을 활용하여 범죄를 줄인다.

억제 이론은 인식의 이론이다. 이것은 정의가 실행되어야 할 뿐만 아니라 그 실행이 가시적이어야 한다는 생각과 비슷하다.

범죄자에게, "억제는 제재 위협을 '인식'함에 따른 행동적 대응"이다 (D. S. Nagin). 범죄학자, 경제학자, 심리학자들은 범죄자의 행동을 바꾸는 가장 강력한 위협 중 하나는 잡힐 위험이나 위협이라는 데 동의한다. 이것은 제대로 작동하는 사법 제도가 우선적으로 하는 일들 중 하나이며, 빠르게 범죄 억제 효과를 가져온다.

유죄 판결은 앞의 노력에 대해 그 정당성을 확립해 준다. 범죄자들에게는 제재의 위협이 진짜라는 것을 보여주고 피해자들에게는 제도 안에서 그들의 목소리가 들려지고 존중받을 것임을 보여준다.

피해자, 생존자 그리고 지역사회는 사법제도가 더욱 일관되고 투명하며 효과적이고 세심한 법 집행을 통해 개선되는 것을 보면 사법제도에 대한 더 큰 신뢰를 가지게 된다. 사람들이 제도를 신뢰할수록, 그들은 제도를 더 이용하고, 따라서 제도는 더 효과적이 된다.

사법 체계가 점점 더 효과적으로 변하면, 지역사회 내에서 범죄가 줄어들고, 범죄 억제를 영속시키는 태도와 사회적 규범을 변화시키는 힘이 생긴다. 이것이 사회 전반에 미치는 억제의 총체적인 개념이다. 이런 효과적인 억제 작용은 공동체에서 누구나 볼 수 있는 상징의 역할을 하고, 변화의 힘을 지닌다.

한 예로, 인도의 IJM 팀은 지역사회가 더 이상 그들의 이웃에서 일어나는 담보 노동을 용납하지 않고, '해방된 담보 노동자 협회'와 같은 생존 단체들이 마을과 지역사회에서 변화를 위해 강력한 역할을 하는 것을 보고 있다.

3. 법 집행이 약한 곳에서는 법 집행이 강화되면 억제가 가속화된다.

억제 이론에 관한 한 권위자는 범죄자를 두 종류로 분류한다. 첫째 부류는 완고한 범죄자들로 이들은 붙잡히거나 처벌받을 위험을 고려하지 않고 범죄를 저지른다. 모든 사회에는 이러한 범죄자들이 있다. 강하고 일관된 법 집행 환경에서는 이들이 범죄 집단의 대다수를 차지하며 사법체계의 특성과 무관하게 계속 범죄를 저지른다.

둘째 부류는 '위험 회피자'로 붙잡혀 처벌될 위험에 훨씬 더 영향을 받는다. 현실적으로 발각될 위험을 인지한다면 그들은 범죄를 저지르지 않을 가능성이 높다. 이 위험 회피 부류는 '억제 가능한' 범죄자들이다. 법 집행이 개선됨에 따라 처벌 위험이 높아지면, 그들은 범죄를 멈출 것이다.

IJM은 폭력 범죄가 적발될 위험이 매우 적은 곳에서 활동을 시작한다. 이러한 환경에는 '억제 가능한' 범법자들이 매우 많다. 그러므로 IJM

프로그램은 완고한 범죄자들을 억제하기 위해 법집행을 조정해 가며 상대적으로 변화가 서서히 일어나는 방법보다는, 법 집행으로 체포와 유죄판결의 기반을 개선시켜 '억제 가능한' 범법자들에게 빨리 유의미한 변화가 일어나는 것을 보는 방법을 택하는 편이다. 처벌 위험이 커지면 범죄를 빨리 단념할 많은 범죄자들이 있기 때문이다.

예를 들어, 동남아시아에서 IJM의 CSEC(상업적 아동 성착취) 억제 프로그램으로 범죄율은 급격히 감소했다. 필리핀 세부에서는 매춘 산업에서 미성년자 착취 가능성이 4년(2006 - 2010) 동안 79%가, 필리핀 마닐라에서는 7년(2009 - 2016) 동안 75%가, 필리핀 팜팡가에서는 4년(2012 - 2016)도 안 되는 기간에 86% 감소했다. 캄보디아에서는 성산업에서 미성년자의 착취발생율이 4년(2012 - 2015)도 안 되는 기간에 73% 감소했다. 또 우간다 캄팔라에서 과부들을 재산 탈취로부터 보호하는 IJM 프로그램은 2012년에서 2017년 사이에 재산 탈취 범죄율이 무려 50% 감소하는 데 기여했다.

결론

IJM은 범죄에 대한 법 집행을 개선하는 방법으로 총제적이고 다층적이며 고도로 집중된 개입을 채택하고 있다. 이는 체포와 처벌 가능성에 대한 인지를 높이고, 피해자의 신뢰를 강화하며, 사회적 규범을 변화시킴으로써 주요 이해당사자(가해자, 피해자/취약자 및 지역사회)의 인식과 기대를 변화시킨다. IJM은 또한 처벌을 받지 않을 확률이 높은 환경에서 억제 가능한 범죄자(즉, 위험회피자)를 대상으로 한다. 이는 억제가 최대한의 효과를 낼 수 있는 최적의 환경이 된다.

IJM의 프로젝트는 '억제 이론'에 관한 가장 최신의 연구 결과를 자연스럽게 반영해 왔다. IJM 프로젝트에서 하는 일은, 연구로 밝혀진 바 범죄율을 낮추는 가장 효과적인 방법을 그대로 반영하고 있다.

IJM은 여러 프로그램에서 이 접근 방식의 효과를 추적하고 연구해 왔다. IJM이 하는 일은 범죄자들이 처벌을 받지 않는 고장난 사법체계를 일관성 있고 누구에게나 공정하며 효과적인 법 집행 기관으로 대체하는 일이 공동체에 중대한 보호막이 된다는 것을 입증하는 연구 자료가 되고 있다.

* 아래 QR코드를 스캔하여 변화의 이론 슬라이드를 확인해보세요.

감사의 글

이 책을 쓴 지난 10년 동안 물심양면으로 도와주고 격려를 아끼지 않았던 분들에게 진심으로 감사한다. 가장 먼저 개도국의 수많은 남녀와 어린이들에게 고마운 마음을 전한다. 그들은 폭력 앞에서 느낀 슬픔, 공포, 상실, 갈등, 회복, 승리의 내밀한 이야기를 들려주었다. 나는 그들의 이야기를 듣고 가난의 공포, 변화의 약속, 싸울 가치가 있는 삶에 눈을 떴다. 그들이 나를 믿고 지극히 개인적인 이야기를 들려준 것은 우리를 이어 준 친구들 덕분이다. 고통당하는 그들과 함께 싸우며 신뢰를 얻은 친구들, 곧 현장의 IJM 동료들을 비롯해 가난한 곳에서 일하는 여러 NGO, 정부기관, 교계의 수많은 이들이 있다.

이 책을 함께 쓴 빅터 부트로스는 인품이 훌륭하고 신중하며 인정이 많은 사람이다. 그의 격려와 협력, 우정에 감사한다. 그가 없었더라면 책을 쓸 수 없었을 것이다.

시카고 대학교 로스쿨 전前 학장 사울 레브모어에게 깊이 감사드린다. 친절하게도 그는 나에게 2010년 봄 학기 개도국 인권 강의를 맡겼다. 그 강의는 이 책의 학문적 토대를 마련할 기회와 자극이 되었다. 레브모어 학장에게 강의를 제안한 사람은 설득력이 강한 두 학자 사만다 파워와 내 은사인 캐스 선스타인이다. 그 강의를 통해 이 책의 아이디어가 윤곽을 잡았고, 두 사람은 초기에 꼭 필요했던 지도와 격려를 아끼지 않았다. 나는 율리시스 마거리트 슈워츠 명예교수 자격으로 시카고 대학 로스쿨에서 강의하는 고마운 특권을 누렸고, 오빌 H. 셸주니어 국제인권센터 소장이자 법학 연구교수인 제임스 실크의 초대와 시카고 대학교 동창으로 지금은 예일 대학교 로스쿨의 월튼 헤일 해밀턴 교수인 트레이시 L. 미어스의 격려로 예일 대학교 로스쿨에서도 강의를 할 수 있었다. 사만다 파워의 격려와 《포린 어페어스》 편집인이었던 제임스 H. 호그에게 고마운 마음을 다시 전한다. 두 사람 덕분에 빅터 부트로스와 나는 2010년 5/6월호에 〈그리고 모두를 위한 정의〉라는 제목으로 이 책을 요약한 내용을 기고할 수 있었다. 시카고 대학교 강의와 《포린 어페어스》 기사를 위한 조사는 대부분 마이크로소프트의 넉넉한 기금 그리고 같은 회사의 최고법률고문인 브래드 스미스의 우정과 지원을 통해 가능했다. 또한 귀한 시간을 아낌없이 내준 로렌스 트라이브에게도 감사한다. 그는 하버드 대학교의 존경받는 칼 M. 레브 교수로서 초기 원고 내용을 검토하고 토론하면서 열정적으로 빈민을 옹호했다. 앨리 맥키니와 조너선 크로는 집필 초기에 기초 조사를 도와주었다.

조사를 진행하고 책을 쓰는 일은 정말 IJM 동료와 친구들과의 공동 작업이었다. 그들이 없었다면 이 책은 불가능했다. 특별히 루디 맥긴에게 감사한다. 그는 조사와 수사, 회견을 위해 현장을 찾는 일부터 수만 장에 이르는 자료를 컴퓨터로 수집하고 검색하는 프로그램을 개발하고,

두꺼운 강의 자료와 노트, 슬라이드 정리를 비롯한 온갖 잡다한 일까지, 내 곁에서 모든 일을 조직하고 도와주었다. 로리 포어는 IJM에 없어서는 안 될 팀장이자, 어렵지만 중요한 내부 편집 업무를 즐겁게 해내는 편집 인이다. 홀리 버크홀터에게도 큰 신세를 졌다. 인권과 개발 분야에서 뛰어난 명성과 인맥을 자랑하는 홀리 덕분에 우리의 주장은 날카롭고 명료하고 정교해졌다. 홀리의 도움으로 여러 중요한 분야의 논증과 조사를 확보했고 관련 전문가들을 폭넓게 만나 논증을 단단하게 다질 수 있었다. 우리 주장을 비판적으로 또한 건설적으로 검토해 준 고마운 외부 전문가들은 케이트 암퀴스트 크노프, 에릭 바인하트, 앨리슨 콜린스, 에릭 프리드먼, 앤 갤러거, 스티브 골럽, 톰 멜리노스키, 밥 페리토, 앤서니 란다조, 스티븐 릭카드, 렌 루벤스타인, 수전 비트카, 제니퍼 윈저다. 마크 라곤과 대외관계 협의회는 일찍이 인권 전문가들과 함께 생각을 검증하는 포럼을 마련해 주었다.

조사를 맡았던 팀 게링과 라이언 랭에게 감사한다. 두 사람은 냉철한 지성과 사려 깊은 정확성, 깊은 헌신으로 여러 달 동안 집필을 도왔다. IJM이 동원한 나탈리 브루스, 린지 헨슨, 제시카 킴, 레베카 롤러, 캐서린 매컬리, 멜로디 마일스, 킴 펜들턴 볼스, 니콜 프로보는 조사와 사실 확인에 소중한 힘을 보탰다.

전 세계 IJM 가족은 사법제도의 폐단과 파탄과 싸우면서 폭력 피해자들을 돕는 세세한 이야기를 들려주며 이 책에 인간의 얼굴과 심장을 부여했다. 사실 관계를 확인해 주고 자신의 이야기를 들려준 전 세계 20곳에 달하는 지부의 동료들은 너무 많아서 이름을 모두 밝힐 수 없지만, 그들의 관대함과 인내심은 나에게 큰 힘이 되었고 그들의 도움이 없었더라면 이 책은 나올 수 없었다. IJM 동료 케이 아눌로하, 캐런 반스, 빌 클라크, 파멜라 기포드, 레이시 핸슨, 베다니 홍, 베라 룽, 에이미 루시아, 짐 마틴, 미셸 퀼스, 에이미 로스, 멜리사 러셀, 시바 필립, 종애 사의 특별한 리더십과 통찰 덕분에 이 책의 콘셉트, 방향, 출판 과정은 순조롭게 진행되었다. IJM의 모든 직원은 스테파니 라이니츠에게 큰 신세를 졌다. 그는 옥스퍼드 대학교 출판부와 유쾌한 관계를 유지하면서 전체 출간 과정을 이끌었다. 출판 과정에서 탁월한 우수성, 전문성, 우정으로 우리를 대리한 크리에이티브 트러스트의 댄 레인스와 메러디스 스미스에게도 무척 고맙다. 지성과 출판의 황금기준과 같은 옥스퍼드 출판부에서 《약탈자들》을 출간하는 것은 우리의 꿈이었다. 사회과학 분야 편집장 데이비드 맥브라이드 덕분에 이 책은 높은 기준을 맞출 수 있었다.

내 '책 상자'를 보관해 준 친절하고 관대한 여러 친구들, 돈 게리의 도움, 특별히 포토맥 침례교회의 친구들, 오스프리 포인트, 짐과 수전 슈워츠, 카워크플레이스, 빅터 부트로스에게 작업 공간을 허락해 준 버지니아 신학대학원에도 큰 신세를 졌다. 책을 쓰는 과정에서 통찰과 꼭 필요한 지원과 격려를 아끼지 않았던 니콜 비빈스세다카, 데일 핸슨 버크, 앤디 크라우치, 도널드 해리슨, 마크 래버튼, 앤드루 레그, D. 마이클 린지, 앤 마이클, 도널드 밀러, 밥 모지어, 아트 라이머스, 짐 슈워츠, 데이비드 위클리를 비롯한 귀한 친구들이 많다. 페퍼딘 대학교 로스쿨의 훌륭한 교수와 학생들도 논제와 논증에 대해 소중한 피드백과 대화를 아끼지 않았다. 라담앤드왓킨스 법률회사의 일류 전문가인 안드레아 축, 앤드루 버톨리, 존 뉴웰은 매우 고맙게도 중요한 법률 조언을 해주었다.

이들 친구와 동료, 전문가들 덕분에 《약탈자들》은 빛을 보게 되었고 더 나은 책이 되었다. 이 책에 부족한 부분과 잘못된 부분이 있다면 전적으로 빅터 부트로스와 나의 책임이다.

2013년
게리 A. 하우겐

1장

1 Rukmini Callimachi. "Congo Rape Rate Equal To 48 Women Attacked Every Hour: Study." *Huffington Post*, May 11, 2011. http://www.huffingtonpost.com/2011/05/11/congo-rape-48-women-every-hour_n_860581.html.

2 "50 casos de violacion sexual en solo 5 dias." Diarie Ahora. June 19, 2002.

3 2009년 8월 14일 두 의사 Velaochaga Grimaldi Ricardo Manuel과 Leocio Moreno Valverde의 우아누코 대법원 증언. "이것은 라우니온 연구소에 접수된 증거들이다. 샘플에서 정액이 나왔다."

4 우아누코 대법원 판결 사건번호 20-2009. "ALFREDO AGAPITO CONDORI BUENO의 유용한 진술. 그는 병원장에게 검시가 끝났는데 다시 샘플을 채취해야 하는 이유를 물었다. 병원장의 답변은 매우 모호했고 샘플을 분실했다는 느낌을 주었다. 그는 분실 원인을 조사했고 병원의 지시로 샘플이 거부되었기 때문에 의사가 샘플을 버리라고 지시했다는 사실을 들었다."

5 "WHO Multi-country Study on Women's Health and Domestic Violence against Women." Geneva: World Health Organization(2005). http://www.who.int/gender/violence/who_multicountry_study/fact_sheets/Peru2.pdf.

6 World Health Organization. "Facts: Sexual Violence." Geneva: World Health Organization(2002). http://www.who.int/violence_injury_prevention/violence/

world_report/factsheets/en/sexualviolencefacts.pdf.

7 United Nations Rule of Law. Commission on Legal Empowerment of the Poor. *Making the Law Work for Everyone: Report of the Commission on Legal Empowerment of the Poor, vol. 1.* New York: United Nations Development Programme(2008). 2. http://www.undp.org/content/dam/aplaws/publication/en/publications/democratic-governance/dg-publications-for-website/making-the-law-work-for-everyone—vol-i/Making_the_Law_Work_for_Everyone.pdf.

8 World Bank. "Poverty Overview." http://www.worldbank.org/en/topic/poverty/overview.

9 Rediff Business. *Surat, Fastest Growing City in India.* 2008. http://in.rediff.com/money/2008/jan/29gdp.htm.

10 *Times of India.* "Bangalore's 13 Richies on Forbes List." 2011. http://articles.timesofi ndia.indiatimes.com/2011-10-30/bangalore/30338903_1_forbes-india-rich-list-mn-wipro-chairman.

11 *Times of India.* "10,000 Dollar Millionaires Here." 2007. http://articles.timesofindia.indiatimes.com/2007-03-31/bangalore/27887212_1_millionaires-wealth-mutual-funds.

12 Indian Health News. "Malnutrition among Indian Children Worse Than in Sub-Saharan Africa." *Med India,* December 22, 2007. http://www.medindia.net/news/Malnutrition-Among-Indian-Children-Worse-Th an-in-Sub-Saharan-Africa-30955-1.htm.

13 Action Aid. *Study of the Homeless.* Report, 2003.

14 Kevin Bales. *Disposable People: New Slavery in the Global Economy.* Berkeley and Los Angeles: University of California Press. Rev. ed,(2012). 9.

15 United Nations. *State of the World' Cities 2010/2011—Cities for All: Bridging the Urban Divide.* Nairobi: UN-Habitat,(2010). 32.

16 Amnesty International. *Insecurity and Indignity: Women' Experiences in Slums in Nairobi, Kenya.* London. Amnesty International.(2010). 7. http://www.amnesty.org/en/library/info/AFR32/002/2010. Korogocho stands on both private and public land(in almost equal measure)with an estimated 120,000 people living in about seven villages.

17 United Nations Human Settlements Programme. *The Challenge of Slums-Global Report on Human Settlements 2003.* Nairobi: UN Habitat, 2003. 59. 웹사이트. http://www.unhabitat.org/pmss/listItemDetails.aspx?publicationID=1156

18 같은 자료, 78.

19 Oxfam GB Urban Programme. *Urban_Poverty_and_Vulnerability in Kenya.* Oxfam GB Urban Programme, 2009. http://www.irinnews.org/pdf/Urban_Poverty_and_Vulnerability_in_Kenya.pdf.

20 Center on Housing Rights and Eviction. Women and Housing Rights Programme. *Women, Slums and Urbanisation Examining the Causes.* Geneva: The Centre on Housing Rights and Evictions(2008). 14. http://www.alnap.org/ POOL/FILES/COHRE-WOMEN SLUMSANDUR BANISATIONEXA MINING THECAUSES AND CONSEQUENCES.PDF.

21 Center for Rights Education and Awareness. *Status of Women & Girls in Kenya Urgent Need to Uphold Human Rights.* 12. http://www.creawkenya.org/ pdf/The_status_of_women_and_girls_in_Kenya.pdf.
또한 다음을 보라. Amnesty International. *Insecurity and Indignity: Women' Experiences in the Slums of Nairobi, Kenya.* London: Amnesty International (2010). 12. http://www.amnesty.org/en/library/asset/AFR32/002/2010/en/12a 9d334-0b62-40e1-ae4a-e5333752d68c/afr320022010en.pdf.

22 같은 책, 17.

23 Few outside of these slums would think of studying such things but fortunately Amnesty International has. 같은 책, 5.

24 UN Habitat. *State of the World' Cities 2010/2011.*

25 UN Women. *Violence Against Women Prevalence Data: Surveys by Country.* (2012)http://www.endvawnow.org/uploads/browser/files/vaw_prevalencematrix _dec2012.pdf.

26 Dorothy Kweyu. "P3 Forms in the Spotlight as Women Are Denied Justice." *The Nation.* April 30, 2010. http://www.nation.co.ke/News/P3-forms-in-the-spotlight-as-women-are-denied-justice/-/1056/909850/-/2igob2/-/index. html.

2장

1 The World Bank. "World Bank Sees Progress Against Extreme Poverty, But Flags Vulnerabilities." February 29, 2012. http://go.worldbank.org/2MU9 XBWGX0. 또한 다음을 보라. Shaohua Chen and Martin Ravallion. "An Update to the World Bank's Estimates of Consumption Poverty in the Developing World." Development Research Group, World Bank(2012). http:// siteresources.worldbank.org/INTPOVCALNET/Resources/Global_Poverty_ Update_2012_02-29-12.pdf.

2 "Multidimensional Poverty Index." *Human Development Reports.* United National Development Programme(2011). http://hdr.undp.org/en/statistics/mpi/

3 USAID. *Two Decades of Progress: USAID' Child Survival and Maternal Health Program.* Washington, DC: USAID(2009). http://pdf.usaid.gov/pdf_docs/ PDACN044.pdf. James P. Grant. *The State of The World' Children 1981-2.*

Leicester: United Nations Children's Fund(UNICEF)(1981). http://www.unicef.org/sowc/archive/ENGLISH/The%20State%20of%20the%20World's%20Children%201981-82.pdf. 또한 다음을 보라.http://www.unicefusa.org/campaigns/believe-in-zero/

4 UNICEF and the World Health Organization. *Progress on Drinking Water andSanitation: 2012 Update.* WHO/UNICEF Joint Monitoring Programme for Water Supply and Sanitation(2012). http://www.unicef.org/media/files/JMPreport2012.pdf. United Nations. *The Millennium Development Goals Report 2011.* New York: United Nations(2011). http://mdgs.un.org/unsd/mdg/Resources/Static/Products/Progress2011/11-31339%20(E)%20MDG%20Report%202011_Book%20LR.pdf.

5 Food and Agriculture Organization of the United Nations, World Food Programme, International Fund for Agricultural Development. "The State of Food Insecurity in the World." Rome: Food and Agriculture Organization of the United Nations(2012). http://www.fao.org/docrep/016/i3027e/i3027e.pdf. 또한 다음을 보라. "Hunger Stats." World Food Programme. (2012). http://www.wfp.org/hunger/stats

6 UNESCO. "The Hidden Crisis: Armed Conflict and Education" Education for All Global Monitoring Report 2011. Paris: UNESCO(2011). http://unesdoc.unesco.org/images/0019/001911/191186e.pdf 또한 다음을 보라. Roy Carr-Hill. "Finding and Then Counting Out-of-School Children." Compare: A Journal of *Comparative and International Education.* 42.2 (2012): 187-212. http://www.tandfonline.com/doi/abs/10.1080/03057925.2012.652806#preview(suggests 115 million).

7 United Nations. "Press Briefing by Special Rapporteur on Right to Adequate Housing." November 05, 2005. http://www.un.org/News/briefi ngs/docs/2005/kotharibrf050511.doc.htm.

8 United Nations. *The Millennium Development Goals Report 2011.* http://mdgs.un.org/unsd/mdg/Resources/Static/Products/Progress2011/11-31339%20(E)%20MDG%20Report%202011_Book%20LR.pdf.

9 1820년에는 세계 인구의 약 75퍼센트가 1달러 미만으로 살았다. 2013년에는 약 20퍼센트가 그 돈으로 살았다. 2008년 세계 인구는 67억이었고 8억 5백만 명이 하루 1달러로 연명했다. Ian Vasquez. "Ending Mass Poverty." *Cato Institute.* September 2001. http://www.cato.org/research/articles/vas-0109.html.Population Reference Bureau. "2008 World Population Data Sheet." 2008. http://www.prb.org/Publications/Datasheets/2008/2008wpds.aspx. Chen and Ravallion. "An Update to the World Bank's Estimates."

10 같은 기사.

11 개도국에서 하루 2달러 미만으로 살아가는 인구의 절대 수는 1981년(26억)에서 2000년(29억) 사이에 증가했다가 2008년에는 25억으로 감소했다.

12 Michael R Anderson. "Access to Justice and Legal Process: Making Legal Institutions Responsive to Poor People in LDCs." *World Development Report Meeting.* 1999. http://siteresources.worldbank.org/INTPOVERTY/Resources/ WDR/DfiD-Project-Papers/anderson.pdf(2003년 업데이트된 자료는 다음 참고. http://www.ids.ac.uk/files/dmfile/Wp178.pdf).

13 The World Bank. "Poor People Endure Many Struggles; New Bank Study Cites Powerlessness And Domestic Violence." Voices of the Poor II. September 21, 2000. http://web.worldbank.org/WBSITE/EXTERNAL/NEWS/0,,contentMDK:2 0013280~menuPK:34463~pagePK:34370~piPK:34424~theSitePK:4607,00.html.

14 Deepa Narayan, Raj Patel, Kai Schafft, Anne Rademacher and Sarah Koch-Schulte. *Voices of the Poor: Can Anyone Hear Us?* New York: Oxford University Press(2000). 194. http://siteresources.worldbank.org/ INTPOVERTY/Resources/335642-1124115102975/1555199-1124115187705/ vol1.pdf. Deepa Narayan, Robert Chambers, Meera K. Shah, and Patti Petesch. *Voices of the Poor: Crying Out for Change.* New York: Oxford University Press(2000). 126. http://siteresources.worldbank.org/INTPOVERTY/Resourc es/335642-1124115102975/1555199-1124115201387/cry.pdf.

15 같은 책, 120.

16 Deepa Narayan and Patti Petesch. *Voices of the Poor: From Many Lands.* New York: Oxford University Press(2002). 69. http://siteresources.worldbank.org/ INTPOVERTY/Resources/335642-112411 5102975/ 1555199-1124115210798/ full.pdf.

17 같은 책, 368.

18 Narayan, et al. *Voices of the Poor: Can Anyone Hear Us?*, 181.

19 Narayan and Petesch, *Voices of the Poor: From Many Lands*, 99.

20 같은 책, 403.

21 "World Report on Violence and Health: Summary." Geneva: World Health Organization(2002). http://www.who.int/violence_injury_prevention/violence/ world_report/en/summary_en.pdf.

22 United Nations Human Settlements Programme. "The Challenge of Slums: Global Report on Human Sett lements 2003." London: Earthscan Publications Ltd.(2003). xxvii. http://www.unhabitat.org/pmss/listItem-Details. aspx?publicationID=1156.

23 P. Amis and C. Rakodi. "Urban Poverty: Concepts, Characteristics and Policies." *Habitat International* 19.4(199): 403-05.

24 Nicholas Kristof and Sheryl WuDunn. *Half the Sky: Turning Oppression into*

Opportunity for Women Worldwide. New York: Vintage Books, Random House, Inc.(2009). xiv.《절망 너머 희망으로》(에이지21, 2010).

25 Narayan, et al. *Voices of the Poor: Crying Out for Change*. 122.

26 "Fact Sheet: Violence against Women Worldwide." New York: United Nations Development Fund for Women(2009). http://www.unifem.org/campaigns/sayno/docs/SayNOunite_FactSheet_VAWworldwide.pdf.

27 "World Report on Violence and Health: Summary." 57-0. UN Millennium Project. *Taking Action: Achieving Gender Equality and Empowering Women*. London: Earthscan Publications Ltd. (2005). http://www.unmillenniumproject.org/documents/Gender-complete.pdf.

28 Claudia Garcia-Moreno, Henrica A. F. M. Jansen, Mary Ellsberg, Lori Heise, and Charlotte Watts. *WHO Multi-Country Study on Women' Health and Domestic Violence against Women*. Geneva: World Health Organization (2005). http://www.who.int/gender/violence/who_multicountry_study/en/. Benjamin Petrini. "Domestic Violence Dataset: 1982-007." 2010. http://siteresources.worldbank.org/EXTCPR/Resources/407739-1267651559887/Domestic_Violence_Dataset_combined.pdf.

29 "Fact Sheet: Violence against Women Worldwide."

30 Kristof and WuDunn, xv.

31 United Nations General Assembly. *In-depth Study on All Forms of Violence against Women: Report of the Secretary-General*. 61st session. 2006. http://www.un.org/womenwatch/daw/vaw/SGstudyvaw.htm.

32 UN Women. *Indicators on Violence Against Women*. http://www.un.org/womenwatch/daw/vaw/v-issues-focus.htm.

33 Shireen J. Jejeebhoy and Sarah Bott. *Non-consensual Sexual Experiences of Young People: A Review of the Evidence fr om Developing Countries*. New Delhi: Population Council(2003). http://www.popcouncil.org/pdfs/wp/seasia/seawp16.pdf. Tracy McVeigh. "World Turning Blind Eye to 10 Million Child Brides Each Year, Charity Warns." *The Guardian*. June 25, 2011. http://www.guardian.co.uk/society/2011/jun/26/10-million-child-brides-each-year-charity-warns.

34 Amnesty International. "Impunity -violence unchecked and unpunished," *It' in our Hands: Stop Violence Against Women*. Amnesty International. London: Amnesty International Publications.(2004)http://amnesty.org/en/library/asset/ACT77/001/2004/en/d711a5d1-f7a7-11dd-8fd7-f57af21896e1/act770012004en.pdf

35 CDC. *Together for Girls: We Can End Sexual Violence*. Atlanta: Center for Disease Control and Prevention(2010). http://www.cdc.gov/violencepre

vention/pdf/TogetherforGirlsBklt-a.pdf.

36 "World Report on Violence and Health: Summary." 18.

37 Jill Keesbury and Ian Askew. *Comprehensive Responses to Gender Based Violence in Low-resource Settings: Lessons Learned from Implementation.* Population Council(2010). http://www.popcouncil.org/pdfs/2010RH_ CompRespGBV.pdf. International Women's Health Coalition. "Triple Jeopardy: Female Adolescence, Sexual Violence, and HIV/AIDS." New York: International Women's Health Coaltion (2008). http://www.iwhc.org/index. php?option=com_content&task=view&id=2693&Itemid=824.

38 U.S. Department of State. *2009 Human Rights Reports: Ethiopia.* Washington, DC: U.S. Department of State(2010). http://www.state.gov/g/drl/rls/hrrpt/2009/ af/135953.htm.

39 Anne M. Moore, Kofi Awusabo-Asare, Nyovani Madise, Johannes John-Langba, and Akwasi Kumi-Kyereme. "Coerced First Sex among Adolescent Girls in Sub-Saharan Africa: Prevalence and Context." *African Journal of Reproductive Health* 11.3(2007). http://www.guttmacher.org/pubs/journals/ reprints/AJRH.11.3.62.pdf.

40 du Venage, Gavin. "Rape of children surges in South Africa/Minors account for about 40% of att ack victims." San Francisco Chronicle. February 12, 2002. http://www.sfgate.com/news/article/Rape-of-children-surgesin-South-Africa-Minors-2875310.php

41 Juan M. Contreras, Sarah Bott, Alessandra Guedes, and Elizabeth Dartnall. *Sexual Violence in Latin America and the Caribbean.* Sexual Violence Research Initiative(2010). http://www.svri.org/SexualViolenceLACaribbean.pdf.

42 World Health Organization. "World Report on Violence and Health." Chapter 6.(2002). 156. http://www.who.int/violence_injury_prevention/violence/world_ report/chapters/en/

43 Medicines Sans Frontieres. "Sexual Violence". http://www.doctorswithoutborders. org/news/issue_print.cfm?id=3466

44 같은 자료.

45 Jejeebhoy and Bott. 8.

46 World Health Organization. "World Report on Violence and Health." Chapter 6.(2002). 156. http://www.who.int/violence_injury_prevention/violence/world_ report/chapters/en/

47 Shireen J. Jejeebhoy and Sarah Bott. *Non-consensual Sexual Experiences of Young People: A Review of the Evidence from Developing Countries.* New Delhi: Population Council(2003). http://www.popcouncil.org/pdfs/wp/seasia/ seawp16.pdf.

48 같은 책. 15

49 "World Report on Violence and Health: Summary."

50 Donald E Brown. *Human Universals.* New York: McGraw-Hill(1991).

51 국제노동기구에 의하면 1230만 명이 강제노동을 하고 있다. 그중 약 43퍼센트가 강제 매매춘에 종사한다. International Labour Organization. "Fighting Human Trafficking: The Forced Labour Dimensions." January 28, 2008. http://www.ilo.org/global/topics/forced-labour/publications/WCMS_090236/lang—en/index.htm.Ethan B. Kapstein. "The New Global Slave Trade." Foreign Affairs 85,6(2006): 106. http://www.cgdev.org/doc/KapsteinfaslaveryFA.pdf. 세계 시장에서 '강제노동자'의 약 43퍼센트가 성매매에 착취당한다.

52 Brian M Willis. "Child Prostitution: global health burden, research needs, andinterventions." The Lancet. April 20, 2002. http://www.thelancet.com/journals/lancet/article/PIIS0140-6736(02)08355-1/fulltext

53 UNICEF. "State of the World's Children 2005." at http://www.unicef.org/sowc05/english/sowc05.pdf

54 U. S. Department of State. "Country Reports on Human Rights Practices." March 31, 2003. http://www.unicef.org/sowc05/english/sowc05.pdf

55 Patrick Belser. "Forced Labour and Human Trafficking: Estimating the Profits." Geneva: International Labour Office(2005). 14. http://www.ilo.org/wcmsp5/groups/public/—ed_norm/—eclaration/documents/publication/wcms_081971.pdf(추가로 산업 국가의 강제 매매춘에서 벌어들이는 154억 달러는 말할 것도 없다).

56 휴먼라이츠워치는 1994년 태국의 무서운 강제 매매춘의 실상을 폭로하고 '현대판 노예제'라고 바르게 말했다. Human Rights Watch. *A Modern Form of Slavery: Trafficking of Burmese Women and Girls into Brothels in Thailand.* New York: Human Rights Watch(1994). http://www.hrw.org/legacy/reports/1993/thailand/

57 United Nations Global Initiative to Fight Human Trafficking. "The Vienna Forum to Fight Human Trafficking." Background Paper. February 13-5, 2008. 2.016 Workshop: Profiling the Traffickers. Vienna: UNODC(2008). http://www.unodc.org/documents/human-trafficking/2008/BP016ProfilingtheTraffickers.pdf.

58 TheLocustEffect.com에서 이용 가능.

59 검토한 거의 모든 연구와 보고서에서 인신매매 피해자 대다수는 저소득층이었다. 가난할수록 인신매매 피해자가 될 확률이 더 높다. Mukherjee and Das 1996. K.K. Mukherjee and Deepa Das, Prostitution in Six Metropolitan Cities of India, New Delhi, Central Social Welfare Board, 1996. DWCD 1998. Department of Women and Child Development, Ministry of Human Resource Development, Government of India, Report on the committee on prostitution, child prostitutes and children of prostitutes & Plan of Action to combat trafickers and commercial sexual exploitation of women, New Delhi, India, 1998. UNDCP, ILO, UNDP 2002, Survey of Opium Cultivation in Lohit District, Arunachal Pradesh, New Delhi, 2002. Sankar Sen and P. M. Nair. "A Report on Traffi cking in Women and Children in India 2002-003." NHRC, UNIFEN, ISS Project, vol. I. New Delhi: UNIFEM(2004). http://www.ashanet.org/focusgroups/sanctuary/articles/ReportonTraffi cking.pdf

60 같은 연구와 보고서들.

61 나쿨 베라는 마야의 사건에서 강간과 인신매매로 유죄 판결을 받았다. Judgment from Court of Additional District & Sessions Judge, Fast Track, 2nd Court, Haldia, Purba Medinipur. March 15, 2013.

62 Belser.

63 Kevin Bales. "How We Can End Slavery." *National Geographic Magazine.* 2003. http://ngm.nationalgeographic.com/ngm/0309/feature1/online_extra.html

64 John D. Sutter. "Slavery's Last Stronghold." *CNN Freedom Project.* 2012. http://www.cnn.com/interactive/2012/03/world/mauritania.slaverys.last.stronghold/index.html.

65 Ethan B. Kapstein. "The New Global Slave Trade." Foreign Affairs 85, no. 6 2006. 103-115.

66 David Eltis. "The Volume and Structure of the Transatlantic Slave Trade: A Reassessment." *William and Mary Quarterly* 58, no. 1(2001): 17-6.

67 Bales, 15-7. ILO. "A Global Alliance against Forced Labour." International Labour Conference. 93rd Session. Report I(B). 18. Geneva: International Labour Office(2005). http://www.ilo.org/public/english/standards/relm/ilc/ilc93/pdf/rep-i-b.pdf

68 Kevin Bales. *Ending Slavery: How We Free Today' Slaves.* University of California Press, 2008.

69 "Bonded Labour Touches the Figure of 1m in Pakistan." *Daily Times.* February 26, 2005. http://www.dailytimes.com.pk/default.asp?page=story_26-2-2005_pg7_15.

70 John D. Sutter. "Slavery's Last Stronghold." *CNN Freedom Project.* 2012. http://www.cnn.com/interactive/2012/03/world/mauritania.slaverys.last.stronghold/index.html.

71 Samuel Grumiau. "UNICEF Aids Restavek Victims of Abuse and Exploitation in Haiti." *At a Glance: Haiti.* January 31, 2012. http://www.unicef.org/infobycountry/haiti_61518.html.

72 Robyn Dixon. "Africa's Bitter Cycle of Child Slavery." *Los Angeles Times.* July 12, 2012. http://articles.latimes.com/2009/jul/12/world/fg-ghana-slavery12 ; 또

한 다음을 보라. "George Achibra." *Not My Life.* http://notmylife.org/participants/ george-achibra. International Labour Organization. "Combatting Forced Labour and Discrimination in Africa". http://www.ilo.org/sapfl/Projects/ WCMS_082041/lang—en/index.htm.

73 "Brazilian Pact to Eradicate Slave Labour." Pacto Nacional. http://www. reporterbrasil.com.br/pacto/conteudo/view/9.

74 Br. Xavier Plassat. "Brazil Slave Labor: Hero Honored for Battling Human Trafficking." *Interview by Catholic Relief Services.* June 15, 2010. http://crs-blog.org/brazil-slave-labor-hero-honored-for-battling-human-trafficking/

75 Johannes Koett l. "Human Trafficking, Modern Day Slavery, and Economic Exploitation." *SP Discussion Paper.* No. 0911. May 2009. 10, 13. http:// siteresources.worldbank.org/SOCIALPROTECTION/Resources/ SP- Discussion-papers/Labor-Market-DP/0911.pdf. "특히 남아시아에서 담보노동은 강제노동의 가장 중요한 형태다." Beate Andrees and Patrick Belser. *Forced Labor: Coercion and Exploitation in the Private Economy.* Boulder: Lynne Rienner Publishers (2009). 51. "파키스탄과 인도의 담보노동은 거의 확실히 오늘날 전 세계 강제노동의 대다수를 차지한다." Kevin Bales. *Disposable People: New Slavery in the Global Economy.*(Berkeley and Los Angeles: University of California Press. Rev. ed.(2012).《일회용 사람들》(이소출판사, 2003). "2천7백만 명 중에서 1천5백만에서 2천만 명이 인도, 파키스탄, 방글라데시, 네팔의 담보노동을 하고 있다."

76 Aneel Karnani. "Microfinance Needs Regulation." *Philanthropy News Digest.* October 31, 2011. http://foundationcenter.org/pnd/ssir/ssir_item.jhtml?id= 359800001. 개발도상국의 소액금융조차 강압적 대출금 회수 방법에 대한 우려로 비난을 받고 있다.

77 UN-HABITAT. *Secure Land Rights for All.* HS/978/08E. 2008. http://www. responsibleagroinvestment.org/rai/sites/responsibleagroinvestment.org/files/ Secure%20land%20rights%20for%20all-UN%20HABITAT.pdf. Nicole Anand. "To Fight Poverty, Give Secure and Long-term Land Rights to the Poor." OneWorld South Asia. November 13, 2010. http://southasia.oneworld.net/ weekend/to-fight-poverty-give-secure-and-long-term-land-rights-to-the-poor.

78 David Bledsoe and Michael Brown. *Land and Conflict: A Toolkit for Intervention.* USAID(2005). http://transition.usaid.gov/our_work/cross-cutting_ programs/conflict/publications/docs/CMM_Land_and_Conflict_Toolkit_ April_2005.pdf. Land Governance for Equitable and Sustainable Development. "Kenya: Food Security and Land Governance Factsheet." 2010. http:// www.landgovernance.org/system/files/Kenya%20Factsheet%20landac%20 april%202011.pdf. Caroline Moser and Dennis Rodgers. "Change, Violence

and Insecurity in Non-Conflict Situations." *Overseas Development Institute Working Paper* 245. March 2005. http://www.odi.org.uk/resources/docs/1824. pdf.

79 UN-HABITAT.

80 Hamid Rashid. "Land Rights and the Millennium Development Goals: How the Legal Empowerment Approach Can Make a Difference." *IDLO Legal Empowerment Working Papers No. 15.* Rome: International Development Law Organization(2010). http://www.idlo.int/publications/LEWP/LEWP_Rashid.pdf.

81 "Africa's Homeless Widows." *The New York Times.* Opinion. June 16, 2004. http://www.nytimes.com/2004/06/16/opinion/africa-shomeless-widows.html.

82 Sylvia B. Ondimba. "The World Must Support Its Widows." *The Guardian.* June 23, 2011. http://www.guardian.co.uk/commentisfree/2011/jun/23/ international-widows-day-support

83 UN Division for the Advancement of Women. "Widowhood: Invisible Women, Secluded or Excluded." *Women 2000.* December 2001. http://www. un.org/womenwatch/daw/public/wom_Dec%2001%20single%20pg.pdf.

84 Kachika, Tanyade. "Land Grabbing in Africa: A Review of the Impacts and the Possible Policy Responses" Oxfam(2010). http://www.oxfamblogs.org/ eastafrica/wp-content/uploads/2010/11/Land-Grabbing-in-Africa.-Final.pdf//

85 Kaori Izumi, et al. "Protecting Women's Land and Property Rights in the Context of AIDS." Module 4/Thematic Note 5.(2008). http://siteresources. worldbank.org/INTGENAGRLIVSOUBOOK/Resources/AfricaIAP.pdf.

86 UN Division for the Advancement of Women.

87 S. Vanessa von Struensee. "Widows, AIDS, Health, and Human Rights in Africa."(2004). http://www.genderandaids.org/index.php?option=com_content &view=article&id=90:widows-aids-health-and-human-rights-in-africa&catid =34:africa&Itemid=114

88 Rashid의 연구.

89 같은 연구.

89 Oxfam. "Oxfam warns that modern day land rush is forcing thousands into greater poverty." Oxfam(2011). http://www.oxfam.org.uk/media-centre/press- releases/2011/09/modern-day-land-rush

91 Narayan, Chambers, Shah, and Petesch(강조는 저자의 것).

92 Narayan and Petesch, 471.

93 같은 페이지.

94 Narayan, Chambers, Shah, and Petesch.

95 Narayan and Petesch.

96 같은 책.

97 Open Society Justice Initiative. "Criminal Force: Torture, Abuse, and Extrajudicial Killings by the Nigeria Police Force." Open Society Institute and NOPRIN. New York: Open Society Initiative(2010). http://www.soros.org/initiatives/justice/articles_publications/publications/nigeria-police-abuse-report-20100519.

98 Narayan, Chambers, Shah, and Petesch.

99 같은 책, 163. Amnesty International. "Rape: The Silent Weapon." Amnesty International(2006). 3. http://www.amnesty.org/en/library/info/AFR44/020/2006

100 Open Society Justice Initiative. "Pretrial Detention and Torture: Why Pretrial Detainees Face the Greatest Risk." New York: Open Society Initiative(2011). 23. http://www.unhcr.org/refworld/category,COI,OSI,,,4e324fa22,0,html.

101 같은 책, 20.

102 같은 페이지.

103 "Unclog the Courts: Law Ministry Proposes Measures to Clear Backlog of Cases." *The Times of India*, October 27, 2009.

104 "Pretrial Detention and Torture: Why Pretrial Detainees Face the Greatest Risk."

105 Alfred de Zayas. "Human Rights and Indefinite Detention." s/files/other/irrc_857_zayas.pdf.

106 Open Society Justice Initiative. "The Socioeconomic Impact of Pretrial Detention." New York: Open Society Initiative(2010). 13. http://www.undp.org/content/dam/undp/library/Democratic%20Governance/a2j-%20Socioeconomic%20impact%20of%20PTD%20OSI%20UNDP.pdf.

107 같은 보고.

108 Michael Wines. "The Forgotten of Africa, Wasting Away in Jails Without Trial." *The New York Times*, November 6, 2005. http://www.nytimes.com/2005/11/06/international/africa/06prisons.html?pagewanted=print.

109 Police Staff College. "Locked up and Forgott en." October 2010. http://www.penalreform.org/fi les/GTZ_locked_UP_forgott en.pdf.

110 Open Society Justice Initiative, 2010. 8.

111 United Nations. "Interim report of the Special Rapporteur on torture and other cruel, inhuman or degrading treatment or punishment." United Nations. (2009) http://antitorture.org/wp-content/uploads/2012/07/V-Thematic-Report-Conditions-of-Detention-Children-in-Detention.pdf

112 같은 보고서, 34.

113 Alfred de Zayas. "Human Rights and Indefi nite Detention."857_zayas.pdf

114 Open Society Justice Initiative, 2011. 17.

115 같은 보고서, 30.

116 같은 보고서, 11.

117 Nowak, Manfred. "Fact-Finding on Torture and Ill-Treatment and Conditions of Detention." *Journal of Human Rights Practice 1*, no. 1(March 2009): 113. http://jhrp.oxfordjournals.org/content/1/1/101.full.pdf+html.

3장

1 Lyndon N Irwin and Douglas Pascoe. "Grasshopper Plagues and Destitute Farmers." Missouri State University Agricultural History Series: Grasshopper Plagues. http://www.lyndonirwin.com/hopdesti.htm.

2 "When The Skies Turned To Black: The Locust Plague of 1875: A Study of the Intersection of Genealogy and History." Hearthstone Legacy Publications. 2004 -2012. http://www.hearthstonelegacy.com/when-the-skies-turned-to-black-the_locust-plague-of-1875.htm.

3 Daniel Hubbard. "Locusts on the Plains." *Personal Past Meditations: A Genealogical Blog*. 2009. http://www.thepersonalpast.com/2009/08/14/locusts/ 또한 다음을 보라. Yoon, Carol Kaesuk. "Looking Back at the Days of the Locust." The New York Times. 23 April 2002. http://www.nytimes.com/2002/04/23/science/looking-back-at-the-days-of-the-locust.html.

4 Lyndon N Irwin and Douglas Pascoe. "Grasshopper Plagues and Destitute Farmers." Missouri State University Agricultural History Series: Grasshopper Plagues. http://www.lyndonirwin.com/hopdesti.htm

5 *The History of Henry and St. Clair Counties, Missouri*. St. Joseph, MO: National Historical Company, 1883. 959. http://www.archive.org/stream/historyofhenryst00nati#page/958/mode/2up

6 Christopher Stone. "Crime, Justice Systems and Development Assistance." *World Bank Legal Review: Law, Equity, and Development*, vol. 2. Washington: World Bank and Martinus Nijhoff, 2006. 215, 216. https://openknowledge.worldbank.org/bitstream/handle/10986/6899/568260PUB0REPL1INAL0PROOF0FULL0TEXT.pdf?sequence=1.

7 (Narayan 1999) and (Sage et al. 2006) in Open Society Justice Initiative and Department for International Development 2008:7. Roger Bowles, Joseph Akpokodje, Emmanuel Tigere. *Evidenced-based Approaches to Crime Prevention in Developing Countries*. Centre for Criminal Justice Economics and Psychology, University of York(2002).

8 Pablo Fajnzylber, Daniel Lederman, and Norman Loayza. Determinants of Crime Rates in Latin America and the World: An Empirical Assessment. Washington, DC: World Bank(1998). 1. http://www-wds.worldbank.org/servlet/

WDSContentServer/WDSP/IB/2000/02/23/000094946_99030406230127/
Rendered/PDF/multi_page.pdf.

9 The World Bank. *The World Bank Legal Review: Law, Equity, and Development*.
vol.2. Ed. A. Palacio. Washington: The World Bank(2006). 18. Print.

10 United Nations Office on Drugs and Crime. *Crime and Development in
Central America: Caught in the Crossfire*. Vienna: UNODC (2007). 11. http://
www.unodc.org/documents/data-and-analysis/Central-am erica- study-en.
pdf. Antonio Maria Costa. *Localizing the Millennium Development Goals*.
United Nations, 2008. 2.

11 Department for International Development. *Eliminating World Poverty*, 2006.
London: DFID(2006)37.

12 United Nations Office on Drugs and Crime. *Crime and Development in
Africa*. Vienna: UNODC (2005). 101. http://www.unodc.org/pdf/African_report.
pdf.

13 Deepa Narayan, Robert Chambers, Meera K. Shah, and Patti Petesch. "Anxiety,
Fear, and Insecurities." *Voices of the Poor: Crying Out for Change*. New York:
Oxford University Press(2000). 152. http://siteresources.worldbank.org/
INTPOVERTY/Resources/335642-1124115102975/1555199-1124115201387/cry.
pdf.

14 Michael R. Anderson. *Access to Justice and Legal Process: Making
Legal Institutions Responsive to Poor People in LDCs*. Sussex: Institute of
Development
Studies(2003). 2. http://www.ids.ac.uk/files/dmfile/Wp178.pdf ; Easterly, 87("사
회가 꼭 해결해야 할 또 다른 문제는 재산과 인명을 보호하는 일이다.") 또한 다
음을 보라. Amartya Sen. "What Is the Role of Legal and Judicial Reform in
the Development Process." *The World Bank Legal Review: Law, Equity, and
Development*, vol. 2. Ed. A. Palacio. Washington: The World Bank(2006). 215-
16.("여기서 잠시 자본주의가 어떻게 성공적인 제도로 자리 잡았는지 생각해 보자.
자본주의는 법치가 발달한 후에 등장했고 실생활에서 법적 재산권을 인정하자 사유
재산에 기초한 경제 활동이 가능해졌다. 법적 개혁뿐 아니라 행동의 변화를 통해 계
약을 자유롭게 체결하고 효과적으로 집행되자 효율적인 거래가 가능해졌다.")

15 Daron Acemoglu and James Robinson. *Why Nations Fail, The Origins of
Power, Prosperity & Poverty*. New York: Random House(2012).

16 George Soros and Fazle Hasan Abed. "Rule of Law Can Rid the World of
Poverty." *Financial Times*, September 26, 2012. http://www.ft.com/intl/cms/
s/0/f78f8e0a-07cc-11e2-8354-00144feabdc0.html#axzz2NcxJB1Wi.

17 World Bank. *World Development Report*. 2011. 64-5. http://siteresources.
worldbank.org/INTWDRS/Resources/WDR2011_Chapter1.pdf. ("모든 비용을

산출할 수는 없지만 생산 손실의 경제 비용을 보수적으로 추산하면 내전과 높은 수준의 폭력범죄의 비용은 국내 총생산의 2-3퍼센트에 달한다.")

18 Ginger Thompson. "In Guatemala Village, a Scramble for Bodies." *The New York Times*, October 11, 2005. http://www.nytimes.com/2005/10/10/world/americas/10iht-flood.html.

19 *World Development Report*, 65.

20 Juan Luis Londono and Rodrigo Guerrero. "Violencia en America Latina: epidemiologia y costos." In *Asalto al Desarrolla: Violencia en Am erica Latina*. Ed. Juan Luis Londono, Alejandro Gaviria, and Rodrigo Guerrero. Washington D.C.: Inter-American Development Bank(http://idbdocs.iadb.org/wsdocs/getdocument.aspx?docnum=36835069 p. 6에 인용).

21 IDB Institutions for Development—nstitutional Capacity of the State Division. *The Cost of Crime and Violence in Latin America and the Caribbean*. 5. http://idbdocs.iadb.org/wsdocs/getdocument.aspx?docnum=36835069. 또한 다음을 보라. United Nations Organization on Drugs and Crime and the Latin America and the Caribbean region of the World Bank. *Crime, Violence, and Development: Trends, Costs, and Policy Options in the Caribbean*. 2007. 59. https://openknowledge.worldbank.org/bitstream/handle/10986/7687/378200LAC0Crim1white0cover01PUBLIC1.pdf?sequence=1.

22 Pfizer(2001)는 범죄와 폭력의 누적 비용이 산업 국가 국내 총생산의 5퍼센트나 저소득국 GDP의 14퍼센트와 맞먹는다고 추산한다. Inter-American Development Bank. Institutions for Development—nstitutional Capacity of the State Division. 5.

23 Mayra Buvinic and Andrew Morrison. *Technical Note 4: Violence as an Obstacle to Development*. Inter-American Development Bank(1999), 4. http://idbdocs.iadb.org/wsdocs/getdocument.aspx?docnum=362887.

24 같은 보고서.

25 World Health Organization. "Violence by Intimate Partners." *World Report on Violence and Health*(2002), 102-03. http://whqlibdoc.who.int/publications/2002/9241545615_chap4_eng.pdf.

26 Buvinic, 5.

27 United Nations Office on Drugs and Crime. *Crime and Development in Africa*. Vienna: UNODC(2005). 67.

28 United Nations Office on Drugs and Crime. *Crime and Development in Central America*: Caught in the Crossfire. Vienna: UNODC(2007). 73.

29 *Crime and Development in Africa*.

30 Human Rights Watch. "South Africa: Sexual Violence Rampant in Schools." March 27, 2001. http://www.hrw.org/news/2001/03/26/south-africa-sexual-violence-rampant-schools.

31 *Crime and Development in Africa*, 72.

32 World Health Organization. *Thirds Milestone of a Global Campaign of Violence Prevention Report*(2007), 7. http://whqlibdoc.who.int/publications/2007/9789241595476_eng.pdf.

33 *Crime and Development in Africa*, 67; *Crime and Development in Central America: Caught in the Crossfire*, 73. Web.

34 World Bank. *Crime and Violence in Central America: A Development Challenge*. World Bank(2011). 5, 11, 17. http://siteresources. worldbank.org/INTLAC/Resources/FINAL_VOLUME_I_ENGLISH_CrimeAndViolence.pdf.

35 *Crime and Development in Africa*, 68.

36 같은 책, xiii, 71.

37 Michael R. Anderson. *Access to Justice and Legal Process: Making Legal Institutions Responsive to Poor People in LDCs*. Sussex: Institute of Development Studies(2003). 20. http://www.ntd.co.uk/idsbookshop/details.asp?id=729.

38 World Health Organization. "Violence by Intimate Partners."(2007). 101-02. http://www.who.int/violence_injury_prevention/violence/activities/intimate/en/index.html.

39 Buvinic, 4.

40 Judith Herman. *Trauma and Recovery: The Aftermath of Violence-from Domestic Abuse to Political Terror*. New York: Basic Books(1992). 86.

41 같은 책, 90.

42 같은 책, 94.

43 Centre on Housing Rights and Evictions Women and Housing Rights Programme. *Women, Slums and Urbanisation: Examining the Causes and Consequences*. 2008. 13. Web. http://sheltercentre.org/sites/default/files/COHRE_WomenSlumsAndUrbanisationExaminingTheCausesAndConsequences.pdf.

44 UN-Habitat. *State of the World' Cities 2010/2011—Cities for All: Bridging the Urban Divide*. London: Earthscan Publications Ltd.(2010). 117. http://www.worldcat.org/title/state-of-the-worlds-cities-20102011-bridgingthe-urban-divide/oclc/506252802

45 Human Rights Watch. *Policy Paralysis: A Call for Action on HIV/AIDS-Related Human Rights Abuses Against Women and Girls in Africa*(December 2003), 10. http://cfsc.trunky.net/_uploads/Publications/5.A_Call_for_Action_on_HIVAIDS-Related_Human_Rights_Abuses_ Against_Women_and_Girls_in_Africa.pdf.

46 International Labour Conference. *A Global Alliance Against Forced Labour*. 93rd Session, 2005. Geneva: International Labour Office (2006). 30. http://

www.ilo.org/public/english/standards/relm/ilc/ilc93/pdf/rep-ib.pdf.

47 Johannes Koettl. *Human Trafficking, Modern Day Slavery, and Economic Exploitation.* The World Bank (2009). http://siteresources.worldbank.org/ SOCIALPROTECTION/Resources/SP-Discussion-papers/Labor-Market- DP/0911.pdf.

48 Open Society Foundations. The Global Campaign for Pretrial Justice. *Collateral Consequences: How Pretrial Detention Stunts Socioeconomic Development.* Open Society Justice Initiative(2013). http://www.opensociety foundations.org/publications/collateral-consequences-how-pretrialdetention- stunts-socioeconomic-development

49 Christopher Stone. *Crime, Justice, and Growth in South Africa: Toward a Plausible Contribution from Criminal Justice to Economic Growth.* Center for International Development at Harvard University. 2006. 10. http://www. hks.harvard.edu/var/ezp_site/storage/fckeditor/file/pdfs/centers-programs/ centers/cid/publications/faculty/wp/131.pdf 또한 다음을 보라. Lloyd, Susan. "The Effects of Domestic Violence on Women's Employment." *Law and Policy* 19, no. 2(1997): 156.

50 Christopher Stone. "Crime, Justice Systems and Development Assistance." *World Bank Legal Review: Law, Equity, and Development*, vol. 2. Washington: World Bank and Martinus Nijhoff, 2006. 216. https://openknowledge. worldbank.org/bitstream/handle/10986/6899/568260PUB0REPL1INAL0PROO F0FULL0TEXT.pdf?sequence=1

4장

1 Patricia Kameri Mbote and Migai Akech. *Kenya: Justice Sector and the Rule of Law.* Johannesburg: The Open Society Initiative for Eastern Africa(2011). 12, 149. http://www.ielrc.org/content/a1104.pdf.

2 같은 책, 123.

3 같은 책, 124.

4 World Health Organization. "Summary and Key Points." *World Malaria Report 2011.* World Health Organization(2011). http://www.who.int/malaria/world_ malaria_report_2011/wmr2011_summary_keypoints.pdf.

5 "Malaria Overview." Bill and Melinda Gates Foundation. 1999-012. Web. http:// www.gatesfoundation.org/topics/pages/malaria.aspx.

6 David H. Bayley. Police for the Future. Oxford University Press: New York (1994); Carl B. Klockers. "The Rhetoric of Community Policing." In J.R.Greene and S.D. Mastrofski (eds), *Community Policing: Rhetoric or Reality.* New York:

Praeger(1988)239-258. 또한 다음을 보라. *Thinking about Police: Contemporary Readings*. Ed. C. B. Klockers and S.D. Mastrofski. New York: McGraw-Hill, Inc. (1991). 537. Print.

7 Richard A. Leo. "Police Scholarship for the Future: Resisting the Pull of the Policy Audience." Law and Society, vol. 30(1996): 871. http://papers.ssrn.com/sol3/ papers.cfm?abstract_id=1144325. 사실 Bayley는 구체적으로 개도국에서 경찰 조직을 세우는 방법에 관한 책을 한 권 더 썼다. 다음을 보라. David H. Bayley. *Changing the Guard: Developing Democratic Police Abroad*. New York: Oxford University Press(2005).(For reviews of this work see http://www.politicalreviewnet.com/polrev/reviews/PUAR/R_0033_3352_277_1007578.asp and http://www.jstor.org/discover/10.2307/4623353?uid=3739936&uid=2129&uid= 2&uid=70&uid=4&uid=3739256&sid=56280155533.) 또한 두 개의 관련된 글을 보라. David H. Bayley and Christine Nixon. "The Changing Environment for Policing, 1985-008." *New Perspectives in Policing*. Harvard Kennedy School, September 2010. https://www.ncjrs.gov/pdffiles1/nij/ncj230576.pdf; 그리고 David H. Bayley. "Democratizing the Police Abroad: What to Do and How to Do It." *Issues in International Crime*. U.S. Department of Justice. https://www.ncjrs.gov/pdffi les1/nij/188742.pdf.

8 Steven Pinker. *The Better Angels of Our Nature: Why Violence Has Declined*. New York: The Viking Press(2011). 681. Print.

9 지난 10년 동안 실증주의 경제학자들은 범죄율과 처벌의 동시성을 깨뜨리는 새로운 방법을 찾아내어 범죄 처벌의 효과에 대한 상당한 발전을 이루었다. 새로운 경험적 증거는 대체로 억제 모형을 뒷받침하지만 범죄율에 영향을 주지 않는다는 점도 드러난다. 치안과 구속이 범죄를 줄인다는 증거는 여러 방법론과 일치한다. Steven D. Levitt and Th omas J. Miles. "Empirical Study of Criminal Punishment." *Handbook of Law and Economics* Ed. A. M. Polinsky and S. Shavell. Amsterdam: Elsevie, 2007. 455-95. 이를테면 Derek Cornish와 Ronald Clarke 같이 합리적 선택 이론을 견지하는 범죄학자들은 범행을 계획하는 범죄자의 선택 과정을 설득력 있게 설명했다. Cornish와 Clarke에 따르면 체포 위험은 범죄자가 범행을 저지르기 전에 가늠해야 할 한 가지 기준에 불과하다(Adler, Mueller, and Laufer 1995). 이를테면 순찰이나 우범 지대 감시를 강화하여 체포의 위험을 높이면 범죄자는 합리적인 선택을 하고 범죄를 예방할 수 있다. 경찰은 범죄를 예방하지 않는다는 베일리의 주장을 반박하는 것은 저명한 범죄학자 Lawrence Cohen과 Marcus Felson의 일상 활동 이론이다. 합리적 선택 이론과 비슷하게 일상 활동 이론은 범죄자가 아니라 범죄의 특징에 초점을 맞춘다. Cohen과 Felson은 범죄율은 적합한 표적의 수와 표적을 보호하는 사람들의 부재에 따라 증가한다고 지적한다(Adler, Mueller, and Laufer 1995). (Adler, Mueller, and Laufer 1995). 다음을 보라. Derek Cornish and Ronald V. Clarkeeds. *The Reasoning Criminal: Rational Choice Perspectives on Offending*. New

York: Springer-Verlag(1986). 또한 다음을 보라. John J. Coleman. Book Review: Police for the Future by David H. Bayley. The National Executive Institute Associates Leadership Bulletin, March 2001. http://www.neiassociates.org/bookreview.htm.

10 Pinker, 122.

11 World Bank. *Crime, Violence and Economic Development in Brazil: Elements for Effective Public Policy.* Washington: World Bank(2006). ii.

12 King, Martin Luther, Jr. "Social Justice." Conscience of America Series. Western Michigan University, Read Fieldhouse. Kalamazoo, MI. December 18, 1963. Lecture. http://www.wmich.edu/sites/default/files/attachments/MLK.pdf.

13 World Bank. *World Development Report 2006: Equity and Development.* World Bank(2006). 13. http://siteresources.worldbank.org/INTWDR2006/Resources/WDR_on_Equity_FinalOutline_July_public.pdf.

14 Center for Rights Education and Awareness. *Status of Women and Girls in Kenya: Urgent Need to Uphold Human Rights.* Center for Rights Education and Awareness(2007). 12. http://www.creawkenya.org/creaw-publications/the-status-of-women-and-girls-in-kenya.html.

15 Caroline Sage, Nicholas Menzies, and Michael Woolcock. "Taking the Rules of the Game Seriously: Mainstreaming Justice in Development: The World Bank's Justice for the Poor Program." *IDLO Articles.* Rome: International Development Law Organization(2010). 6.

16 같은 책, 8

17 United Nations Rule of Law. Commission on Legal Empowerment of the Poor. *Making the Law Work for Everyone: Report of the Commission on Legal Empowerment of the Poor, vol. 1.* United Nations Development Programme(2008). 47.

18 Christopher Stone. "Crime, Justice Systems and Development Assistance." *World Bank Legal Review: Law, Equity, and Development*, vol. 2. Washington: World Bank(2006). 217. https://openknowledge.worldbank.org/bitstream/handle/10986/6899/568260PUB0REPL1INAL0PROOF0FULL0TEXT.pdf?sequence=1.

19 Deepa Narayan, Robert Chambers, Meera K. Shah, and Patti Petesch. "A Call to Action: The Challenge to Change." *Voices of the Poor: Crying Out for Change.* New York: Oxford University Press(2000). 280. http://siteresources.worldbank.org/INTPOVERTY/Resources/335642-1124115102975/1555199-1124115201387/cry.pdf.

5장

1 Child Rights International Network. *Denouncing Sexual Violence Against Adolescent Girls in Bolivia.* Child Rights International Network(2012). http://www.crin.org/docs/Thematic_Hearing_ Submission_DRA FT_03-08-12_3pm. pdf.

2 United Nations Office on Drugs and Crime. *Crime and Development in Africa.* United Nations(2005). http://www.unodc.org/pdf/African_report.pdf.

3 United Nations Office on Drugs and Crime. *Crime and Development in Central America: Caught in the Crossfire.* United Nations(2007). 30.

4 Steven Pinker. *The Better Angels of Our Nature: Why Violence Has Declined.* New York: Viking Press(2011). 《우리 본성의 선한 천사》(2014).

5 Human Rights Watch. *Broken System: Dysfunction, Abuse, and Impunity in the Indian Police.* New York: Human Rights Watch(2009). 7, 26-8. http://www.hrw.org/sites/default/files/reports/india0809web.pdf.

6 Administrative Staff College of India. *Training Module for Sub-Inspector.* Web. http://bprd.nic.in/writereaddata/linkimages/4596119307-Training%20Module%20for%20Sub-Inspector.pdf.

7 *Broken System: Dysfunction, Abuse, and Impunity in the Indian Police*, 32.

8 *Broken System: Dysfunction, Abuse, and Impunity in the Indian Police*, 33.

9 Praveen Swami. "Why Rape Victims Aren't Getting Justice." *The Hindi*, March 11, 2012. http://www.thehindu.com/news/national/article2982508.ece.

10 Naureen Shah and Meenakshi Ganguly. *India: Broken System: Dysfunction, Abuse, and Impunity in the Indian Police.* New York: Human Rights Watch 2009),68.

11 Deepa Narayan and Patti Petesch. *Voices of the Poor: From Many Lands.* New York: Oxford University Press(2002). 71.

12 같은 책, 128.

13 Charles Kenny. *Getting Better: Why Global Development Is Succeeding—nd How We Can Improve the World Even More.* New York: Basic Books(2011). 170.

14 *Human Rights Watch. Broken System: Dysfunction, Abuse, and Impunity in the Indian Police.* New York: Human Rights Watch (2009). 9. http://www.hrw.org/sites/default/fi les/reports/india0809web.pdf.

15 Amnesty International. *Kenya: Insecurity and Indignity: Women' Experiences in the Slums of Nairobi, Kenya.* London: Amnesty International(2010). 15.

16 "Police officers can thus manipulate the crime rate in their jurisdictions by simply refusing to register victims' complaints." Abhijit Banerjee, Raghabendra Chattopadhyay, Esther Duflo, Daniel Keniston, and Nina Singh.

Can Institutions Be Reformed from Within? Evidence fr om a Randomized Experiment with the Rajasthan Police. Poverty Action Lab, Massachusetts Institute of Technology(2012). 7. http://www.povertyactionlab.org/publication/can-institutions-be-reformed-withinevidence-randomized-experiment-rajasthan-police

17 Ian Clegg, Robert Hun, and Jim Whetton. *Policy Guidance on Support to Policing in Developing Countries.* Swansea: Centre for Development Studies, University of Wales (2000). 23-4. http://www.gsdrc.org/ docs/open/SEC4.pdf.

18 Ibid., 56.

19 *Kenya: Insecurity and Indignity: Women' Experiences in the Slums of Nairobi, Kenya,* 12.

20 Tamar Ezer. "Inheritance Law in Tanzania: The Impoverishment of Widows and Daughters." *The Georgetown Journal of Gender and the Law* 7 (2006): 599-62. Web. http://winafrica.org/wp-content/uploads/2011/08/Inheritance-Law-in-Tanzania1.pdf.

21 IRIN. "Women Struggle to Survive Sexual Violence in Indonesia." *Jakarta Globe,* April 10, 2012. http://www.thejakartaglobe.com/lawandorder/women-struggle-to-survive-sexual-violence-in-indonesia/510427.

22 Human Rights Watch. *Broken System: Dysfunction, Abuse, and Impunity in the Indian Police.* New York: Human Rights Watch (2009). 9. http://www.hrw.org/sites/default/fi les/reports/india0809web.pdf.

23 Asm Shahjahan. "Police Reform: A Bangladesh Concept." "Improving the Police's Role and Performance in Protecting Human and Economic Security." *Report from the ADB Symposium on Challenges in Implementing Access to Justice Reforms.* Asian Development Bank (2005)39-0. http://www2.adb.org/documents/reports/law-policy-reform/chap4.pdf.

24 Gen. Edgardo Aglipay. "Police Effectiveness and Accountability: Ideas to Launch Police Reform." *Improving the Police's Role and Performance in Protecting Human and Economic Security,* Report from the ADB Symposium on Challenges in Implementing Access to Justice Reforms. Asian Development Bank (2005). 48. http://www2.adb.org/documents/reports/law-policy-reform/chap4.pdf.

25 주 정부와 UT 행정부는 경찰에 3조 1748억 3천만 루피를 지출했다. 곧 567억 94,812,164달러에 해당하는 돈으로 인도 인구 12억으로 나누면 1인당 47달러가 된다. India: National Crime Records Bureau. "Police Strength, Expenditure, and Infrastructure." *National Crime Records Bureau Report 2010.* http://ncrb.nic.in/CII2010/cii-2010/Chapter%2017.pdf. 1인당 851달러의 워싱턴 DC(18배)나 1인당 393달러의 뉴욕 주(8배), 1인당 381달러의 캘리포니아 주와 비교해 보

라. Dept. of Justice. *State and Local Government Expenditures Per Capita by Criminal Justice Function and State: 2007*, Table 345. U.S. Department of Justice, September 2010. http://www.census.gov/compendia/statab/2012/tables/12s0345.pdf.

26 United Nations Office on Drugs and Crime. *Crime and Development in Africa*. Vienna: UNODC (2005). 101. http://www.unodc.org/pdf/African_report.pdf.

27 같은 보고서, 10.

28 United Nations Office on Drugs and Crime. *Crime and Development in Central America: Caught in the Crossfire*. Vienna: UNODC (2007). 30.

29 Adrianus E. Meliala. "Police Reform: The Indonesian Context." *Improving the Police's Role and Performance in Protecting Human and Economic Security*, Report from the ADB Symposium on Challenges in Implementing Access to Justice Reforms. Asian Development Bank(2005). 37. http://www2.adb.org/documents/reports/law-policy-reform/chap4.pdf. Nicolas Florquin. "Global Private Security/Police Officer Personnel Levels by Country/Per Capita 2011." *2011 Small Arms Survey. Public Intelligence*. http://publicintelligence.net/global-private-securitypolice-officer-personnel-levels-by-countryper-capita-2011/

30 *Kenya: Insecurity and Indignity: Women' Experiences in the Slums of Nairobi*, Kenya, 38.

31 Asian Development Bank. *Law and Policy Reform*, Report from the ADB Symposium on Challenges in Implementing Access to Justice Reforms. Asian Development Bank (2005). 10. http://www.asianlii.org/asia/other/ADBLPRes/2005/2.pdf. "Calculating Lifetime Value: A Case Study." *KISSmetrics*. http://blog.kissmetrics.com/wp-content/uploads/2011/08/calculating-ltv.pdf.

32 Deepa Narayan, Raj Patel, Kai Schafft, Anne Rademacher, and Sarah Koch-Schulte. *Voices of the Poor: Can Anyone Hear Us?* New York: Oxford University Press (2000). 280. http://siteresources.worldbank.org/INTPOVERTY/Resources/335642-1124115102975/1555199-1124115187705/vol1.pdf.

33 Michael Wines. "The Forgotten of Africa, Wasting Away in Jails Without Trial." *The New York Times*, November 6, 2005. http://www.nytimes.com/2005/11/06/international/africa/06prisons.html?pagewanted=all

34 Hillery Anderson. "Justice Delayed in Malawi's Criminal Justice System Paralegals vs. Lawyers." *International Journal of Criminal Justice Sciences* 1(January 2008). http://www.sascv.org/ijcjs/anderson.pdf.

35 Wines, "The Forgotten of Africa, Wasting Away in Jails Without Trial."

36 같은 기사.

37 정부 예산 투자에 대한 연구에 따르면 개도국 사법 파이프라인에서 가장 등한시되는 영역이 검찰이다. Jan Van Dijk. "Law Enforcement, Crime Prevention, and Victim Assistance." *The World of Crime: Breaking the Silence on Problems of Security, Justice and Development Across the World.* London: Sage Publications (2007),207–44.

38 United Nations Office on Drugs and Crime. *International Statistics on Crime and Justice.* Ed. S. Harrendorf, M. Heiskanen, and S. Malby. Helsinki: European Institute for Crime Prevention and Control, Affiliated with the United Nations (2010). http://www.heuni.fi/Satellite?blobtable=MungoBlobs&blobcol=urldata &SSURIapptype=BlobServer&SSURIcontainer=Default&SSURIsession=false&b lobkey=id&blobheadervalue1=inline;%20filename=Hakapaino_final_07042010. pdf&SSURIsscontext=Satellite%20Server&blobwhere=1266335656647&blobhe adername1=Content-Disposition&ssbinary=true&blobheader=application/pdf.

39 같은 보고서.

40 Danilo Reyes. "Prosecution in the Philippines." *Focus: Prosecutions in Asia,* special issue, *Article* 27 (March 2008). http://www.article2.org/mainfile.php/ 0701/307/

41 Rommel Alim Abitria. "How Speedy are Philippine Criminal Cases Disposed of?" Humanitarian Legal Assistance Foundation. http://primary.hlafphil.org/ index.php?option=com_phocadownload&view=category&id=1:research&dow nload=1:speedy-trial-survey&Itemid=76.

42 Dr. Romulo A. Virola. "2009 Official Poverty Statistics." NSCB Operations Room, Makati City. National Statistical Coordination Board (February 8, 2011). Presentation. http://www.nscb.gov.ph/poverty/2009/Presentation_RA Virola. pdf.

43 "Launch of Joint UNODC and DPP Report: Toward Professionalized Prosecution Services in Kenya." United Nations Office of Drug and Crime, Eastern Africa. http://www.unodc.org/easternafrica/en/criminal-justice.html.

44 "SC Raps States for Shortage of Prosecutors." *The Times of India,* September 22, 2011. http://articles.timesofindia.indiatimes.com/2011-09-22/india/ 30188553_1_public-prosecutors-spectrum-scam-2g. 또한 다음을 보라. Rebecca Samervel. "Prosecution & Cops Need to Work as Team." *The Times of India,* February 29, 2012. http://articles.timesofindia.indiatimes.com/2012-02-29/ mumbai/31110257_1_neeraj-grover-murder-case-adnan-patrawala.

45 "Behind Maharashtra's Plummeting Conviction Rate." *Rediff News.* 02 Feb. 2012. http://www.rediff.com/news/report/behind-maharashtras-plummeting-conviction-rate/20120202.htm

46 Madan Lal Sharma. "The Role and Function of Prosecution in Criminal Justice." *Resource Material Series No. 53. 107th International Training Course Participants' Papers.* United Nations Asia and Far East Institute. http://www.unafei.or.jp/english/pdf/RS_No53/No53_21PA_Sharma.pdf. "Little Justice for Rape Victims." *The Hindu.* Table. http://www.thehindu.com/multimedia/archive/00948/Little_justice_for__948144a.pdf.

47 "Guatemala." *The International Commission against Impunity in Guatemala.* http://cicig.org/index.php?page=guatemala.

48 "Bolivia." United Nations Office on Drugs and Crime. 2005-006. http://www.unodc.org/documents/data-and-analysis/Bolivia.pdf.

49 "Brazil: Country Specific Information." *Travel.State.Gov.* http://travel.state.gov/travel/cis_pa_tw/cis/cis_1072.html.

50 "아프리카 국가 대다수는 피고인과 법률 정보가 필요한 사람들을 도울 변호인을 제공할 여력이 없다." United Nations Office on Drugs and Crime. *Crime and Development in Africa.* Geneva: UNODC (2005). 97. "빈민이 사법제도를 이용하는 경우는 그가 형사 사건 피고인이 될 때뿐이고 대개 변호인 없이 스스로 자신을 변호해야 한다." United Nations Development Programme. *Making the Law Work for Everyone: Volume 1—eport of the Commission on Legal Empowerment of the Poor.* New York: UNDP (2008). 14.

51 Michael R. Anderson. Access to Justice and Legal Process: Making Legal Institutions Responsive to Poor People in LDCs. Sussex: Institute of Development Studies (2003). 19. http://www.ids.ac.uk/fi les/dmfi le/Wp178.pdf.

52 부르키나파소, 부룬디, 코트디부아르, 라이베리아, 말라위, 말리, 니제르, 르완다, 잠비아의 인구를 모두 합하면 약 1억 1400만 명이며 변호사 수는 2,550명이다. 버몬트 주 인구는 622,000명이고 변호사 수는 2,166명이다. 캘리포니아, 텍사스, 뉴욕, 플로리다, 일리노이 주의 인구를 모두 합치면 1억 1200만 명이며 변호사 수는 136,880명이다. "Lawyers Per Capita By State." *The Law School Tuition Bubble.* http://lawschooltuitionbubble.wordpress.com/original-research-updated/lawyers-per-capita-by-state/United Nations Office on Drugs and Crime. *Access to Legal Aid in Criminal Justice Systems in Africa: Survey Report.* New York: United Nations(2011). http://www.unodc.org/pdf/criminal_justice/Survey_Report_on_Access_to_Legal_Aid_in_Africa.pdf.

53 같은 책, 14.

54 Michael Anderson. *Access to Justice and Legal Process: Making Legal Institutions Responsive to Poor People in LDCs.* Institute of Development Studies, Sussex. (February 2003). 19.

55 *Crime and Development in Africa*, 13.

56 United Nations Office on Drugs and Crime. *International Statistics on Crime* *and Justice.* Ed. S. Harrendorf, M. Heiskanen, and S. Malby. Helsinki: European Institute for Crime Prevention and Control, Affiliated with the United Nations (2010). http://www.heuni.fi/Satellite?blobtable=MungoBlobs&blobcol=urldata &SSURIapptype=BlobServer&SSURIcontainer=Default&SSURIsession=false&b lobkey=id&blobheadervalue1=inline;%20filename=Hakapaino_final_07042010. pdf&SSURIsscontext=Satellite%20Ser ver&blobwhere=1266335656647&blobhe adername1=Content-Disposition&ssbinary=true&blobheader=application/pdf.

57 Press Trust of India. "Court Will Take 320 Years to Clear Backlog Cases: Justice Rao." *The Times of India,* March 6, 2010. http://articles.timesofindia. indiatimes.com/2010-03-06/india/28143242_1_high-court-judges-literacy-rate-backlog. *Bar & Bench* News Network. "Pending Litigations 2010: 32,225,535 Pending Cases; 30% Vacancies in High Courts: Government Increases Judicial Infrastructure Budget by Four Times." Bar & Bench (June 3, 2011). http://barandbench.com/brief/2/1518/pending-litigations-2010-32225535-pendingcases-30-vacancies-in-high-courts-government-increases-judicial-infrastructurebudget-by-four-times-.

58 United Nations Office on Drugs and Crime. "Why Fighting Crime Can Assist Development in Africa: Rule of Law and Protection of the Most Vulnerable" United Nations Office on Drugs and Crime. http://www.unodc.org/pdf/ research/Africa_Summary_eng.pdf

59 Antonio T. Carpio. "Judicial Reform in the Philippines." Central Luzon Regional Convention of the Integrated Bar of the Philippines.(June 29, 2012).Speech. http://www.scribd.com/doc/98639760/Justice-Antonio-T-Carpio-Judicial-reform-in-the-Philippines. 또한 다음을 보라. "Philippine Justice Slowed by Judge Shortage." *Middle East North Africa Financial Network. Singapore: The Straits Times,* Mar 28, 2011. http://www.menafn.com/menafn/qn_news_story. aspx?storyid={c094a43b-1f36-40b0-8965-b75893560a63}.

60 International Bar Association Human Rights Institute. *One in Five: The Crisis in Brazil' Prisons and Criminal Justice System.* London: International Bar Association (2010).

61 R. Hunter. "Reconsidering 'Globalisation': Judicial Reform in the Philippines." *Law, Text, Culture* 6, no. 1 (January 1, 2002): 6. http://ro.uow.edu.au/ltc/vol6/ iss1/5/.

62 "In such a climate of impunity, the deterrent effect of the law is minimal." United Nations Office on Drugs and Crime, *Crime and Development in Central America: Caught in the Crossfire.* United Nations (2007). 13. http:// www.unodc.org/documents/data-and-analysis/Central-america-study-en. pdf. "살인죄로 유죄 판결을 받을 확률이 5퍼센트 미만이라면 형사사법제도의 억

제력의 효과는 매우 약할 것이고 연쇄 살인범은 체포 전까지 오랫동안 살인을 저지를 것이다." United Nations Office on Drugs and Crime. Figure 9: Homicide Conviction Rates: Europe *Crime and Development in Africa.* United Nations (2005). 69. http://www.unodc.org/pdf/African_report.pdf.

63 Heather Timmons. "Rape Trial Challenges a Jam in India's Justice System." *The New York Times*, January 23, 2013. http://www.nytimes.com/2013/01/24/world/asia/gang-rape-trial-tests-indias-justice-system.html?pagewanted=1.

64 Justice J. S. Verma (ret'd), Justice Leila Seth (ret'd), and Gopal Subramanium. *Report of the Committee on Amendments to Criminal Law.*(January 23, 2013). http://www.scribd.com/doc/121798698/Justice-Verma-Committ ee-report.

65 WAMU-FM. Kojo Nnamdi Show. "Interview of Katherine Boo regarding her book *Behind the Beautiful Forevers: Life, Death, and Hope in a Mumbai Undercity.*"(February 29, 2012). (audio excerpted at 26:51–28:52).

66 Ronald Bailey. "The Secrets of Intangible Wealth." Reason.com, (October 5, 2007). http://reason.com/archives/2007/10/05/the-secrets-of-intangible-weal.

67 The World Bank. *Where is the Wealth of the Nations?* Washington, DC: The World Bank (2006). http://siteresources.worldbank.org/INTE EI/214578-1110886258964/20748034/All.pdf.

68 David Brooks. "Sam Spade at Starbucks." *The New York Times*, April 12, 2012. Web. http://www.nytimes.com/2012/04/13/opinion/brooks-samspade-at-starbucks.html?_r=1.

69 Mark L. Schneider. *Placing Security and Rule of Law on the Development Agenda.* Washington, DC: World Bank (2009). 14. Print.

6장

1 Martin Luther King, Jr. "I Have a Dream." Lincoln Memorial, Washington, DC, (August 28, 1963). http://www.americanrhetoric.com/speeches/mlkihavea dream.htm.

2 UN Archives/Geneva, SOA 317/4/01(C), speech by John Humphrey, January 1, 1952, cited in Paul Gordon Lauren. *The Evolutionof International Human Rights: Visions Seen.* 3d ed. XX: Philadelphia: University of Pennsylvania(2011). 232.

3 같은 책.

4 Robert Jackson, Opening Statement, in International Military Tribunal, *Trial of the Major War Criminals 2* (November 21, 1945): 98–99, 130, cited in Lauren. *The Evolution of International Human Rights*, 198.

5 Lauren, *The Evolution of International Human Rights*, 198.

6 같은 책.

7 Herman Goering, as cited in G. M. Gibert. *Nuremberg Diary*. New York: New American Library, (1961), 39, cited in Paul Gordon Lauren, *The Evolution of International Human Rights: Visions Seen*, 1 98.

8 Mary Ann Glendon . *A World Made New: Eleanor Roosevelt and the Universal Declaration of Human Rights*. New York: Random House, 2001.

9 Lauren, *The Evolution of International Human Rights*, 207.

10 같은 책.

11 같은 책.

12 Glendon, *A World Made New*, 36.

13 같은 책.

14 Vladimir Koretsky, as cited in Humphrey, *Human Rights and the United Nations*, 40. 또한 이를 보라. U.S., NARA, RG 59, Box 2256, 501.BD Human Rights/6-2147, Telegram 7594 from W. Austin to Department of State, Restricted, (June 21, 1947) in Lauren, *The Evolution of International Human Rights*, 217.

15 Hansa Mehta, as cited in "Economic and Social Council," *United Nations Weekly Bulletin*, March 25, 1947, in Lauren, *The Evolution of International Human Rights*, 217.

16 같은 책.

17 Glendon, *A World Made New*, xvi.

18 E. N. Nasinovsky, December 16, 1966, in UN/GA, *Official Records, Plenary Meetings*, 1966, at 13, cited in Lauren, *The Evolution of International Human Rights*, 242.

19 Lauren, *The Evolution of International Human Rights*, 242.

20 Martha Finnemore and Kathryn Sikkink. "International Norm Dynamics and Political Change." *International Organization* 52 (1998): 887-917. http://graduateinstitute.ch/webdav/site/political_science/shared/political_science/Multilateral%20Governance%20Autumn%202010/finnemore%20and%20sikkink%201998.pdf.

21 Human Rights Watch. "The Small Hands of Slavery: Bonded Child Labor In India" *Human Rights Watch Children's Rights Project*. New York: Human Rights Watch(1996). http://www.hrw.org/reports/1996/India3.htm

22 Women in Law and Development. *Protocol to the African Charter on Human and People's Rights on the Rights of Women in Africa (Simplified)*. Lome, Togo: Women in Law and Development.(2005). http://www.peacewomen.org/portal_resources_resource.php?id=939.

23 Abigail Schwartz. "Sex Traffi cking in Cambodia." *Columbia Journal of*

Asian Law 17, no. 2(2004): 373−431. http://www.columbia.edu/cu/asiaweb/v17n2_371_Schwartz.html.

24 Jonathan L. Hafetz. "Latin America: Views on Contemporary Issues in the Region Pretrial Detention, Human Rights, and Judicial Reform in Latin America." *Fordham International Law Journal* 26, no. 6 (2002): 1754−1777.

25 Karl DeRouen Jr. and Uk Heo. "Modernization and the Military in Latin America." *British Journal of Political Science* 31 (2001): 475−496. http://www.jstor.org/discover/10.2307/3593286?uid=3739584&uid=2129&uid=2134&uid=2&uid=70&uid=4&uid=3739256&sid=21101371053863.

26 Lauren, 228.

27 Andrea M. Bertone. "Transnational Activism to Combat Traffi cking in Persons." *Brown Journal of World Affairs* 10 (2004): 9−22.

28 Stuart Ford. "How Leadership in International Criminal Law is Shift ing from the United States to Europe and Asia: An Analysis of Spending on and Contributions to International Criminal Courts." *Saint Louis University Law Journal* 55 (2011): 953−999. http://papers.ssrn.com/sol3/papers.cfm?abstract_id=1674063.

29 Hans Peter Schmitz. "Transnational Human Rights Networks: Significance and Challenges." *The International Studies Encyclopedia*. Vol. XI, ed. Robert A. Denmark. New York: Wiley-Blackwell, 2010. 7189−7208.

30 Commission on Legal Empowerment of the Poor. *Making the Law Work for Everyone*. Report vol. 1. United Nations Development Programme, June 2008. 31−32. http://www.unrol.org/doc.aspx?n=Making_the_Law_Work_for_Everyone.pdf.

31 United Nations General Assembly. *Universal Declaration of Human Rights*. Paris: United Nations (1948). Article 8. http://www.un.org/en/documents/udhr/index.shtml.

7장

1 영국 치하에서 '인도 공무원제도Indian Civil Service'라고 불렸다.
2 프랑스는 같은 해에 정복 전문 경찰을 처음 도입했다.
3 Kirpal Dhillon. *Police and Politics in India: Colonial Concepts, Democratic Compulsions, Indian Police, 1947−2002*. New Delhi: Manohar (2005). 35. Print. 강조는 저자의 것.
4 같은 책, 329.
5 같은 책, 23, 41.
6 같은 책, 41.

7 같은 책, 36.

8 같은 책, 33.

9 David Bayley. "The Police and Political Development in India." *Patterns of Policing: A Comparative International Analysis*. New Brunswick: Rutgers University Press.(1985). Print. 51.

10 같은 책, 42.

11 같은 책, 45.

12 "History of the Kenya Police." Kenya Police. http://archive.is/eoer

13 Human Rights Watch. Broken System: *Dysfunction, Abuse, and Impunity in Indian Police*. New York: Human Rights Watch (2009).

14 Dhillon, *Police and Politics in India*, 28.

15 같은 책.

16 Patrick Edobar Igbinovia. "Pattern of Policing in Africa: The French and British Connections." *Police Journal* 54 , no. 2(1981): 150–151.

17 같은 책, 150–152.

18 Emmanuel C. Onyeozili. "Obstacles to Eff ective Policing in Nigeria." *African Journal of Criminology and Justice Studies* 1, no. 1 (2005): 32.

19 같은 책, 37.

20 같은 책, 36.

21 Edna E. A. Co et al. *Philippine Democracy Assessment: Rule of Law and Access to Justice*. Stockholm: International Institute for Democracy and Electoral Assistance (2010). 98–99. http://www.idea.int/publications/philippine_democracy_assessment/loader.cfm?csmodule=security/getfile&pageid=42088.

22 같은 책.

23 S. E. Hendrix. "Innovation in Criminal Procedure in Latin America: Guatemala's Conversion to the Adversarial System." *Southwestern Journal of Law and Trade in the Americas* 5 (Fall 1998): 381. Print.

24 Simon Robins. "Restorative Approaches to Criminal Justice in Africa: The Case of Uganda." *The Theory and Practice of Criminal Justice in Africa*. Pretoria, South Africa: Institute for Security Studies (2009). 61.

25 Iff at Idris. *Legal Empowerment in Pakistan*. Islamabad: United Nations Development Programme Pakistan(2008).

26 Open Society Initiative for Southern Africa. *Mozambique: Justice Sector and the Rule of Law*. Johannesburg: Open Society Initiative for Southern Africa (2006). 111. http://www.afrimap.org/english/images/report/Mozambique%20Justice%20report%20(Eng).pdf.

27 AfriMAP et al. *Ghana: Justice Sector and the Rule of Law*. Dakar: Open Society Initiative for West Africa (2007). 104. http://www.afrimap.org/english/

images/report/AfriMAP_Ghana%20JusticeDD.pdf.

28 F. E. Kanyongolo. *Malawi: Justice Sector and the Rule of Law*. Johannesburg: Open Society Initiative for Southern Africa (2006). 114-115. http://www.afrimap.org/english/images/report/Malawi%20Report%20justice.pdf.

29 S. F. Joireman. "Inherited Legal Systems and Eff ective Rule of Law: Africa and the Colonial Legacy." *The Journal of Modern African Studies* 39, no. 4 (2001): 571-596.

30 "Access to Justice and Legal Process: Making Legal Institutions Responsive to Poor People in LDCs," 21.

31 Daniel Fitzpatrick. "Beyond Dualism: Land Acquisition and Law in Indonesia." *Indonesia: Law and Society*, 2d ed. Ed. Tim Lindsey. Sydney: The Federation Press (2008). 1. 또한 다음을 보라. D. Henley. "In the Name of Adat: Regional Perspectives on Reform, Tradition, and Democracy in Indonesia." *Modern Asian Studies* 42, no. 4 (2008): 815-852. Print. Kurnia Toha. *The Struggle over Land Rights: A Study of Indigenous Property Rights in Indonesia*. Seatt le: University of Washington (2007).

32 Amnesty International. *Senegal: Land of Impunity*. London: Amnesty International Publications (2010). 14. http://www.amnesty.org/fr/library/asset/AFR49/001/2010/fr/6dcdd964-211b-4269-9cab-32b9d6f28a99/afr490012010en.pdf.

33 같은 책, 6.

34 Dhillon, Police and Politics in India, 42.

35 같은 책, 29.

8장

1 가장 큰 성장 동력에도 불구하고 이른바 BRIC 국가(브라질, 러시아, 인도, 중국)는 훨씬 더 온건하고 역사적인 성장률 수준으로 둔화하고 있다. Ruchir Sharma. "Broken BRICs: Why the Rest Stopped Rising." *Foreign Affairs* (November.December 2012).

2 *International Law and the Third World: Reshaping Justice*. Ed. Richard Falk, Balakrishnan Rajagopal, and Jacqueline Stevens. New York: Routledge-Cavendish (2008), 1-2.

3 "곧 지난 30년 동안 세계 빈곤, 특히 극심한 빈곤은 상당히 감소한 반면 국간 간의 국제적 불평등은 감소했는데도 세계 시민들의 소득 격차는 변함이 없는 듯하다. 더욱 중요한 것은 날로 커지는 국제적, 지구적 불평등의 격차는 국가들, 특히 크게 부상하는 중국, 인도, 인도네시아 같은 아시아 경제뿐 아니라 여러 OECD 국가들 사이가 아니라 내부에서 벌어지는 소득 격차에서 비롯된 것처럼 보인다는 것이다."

Pedro Olinto and Jaime Saavedra. *Inequality in Focus: An Overview of Global Income Inequality Trends*. Washington: The World Bank April 2012). http://siteresources.worldbank.org/EXTPOVERTY/Resources/Inequality_in_Focus_April2012.pdf

4 Andy Summer. *Where Will the World's Poor live? An Update on Global Poverty and the New Bott om Billion*. Working Paper 305. Center for Global Development (September 13, 2012). http://www.cgdev.org/content/publications/detail/1426481/

5 World Bank. "Equity and Development." *World Development Report 2006. New York*: Oxford University Press(2006).

6 Jayati Ghosh. "Poverty reduction in China and India: Policy Implications of Recent Trends." New York: United Nations(January 2010). 17. http://www.un.org/esa/desa/papers/2010/wp92_2010.pdf

7 Reuters. "Latin American Poverty Rate Ebbs to Lowest in 3 decades—UN." November 27, 2012. http://www.reuters.com/ article/2012/11/27/latinamerica-poverty-eclac-idUSL1E8MR34B20121127.

8 W. Clinton Terry and Karelisa V. Hartigan. "Police Authority and Reform in Augustan Rome and Nineteenth-Century England." *Law and Human Behavior* 6, no. 3-4 (1982). 307.

9 Law and Policy Reform at the Asian Development Bank. "Report from the ADBSymposium on Challenges in Implementing Access to Justice Reforms." Asian Development Bank (2005). 10. http://www.asianlii.org/asia/other/ADBLPRes/2005/2.pdf.

10 Rita Abrahamsen and Michael C. Williams. "Privatising Africa's Everyday Security." *Open Security* (July 1, 2010). http://www.opendemocracy.net/opensecurity/rita-abrahamsen-michael-c-williams/privatising-africas-everyday-security.

11 Rachel Neild. "From National Security to Citizen Security: Civil Society and the Evolution of Public Order Debates." *International Center for Human Rights and Democratic Development* (1999). 16. http://www.umass.edu/legal/Benavides/Fall2005/397U/Readings%20Legal%20397U/9%20Richard%20Neild.pdf.

12 James Holston, 같은 책 11페이지에서 인용.

13 Neild, "From National Security to Citizen Security," 16.

14 Manu Kaushik. "A Force to Reckon With." *Business Today*, October 31, 2010. http://businesstoday.intoday.in/story/a-force-toreckon-with/1/9591.html.

15 같은 기사.

16 Luciana Coelho. "Brazil Has Almost 5 Private Security Guards for Each Police

Offi cer." Folha De S. Paulo, September 14, 2012. http://www1.folha.uol.com. br/internacional/en/dailylife/1153834-brazil-has-almost-5-private-security-guards-for-each-police-offi cer.shtml.

17 William C. Prillaman. "Crime, Democracy, and Development in Latin America." *Policy Papers on the Americans*, vol. XIV, study 6. Washington, DC: Center for Strategic and International Studies (2003), 13. http://csis.org/fi les/media/csis/pubs/ppcrime_democracy_inlatinamerica%5B1%5D.pdf.

18 Coelho, "Brazil Has Almost 5 Private Security Guards for Each Police Officer."

19 World Bank. *Kenya—Economic Development, Police Oversight, and Accountability: Linkages and Reform Issues.* Washington, DC: World Bank (2009), ii. https://openknowledge.worldbank.org/bitstream/handle/10986/3174 /445150ESW0P1061C0disclosed031161101.pdf?sequence=1.

20 World Bank. *Enhancing the Competitiveness of Kenya's Manufacturing Sector: The Role of the Investment Climate.* Washington, DC: World Bank (2004). 78. ftp://www.soc.cornell.edu/cses_research/Yenkey/investment%20climate%20 assessment%20kenya.pdf.

21 Peter Schouten. "Political Topographies of Private Security in Sub-Saharan Africa." *African Engagements: Africa Negotiating an Emerging Multipolar World.* Africa-Europe Group for Interdisciplinary Studies, vol. 5 (2011): 58. http://www.academia.edu/1544401/Political_topographies_of_private_security_in_Sub-Saharan_Africa.

22 Abrahamsen and Williams, "Privatising Africa's Everyday Security."

23 Michael Weissenstein. "Mexico Drug War: Common Crime Rates Rise." *Huffi ngton Post*, October 20, 2012. http://www.huffingtonpost.com/2012/10/20/ mexico-drug-war_n_1992497.html#slide=1630080; Katharine A. Lorr. Review of Gangland: *The Rise of Mexican Drug Cartels fr om El Paso to Vancouver* by Jerry Langton. The Washington Independent Review of Books. http://www. washingtonindependentreviewofbooks.com/bookreview/gangland-the-rise-of-mexican-drug-cartels-from-el-paso-to-vancouver/. Jeanna Cullinan. "A Look at Police Reform." *Tinker Foundation Incorporated.* http://www.tinker. org/content/look-police-reform.

24 Katherine Boo. *Behind the Beautiful Forevers: Life, Death, and Hope in a Mumbai Undercity.* New York: Random House, 2012. 《안나와디의 아이들》(반비, 2013).

25 Anthony Wanis-St. John. "Implementing ADR in Transitioning States: Lessons Learned from Practice." *Harvard Negotiation Law Review* 5 (2000). 339, 342.

26 같은 책, 342–343.

27 같은 책, 346.

28 같은 책, 368.

29 Neild, "From National Security to Citizen Security," 2.

30 Kathryn Neckerman. *Social Inequality.* New York: Russell Sage Foundation, 2004; 또한 다음을 보라. Katrina Kosec. "Relying on the Private Sector: The Political Economy of Public Investments in the Poor." Unpublished PhD dissertation. Stanford University (2011). 1. http://works.bepress.com/cgi/viewcontent.cgi?article=1015&context=katrina_kosec.

31 Kosec, "Relying on the Private Sector, 5, 6. 또한 다음을 보라. Tugrul Gurgur. *"The Political Economy of Public Spending on Publicly-Provided Goods in Developing Countries."* Unpublished PhD dissertation. University of Maryland (2005). http://drum.lib.umd.edu/bitstream/1903/2601/1/umi-umd-2495.pdf.

32 Miguel Sanchez and Roby Senderowitsch. "The Political Economy of the Middle Class in the Dominican Republic Individualization of Public Goods, Lack of Institutional Trust and Weak Collective Action." *World Bank Policy Research Working Paper.* Santo Domingo, Dominican Republic: World Bank (2012). 39, 40. http://www-wds.worldbank.org/external/default/WDSContentServer/IW3P/IB/2012/04/24/000158349_201204240 91546/Rendered/PDF/WPS6049.pdf. 또한 다음을 보라. The World Bank. *"Alternative Dispute Resolution Workshop."* January 6, 2000. Room MC4-800, 1818 H Street, N.W. Washington, D.C. Washington: Miller Reporting Co. (2000). http://siteresources.worldbank.org/INTLAWJUSTINST/Resources/TranscriptOfWorkshop.pdf.

33 Carol Graham. *Private Markets for Public Goods: Raising the Stakes in Economic Reform.* Washington, DC: Brookings Institution Press (1998); 또한 다음을 보라. Gurgur, "The Political Economy of Public Spending on Publicly-Provided Goods in Developing Countries."

34 World Bank, "Alternative Dispute Resolution Workshop."

35 같은 보고서.

9장

1 "Foreign Aid for Development Assistance." *Global Issues,* (April 8, 2012). 다음 제목의 표. "Comparing Official Aid Given vs. Shortfall 1970-2011, (USD Trillions at 2010 Prices." http://www.globalissues.org/article/35/foreign-aid-development-assistance#ForeignAidNumbersinChartsandGraphs.

2 일부 비평가들(이를테면 모요 이스털리)은 세계 빈곤에서 비롯된 거대한 고통을 근거로 이 돈이 잘못 쓰였거나 반생산적으로 쓰였다고 주장하지만 우리는 이 돈이 빈곤을 퇴치할 만큼 인류를 위한 큰 투자액은 아니라고 생각한다.

3 빈민을 폭력에서 보호하는 일은 또한 3번 '질서와 치안'(3.1항 범죄는 효과적으로 통제된다)과 관련이 있고 4번 '기본 권리' 색인에서 법치는 '개인의 생명과 안전에 대한 권리'를 효과적으로 보장한다는 사실을 가리키는 4.2항과도 관련이 있다.

4 General Accounting Office. *Foreign Aid: Police Training and Assistance.* Report GAO-92-118. Washington, DC: General Accounting Office(1992). 1. http://archive.gao.gov/t2pbat7/145909.pdf.

5 같은 책.

6 Ethan Avram Nadelmann. *Cops Across Borders: The Internationalization of U.S. Criminal Law Enforcement.* University Park: Penn State Press, 1993. 113-116.

7 의회는 대마약과 대테러 훈련과 원조를 지원하기 위해 경찰 원조를 금하는 660조의 예외 조항을 법제화했다. 기금은 주로 미국 국무부의 국제마약법집행국을 통해 지출되었다. 미국 국제개발청은 경찰 원조를 지역 치안 프로그램으로 민간인이 경찰을 통제하는 소규모 프로그램에 제한한다.

8 U.S. Agency for International Development. *Assistance for Civilian Policing: USAID Policy Guidance.* Washington, DC: U.S. Agency for International Development(2005). 1. http://pdf.usaid.gov/pdf_docs/PNADU808.pdf.

9 The World Bank. *Initiatives in Justice Reform.* Washington, DC: The World Bank(2009). 4. http://siteresources.worldbank.org/INTLAWJUSTINST/Resources/JRInitiativestext2009.pdf.

10 The World Bank. *World Development Report: Conflict, Security and Development.* Washington, DC: The World Bank (2011). 5. http://siteresources.worldbank.org/INTWDRS/Resources/WDR2011_Full_Text.pdf

11 Anne-Marie Leroy. "Legal Note on Bank Involvement in the Criminal Justice Sector." Washington, DC: The World Bank (2012). http://siteresources.worldbank.org/INTLAWJUSTINST/Resources/CriminalJusticeLegalNote.pdf.

12 The World Bank. *World Bank Directions in Justice Reform: Discussion Note.* Washington, DC: The World Bank (2012). 1. http://siteresources.worldbank.org/EXTLAWJUSTINST/Resources/wb_jr_discussionnote.pdf

13 Robert Zoellick, *World Bank Directions in Justice Reform: Discussion Note*, 1 에서 인용.

14 C. Stone. "Crime, Justice Systems, and Development Assistance." *The World Bank Legal Review: Law, Equity, and Development*, vol. 2. Ed. A. Palacio. Washington, DC: The World Bank (2006). 215-216.

15 Nicole Ball et al. "Security and Justice Sector Reform Programming in Africa." *Evaluation Working Paper 23.* London and Glasgow: DFID (2007). ix. http://www.dfid.gov.uk/Documents/publications1/evaluation/sjr.pdf. 또한 다음을 보라. Adam Isacson and Nicole Ball. "U.S. Military and Police Assistance to Poor-Performing States." Short of the Goal. Ed. Nancy Birdsall, Milan Vaishnav, and

Robert Ayres (2006): 414. http://www.cgdev.org/doc/shortoft hegoal/chap13. pdf.

16 United States Department of State. "DRL Programs, Including Human Rights Democracy Fund(HRDF)." *U.S. Department of State Archive.* (2001–2009). http://2001-2009.state.gov/g/drl/p/index.htm.

17 Freedom House. *Investing in Freedom: An Analysis of the Obama Administration FY 2011 Budget Request for Democracy and Human Rights.* Washington, DC: Freedom House (May 2011). 10. http://www.freedomhouse.org/sites/ default/files/inline_images/Investing%20in%20Freedom%20Analyzing%20 the%20FY%202012%20International%20Affairs%20Budget%20Request.pdf

18 U.S. State Department. The Merida Initiative – Fact Sheet. Washington, D.C.: U.S. State Department (2009). Web. http://www.state.gov/j/inl/rls/fs/122397.htm.

19 Michael Shifter. *Countering Criminal Violence in Central America.* New York: Council on Foreign Relations(2012). 18. Web. http://www.cfr.org/central-america/countering-criminal-violence-central-america/p27740.

20 Taken from State/INL Congressional Budget Justification Reports. FY 2001–2009 were taken on a two-year lag. United States Department of State. *Congressional Budget Justification: Fiscal Year 2001.* Washington, DC: GPO (2000). United States Department of State. Congressional Budget Justifi cation: Fiscal Year 2003. Washington, DC: GPO (2002). 507, 515. http://www. state.gov/documents/organization/9478.pdf. United States Department of State. *Congressional Budget Justification: Fiscal Year 2005.* Washington, DC: GPO (2004). 585, 593. http://www.state.gov/documents/organization/28982. pdf. United States Department of State. *Congressional Budget Justifi cation: Fiscal Year* 2007. Washington, DC: GPO (2006). 665, 673. http://www.state. gov/documents/organization/60658.pdf. United States Department of State. *Congressional Budget Justifi cation: Fiscal Year* 2008. Washington, DC: GPO (2007). 76. http://www.state.gov/documents/organization/84462.pdf. United States Department of State. *Congressional Budget Justifi cation: Fiscal Year* 2009. Washington, DC: GPO (2008). http://www.state.gov/documents/ organization/100326.pdf United States Department of State. *FY 2010 Program and Budget Guide: Centrally-Managed Programs.* Washington, DC: GPO (2009). 41. http://www.state.gov/documents/organization/131027.pdf. United States Department of State. *FY 2012 Program and Budget Guide: Centrally-Managed Programs.* Washington, DC: GPO (2011). 201. http://www.state. gov/documents/organization/185822.pdf. FY 2010 and 2011 were taken from State/INL Budget Justification Report 2012 United States Secretary of State. *Congressional Budget Justification Volume 1: Department of State Operations:*

Fiscal Year 2012. Washington, DC: GPO (2011). 423−426. http://www.state.gov/documents/organization/156215.pdf.

21 Rachel K. Belton. "Competing Definitions of the Rule of Law: Implications for Practitioners." *Carnegie Papers: Rule of Law Series*, No. 55 (2005): 23. http://www.carnegieendowment.org/files/CP55.Belton.FINAL.pdf.

22 Vivek Maru. "Access to Justice and Legal Empowerment: A Review of World Bank Practice." *Hague Journal on the Rule of Law 2*(2010): 259−281. http://journals.cambridge.org/action/displayAbstract?fromPage=online&aid=7942021.

23 *World Bank Directions in Justice Reform: Discussion Note.* 1. http://siteresources.worldbank.org/EXTLAWJUSTINST/Resources/wb_jr_discussionnote.pdf.

24 Belton, "Competing Definitions."

25 United States General Accounting Office. *Foreign Assistance: Rule of Law Funding Worldwide for Fiscal Years 1993-98*. Washington, DC: GPO(1999). 12. http://www.gao.gov/archive/1999/ns99158.pdf.

26 John F. Tierney. *Multiple U.S. Agencies Provided Billions of Dollars to Train and Equip Foreign Police Forces*. GAO Report. Washington, DC: GPO (2011). 2. http://www.gao.gov/new.items/d11402r.pdf.

10장

1 Richard Zacks. *Island of Vice: Theodore Roosevelt's Quest to Clean Up Sin-Loving New York*. Garden City, NY: Anchor Books (2012). 84. Print.

2 Jean Pfælzer. *Driven Out: The Forgott en War against Chinese Americans*. University of California Press,(2008) Print. 75−84.

3 같은 책, 25.

4 같은 책, 243−251.

5. Elaine Tipton. *The Japanese Police State: The Tokkō In Interwar Japan*. London: Athlone Press(1990). 66−67. Christopher Aldous. *The Police in Occupa tion Japan: Control, Corruption, and Resistance to Reform*. London and New York: Routledge, Chapman & Hall(1997). 32−33.

6 J.P. Burdy. "Social Control and Forms of Working-Class Sociability in French Industrial Towns between the Mid-Nineteenth and the Mid-Twentieth Centuries." *Social Control in Europe 1800-2000*, vol. 2. Trans. Helen Arnold, ed. H. Roodenburg, P. Spierenburg, C. Emsley, and E. Johnson. Columbus: Ohio State University Press(2004). 25−69. Print. P. Lawrence. "Policing the Poor in England and France, 1850−1900." *Social Control in Europe 1800-2000*, vol. 2. Ed. H. Roodenburg, P. Spierenburg, C. Emsley ,and E. Johnson. Columbus:

Ohio State University Press (2004). 210-225.

7 Jean-Marc Berliere. "L'Institution policiere en France sous la Troisieme Republique, 1875-1914." Unpublished PhD dissertation. University of Bourgogne, Dijon(1991). 36.

8 Samuel Walker and Charles Katz. *The Police in America: An Introduction.* New York: McGraw-Hill(2007). 4.

9 같은 책, 9.

10 같은 책, 16.

11 같은 책, 9.

12 같은 책, 14.

13 같은 책, 24.

14 같은 책, 62.

15 같은 책.

16 같은 책, 9.

17 같은 책, 40.

18 같은 책, 100.

19 Zacks, *Island of Vice*, 88.

20 Walker and Katz, *The Police in America*, 9.

21 같은 책, 20.

22 같은 책, 16.

23 같은 책, 20.

24 같은 책, 1876년 뉴욕에는 경찰 769명이 도시를 순찰을 했다. 도시 인구는 약 1백만 명이었다. 경찰 1인당 시민 수는 1,300명이다. 현재 인도는 경찰 1인당 시민 수가 1,037명이고 필리핀은 1,400명이다.

25 Walker and Katz, *The Police in America*, 20.

26 같은 책, 21.

27 같은 책, 18 and Zacks, *Island of Vice*, 103.

28 Walker and Katz, *The Police in America*, 24.

29 같은 책.

30 같은 책, 25.

31 같은 책, 30.

32 Robert F. Vodde. *Andragogical Instruction for Effective Police Training.* Amhurst: Cambria Press (2009). 5-6(Stephens의 인용).

33 Walker and Katz, *The Police in America*, 10.

34 Vodde, *Andragogical Instruction*, 7(Bailey의 인용).

35 같은 책.

36 Vodde, *Andragogical Instruction*, 1-17.

37 John Roach and Jurgen Thomaneck. *Police and Public Order in Europe.*

Croom Helm.(1985) Print. 107.

38 *David H. Bayley. "The Police and Political Development in Europe." The Formation of National States in Western Europe.* Princeton University Press. (1975) Print. 345.

39 Phillip J. Stead. *The Police of France.* Macmillan Publishing Company.(1983) Print. 34.

40 같은 책, 68-69.

41 D. E. Westney, "The Emulation of Western Organizations in Meiji, Japan: The Case of the Paris Prefecture of Police and the Keishicho." *Journal of Japanese Studies*, 8.(1982), 311.

42 Christopher Aldous. *The Police in Occupation Japan: Control, Corruption, and Resistance to Reform.* London and New York: Routledge, Chapman & Hall. (1997). 24.

43 같은 책, 19-31.

44 Katzenstein, Peter J., and Yutaka Tsujinaka. ""Bullying, "Buying," and "Binding": US-Japanese Transnational Relations and Domestic Structures." *Cambridge Studies in International Relations*, 42. (1995). 36.

45 Craig L. Parker. *The Japanese Police System Today: A Comparative View.* Armonk, NY: M. E. Sharpe, 2001. 21-22.

46 Walker and Katz, *The Police in America*, 25-26.

47 Vodde, *Andragogical Instruction*, 8 (quoting Roberg from Roberg, Crank, & Kuykendall(2000). 45).

48 Walker and Katz, *The Police in America*, 31.

49 같은 책.

50 Abhijit Banerjee. "Police Performance and Public Perception in Rajasthan, India." http://www.povertyactionlab.org/evaluation/police-performance-and-public-perception-rajasthan-india.

51 Walker and Katz, *The Police in America*, 7.

52 L. Craig Parker. *The Japanese Police System Today: A Comparative View.* Armonk: East Gate Publications(2001), 21.

53 Walker and Katz, *The Police in America*, 44.

54 Vodde, *Andragogical Instruction*, 11.

55 같은 책, 149. J. L. Lyman. "The Metropolitan Police Act of 1829: An Analysis of Certain Events Influencing the Passage and Character of the Metropolitan Police Act in England." *The Journal of Criminal Law, Criminology, and Police Science* 55, no. 1 (1964): 151.

56 Josiah Flynt. "Police Methods in London." *North American Review* 176, no. 556(1903): 440.

57 같은 책, 447.

58 Leonard Porter Ayres. "The Cleveland survey of the administration of criminal justice." Cleveland: The Cleveland Trust Company. (1922) http://archive.org/details/clevelandsurvey00clevgoog

59 Samuel Walker. *A Critical Theory of Police Reform.* Lexington Books.(1977) Print.127.

60 Walker and Katz, *The Police in America,* 135.

11장

1 Rhea Ruth V. Rosell. "40% Cebu City households are poor—DSWD." *Cebu Daily News,* October 6, 2011. http://newsinfo.inquirer. net/71311/40-cebu-city-households-are-poor-dswd

2 Christopher Stone. "Crime, Justice Systems and Development Assistance." *World Bank Legal Review: Law, Equity, and Development,* vol. 2. 217.

3 같은 책.

4 같은 책, 228.

5 다른 지역의 IJM 프로젝트에 관한 정보는 www.TheLocustEffect.com에 있다.

6 David Batty. "More than 30 Women Raped and Beaten in DR Congo Attack." *The Guardian,* January 6, 2011. http://www.guardian.co.uk/world/2011/jan/07/congo-women-raped-beaten.

7 Associated Press. "Congo Army Colonel Guilty of Ordering Mass Rape on New Year's Day." *The Guardian,* February 21, 2011. http://www.guardian.co.uk/society/2011/feb/21/congo-rape-trial

8 Open Society Justice Initiative. *Justice in the DRC: Mobile Courts Combat Rape and Impunity in Eastern Congo.* June 2012. 2. Print.

9 UN News Centre. "DR Congo mass rape verdict sends strong signal to perpetrators—UN envoy." UN News Service, February 21, 2011. http://www.un.org/apps/news/story.asp?NewsID=37580&Cr=sexual.

10 같은 자료.

11 Open Society Justice Initiative. *Justice in the DRC: Mobile Courts Combat Rape and Impunity in Eastern Congo.* 5.

12 Tessa Khan and Jim Wormington. "Mobile Courts in the DRC-Lessons from Deve lopment for International Criminal Justice." Oxford Transitional Justice Research Working Paper Series, July 9, 2012. 23. http://www.cs 1 s.ox. ac.uk/documents/OTJRKhanandWormington-MOBILECOURTS INTHEDRC-LESSONS FROMDEVELOPMENTFORINTERNATIONALCRIMINALJU.pdf. 또한 다음을 보라. Patrick Vinck and Phuong Pham. "Ownership and Participation

in Transitional Justice Mechanisms: A Sustainable Human Development Perspective from Eastern DRC." *International Journal of Transitional Justice*, vol. 2(2008): 401. Print.

13 Khan and Wormington. "Mobile Courts," 27.

14 같은 책, 2.

15 Patricia Trindade Maranhao Costa. *Fighting Forced Labour: The Example of Brazil*. Geneva: International Labour Offi ce (2009). v. http://www.ilo.org/wcmsp5/groups/public/--- ed_norm /---declaration/documents/publication/wcms_111297.pdf.

16 International Labour Office. *ILO 2012 Global Estimate of Forced Labour Executive Summary*. Geneva: International Labour Office (2012). Print. 2.

17 Costa, *Fighting Forced Labour*, 9.

18 같은 책, 8.

19 같은 책.

20 Kevin Bales. *Disposable People: New Slavery in the Global Economy*. Berkeley and LosAngeles: University of California Press (1999). 5. Print.《일회용 사람들》(이소출판사, 2003).

21 같은 책, 78.

22 Nick Caistor. "Brazil's 'Slave' Ranch Workers." *BBC News*, May 11, 2005. http://news.bbc.co.uk/2/hi/americas/4536085.stm.

23 Presidencia da Republica do Brasil. "Plano Nacional Para a Erradicacao do Trabalho Escravo," Presidencia da Republica do Brasil (2003). http://www.oit.org.br/sites/all/forced_labour/brasil/iniciativas/plano_nacional.pdf.

24 Costa, "Fighting Forced Labour."

25 International Labour Organization. "The Good Practices of Labour Inspection in Brazil: The Eradication of Labour Analogous to Slavery" Geneva: International Labour Organization (2010). http://www.ilo.org/wcmsp5/groups/public/---ed_norm/---declaration/documents/publication/wcms_155946.pdf.

26 같은 책, 39.

27 같은 책, 36.

28 United States Department of State. "Trafficking in Persons Report 2012" Washington, DC: United States Department of State (2012). http://www.state.gov/documents/organization/192594.pdf. "보도 기간에 연방 법원과 노동 법원이 기소한 노동자 인신매매범의 수에 관한 종합적인 자료는 없었다. 하지만 언론 보도에 따르면 당국은 노예노동법(96)에 따라 전 국회의원을 포함해 노동자 인신매매범일 가능성이 있는 7명에게 유죄 판결을 내렸다."(96).

29 Costa, "Fighting Forced Labour," 28.

30 같은 책, 77.

31 같은 책.

32 The World Bank. "Fighting Corruption in Public Services: Chronicling Georgia's Reforms." Washington, DC: The World Bank(2012).

33 같은 책, ix.

34 Transparency International. "Corruption Perceptions Index 2003." http://archive.transparency.org/policy_research/surveys_indices/cpi/2003.

35 World Bank, "Fighting Corruption," 1.

36 같은 책.

37 같은 책, 7.

38 같은 책, 21.

39 같은 책.

40 같은 책, 13

41 같은 책, 14.

42 2012년 1월에 열린 세계 경제 포럼에서 만난 전 수상 길라우리와 나눈 대화. World Economic Forum, January 2012.

43 World Bank, "Fighting Corruption," 6. Emphasis added.

44 같은 책, 18.

45 같은 책, 8

46 같은 책.

47 같은 책, 19.

48 "Seven Years aft er the Rose Revolution, Georgia has come a long way" *The Economist.* August 19, 2010. http://www.economist.com/node/16847798

49 Personal conversation with former Prime Minister Gilauri. World Economic Forum, January 2012.

50 IBJ에 대해서는 다음을 방문해 보라. http://www.ibj.org/Meet_IBJ.html.

51 Christopher Stone, Joel Miller, Monica Thornton, and Jennifer Trone. "Supporting Security, Justice, and Development: Lessons for a New Era." New York: Vera Institute for Justice(2005). 12. http://www.vera.org/sites/default/files/resources/downloads/Supporting_security.pdf.

52 같은 책, 58.

53 Department for International Development. *Safety, Security, and Accessible Justice: Putting Policy into Practice.* Department for International Development (July 2002). http://www.gsdrc.org/docs/open/SSAJ23.pdf

54 같은 책, 12-14.

55 Peter Albrecht and Paul Jackson. "Executive Summary." *Security System Transformation in Sierra Leone,* 1997-2007. Global Facilitation Network for Security Sector Reform (2009). 6. http://www.ssrnetwork.net/documents/Publications/SierraLeoneBook/Security%20System%20Transformation%20

in%20Sierra%20Leone,%201997-2007.pdf.

56 "About Us." *Namati* (2012). http://www.namati.org/about/

57 Vivik Maru. " Between Law and Society: Paralegals and the Provision of Justice Services in Sierra Leone and Worldwide." *The Yale Journal of International Law* 31 no. 2 (2006): 427-476.

58 같은 책.

59 Maru, "Between Law and Society," 428.

60 Pamela Dale. "Delivering Justice to Sierra Leone's Poor: An Analysis of the Work of Timap for Justice." World Bank Justice for the Poor Research Report. (2009). 21.

61 Vivek Maru. Holly Burkhalter와의 인터뷰. May 15, 2012.

62 Maru, "Between Law and Society," 441.

63 Vivek Maru. 2012. Holly Burkhalter와의 인터뷰.

64 To learn more about Paz y Esperanza, visit www.pazyesperanza.org.

65 Golub, 9.

*《약탈자들》의 조사와 집필에 사용된 참고 자료 목록은 TheLocustEffect.com에 있다.

IJM에 대하여

IJM(International Justice Mission)은 가난한 사람들을 폭력으로부터 보호하는 국제 NGO다.

IJM은 변호사, 사회복지사, 지역사회 활동가 및 여러 분야의 전문가들로 구성된 글로벌 팀이다. 23개 국가 33개 지역 사무소에서 활동하며, 정부, 시민단체, 지역사회 관계자들과 협력하여 노예 문제를 근절하고 가난한 사람들, 여성 및 아동 등 폭력에 취약한 사람들을 보호한다.

IJM은 피해자들을 폭력과 착취의 현장에서 구출하여 재활을 지원하고, 가해자들이 피해자들에 대한 법적인 책임을 지도록 수사당국과 협조하며 생존자 변호를 돕는다. 또한 형사사법체계가 무너져 제 역할을 하지 못하는 개발도상국 정부와 지역 사회의 사법 체계 관리 및 법집행 역량 강화를 지원하여, 공적 사법 체계가 더 많은 시민을 보호할 수 있도록 한다.

IJM은 각국의 정부들과 협력하여 지금까지(2020년 기준) 66,000명이 넘는 폭력과 억압의 피해자를 구출했으며, 지역법원에서 2,700명 이상의 가해자에 대한 유죄판결을 이끌어 냈다. 또한, 폭력에 대한 인지와 대응을 위해 2012년부터 지금까지 96,000명 이상의 경찰, 검사, 판사, 사회복지사 등 형사사법 관련 종사자들과 155,000명 이상의 교회와 지역사회 구성원을 양성했다.

IJM의 활동은 미국 국무부 및 세계경제포럼(World Economic Forum) 등 세계 지도자들의 모임을 통해서도 잘 알려져 있으며,《가디언》,《뉴욕타임스》, '로이터', BBC, CNN 등을 통해 소개된 바 있다.

IJM 코리아 소개

IJM 코리아(재단법인 아이제이엠코리아)는 범죄와 폭력으로부터 보호받지 못하는 개발도상국 빈곤층 특히 여성 및 어린이들의 삶의 질을 개선하기 위해 2020년 8월에 설립하였다.

IJM 코리아는 개발도상국 빈곤 문제의 주요 원인이 빈곤층을 위협하는 일상의 폭력이며 그들을 보호하지 못하는 형사사법체계를 개선해야 한다는 IJM의 활동 취지를 한국에 알리고, 국내 및 해외에서 활동하는 전문가를 양성하고 있다.

대한민국은 국제원조 및 개발 사례 중 유례를 찾아보기 힘든 성공적인 국가이며, 지금은 개발도상국을 대상으로 한 국제개발 부문에서 선도적인 역할을 하고 있다. IJM 코리아는 빈곤과 폭력의 문제를 해결하기 위한 여러 활동을 통해, 앞으로도 한국이 세계 시민으로서 세계의 빈곤 문제 해결에 더욱 적극적으로 기여할 수 있도록 돕고자 한다.

IJM 코리아에 대해 더 알아보려면

아래 QR코드를 스캔하여 IJM 코리아 웹사이트를 방문하세요.

지금 할 수 있는 일

《약탈자들》을 읽고 여러분이 폭력의 질병과 싸우기 위해 오늘 당장 할 수 있는 '한 가지' 일은 '전하는 것'이다.

세상은 전 세계 극빈층 이웃의 삶을 집어삼키는 폭력의 질병에 대해 아직 모른다. 유리, 로라, 마리암마 같은 수많은 사람들은 자신을 보호해 줄 효과적인 법집행을 얼마나 간절히 바라는지 세상은 아직 모른다.

당신은 이런 현실을 바꿀 수 있다. 세상을 흔들어 깨울 수 있다.

당신이 아는 가장 유력한 사람은 누구인가? 세상의 빈곤에 대해 열정을 품은 사람은 누구인가? 그 사람에게 《약탈자들》을 소개하자. 당신이 읽은 책을 선물해도 좋고 새 책을 사라고 권해도 좋다(인세는 모두 폭력에서 빈민을 보호하는 일에 쓰인다). 웹사이트 주소(TheLocustEffect.com)를 알려주거나 당신이 읽은 내용을 말해도 좋다.

웹사이트(TheLocustEffect.com)를 방문하여 더 많은 자료와 실천 방법에 대해 알아보자.

개도국의 무서운 빈곤을 마침내 해결하기 위해서는 지속적인 싸움이 필요하다. 하지만 이 싸움은 싸울 만한 가치가 있다. 우리와 함께 이 싸움의 첫걸음을 내딛어 준 독자에게 감사드린다.

게리 하우겐, 빅터 부트로스

찾아보기

옮긴이 소개

최요한

길을 걷고 뜻을 긷고 말을 걸고 글을 옮기며 지낸다. 태국 어섬션 대학교에서 경영학을, 연세대학교 대학원에서 영어학을 전공했다. 옮긴 책으로 《너는 지금을 이겨낼 수 있다》, 《사랑으로 변한다》(이상 아드폰테스), 《페이스북 영성이 우리를 구원할까》(홍성사), 《은혜의 순간》(터치북스), 《복음이 핵심이다》(아가페북스), 《신의 열애》(죠이선교회) 등이 있다.

약탈자들

초판 1쇄	2015년 1월 5일
개정판 1쇄	2022년 3월 1일
개정판 3쇄	2024년 7월 1일
지은이	게리 하우겐, 빅터 부트로스
옮긴이	최요한
발행인	임혜진
발행처	옐로브릭
등록	제2014-000007호(2014년 2월 6일)
전화	(02) 749-5388
팩스	(02) 749-5344
홈페이지	www.yellowbrickbooks.com

한국어판 판권 ⓒ 옐로브릭2022
ISBN 979-11-89363-13-0

우리에겐 잊혀진 단어 '노예'
하지만 21세기에도 노예처럼 사는 이들이 있습니다.

가난한 사람들은 늘 범죄자들의 먹잇감이 됩니다.
그들을 아무도 지켜주지 않는다는 것을 범죄자들도
잘 알기 때문입니다.

세상에서 가장 약한 이들을 구하고 보호하려고 모인
우리는 변호사, 사회복지사, 상담가, 전문인 활동가로
구성된 IJM(International Justice Mission)입니다.

IJM은 당신이 어디에 있든지
찾아내고, 구출할 것입니다.
당신은 자유를 누리기에 마땅한 사람입니다.

웹사이트 : ijm.or.kr
대표 메일 : korea@ijm.org

IJM 활동 알아보기

Because of you

당신 덕분에, IJM은 오늘도 억눌리고 갇힌 자를
찾아내고, 그들을 가정으로 돌려보냅니다.
억압받는 이들을 보호하고, 자유를 선물하는
IJM 공동체의 일원으로 당신을 초대합니다.

전 세계 IJM 프리덤 파트너들과 함께
소망 없이 사는 사람들에게
복된 소식을 전해주세요.

**"당신은 자유를 누리기에
마땅한 사람입니다."**

프리덤파트너 가입하기

프리덤 파트너는 폭력에 취약한 아이들과 구출을 기다리는 가족을 돕고,
폭력과 착취로부터 생존한 사람들을 도와주는 **IJM의 정기후원 프로그램**입니다.

웹사이트: ijm.or.kr
대표 메일: korea@ijm.org